NOUVEAUX LUNDIS

CALMANN LÉVY, ÉDITEUR

OUVRAGES
DE
C.-A. SAINTE-BEUVE

Format grand in-18

Premiers Lundis	3 vol.
Nouveaux Lundis.	13 —
Portraits contemporains, nouvelle édition, revue et très augmentée.	5 —
Le Clou d'or. — La Pendule, avec une préface de M. Jules Troubat.	1 —
Correspondance (1822-1869)	2 —
Lettres a la Princesse, troisième édition. . .	1 —
P.-J. Proudhon, sa Vie et sa Correspondance, cinquième édition.	1 —
Chateaubriand et son Groupe littéraire sous l'Empire, nouvelle édition, augmentée de notes de l'auteur.	2 —
Étude sur Virgile, suivie d'une étude sur Quintus de Smyrne, nouvelle édition.	1 —
Souvenirs et Indiscrétions. — Le Diner du vendredi-saint, deuxième édition	1 —
Chroniques parisiennes	1 —
Le général Jomini, deuxième édition.	1 —
Monsieur de Talleyrand, deuxième édition. .	1 —
Madame Desbordes-Valmore	1 —
A propos des Bibliothèques populaires. .	Broch.
De la Liberté de l'Enseignement supérieur	—
De la Loi sur la Presse	—

POÉSIES COMPLÈTES

NOUVELLE ÉDITION REVUE ET TRÈS AUGMENTÉE

Deux beaux volumes in-8°

Paris. — Typ. Ch. Unsinger, 83, rue du Bac.

NOUVEAUX
LUNDIS

PAR

C.-A. SAINTE-BEUVE

DE L'ACADÉMIE FRANÇAISE

QUATRIÈME ÉDITION REVUE

TOME TROISIÈME

PARIS

CALMANN LÉVY, ÉDITEUR

ANCIENNE MAISON MICHEL LÉVY FRÈRES
3, RUE AUBER, 3

1884

Droits de reproduction et de traduction réservés.

NOUVEAUX LUNDIS

Lundi 21 juillet 1862.

CHATEAUBRIAND

JUGÉ PAR UN AMI INTIME EN 1803.

I.

L'Académie française a mis au concours l'*Éloge* de Chateaubriand, et elle a bien fait : c'est le plus grand sujet littéraire du XIXᵉ siècle, et la mort l'a fixé et refroidi depuis un temps suffisant. Il n'y a pas de danger qu'on se méprenne sur ce mot *Éloge* : il ne saurait s'appliquer qu'au grand écrivain toujours debout et subsistant ; l'homme et le caractère sont dorénavant trop connus, trop percés et mis à jour pour que l'éloge puisse y prendre pied décidément, et quoique les appréciations de ce genre soient sujettes à de perpétuelles vicissitudes, quoiqu'il semble qu'en littérature et en morale les choses ne se passent point comme dans la science proprement dite et que ce soit toujours à recommencer, je pense toutefois qu'il y a, dans cet ordre d'observations aussi, de certaines conclusions acquises et démontrées sur lesquelles il n'y a pas lieu pour les bons esprits à revenir. La science morale, bien comprise, bien appliquée aux individus, a, comme toutes les sciences, ses jugements définitifs et ses résultats.

Comment en douter, lorsqu'on a étudié à fond le sujet si complexe, si brillant, si coloré, qui s'appelle Chateaubriand? On possède, à son égard, tous les moyens d'investigation et de connaissance. Je reviendrai tout à l'heure, avec plus de détail, sur l'ensemble des conditions qui me semblent à réunir pour aborder avec avantage de tels problèmes biographiques; mais, en ce qui est de Chateaubriand, l'auteur d'abord s'est peint lui-même, s'est analysé en tous sens dans des portraits de jeunesse; il s'est réfléchi et projeté à tout moment dans ceux même de ses écrits subséquents qui, par le sujet, auraient dû être le moins personnels; il s'est, dans sa vieillesse, raconté de nouveau et avec toutes sortes de variations dans des Mémoires dits *d'Outre-Tombe.* Sa vie publique, tout en dehors et pleine d'excitation, a, durant de longues années, fait sortir aux yeux de la France et du monde entier certains défauts et certaines dispositions intérieures, dont ses amis seuls avaient jusqu'alors le secret : toutes ses humeurs, ses splendeurs de bile et ses âcretés de sang, si je puis dire, ont fait éruption. Dans un ouvrage composé il y a quelques années, j'avais rassemblé les diverses remarques que j'avais été à même de faire sur le grand écrivain, sur son talent prodigieux et son caractère singulier : lorsque ce livre parut, il choqua quelques admirateurs de M. de Chateaubriand, comme si j'avais voulu nuire à cette admiration dans la partie où elle mérite de persister et de survivre. « Je me suis « convaincu depuis longtemps, » m'écrivait à ce sujet un étranger qui sait à merveille notre littérature, « que, « pour presque tout le monde, la vérité dans la cri- « tique a quelque chose de fort déplaisant; elle leur « paraît ironique et désobligeante; on veut une vérité « accommodée aux vues et aux passions des partis et « des coteries. » Et, pour me consoler, cet étranger, qui est Anglais, ajoutait qu'une telle disposition à se révolter contre une entière vérité et sincérité de critique appliquée à de certains hommes et à de certains noms consacrés, était poussée plus loin encore en Angleterre qu'en France, où l'amour des choses de l'esprit est plus vif et fait pardonner en définitive plus de hardiesse et de nouveauté, quand on y sait mettre quelque façon.

Je n'ai pas assez comparé les deux pays pour être juge; mais ici le monde catholico-légitimiste qui avait pourtant connu Chateaubriand aussi bien que moi, et qui, dans le particulier, ne s'exprimait pas autrement sur son compte, parut se scandaliser et s'insurgea sur toute la ligne. Son organe habituel, M. de Pontmartin, en prit occasion de se livrer à d'élégantes jérémiades dans *le Correspondant,* et toute la province vendéenne et bien pensante fit écho. M. de Loménie, affilié à la coterie, poussa aussi son soupir qu'il appuya de toutes sortes de réfutations et de raisonnements : essayant de m'opposer moi-même à moi-même, il ne daigna pas admettre qu'en pareille matière de jugements contemporains il vient une heure et un moment où, quand on n'est lié par rien de particulier, la vérité reparaît de plein droit et prend le pas sur la politesse. J'eus toutefois la satisfaction de voir que ceux qui avaient le plus anciennement, le plus habituellement vécu dans le même monde et les mêmes sociétés que M. de Chateaubriand, et qui en jugeaient sans prévention, reconnaissaient la vérité de la plupart de mes remarques, et y retrouvaient leurs propres souvenirs dans leur mélange, « de très-bons souvenirs, et parfois d'assez mauvais. » C'est ce que m'écrivait l'illustre chancelier M. Pasquier, c'est-à-dire la sagesse et la modération mêmes. J'étais bien sûr d'être d'accord sur les points principaux avec ces hommes d'autrefois, dont j'avais recueilli si souvent les paroles, quand ils s'exprimaient dans la familiarité sur cette nature singulière de génie qui, même après toutes les explications, était restée pour eux une sorte de problème. M. Molé n'en parlait jamais autrement, et c'est ainsi, sans nul doute, qu'il aura présenté et raconté Chateaubriand dans ses *Souvenirs.* Aujourd'hui, une preuve positive et des plus curieuses de la manière dont les amis du grand écrivain le jugeaient *in petto,* nous est produite dans une lettre confidentielle de M. Joubert à

M. Molé lui-même (1). On sait ce qu'était M. Joubert :
l'amateur littéraire le plus délicat, le consultant le plus
fin, le plus exquis et le plus sûr. Il était tendrement
attaché à Mme de Beaumont, l'amie de Chateaubriand ;
très-lié avec M. de Fontanes, avec tout ce qui entou-
rait l'auteur du *Génie du Christianisme* depuis sa rentrée en France. M. Joubert était l'âme, le suc et la
moelle de cette petite société. Or, M. de Chateaubriand
ayant été envoyé à Rome, en 1803, à titre de secrétaire d'ambassade attaché au cardinal Fesch, il ne sut
point s'y conduire d'abord avec la prudence et la circonspection que commandait sa qualité nouvelle ; il
entra dans une sorte de lutte avec son ambassadeur ;
il vint de celui-ci des plaintes à Paris, lesquelles, exa-
gérées sans doute encore en passant de bouche en
bouche et en se redisant à l'oreille, avaient pris
créance parmi les amis mêmes ; M. de Fontanes,
M. Molé, étaient des plus vifs à blâmer le nouveau
fonctionnaire récalcitrant et inapplicable : on le voyait
déjà destitué, et ses amis disaient : *Il l'a bien mérité !*
M. Joubert, alors absent de Paris et à qui M. Molé en
avait écrit en ce sens, lui répondit à tête reposée, et sa
lettre, qui ne visait qu'à excuser leur ami commun et à

---

(1) *Pensées* de M. Joubert, précédées de sa *Correspondance* fort
augmentée, avec Notice par M. Paul de Raynal ; 3ᵉ édition : 2 vol.
in-18, chez Didier, quai des Augustins, 35. — On me permettra
d'ajouter que cette édition a été revue avec un soin tout particulier
par le frère de M. P. de Raynal, bien connu des hommes de sa génération pour la distinction de ses goûts littéraires, et aujourd'hui
avocat général près la Cour de cassation. — La lettre que j'indique
et qui paraît pour la première fois se trouve au tome Iᵉʳ, page 106.

chercher à sa conduite des raisons atténuantes, est devenue sous cette plume ingénieuse et subtile le portrait le plus merveilleux, le plus achevé, du moral de Chateaubriand à toutes les époques. La psychologie entière de l'homme est là, ou elle n'est nulle part. Il avait alors trente-cinq ans, et l'on n'est jamais plus soi-même tout entier qu'à cet âge. Voici cette lettre inappréciable de sagacité et de finesse, et qui convaincra tous les lecteurs de bonne foi que, dans nos apparentes sévérités d'hier, nous n'avons rien inventé, rien ajouté du nôtre, et que nous n'avons fait que nous tenir sur les anciennes traces.

Je me borne à souligner quelques passages qui sont les plus caractéristiques, afin de les faire mieux saillir.

« Villeneuve-le-Roi, 21 octobre 1803.

« Je voudrais vous dire aussi quelques mots de ce pauvre Chateaubriand.

« Il est certain qu'il a blessé dans son ouvrage (le *Génie du Christianisme*) des convenances importantes, et que même il s'en soucie fort peu, car *il croit que son talent s'est encore mieux déployé dans ces écarts.*

« Il est certain qu'*il aime mieux les erreurs que les vérités dont son livre est rempli, parce que ses erreurs sont plus siennes; il en est plus l'auteur.*

« Il manque à cet égard d'une sincérité qu'on n'a et qu'on ne peut avoir que lorsqu'on vit beaucoup avec soi-même, qu'on se consulte, qu'on s'écoute, et que le sens intime est devenu très-vif par l'exercice qu'on lui donne et l'usage que l'on en fait. *Il a, pour ainsi dire, toutes ses facultés en dehors, et ne les tourne point en dedans.*

« Il ne se parle point, il ne s'écoute guère, *il ne s'inter-*

roge jamais, à moins que ce ne soit pour savoir si la partie extérieure de son âme, je veux dire son goût et son imagination, sont contents, si sa pensée est arrondie; si ses phrases sont bien sonnantes, si ses images sont bien peintes, etc., observant peu si tout cela est bon; c'est le moindre de ses soucis.

« Il parle aux autres, c'est pour eux seuls et non pas pour lui qu'il écrit; aussi c'est leur suffrage plus que le sien qu'il ambitionne, et de là vient que son talent ne le rendra jamais heureux, car le fondement de la satisfaction qu'il pourrait en recevoir est hors de lui, loin de lui, varié, mobile et inconnu.

« Sa vie est autre chose. Il la compose, ou, pour mieux dire, il la laisse s'arranger d'une tout autre manière. *Il n'écrit que pour les autres, et ne vit que pour lui.* Il ne songe point à être approuvé, mais à se contenter. Il ignore même profondément ce qui est approuvé dans le monde ou ce qui ne l'est pas.

« Il n'y a songé de sa vie, et ne veut point le savoir. Il y a plus : comme il ne s'occupe jamais à juger personne, il suppose aussi que personne ne s'occupe à le juger. Dans cette persuasion, il fait avec une pleine et entière sécurité ce qui lui passe par la tête, sans s'approuver ni se blâmer le moins du monde.

« Un fonds d'ennui, qui semble avoir pour réservoir l'espace immense qui est vacant entre lui-même et ses pensées, exige perpétuellement de lui des distractions qu'aucune occupation, aucune société ne lui fourniront jamais à son gré, et auxquelles aucune fortune ne pourrait suffire s'il ne devenait tôt ou tard sage et réglé. Tel est en lui ce qu'on pourrait appeler l'homme natif. Voici celui de l'éducation.

« Il paraît qu'il se proposa ou qu'on lui proposa de bonne heure, pour dernier terme d'ambition, l'honneur d'être un homme de cour. Si vous y prenez garde, la seule qualité acquise qui ait été imprimée en lui avec force, et qu'il ait invariablement retenue, est celle qui rendrait propre à ce métier, une grande circonspection. *Tout transparent qu'il est par nature, il est boutonné par système.* Il ne contredit point; il fait très-volontiers des mystères de tout. Avec une âme ouverte, il garde non-seulement les secrets d'autrui (ce que tout le monde doit faire), mais les siens. Je crois que de sa vie il ne les a bien dits à personne. *Tout entre en lui, et rien n'en sort.* Il pousse les ménagements et la pratique de la discrétion jusqu'à laisser immoler à ses yeux la vérité, et peut-être quelquefois la vertu, sans les défendre. Il prêterait volontiers sa plume, mais non sa langue, à la plus belle cause du monde. Enfin, dans les épanchements et l'abandon même de la société intime, il ne contrarie ses amis qu'avec une répugnance où l'on sent la résistance à l'habitude. Voilà le Chateaubriand social.

« Ajoutez à cela quelques manies de grand seigneur, l'amour de ce qui est cher, le dédain de l'épargne, l'inattention à ses dépenses, l'indifférence aux maux qu'elles peuvent causer, même aux malheureux; l'impuissance de résister à ses fantaisies, fortifiée par l'insouciance des suites qu'elles peuvent avoir; en un mot, l'inconduite des jeunes gens très-généreux, dans un âge où elle n'est plus pardonnable, et avec un caractère qui ne l'excuse pas assez; car, *né prodigue, il n'est point du tout né généreux.* Cette vertu suppose un esprit de réflexion pratique, d'attention à autrui, d'occupation du sort des autres et de détachement de soi, qu'il n'a pas reçu, ce me semble, infus avec la vie, et qu'il a encore moins songé à se donner.

« Le voilà, je crois, tout entier. Le voilà peint et estimé en mal, à la rigueur; je ne crois pas que sa conduite et son caractère puissent mériter un reproche qui ne soit là. »

Nous ne sommes qu'à moitié chemin. Toute cette première partie de la lettre de M. Joubert, toute cette description préalable et si complète n'est dans sa pensée qu'une concession faite aux juges sévères et aux adversaires intimes : « Il est tout cela, je le sais, je vous l'accorde ; mais étant tout cela, et précisément parce qu'il est tel, il y a de certaines fautes combinées, compliquées, dont il est incapable. » Telle est la thèse de l'avocat ami qui n'a cédé sur tant de points que pour être plus en mesure ensuite de défendre le pauvre accusé sur tout le reste. Un homme de cet acabit, en effet, un égoïste à la fois si oublieux, a gardé jusque dans son calcul des portions de naïveté, d'inadvertance, d'ignorance de soi, de confiance et de persuasion en sa faveur, qui le garantissent de toute action noire, basse ou fausse : il y a donc lieu, malgré tout, à l'indulgence. C'est ce que M. Joubert déduit et développe dans la seconde partie de son raisonnement avec bien de la ténuité et de la grâce :

« Eh bien ! poursuit-il, avec la même franchise et la même sévérité de jugement je vous dirai, et en opposition avec les circonstances, que, s'il me paraît inévitable qu'un tel homme fasse quelques étourderies, il ne me paraît pas possible qu'il commette des fautes graves, des fautes qui méritent une disgrâce ; *il y a, et il y aura toujours en lui, un fonds d'enfance et d'innocence qui le rendent aussi incapable de torts sérieux que de bienfaits suivis.*

« Dites-moi donc, au nom du Ciel, ce qu'il a fait. Qu'avez-vous vu, qu'avez-vous lu, qu'avez-vous su, qui vous porte à approuver en quelque sorte son malheur ? Je croirai aisément que vous et moi, et nous tous, avons le droit de condamner en lui beaucoup de choses ; notre morale et l'amitié nous en donnent le droit ; mais ce droit, faudra-t-il aussi l'accorder à d'autres hommes qui certainement ne le valent pas ? J'avais d'abord regardé les rigueurs de Mme de V... (Vintimille) comme de forme, comme une manière de passeport et un droit de péage dont elle avait cru de sa prudence de prémunir sa lettre, pour lui ouvrir tous les passages ; mais la vôtre est survenue et m'embarrasse beaucoup.

« J'ai une grande confiance en vos jugements ; elle est naturellement indulgente, et vous naturellement un peu austère (comme il est beau, comme il est bon, comme il est nécessaire et même indispensable de l'être à votre âge, ne fût-ce que pour s'accoutumer à ne pas se faire bon marché à soi-même de sa propre approbation) ; mais vous êtes tous deux justes, et vous n'allez jamais chercher dans votre humeur les règles qu'il faut prendre dans sa raison. Dites-moi donc, en révision et en dernier ressort, ce qu'il faut que je pense. J'ai écrit à Fontanes pour lui demander des détails, mais il ne me les donnera pas, et jusqu'ici je n'ai rien su que par vous seul.

« Il y a un point essentiel et dont il faut préalablement convenir entre nous, c'est que nous l'aimerons toujours, coupable ou non coupable ; que, dans le premier cas, nous le défendrons ; dans le second, nous le consolerons. Cela posé, jugeons-le sans miséricorde, et parlons-en entre nous sans retenue ; vous avez fort bien commencé, vous voyez que je vous suis de près ; achevez, et déterminez-moi irrévocablement, car mon incertitude m'est insupportable.

« J'ai écrit hier à ce pauvre garçon, par une voie indirecte, pour l'encourager. Je le soutiens, je tâche même de l'égayer ; deux de mes lettres avaient précédé votre nouvelle ; je grondais fort, mais elles ne lui parviendront pas probablement. On a dû les mettre à l'index, ce qui, quant à moi, m'est parfaitement égal.

« J'en ai reçu hier une lettre de Florence. Il y arrivait le propre jour de l'arrivée de Mme de Beaumont. J'ai calculé qu'à pareil jour, à pareille heure, on tirait sur lui de Paris le coup de canon qui devait le chasser de Rome. Jamais homme menacé d'un renversement n'eut plus la joie et la tranquillité d'une bonne conscience. Il n'y a pas un mot dans sa lettre qui ne semble dire au lecteur, quand on fait ce rapprochement :

Le jour n'est pas plus pur que le fond de mon cœur.

« Il y a en effet, dans le fond de ce cœur, une sorte de bonté et de pureté qui ne permettra jamais à ce pauvre garçon, j'en ai bien peur, de connaître et de condamner les sottises qu'il aura faites, parce qu'à la conscience de sa conduite, qui exigerait des réflexions, il opposera toujours machinalement le sentiment de son essence, qui est fort bonne. Ce que je vous dis là n'est peut-être pas exempt de subtilité, mais la nature elle-même en est remplie.

« Je finis sur ce chapitre, j'en ai parlé longtemps, trop longtemps, mais je ne sais par quelle fatalité il arrive que je ne peux rien vous dire en peu de mots; c'est que j'aimerais à vous dire tout ce que je pense... »

Je n'exagère pas, et chacun maintenant est juge; mais c'est, on en conviendra, un événement biographique que la production d'une semblable pièce d'anatomie morale. Il en existe trop peu de semblables; je ne sais même si, dans les annales littéraires, on trouverait à en citer une autre de pareille valeur pour l'étendue, l'intimité et l'exactitude. Comment s'en accommoderont les gens de parti pris, ceux dont le siége est fait d'avance, et qui ne veulent absolument d'autre personnage que celui qu'ils ont vu sous le jour bleu du salon de Mme Récamier? Comment vont-ils, à leur tour, distinguer, épiloguer, chicaner, se raviser, essayer de se rattraper? peu importe!

Tous les autres, et ceux qui sont nés et venus trop tard pour connaître M. de Chateaubriand, et ceux qui, ne l'ayant connu que tard, ne l'ont vu que sous sa dernière enveloppe moins transparente qu'autrefois, ne sauraient demander mieux ni davantage, ce me semble : le Chateaubriand primitif, et aussi le Chateaubriand social est expliqué, après qu'on a lu cette lettre; et d'après ce qu'on y lit même, on voit qu'il gardait jusque dans son égoïsme naïf bien du bon encore, surtout de l'aimable, du séduisant; je ne l'ai jamais nié. Dans la suite, toutefois, ne l'oublions point, ce premier et ce deuxième homme en Chateaubriand se compliquèrent d'un troisième, je veux dire de l'homme politique. Oh! alors, si on laisse la question de talent à part et à ne parler qu'au moral, il se gâta décidément; il se plissa au front et au cœur d'un repli de plus; il mit un dernier bouton, sauf à le faire sauter de temps en temps quand cela le gênait: Odieuse politique d'ambition, de passion et de parti, qui atteignit et mordit dès 1807, dès 1813, et surtout depuis 1815, et Chateaubriand et Fontanes et M. Molé, et qui faisait dire à M. Joubert, à propos de ce dernier dont il goûtait fort l'esprit et dont il avait si hautement préconisé les débuts et la jeunesse : « Je veux me brouiller avec tous les hommes, excepté avec deux ou trois. La politique a ôté aux autres la moitié de leur esprit, la moitié de leur droit sens, les trois quarts et demi de leur bonté, et certainement leur repos et leur bonheur tout entiers. Je les attends à l'autre monde; c'est là seulement que je renouerai mes amitiés (1). »

(1) Lettre à Mme de Vintimille, du 21 juillet 1819.

Est-ce donc trop s'avancer que de croire qu'après tant de preuves publiques et privées, et après ce dernier témoignage, longtemps resté secret, qui vient de sortir, — cette grande lettre datée de Villeneuve-le-Roi, — le moral et le caractère de Chateaubriand sont connus, et que, quelle que soit la mesure de sévérité ou d'indulgence qu'on y veuille apporter, les points principaux sur lesquels roule le jugement sont suffisamment fixés et établis? Je sais que nul n'a droit de dire : « Je connais les hommes, » ni même : « Je connais un homme; » aussi, tant que cet homme est là vivant, on ne saurait trop multiplier et renouveler les occasions de l'observer, car on est seulement en voie de le connaître. Mais, quand il n'est plus, il faut bien s'arrêter, sous peine d'erreur, dans cette observation dont l'objet se dérobe, et alors on fait comme pour un procès : on rassemble toutes les preuves, toutes les dépositions, et on règle, au moins dans ses articles principaux, un jugement, un *Arrêt*.

Et il me prend, à cette occasion, l'idée d'exposer une fois pour toutes quelques-uns des principes, quelques-unes des habitudes de méthode qui me dirigent dans cette étude, déjà si ancienne, que je fais des personnages littéraires. J'ai souvent entendu reprocher à la critique moderne, à la mienne en particulier, de n'avoir point de théorie, d'être tout historique, tout individuelle. Ceux qui me traitent avec le plus de faveur ont bien voulu dire que j'étais un assez bon juge, mais qui n'avait pas de Code. J'ai une méthode pourtant, et quoiqu'elle n'ait point préexisté et ne se soit point produite d'abord à l'état de théorie, elle s'est formée chez moi, de la pratique même; et une longue suite d'applications n'a fait que la confirmer à mes yeux.

Eh bien! c'est cette méthode ou plutôt cette pratique qui m'a été de bonne heure comme naturelle et que j'ai instinctivement trouvée dès mes premiers essais de critique, que je n'ai cessé de suivre et de varier selon les sujets durant des années; dont je n'ai jamais songé, d'ailleurs, à faire un secret ni une découverte; qui se rapporte sans doute par quelques points à la méthode de M. Taine, mais qui en diffère à d'autres égards; qui a été constamment méconnue dans mes écrits par des contradicteurs qui me traitaient comme le plus sceptique et le plus indécis des critiques et en simple amuseur; que jamais ni les Génin ni les Rigault, ni aucun de ceux qui me faisaient l'honneur de me sacrifier à M. Villemain et aux autres maîtres antérieurs n'ont daigné soupçonner, c'est cet ensemble d'observations et de directions positives que je vais tâcher d'indiquer brièvement. Il vient un moment dans la vie où il faut éviter autant que possible aux autres l'embarras de tâtonner à notre sujet, et où c'est l'heure ou jamais de se développer tout entier.

Mardi 22 juillet 1862.

CHATEAUBRIAND

JUGÉ PAR UN AMI INTIME EN 1803

(SUITE ET FIN.)

II.

Il est donc convenu que, pour aujourd'hui, on m'accorde d'entrer dans quelques détails touchant la marche et la méthode que j'ai cru la meilleure à suivre dans l'examen des livres et des talents.

La littérature, la production littéraire, n'est point pour moi distincte ou du moins séparable du reste de l'homme et de l'organisation; je puis goûter une œuvre, mais il m'est difficile de la juger indépendamment de la connaissance de l'homme même; et je dirais volontiers : *tel arbre, tel fruit.* L'étude littéraire me mène ainsi tout naturellement à l'étude morale.

Avec les Anciens, on n'a pas les moyens suffisants d'observation. Revenir à l'homme, l'œuvre à la main, est impossible dans la plupart des cas avec les véritables Anciens, avec ceux dont nous n'avons la statue qu'à demi brisée. On est donc réduit à commenter l'œuvre, à l'admirer, à rêver l'auteur et le poëte à travers. On peut refaire ainsi des figures de poëtes ou de philosophes, des bustes de Platon, de Sophocle ou de Virgile, avec un sentiment d'idéal élevé ; c'est tout ce que permet l'état des connaissances incomplètes, la disette des sources et le manque de moyens d'information et de retour. Un grand fleuve, et non guéable dans la plupart des cas, nous sépare des grands hommes de l'Antiquité. Saluons-les d'un rivage à l'autre.

Avec les modernes, c'est tout différent ; et la critique, qui règle sa méthode sur les moyens, a ici d'autres devoirs. Connaître et bien connaître un homme de plus, surtout si cet homme est un individu marquant et célèbre, c'est une grande chose et qui ne saurait être à dédaigner.

L'observation morale des caractères en est encore au détail, aux éléments, à la description des individus et tout au plus de quelques espèces : Théophraste et La Bruyère ne vont pas au delà. Un jour viendra, que je crois avoir entrevu dans le cours de mes observations, un jour où la science sera constituée, où les grandes familles d'esprits et leurs principales divisions seront déterminées et connues. Alors le principal caractère d'un esprit étant donné, on pourra en déduire plusieurs autres (1). Pour l'homme, sans doute, on ne pourra

---

(1) « Il y a dans les caractères une certaine nécessité, certains rapports qui font que tel trait principal entraîne tels traits secondaires. »   GŒTHE. (*Conversations d'Eckermann*

jamais faire exactement comme pour les animaux ou pour les plantes ; l'homme moral est plus complexe ; il a ce qu'on nomme *liberté* et qui, dans tous les cas, suppose une grande mobilité de combinaisons possibles (1). Quoi qu'il en soit, on arrivera avec le temps, j'imagine, à constituer plus largement la science du moraliste ; elle en est aujourd'hui au point où la botanique en était avant Jussieu, et l'anatomie comparée avant Cuvier, à l'état, pour ainsi dire, anecdotique. Nous faisons pour notre compte de simples monographies, nous amassons des observations de détail ; mais j'entrevois des liens, des rapports, et un esprit plus étendu, plus lumineux, et resté fin dans le détail, pourra découvrir un jour les grandes divisions naturelles qui répondent aux familles d'esprits.

Mais même, quand la science des esprits serait organisée comme on peut de loin le concevoir, elle serait toujours si délicate et si mobile qu'elle n'existerait que pour ceux qui ont une vocation naturelle et un talent d'observer : ce serait toujours un *art* qui demanderait un artiste habile, comme la médecine exige le tact médical dans celui qui l'exerce, comme la philosophie devrait exiger le tact philosophique chez ceux qui se prétendent philosophes, comme la poésie ne veut être touchée que par un poëte.

Je suppose donc quelqu'un qui ait ce genre de talent et de facilité pour entendre les groupes, les familles littéraires (puisqu'il s'agit dans ce moment de litté-

(1) « On trouve de tout dans ce monde, et la variété des combinaisons est inépuisable. »   GRIMM. (*Correspondance littéraire.*)

rature); qui les distingue presque à première vue; qui en saisisse l'esprit et la vie; dont ce soit véritablement la vocation; quelqu'un de propre à être un bon naturaliste dans ce champ si vaste des esprits.

S'agit-il d'étudier un homme supérieur ou simplement distingué par ses productions, un écrivain dont on a lu les ouvrages et qui vaille la peine d'un examen approfondi? comment s'y prendre, si l'on veut ne rien omettre d'important et d'essentiel à son sujet, si l'on veut sortir des jugements de l'ancienne rhétorique, être le moins dupe possible des phrases, des mots, des beaux sentiments convenus, et atteindre au vrai comme dans une étude naturelle?

Il est très-utile d'abord de commencer par le commencement, et, quand on en a les moyens, de prendre l'écrivain supérieur ou distingué dans son pays natal, dans sa race. Si l'on connaissait bien la race physiologiquement, les ascendants et ancêtres, on aurait un grand jour sur la qualité secrète et essentielle des esprits; mais le plus souvent cette racine profonde reste obscure et se dérobe. Dans les cas où elle ne se dérobe pas tout entière, on gagne beaucoup à l'observer.

On reconnaît, on retrouve à coup sûr l'homme supérieur, au moins en partie, dans ses parents, dans sa mère surtout, cette parenté la plus directe et la plus certaine; dans ses sœurs aussi, dans ses frères, dans ses enfants mêmes. Il s'y rencontre des linéaments essentiels qui sont souvent masqués, pour être trop condensés ou trop joints ensemble, dans le grand individu; le fond se retrouve, chez les autres de son sang, plus à nu et à l'état simple : la nature toute seule a fait les frais de l'analyse. Cela est très-délicat et demanderait à être éclairci par des noms propres, par quantité de faits particuliers ; j'en indiquerai quelques-uns.

Prenez les sœurs par exemple. Ce Chateaubriand dont nous parlions avait une sœur qui avait *de l'imagination,* disait-il lui-même, *sur un fonds de bêtise,* ce qui devait approcher de l'extravagance pure ; — une autre, au contraire, divine (Lucile, l'*Amélie* de *René*), qui avait la sensibilité exquise, une sorte d'imagination tendre, mélancolique, sans rien de ce qui la corrigeait ou la distrayait chez lui : elle mourut folle et se tua. Les éléments qu'il unissait et associait, au moins dans son talent, et qui gardaient une sorte d'équilibre, étaient distinctement et disproportionnément répartis entre elles.

Je n'ai point connu les sœurs de M. de Lamartine, mais je me suis toujours souvenu d'un mot échappé à M. Royer-Collard qui les avait connues, et qui parlait d'elles dans leur première jeunesse comme de quelque chose de charmant et de mélodieux, comme d'un nid de rossignols. La sœur de Balzac, Mme Surville, dont la ressemblance physique avec son frère saute aux yeux, est faite en même temps pour donner à ceux qui, comme moi, ont le tort peut-être de n'admirer qu'incomplétement le célèbre romancier, une idée plus avantageuse qui les éclaire, les rassure et les ramène. La sœur de Beaumarchais, Julie, que M. de Loménie nous a fait connaître, représente bien son frère par son tour de gaieté et de raillerie, son humeur libre et piquante, son irrésistible esprit de saillie; elle le poussait jusqu'à l'extrême limite de la décence, quand elle n'allait pas au delà; cette aimable et gaillarde fille mourut presque la chanson à la bouche : c'était bien la sœur de Figaro, le même jet et la même séve (1).

De même pour les frères. Despréaux le satirique avait un frère aîné, satirique également, mais un peu plat, un peu vulgaire; un autre frère chanoine, très-gai, plein de riposte; riche en belle humeur, mais un peu grotesque, un peu trop chargé et trop enluminé; la nature avait combiné en Despréaux les traits de l'un et de l'autre, mais avec finesse, avec distinction, et avait aspergé le tout d'un sel digne d'Horace. A ceux pourtant qui voudraient douter de la fertilité et du naturel du fonds chez Despréaux, qui voudraient nier sa verve de source et ne voir en lui que la culture, il n'est pas inutile d'avoir à montrer les alentours évidents et le voisinage de la race.

Mme de Sévigné, je l'ai dit plus d'une fois, semble s'être dédoublée dans ses deux enfants; le chevalier léger, étourdi, ayant la grâce, et Mme de Grignan, intelligente, mais un peu froide, ayant pris pour elle la raison. Leur mère avait tout; on ne lui conteste pas la grâce, mais à ceux qui voudraient lui refuser le sérieux et la raison, il n'est pas mal d'avoir à montrer Mme de Grignan, c'est-à-dire la raison toute seule sur le grand pied et dans toute sa pompe. Avec ce qu'on trouve dans les écrits, cela aide et cela guide.

(1) *Beaumarchais et son Temps,* par M. de Loménie. (Voir au tome Ier, p. 36-52.)

Et n'est-ce pas ainsi, de nos jours, que certaines filles de poëtes, morts il y a des années déjà, m'ont aidé à mieux comprendre et à mieux me représenter le poëte leur père? Par moments je croyais revoir en elles l'enthousiasme, la chaleur d'âme, quelques-unes des qualités paternelles premières à l'état pur et intègre, et, pour ainsi dire, conservées dans de la vertu (1).

C'est assez indiquer ma pensée, et je n'abuserai pas. Quand on s'est bien édifié autant qu'on le peut sur les origines, sur la parenté immédiate et prochaine d'un écrivain éminent, un point essentiel est à déterminer, après le chapitre de ses études et de son éducation; c'est le premier milieu, le premier groupe d'amis et de contemporains dans lequel il s'est trouvé au moment où son talent a éclaté, a pris corps et est devenu adulte. Le talent, en effet, en demeure marqué, et quoi qu'il fasse ensuite, il s'en ressent toujours.

Entendons-nous bien sur ce mot de *groupe* qu'il m'arrive d'employer volontiers. Je définis le groupe, non pas l'assemblage fortuit et artificiel de gens d'esprit qui se concertent dans un but, mais l'association naturelle et comme spontanée de jeunes esprits et de jeunes talents, non pas précisément semblables et de la même famille, mais de la même *volée* et du même printemps, éclos sous le même astre, et qui se sentent nés, avec des variétés de goût et de vocation, pour une œuvre commune. Ainsi la petite société de Boileau, Racine, La Fontaine et Molière vers 1664, à l'ouverture du

(1) Par exemple la comtesse de Fontanes, chanoinesse, fille du poëte.

grand siècle : voilà le groupe par excellence, — tous génies ! Ainsi, en 1802, à l'ouverture du xixe siècle, la réunion de Châteaubriand, Fontanes, Joubert... Ce groupe-là, à s'en tenir à la qualité des esprits, n'était pas trop chétif non plus ni à mépriser. Ainsi encore, pour ne pas nous borner à nos seuls exemples domestiques, ainsi à Gœttingue, en 1770, le groupe de jeunes étudiants et de jeunes poëtes qui publient l'*Almanach des Muses*, Bürger, Voss, Hœlty, Stolberg, etc.; ainsi, en 1800, à Édimbourg, le cercle critique dont Jeffrey est le chef, et d'où sort la célèbre Revue à laquelle il préside. A propos d'une de ces associations dont faisait partie Thomas Moore dans sa jeunesse, à l'université de Dublin, un critique judicieux a dit : « Toutes les fois qu'une association de jeunes gens est animée d'un généreux souffle et se sent appelée aux grandes vocations, c'est par des associations particulières qu'elle s'excite et se féconde. Le professeur, dans sa chaire, ne distribue guère que la science morte ; l'esprit vivant, celui qui va constituer la vie intellectuelle d'un peuple et d'une époque, il est plutôt dans ces jeunes enthousiastes qui se réunissent pour échanger leurs découvertes, leurs pressentiments, leurs espérances (1). »

Je laisse les applications à faire en ce qui est de notre temps. On connaît de reste le cercle critique du *Globe* vers 1827, le groupe tout poétique de la *Muse française* en 1824, le *Cénacle* en 1828. Aucun des talents, jeunes alors, qui ont séjourné et vécu dans l'un

---

(1) M. Forcade, *Revue des Deux Mondes*, du 15 février 1853.

de ces groupes, n'y a passé impunément. Je dis donc que, pour bien connaître un talent, il convient de déterminer le premier centre poétique ou critique au sein duquel il s'est formé, le groupe naturel littéraire auquel il appartient, et de l'y rapporter exactement. C'est sa vraie date originelle.

Les très-grands individus se passent de groupe : ils font centre eux-mêmes, et l'on se rassemble autour d'eux. Mais c'est le groupe, l'association, l'alliance et l'échange actif des idées, une émulation perpétuelle en vue de ses égaux et de ses pairs, qui donne à l'homme de talent toute sa *mise en dehors,* tout son développement et toute sa valeur. Il y a des talents qui participent de plusieurs groupes à la fois et qui ne cessent de voyager à travers des milieux successifs, en se perfectionnant, en se transformant ou en se déformant. Il importe alors de noter, jusque dans ces variations et ces conversions lentes ou brusques, le ressort caché et toujours le même, le mobile persistant.

Chaque ouvrage d'un auteur vu, examiné de la sorte, à son point, après qu'on l'a replacé dans son cadre et entouré de toutes les circonstances qui l'ont vu naître, acquiert tout son sens, — son sens historique, son sens littéraire, — reprend son degré juste d'originalité, de nouveauté ou d'imitation, et l'on ne court pas risque, en le jugeant, d'inventer des beautés à faux et d'admirer à côté, comme cela est inévitable quand on s'en tient à la pure rhétorique.

Sous ce nom de rhétorique, qui n'implique pas dans ma pensée une défaveur absolue, je suis bien loin de blâmer d'ailleurs et d'exclure les jugements du goût, les impressions immédiates et vives ; je ne renonce pas à Quintilien, je le circonscris (1). Être en histoire littéraire et en critique un disciple de Bacon, me paraît le besoin du temps et une excellente condition première pour juger et goûter ensuite avec plus de sûreté.

Une très-large part appartiendra toujours à la critique de première lecture et de première vue, à la critique mondaine, aux formes démonstratives, académiques. Qu'on ne s'alarme pas trop de cette ardeur de connaître à fond et de pénétrer : il y a lieu et moment pour l'employer, et aussi pour la suspendre. On n'ira pas appliquer les procédés du laboratoire dans les solennités et devant tous les publics. Les académies, les chaires oratoires sont plutôt destinées à montrer la société et la littérature par les côtés spécieux et par l'*endroit;* il n'est pas indispensable ni peut-être même très-utile que ceux qui ont pour fonction de déployer et de faire valoir éloquemment les belles tentures et les tapisseries, les regardent et les connaissent trop par le dessous et par l'*envers :* cela les gênerait.

L'analyse pourtant a son genre d'émotion aussi et pourrait revendiquer sa poésie, sinon son éloquence. Qui n'a connu un talent que tard et ne l'a apprécié que dans son plein ou dans ses œuvres dernières ; qui ne l'a vu jeune, à son premier moment d'éclat et d'essor, ne s'en fera jamais une parfaite et naturelle idée, la seule

---

(1) « La connaissance des esprits est le charme de la critique; le maintien des bonnes règles n'en est que le métier et la dernière utilité. »   JOUBERT.

vivante. Vauvenargues, voulant exprimer le charme qu'a pour le talent un premier succès et un début heureux dans la jeunesse, a dit avec bien de la grâce : « Les feux de l'aurore ne sont pas si doux que les premiers regards de la gloire. » De même pour le critique qui étudie un talent, il n'est rien de tel que de le surprendre dans son premier feu, dans son premier jet, de le respirer à son heure matinale, dans sa fleur d'âme et de jeunesse. Le portrait vu dans sa première épreuve a pour l'amateur et pour l'homme de goût un prix que rien dans la suite ne peut rendre. Je ne sais pas de jouissance plus douce pour le critique que de comprendre et de décrire un talent jeune, dans sa fraîcheur, dans ce qu'il a de franc et de primitif, avant tout ce qui pourra s'y mêler d'acquis et peut-être de fabriqué.

Heure première et féconde de laquelle tout date ! moment ineffable ! C'est entre les hommes du même âge et de la même heure, ou à peu près, que le talent volontiers se choisit pour le reste de sa carrière ou pour la plus longue moitié, ses compagnons, ses témoins, ses émules, ses rivaux aussi et ses adversaires. On se fait chacun son vis-à-vis et son point de mire. Il y a de ces rivalités, de ces défis et de ces *piques,* entre égaux ou presque égaux, qui durent toute la vie. Mais fussions-nous un peu primés, ne désirons jamais qu'un homme de notre génération tombe et disparaisse, même quand ce serait un rival et quand il passerait pour un ennemi : car si nous avons une vraie valeur, c'est encore lui qui, au besoin et à l'occasion, avertira les nouvelles générations ignorantes et les jeunes insolents, qu'ils ont affaire en nous à un vieil athlète qu'on ne saurait mépriser et qu'il ne faut point traiter à la légère; son amour-propre à lui-même y est intéressé : il s'est mesuré avec nous dans le bon temps, il nous a connus dans nos meilleurs jours. Je revêtirai ma pensée de noms illustres. C'est encore Cicéron qui rend le plus noble hommage à Hortensius. Un mot d'Eschine est resté le plus bel éloge de Démosthène. Et le héros grec Diomède, parlant d'Énée dans Virgile, et voulant donner de lui une haute idée : « Croyez-en, dit-il, celui qui s'est mesuré avec lui! »

Rien ne juge un esprit pour la portée et le degré d'élévation, comme de voir quel antagoniste et quel rival il s'est choisi de bonne heure. L'un est la mesure de l'autre. Calpé est égal à Abyla.

Il n'importe pas seulement de bien saisir un talent au moment du coup d'essai et du premier éclat, quand il apparaît tout formé et plus qu'adolescent, quand il se fait adulte; il est un second temps non moins décisif à noter, si l'on veut l'embrasser dans son ensemble : c'est le moment où il se gâte, où il se corrompt, où il déchoit, où il dévie. Prenez les mots les moins choquants, les plus doux que vous voudrez, la chose arrive à presque tous. Je supprime les exemples; mais il est, dans la plupart des vies littéraires qui nous sont soumises, un tel moment où la maturité qu'on espérait est manquée, ou bien, si elle est atteinte, est dépassée, et où l'excès même de la qualité devient le défaut; où les uns se roidissent et se dessèchent, les autres se lâchent et s'abandonnent, les autres s'endurcissent, s'alourdissent, quelques-uns s'aigrissent; où le sourire devient une ride. Après le premier moment où le talent, dans sa floraison brillante s'est fait homme et jeune homme éclatant et superbe, il faut bien marquer ce second et triste moment où il se déforme et se fait autre en vieillissant.

Une des façons laudatives très-ordinaires à notre temps est de dire à quelqu'un qui vieillit : « Jamais votre talent n'a été plus jeune. » Ne les écoutez pas trop, ces flatteurs; il vient toujours un moment où l'âge qu'on a au dedans se trahit au dehors. Cependant il est, à cet égard, il faut le reconnaître, de grandes diversités entre les talents et selon les genres. En poésie, au théâtre, en tout comme à la guerre, les uns n'ont qu'un jour, une heure brillante, une victoire qui reste attachée à leur nom et à quoi le reste ne répond pas : c'est comme Augereau, qui aurait mieux fait de mourir le soir de Castiglione. D'autres ont bien des succès qui se varient et se renouvellent avec les saisons. Quinze ans d'ordinaire font une carrière; il est donné à quelques-uns de la doubler, d'en recommencer ou même d'en remplir une seconde. Il est des genres modérés auxquels la vieillesse est surtout propre, les mémoires, les souvenirs, la critique, une poésie qui côtoie la prose; si la vieillesse est sage, elle s'y tiendra. Sans prendre trop à la lettre le précepte, *Solve senescentem...*, sans mettre précisément son cheval à l'écurie, ce qu'elle ne doit faire que le plus tard possible, elle le mènera doucement par la bride à la descente : cela ne laisse pas d'avoir très-bon air encore. On a vu par exception des esprits, des talents, longtemps incomplets ou épars, paraître valoir mieux dans leur vieillesse et n'avoir jamais été plus à leur avantage : ainsi cet aimable Voltaire suisse, Bonstetten, ainsi ce quart d'homme de génie Ducis. Ces exemples ne font pas loi.

On ne saurait s'y prendre de trop de façons et par trop de bouts pour connaître un homme, c'est-à-dire autre chose qu'un pur esprit. Tant qu'on ne s'est pas adressé sur un auteur un certain nombre de questions et qu'on n'y a pas répondu, ne fût-ce que pour soi seul et tout bas, on n'est pas sûr de le tenir tout entier, quand même ces questions sembleraient le plus étrangères à la nature de ses écrits : — Que pensait-il en religion ? — Comment était-il affecté du spectacle de la nature ? — Comment se comportait-il sur l'article des femmes ? sur l'article de l'argent ? — Était-il riche, était-il pauvre ? — Quel était son régime, quelle était sa manière journalière de vivre ? etc. — Enfin, quel était son vice ou son faible ? Tout homme en a un. Aucune des réponses à ces questions n'est indifférente pour juger l'auteur d'un livre et le livre lui-même, si ce livre n'est pas un traité de géométrie pure, si c'est surtout un ouvrage littéraire, c'est-à-dire où il entre de tout.

Très-souvent un auteur, en écrivant, se jette dans l'excès ou dans l'affectation opposée à son vice, à son penchant secret, pour le dissimuler et le couvrir ; mais c'en est encore là un effet sensible et reconnaissable, quoique indirect et masqué. Il est trop aisé de prendre le contre-pied en toute chose ; on ne fait que retourner son défaut. Rien ne ressemble à un creux comme une bouffissure.

Quoi de plus ordinaire en public que la profession et l'affiche de tous les sentiments nobles, généreux, élevés, désintéressés, chrétiens, philanthropiques? Est-ce à dire que je vais prendre au pied de la lettre et louer pour leur générosité, comme je vois qu'on le fait tous les jours, les plumes de cygne ou les langues dorées qui me prodiguent et me versent ces merveilles morales et sonores? J'écoute, et je ne suis pas ému. Je ne sais que faste ou quelle froideur m'avertit; la sincérité ne se fait pas sentir. Ils ont des talents royaux, j'en conviens; mais là-dessous, au lieu de ces âmes pleines et entières comme les voudrait Montaigne, est-ce ma faute si j'entends raisonner des âmes vaines? — Vous le savez bien, vous qui, en écrivant, dites poliment le contraire; et quand nous causons d'eux entre nous, vous en pensez tout comme moi.

On n'évite pas certains mots dans une définition exacte des esprits et des talents; on peut tourner autour, vouloir éluder, périphraser, les mots qu'on chassait et qui nomment reviennent toujours. Tel, quoi qu'il fasse d'excellent ou de spécieux en divers genres, est et restera toujours un rhéteur. Tel, quoi qu'il veuille conquérir ou peindre, gardera toujours de la chaire, de l'école et du professeur. Tel autre, poëte, historien, orateur, quelque forme brillante ou enchantée qu'il revête, ne sera jamais que ce que la nature l'a fait en le créant, un improvisateur de génie. Ces appellations vraies et nécessaires, ces qualifications décisives ne sont cependant pas toujours si aisées à trouver, et bien souvent elles ne se présentent d'elles-mêmes qu'à un moment plus ou moins avancé de l'étude. Chateaubriand s'est défini un jour à mes yeux « un épicurien qui avait l'imagination catholique, » et je ne crois pas m'être trompé. Tâchons de trouver ce nom caractéristique d'un chacun et qu'il porte gravé moitié au front, moitié au dedans du cœur, mais ne nous hâtons pas de le lui donner.

De même qu'on peut changer d'opinion bien des fois dans sa vie, mais qu'on garde son caractère, de même on peut changer de genre sans modifier essentiellement sa manière. La plupart des talents n'ont qu'un seul et même procédé qu'ils ne font que transposer, en changeant de sujet et même de genre. Les esprits supérieurs ont plutôt un cachet qui se marque à un coin; chez les autres, c'est tout un moule qui s'applique indifféremment et se répète.

On peut jusqu'à un certain point étudier les talents dans leur postérité morale, dans leurs disciples et leurs admirateurs naturels. C'est un dernier moyen d'observation facile et commode. Les affinités se déclarent librement ou se trahissent. Le génie est un roi qui crée son peuple. Appliquez cela à Lamartine, à Hugo, à Michelet, à Balzac, à Musset. Les admirateurs enthousiastes sont un peu des complices : ils s'adorent eux-mêmes, qualités et défauts, dans leur grand représentant. Dis-moi qui t'admire et qui t'aime, et je te dirai qui tu es. Mais il importe de discerner pour chaque auteur célèbre son vrai public naturel, et de séparer ce noyau original qui porte la marque du maître, d'avec le public banal et la foule des admirateurs vulgaires qui vont répétant ce que dit le voisin.

Les disciples qui imitent le genre et le goût de leur modèle en écrivant sont très-curieux à suivre et des plus propres, à leur tour, à jeter sur lui de la lumière. Le disciple, d'ordinaire, charge ou parodie le maître sans s'en douter : dans les écoles élégantes, il l'affaiblit ; dans les écoles pittoresques et crues, il le force, il l'accuse à l'excès et l'exagère : c'est un miroir grossissant. Il y a des jours, quand le disciple est chaud et sincère, où l'on s'y tromperait vraiment, et l'on serait tenté de s'écrier, en parodiant l'épigramme antique : « O Chateaubriand ! O Salvandy ! lequel des deux a imité l'autre ? » Changez les noms, et mettez-en de plus modernes, si vous le voulez : l'épigramme est éternelle.

Quand le maître se néglige et quand le disciple se soigne et s'endimanche, ils se ressemblent ; les jours où Chateaubriand fait mal, et où Marchangy fait de son mieux, ils ont un faux air l'un de l'autre ; d'un peu loin, par derrière, et au clair de lune, c'est à s'y méprendre.

Tous les disciples ne sont pas nécessairement des copies et des contre-façons ; tous ne sont pas compromettants : il y en a, au contraire, qui rassurent et qui semblent faits tout exprès pour cautionner le maître. N'est-ce pas ainsi que M. Littré a élucidé et perfectionné Auguste Comte ? Je connais, même dans la pure littérature, des admirateurs et des disciples de tel ou tel talent hasardeux qui m'avertissent à son sujet, et qui m'apprennent à respecter celui que, sans eux, j'aurais peut-être traité plus à la légère.

S'il est juste de juger un talent par ses amis et ses clients naturels, il n'est pas moins légitime de le juger et *contre*-juger (car c'est bien une contre-épreuve en effet) par les ennemis qu'il soulève et qu'il s'attire sans le vouloir, par ses contraires et ses antipathiques, par ceux qui ne le peuvent instinctivement souffrir. Rien ne sert mieux à marquer les limites d'un talent, à circonscrire sa sphère et son domaine, que de savoir les points justes où la révolte contre lui commence. Cela même, dans le détail, devient piquant à observer ; on se déteste quelquefois toute sa vie dans les Lettres sans s'être jamais vus. L'antagonisme des familles d'esprits achève ainsi de se dessiner. Que voulez-vous ? c'est dans le sang, dans le tempérament, dans les premiers partis pris qui souvent ne dépendaient pas de vous. Quand ce n'est pas de la basse envie, ce sont des haines de race. Comment voulez-vous obliger Boileau à goûter Quinault ; et Fontenelle à estimer grandement Boileau ? et Joseph de Maistre ou Montalembert à aimer Voltaire ?

C'est assez longuement parler pour aujourd'hui de la méthode naturelle en littérature. Elle trouve son application à peu près complète dans l'étude de Chateaubriand. On peut, en effet, répondre avec certitude à presque toutes les questions qu'on se pose sur son compte. On connaît ses origines bretonnes, sa famille, sa race ; on le suit dans les divers groupes littéraires qu'il a traversés dès sa jeunesse, dans ce monde du xviiie siècle qu'il n'a fait que côtoyer et reconnaître en 89, et plus tard dans son cercle intime de 1802, où il s'est épanoui avec toute sa fleur. Les sympathies et les antipathies, de tout temps si vives, qu'il devait susciter, se prononcent et font cercle dès ce moment autour de lui. On le retrouve, ardent écrivain de guerre, dans les factions politiques en 1815 et au delà, puis au premier rang du parti libéral quand il y eut porté sa tente, sa vengeance et ses pavillons. Il est de ceux qui ont eu non pas une, mais au moins deux carrières. Jeune ou vieux, il n'a cessé de se peindre, et, ce qui vaut mieux, de se montrer, de se laisser voir, et, en posant solennellement d'un côté, de se livrer nonchalamment de l'autre, à son insu et avec une sorte de distraction. Si, après toutes ces facilités d'observation auxquelles il prête plus que personne, on pouvait craindre de s'être formé de lui comme homme et comme caractère une idée trop mêlée de restrictions et trop sévère, on devrait être rassuré aujourd'hui qu'il nous est bien prouvé que ses amis les plus intimes et les plus indulgents n'ont pas pensé de lui dans l'intimité autrement que nous, dans notre coin, nous n'étions arrivé à le concevoir, d'après nos observations ou nos conjectures.

Son *Éloge* reste à faire, un Éloge littéraire, éloquent, élevé, brillant comme lui-même, animé d'un rayon qui lui a manqué depuis sa tombe, mais un Éloge qui, pour être juste et solide, devra pourtant supposer *en dessous* ce qui est dorénavant acquis et démontré.

Lundi 28 juillet 1862.

M. DE PONTMARTIN.

LES JEUDIS DE MADAME CHARBONNEAU.

PREMIÈRE ET DEUXIÈME ÉDITION (1)

Je croyais en être quitte pour quelque temps avec M. de Pontmartin ; j'avais écrit sur lui et sur ses ouvrages, il y a peu de mois, un article développé, presque une étude ; elle était sérieuse, sévère dans sa sincérité, et l'éloge n'y venait qu'après le blâme. Il avait eu le bon goût d'en paraître, somme toute, satisfait, et j'avais été touché d'un procédé si rare. Mais j'étais loin du compte, et, au moment où j'estimais avoir fixé mon jugement et mes idées sur un talent et un esprit fait, cet esprit changeait de direction et allait se montrer sous un aspect tout nouveau. J'étais comme quelqu'un de ma connaissance qui s'était autrefois livré à

(1) Michel Lévy, rue Vivienne, 2 bis.

un travail d'analyse sur Eugène Sue romancier, à la veille des *Mystères de Paris* et avant cette conversion démocratique soudaine du peintre d'*Arthur* : c'était à recommencer. M. de Pontmartin vient de même d'introduire toute une révolution dans sa manière : de critique aristocratique, de défenseur des hautes doctrines de la société, de chevalier avoué du trône et de l'autel, il s'est fait pamphlétaire satirique, auteur de *Guêpes*, diseur de vérités et de malices à tout prix ; les lauriers d'Alphonse Karr l'ont empêché de dormir. Le voilà, d'Ange de lumière, devenu semblable à l'un de nous tous, et, selon moi, bien pire. Il se flatte d'avoir suivi un conseil de M. Veuillot ; il a cassé les vitres, il a fait, lui aussi, ses *Libres Penseurs,* et il les a jetés dans la rue à la tête du passant. Enfin, il a publié *les Jeudis de Madame Charbonneau,* qui ont fait un bruit terrible ; il a, pour la première fois, eu un succès réel, — de scandale, qu'importe ? Lentement donc, et après tous les autres, je viens pourtant en parler ; je ne crains pas toujours de parler des livres du moment, qui font du bruit.

Il y a deux choses à distinguer dans la dernière publication de M. de Pontmartin, le procédé et le talent. Je définirai d'abord le procédé.

I.

Je ne distingue point dans *les Jeudis* la première édition de la seconde ; je ne distinguerai pas non plus le volume d'avec les articles insérés dans un journal, et qui tous, et pour cause, n'ont pas été recueillis encore dans *les Jeudis.* Tout cela se tient et ne fait qu'un ; M. de Pontmartin ne saurait jouer l'innocent, comme je vois qu'il l'essaye dans une dernière préface. Il a une singulière doctrine en matière de satire. — Quoi ! dit-il, je publie, il y a près de trois ans de cela, des articles dans un journal (*la Semaine des Familles*) ; je dois supposer qu'on les lit. Or personne ne se récrie, personne ne réclame ; ne suis-je donc pas tout naturellement autorisé à les mettre en volume, surtout quand des amis m'y engagent et de temps en temps me disent comme pour m'agacer : « Vous avez là les matériaux d'un joli volume ; quand le publierez-vous ? » Je me suis laissé gagner à leur idée. Vous voyez bien qu'il n'y a aucune préméditation dans mon fait. Si je me suis trompé, il y a eu tout au plus de l'illusion, une erreur d'optique. —

Il est joli, le raisonnement ! elle est touchante, l'illusion ! mais il y a eu au contraire préméditation, s'il en fut jamais, et ruse ; vous n'êtes pas un enfant, ni nous non plus ; nous savons ces finesses : l'histoire est ancienne ; c'est celle de tous les satiriques, c'est celle de Bussy-Rabutin pour ce fameux *Portrait de Madame de Sévigné.* Une fois fait, il fallait bien qu'il sortît, qu'il vît le jour. L'auteur le trouvait trop joli pour l'ensevelir. Périssent les amitiés et les convenances, celles même de cousinage et de parenté, plutôt qu'un article ! Vous, de même ; vous aviez en portefeuille des portraits méchants, et, selon vous, jolis : comment les produire ? C'était une affaire de tactique. Vous les avez fait d'abord filer un à un, presque *incognito*, sous le masque et sans *clef*, dans un journal honnête qui colportait vos brûlots ou pétards sans s'en douter. Vous n'aviez pas encore mis le feu à la mèche. Ce n'a été qu'avec le volume que cette mèche a été allumée, en y mettant les noms propres : de là l'explosion et l'esclandre. Elle ne pouvait avoir lieu auparavant. Vous savez bien qu'on ne lit pas, dans le monde que vous attaquiez, *La Semaine des Familles*. Ainsi pas d'innocence jouée ; c'est inutile. Et la preuve qu'au fond vous tenez peu à cette innocence, et que depuis longtemps elle avait commencé à vous peser, c'est qu'après le premier bruit de la bombe qui vous a fait un peu reculer, vous voilà aux anges ; vous pétillez d'aise, vous avez réussi à faire éclat, à obtenir ce que votre cœur d'homme de lettres désirait le plus, une célébrité d'une heure. « C'est égal, le tour est joué, » devez-vous dire. Peu s'en faut que vous n'ajoutiez, et je crois que vous l'avez dit : « Enfin j'ai trouvé mon genre. »

Que si vous n'avez pas recueilli dans le volume tout ce que vous aviez inséré dans la feuille, c'est que vous aviez, au moment de cette seconde publication, quelques ménagements à garder, c'est que vous ne vouliez pas mettre tout le monde contre vous à la fois, que vous ne vouliez pas vous fermer toutes les portes ; mais ces articles, d'abord dissimulés, et qui étaient restés comme des soldats couchés dans le fossé, attendant pour se montrer un nouveau signal, ont été *levés* par des indiscrets, et maintenant tout est connu ; je parlerai donc du tout. Ce qui est publié est publié. Il n'est pas en votre pouvoir, quand vous le voudriez, de rien rétracter de ce que vous avez une fois lancé et mis en circulation. En fait de médisance et de malignité, c'est toujours la première édition qui compte.

Je reviens au procédé, qui est le gros de l'affaire. Quel est-il? Je ne marchanderai pas : socialement il est étrange, et de la part d'un écrivain qui avait tous les dehors et les prétentions d'un homme de bonne compagnie, il est impardonnable.

Premièrement, M. de Pontmartin dédie dans une longue préface son livre à M. Jules Sandeau, un ancien ami qu'il n'a pas vu depuis longtemps, et pour lequel sa tendresse semble s'être tout d'un coup réchauffée à cette occasion. Il y a des amis auxquels on ne pensait plus, et qu'on se remet ainsi subitement à aimer *contre* d'autres. Ce serait déjà grave de dédier, — ne chicanons pas sur les mots, d'adresser publiquement son livre, un livre de satire et de personnalités, à M. Sandeau, sans le prévenir et sans avertir les lecteurs qu'on ne l'a pas consulté; car c'est l'en rendre, jusqu'à un certain point, responsable et complice. Mais qu'est-ce donc quand M. Sandeau est censé jouer un rôle dans le livre, quand il tient en un endroit le dé de la conversation, quand il y exprime des jugements sur plusieurs de ses confrères et amis, et des jugements les plus malins d'intention, les plus perfides! M. de Pontmartin a beau dire aujourd'hui qu'il est visible à tout le monde que ce rôle de M. Sandeau n'était évidemment qu'une fiction de l'auteur, qu'il est bien clair que tout ce que dit M. Sandeau dans le livre, c'est lui,

M. de Pontmartin, qui le pense et qui le lui souffle : outre qu'il n'est pas flatteur d'être pris ainsi pour chaperon d'abord, puis pour un simple prête-nom, cela est de soi si peu clair, qu'à un endroit M. Sandeau, après avoir parlé librement et médit d'un chacun, est présenté comme s'arrêtant devant un seul nom, celui de Gustave Planche ; il coupe court, sur ce que celui-ci est, dit-il, son ami particulier ; ce qui était vrai en effet. Nous savons tous que Gustave Planche, dans les derniers temps et en ses moments les plus tristes, trouvait affection et asile au foyer de M. Sandeau. M. de Pontmartin établissait donc une confusion volontaire et compromettante, en mettant de la sorte et avec ce sans-façon M. Sandeau en avant.

Ainsi cette première inconvenance était complète, et M. Sandeau, que tous ceux qui le connaissent pour la sûreté de ses relations, pour l'aménité de son caractère, pour ses mœurs gracieuses et bienveillantes, eussent été loin d'accuser sans aucun doute, s'est fait toutefois, avec raison, un devoir de protester publiquement, ne pouvant admettre à aucun degré le soupçon d'avoir trempé dans cette composition équivoque.

Le cadre du livre en question est, d'ailleurs, des plus élémentaires, et les paravents ne sont là que pour la forme. Le gentilhomme de province qui se donne pour un homme de lettres désappointé et ensuite pour un maire de village non moins mortifié et mystifié, Georges de Vernay ou tout simplement M. de Pontmartin, est censé faire sa confession littéraire à Carpentras ou en quelque ville voisine, dans le salon d'une Mme Charbonneau, femme du directeur de l'enregistrement; il y raconte devant quelques habitués, ou plutôt il lit dans un manuscrit apporté tout exprès, pour qu'on n'en ignore, la suite de ses prétendues mésaventures depuis le premier jour jusqu'au dernier. Il n'y a d'un peu engageant vraiment que le début; il y montre avec esprit (ce n'est pas ce qui y manque), et en se faisant plus neuf, plus ingénu qu'il ne l'a jamais été, ses étonnements, ses premiers faux pas dès son entrée dans la vie parisienne sous les auspices de M. Sandeau, son auteur de prédilection; le premier dîner en tête-à-tête qu'il offre à celui-ci chez Bignon; le dîner qui lui est rendu à un restaurant plus modeste hors barrière, le père Moulinon, où se réunissaient les gens d'esprit pauvres et un peu bohèmes, les « surnuméraires de l'art et de la littérature; » puis, au sortir de là, une soirée de lecture dans un salon à la mode où il est présenté et où, pour payer sa bienvenue, il se pique de spirituelle impertinence. Je ne fais pas ici le moraliste sévère, je ne parle que convenance et procédé. Que M. de Pontmartin, s'il vivait (ce que je lui souhaite) quatre-vingts ans et plus, comme l'estimable M. Delécluze, recueille dans sa vieillesse ses Souvenirs, les publie alors, dépeigne à ses contemporains de ce temps-là les gens avec qui il a dîné trente ou quarante ans auparavant, cherche même à les montrer en laid et à se donner le beau rôle, il n'y aurait rien à cette façon de faire que d'assez simple, d'assez conforme à la loi des amours-propres et d'assez reçu, en effet, dans cette libre et babillarde république des Lettres. Le temps, en s'enfuyant, souffre et permet bien des choses. Mais qu'âgé de cinquante ans environ, devant ces mêmes personnes vivantes, lui qui peut les rencontrer nez à nez à chaque instant, il vienne nous raconter des entretiens plus ou moins intimes, et non agréables pour tout le monde, qui auraient eu lieu à table entre deux ou plusieurs convives ; que, sous prétexte de débiter ses mécomptes, il se donne les airs de supériorité ; qu'il nous exhibe le menu de la carte, additionne les petits verres de curaçao qu'on a bus et qu'il a payés, n'oublie jamais de rappeler qu'il est gentilhomme et propriétaire, qu'il a eu affaire à des *confrères besoigneux;* mais tout cela est d'un goût détestable, d'un fonds illibéral et presque vulgaire, que tout l'esprit de malice dans le détail et un vernis extérieur d'élégance ne sauraient racheter! On est *comme il faut* ou on ne l'est pas.

Le comte d'Orsay était un libertin, un dissipateur, mais un charmant et galant homme. Un jour qu'il était ruiné, un libraire de Londres lui offrit je ne sais combien de guinées pour qu'il écrivît ses Mémoires et qu'il y dît une partie de ce qu'il savait sur la haute société anglaise avec laquelle il avait vécu. — « Non, dit le comte après y avoir pensé un moment, je ne trahirai jamais les gens avec qui j'ai dîné. » M. de Pontmartin n'a pas même cette excuse d'être ruiné, puisqu'il a, bon an mal an, il nous le répète assez, de douze à quinze mille livres de revenu et une superbe allée de marronniers.

Les Anciens, honnêtes gens, avaient un principe, une religion : tout ce qui était dit à table entre convives était sacré et devait rester secret; tout ce qui était dit sous la rose, *sub rosa* (par allusion à cette coutume antique de se couronner de roses dans les festins), ne devait point être divulgué et profané. Oh! que cela ne se passe pas ainsi avec M. de Pontmartin et sous ses marronniers! Il est dangereux de s'asseoir à leur ombre, ainsi que l'un de nos anciens amis en a fait cruellement l'épreuve (1). Méfiez-vous! il vous invite, il vous reçoit chez lui, il est votre hôte, on se livre à son accueil bienveillant, et il ne vous en respecte pas davantage, il vous en épargne d'autant moins. Demain il essayera de faire rire le monde à vos dépens. Mais c'est là un abominable procédé de maître de maison; c'est une vraie traîtrise. S'il était moins bon chrétien et catholique, s'il était simplement un honnête homme païen, je renverrais M. de Pontmartin à ce qui est dit des devoirs et des obligations envers Jupiter Hospitalier; mais ces fils des croisés (si tant est qu'il en descende) se soucient bien de Jupiter!

Que M. de Pontmartin ait montré de l'esprit dans divers portraits qu'il a tracés, ce n'est pas la question en ce moment. Il vient d'avoir sa chute morale; c'est ce que je constate. Il a été tenté, et il a succombé.

La tentation pour tous n'est pas la même, et elle prend différentes formes. Un glorieux, un vaniteux, est tenté autrement qu'un avare ou qu'un nécessiteux. Un homme de lettres pauvre est tenté autrement qu'un

---

(1) Les curieux peuvent chercher dans la *Revue anecdotique* du 1ᵉʳ avril, pages 231-240. Il s'agit du directeur de la *Revue des Deux Mondes*.

homme de lettres riche. M. de Pontmartin nous a assez étalé son état de fortune pour que nous sachions qu'il ne pouvait faillir par les mêmes raisons que le pauvre Mürger, s'il est vrai pourtant que l'aimable Mürger ait eu les torts qu'il lui reproche. Ce qui pouvait le tenter, lui, c'était l'amour du bruit, d'un bruit à tout prix. Eh bien! cette tentation, sous la seule forme où elle pouvait se présenter à un homme de sa sorte, l'auteur des *Jeudis* l'a éprouvée, et il n'a pas su y résister.

Il a tiré son coup de pistolet dans la rue, et chacun s'est retourné. Il avait tiré ce même pistolet trois ans auparavant dans une *cave* (comme lui-même il appelle poliment l'honnête journal qui lui avait prêté d'abord sa publicité clandestine), et personne n'y avait fait attention; il a rechargé et tiré de nouveau avec la même balle en plein boulevard, en pleine rue Vivienne; de là tapage et attroupement. Voilà un succès.

Cela me fait sourire de penser que M. de Pontmartin a eu sa chute, toute proportion gardée, comme Lamennais, comme Chateaubriand, quand ce grand transfuge renia ses dieux. Il lui est même arrivé comme à Lamennais, quand celui-ci fit ses *Affaires de Rome :* ne voilà-t-il pas qu'il a pris, du coup, un air plus dégagé, plus déluré que jamais!

N'exagérons rien; mais sérieusement M. de Pontmartin aurait lieu de dire comme certain ministre après sa conduite dans la Coalition : « Ma situation est changée. » Et en effet, de quel droit viendra-t-il parler dorénavant religion, morale, famille, quand il a violé, de dessein prémédité, les plus simples bienséances et les

lois du savoir-vivre? De quel droit relèvera-t-il les misères, les versatilités, les scandales de la vie littéraire, lui qui a fait un livre en partie spirituel, je le veux, mais tout au point de vue de l'amour-propre et qui n'est, à le bien prendre, qu'une gaminerie immense. Car c'est maintenant un espiègle en grand que M. de Pontmartin. Ce livre, destiné à dénoncer le scandale littéraire, en fait désormais partie. Il faut que ses admirateurs, qui remplissent les Revues de province et qui, hier encore, injuriaient en son nom l'univers, que ses coryphées qui se faisaient écho de Quimper à Suze-la-Rousse, d'un bout de la France à l'autre, renoncent à dire : « Lisez les volumes de M. de Pontmartin, et
« sous l'influence de cette lecture vous sentirez grandir
« en vous *l'amour du beau, du vrai et du bien!* » Il faut que lui-même renonce à donner aux siens, d'un ton d'oracle et de Mentor, des leçons comme celle-ci :
« Ne vous révélez au public que par vos ouvrages. Soyez
« toujours et avant tout de votre religion, de votre
« monde, de votre parti. *Ne faites pas à votre popula-*
« *rité des sacrifices que payerait un jour votre gloire.*
« Voyez ce qui arrive pour les plus grands de ceux qui
« vous ont précédés; ils sont châtiés par où ils ont
« péché... (1), etc., etc. » Qu'il prenne pour lui la leçon. Et nous qu'il a tant de fois chapitré au nom de ses doctrines de convention, nous avons droit de dire en montrant le présent livre : Lisez et vous y sentirez pour toute inspiration, aux meilleurs endroits, une

---

(1) *Les Semaines littéraires*, page 254.

personnalité très-vive, très-fine, très-excitée et surexcitée, une vanité blessée et se vengeant.

II.

Ceci me mène à caractériser l'esprit, le genre, l'espèce de talent. J'aime peu la satire, mais je la conçois et je l'admets; elle peut être de diverses sortes. L'indignation en est la plus noble muse. Après l'indignation d'un Alceste, d'un Juvénal, il y a bien des degrés dans la dose de bile et de fiel qui entre nécessairement dans la satire. Sans remonter bien haut, et sans sortir de notre temps, je conçois M. Veuillot franc, violent, fin pourtant, âpre non moins qu'adroit à l'attaque, riant ou mordant à belles dents, et sachant choisir sur le prochain les endroits vulnérables et tendres; ayant rompu avec la moitié et plus de la moitié de ses confrères, et seul contre tous s'en faisant craindre. M. de Pontmartin n'est point de cette famille. Il est plutôt piqué, aigri. Je ne prends pas à la lettre tout ce qu'il fait semblant d'être dans son livre; il se donne comme le plus désappointé des hommes; selon lui, il aurait tout manqué dans sa carrière, et il n'aurait recueilli qu'ingratitude et mécomptes : littérateur, on ne lui aurait pas su gré des services qu'il aurait rendus à la société à une certaine heure; on lui aurait fait mainte promesse qu'on n'aurait pas tenue; homme de province et propriétaire, il n'aurait eu qu'ennuis dans l'exercice de ses honneurs municipaux ou communaux; homme de qualité (il ne l'oublie jamais), comme il n'allait qu'en fiacre dans les soirées du noble faubourg, les laquais souriaient d'un certain air en le voyant traverser l'antichambre et lui demandaient à la sortie sous quel nom il fallait appeler ses gens. Je ne savais pas, je l'avoue, M. de Pontmartin en si piètre état et en si mauvaise posture ; je le croyais sur un meilleur pied dans tous ses mondes ; il me semblait qu'il avait, littérairement, une réputation assez en rapport avec ses mérites, qu'il n'avait pas grand'chose à demander de plus ; et quant à l'Académie, son désir ou son regret aujourd'hui avoué, j'estimais à vue de pays que, du train dont nous y allons et pour peu que nous mourions encore, il avait chance d'y arriver à son tour, — après M. Cuvillier-Fleury, par exemple. Mais enfin M. de Pontmartin est meilleur juge de sa situation que nous ; il en dit trop pour qu'il n'y ait pas du vrai dans ses doléances, et il se présente dans tout son livre comme si mécontent, si battu de l'oiseau, si en guerre non-seulement avec nous autres gens de lettres, mais avec les personnes de sa famille, avec les nobles cousines qui ont hérité d'un oncle riche à son détriment, avec les amis politiques qui lui ont refusé un billet d'Académie pour une séance publique très-recherchée, avec ses paysans mêmes et les gens de sa commune qui ont traversé indûment son parc et à qui il reproche jusqu'aux fêtes et galas qu'il leur a donnés, qu'il est impossible de ne pas voir dans tout cela une disposition morale existante et bien réelle, celle de l'homme *vexé, dépité*. Or c'est là une veine un peu maigre et un peu chétive pour alimenter la satire.

Aussi la sienne n'est piquante que littérairement et

pendant quelques pages. Tout le reste du volume qui se rapporte à la vie de province et aux tribulations qu'il y rencontre est souverainement ennuyeux. Tout le sel et le fin du livre consiste en une demi-douzaine ou, si l'on veut un compte plus exact, une dizaine de portraits qui, cités presque en entier, n'ont fait qu'une ou deux bouchées du *Figaro*.

Pour les rendre plus piquants, l'auteur a outré dans quelques-uns les traits, ce qui est, dit-il, le droit du satirique : il a, dans d'autres, altéré la vérité, ce qui n'est le droit de personne. Ainsi, à quoi bon faire d'un docteur en médecine, dont il veut se moquer, un apothicaire? A quoi bon supposer que M. Legouvé, qui a fait une certaine lecture dans un salon *après* sa nomination à l'Académie, l'a faite *avant* et pour la préparer? On ne me fera pas croire que ce sont là de simples inadvertances. Ce n'en est pas une, du moins, dans un des plus malins portraits du volume, portrait qui n'est autre que le mien, d'avoir dit :

« Il excellerait à distiller une goutte de poison dans une fiole d'essence, de manière à rendre l'essence vénéneuse ou le poison délicieux. Son erreur a été de sophistiquer ce qu'il aurait pu faire tout simplement..., de traiter la littérature comme une mauvaise guerre où il faudrait constamment avoir un fleuret à la main et un stylet sous son habit. On assure qu'il passe son temps à colliger une foule d'armes défensives et offensives, de quoi accabler ceux qu'il aime aujourd'hui et qu'il pourra haïr demain, ceux qu'il déteste à présent et dont il veut se venger plus tard... »

C'est de moi que M. de Pontmartin parle en ces aimables

termes : et tous ceux qui ont lu son livre m'ont presque fait compliment comme à l'un des moins maltraités encore entre nos confrères. Et moi, tout flatté que je puisse être de mille douceurs et sucreries qu'il m'adresse par compensation en maint endroit, mais plus jaloux, je l'avoue, d'être honnête homme que de passer pour avoir du goût, je lui dis tout net à propos de ces phrases étranges qu'on vient de lire, et qui atteignent directement et outrageusement mon caractère : « Savez-vous, Monsieur, que si vous n'étiez pas un homme léger qui ne pèse pas ses paroles, vous seriez un calomniateur ! »

Mais il est léger, inconsidéré : il s'avance, puis il recule, puis il avance encore. Jamais homme, d'après ses propres aveux, n'a été plus atteint que lui de cette démangeaison particulière à certaines époques et surtout à la nôtre, le *prurit* littéraire ; il en a été de bonne heure chatouillé et rongé jusqu'aux os, — jusqu'aux moelles, comme dirait Giboyer. Il a longtemps souffert de ne passer que pour un amateur. Il a amassé goutte à goutte, pendant des années, des trésors d'aigreur, en se comparant à celui-ci ou à celui-là. Un jour, l'impatience le prenant, il a fait une addition, une somme totale de toutes les petites piqûres qu'il avait reçues, et cela formait une blessure large et profonde qui tout d'un coup s'est découverte : son amour-propre a parlé *par la bouche de sa blessure.* Ou bien encore, car son cas pathologique est curieux et appelle les comparaisons médicales, il est comme un homme qui aurait avalé un cent d'épingles ou plutôt de fines aiguilles, et toutes les aiguilles lui sortent après un certain temps par mainte issue et mainte voie douloureuse.

Je ne conteste pas la finesse des aiguilles qui, en sortant, piquent maintenant les autres, en même temps qu'elles le soulagent. Il y a dans ce livre des parties fort jolies et finement méchantes, aussi méchantes que si c'était d'une langue ou d'une griffe de femme. Et M. de Pontmartin est tellement homme de lettres jusqu'aux os (dans le sens qu'il a tant de fois blâmé), il est tellement caillette littéraire dans l'âme, que je ne sais si cet éloge que je fais de son esprit ne le fera pas passer sur tout le reste, et ne l'en consolera pas. Libre à lui de prendre son succès au sérieux et d'en jouir, en ne tenant nul compte de la nuance de mésestime qui s'y attache !

Ne cherchez en effet dans cette production aucune trace d'un sentiment profond, élevé, aucune mâle et noble colère ; d'un bout à l'autre la personnalité règne, et rien que la personnalité ; on peut dire que cette plume crache la personnalité à tout propos. Ce n'est ni l'amour de la vérité et de la vertu, ni la passion d'une cause, ni la haine de l'hypocrisie et du charlatanisme, ni la verve du bon sens et du bon goût qui l'anime, qui le transporte et lui fait vider son carquois : c'est un besoin de revanche et de représailles toutes personnelles. Un de nos amis les plus maltraités, les plus insultés dans ce volume (1), recevait, en mai 1853, une lettre de M. de Pontmartin, datée du journal *l'Assemblée nationale*, et ainsi conçue :

(1) M. Paulin Limayrac.

« Monsieur et ancien collaborateur,

« Pendant que nos rédacteurs en chef se fusillent et s'exterminent du haut de leur *premier-Paris,* ne serait-ce pas chose agréable et piquante de nous tendre la main à travers les fenêtres de notre rez-de-chaussée? Voici un petit livre que je vous offre; abonné à *la Presse* pendant cette saison d'été, j'y lisais vos articles, et le charme de ces lectures augmentait mon désir de devenir un jour votre justiciable. Le prix extrême que j'attache à votre suffrage vous prouvera mieux que toutes les phrases ce que je pense de vous, etc. »

Mais apparemment, le spirituel écrivain qu'on caressait de la sorte et qu'on espérait amadouer, ne répondit pas à l'appel ou n'y répondit que par quelques coups de plume sincères : *inde iræ.*

Certes, quand on s'est avancé ainsi envers un confrère, on n'a plus ensuite le droit de venir récriminer contre lui avec injure et acrimonie, ou bien on s'expose à s'entendre dire, tout gentilhomme qu'on est, qu'on est atteint et convaincu de *trissotinisme.* On tombe dans le personnage de Molière.

Un jour, M. de Pontmartin rencontre M. Legouvé qui cause avec lui affectueusement; vite il rentre chez lui et adoucit le portrait de M. Legouvé; si M. Legouvé s'était montré froid, il rentrait et ajoutait au portrait une malignité de plus.

Tout cela est assez misérable, on l'avouera, et quand la littérature en est réduite à ces questions, elle en est fort rabaissée. Quelques jolies pages ne couvrent pas le procédé. Ce livre est plus un acte qu'un livre. J'ai cherché à m'expliquer une pareille erreur chez un écrivain auparavant réputé de bonne compagnie ; tout ce que j'ai dit jusqu'ici ne suffirait pas encore. On me fait remarquer chez lui un coin très-prononcé et auquel je n'avais pas d'abord pris garde. Sans cesse tiraillé entre Paris et la province, l'auteur se raille de tous deux, et de la province comme de Paris ; il abuse même étrangement du nom de *Gigondas*, lequel lieu, des mieux habités, me dit-on, n'est pas celui de sa commune, et qui aurait droit de réclamer, pour être ainsi sans raison livré au ridicule ; mais enfin c'est à Paris qu'il en veut surtout, c'est Paris qu'il dénigre, contre lequel il a à exercer ses plus amères rancunes ; c'est à Paris qu'il disait tous les six mois en le quittant et en le menaçant du geste, comme *Damon*, ce grand auteur, ou comme le boudeur Jean-Jacques : *Adieu, Paris, ville de fumée et de boue !...* Eh bien ! cela me donne envie d'aimer d'autant plus Paris, quand je vois ceux qui le maudissent commettre de telles fautes de goût, de bienséance, et, boutade pour boutade, je m'écrie à l'encontre :

« Paris, ville de lumière, d'élégance et de facilité, c'est chez toi qu'il est doux de vivre, c'est chez toi que je veux mourir ! Ville heureuse où l'on est dispensé d'avoir du bonheur, où il suffit d'être et de se sentir habiter ; qui fait plaisir, comme on le disait autrefois d'Athènes, rien qu'à regarder ; où l'on voit juste plus naturellement qu'ailleurs, où l'on ne s'exagère rien, où l'on ne se fait des monstres de rien ; où l'on respire, pour ainsi dire, avec l'air même ce qu'on ne sait pas, où l'on n'est pas étranger même à ce qu'on ignore ; centre unique de ressources et de liberté, où la solitude est possible, où la société est commode et toujours voisine, où l'on est à cent lieues ou à deux pas ; où une seule matinée embrasse et satisfait toutes les curiosités, toutes les variétés de désirs ; où le plus sauvage, s'il est repris du besoin des hommes, n'a qu'à traverser les ponts, à parcourir cette zone brillante qui s'étend de la Madeleine au Gymnase; et là, en quelques instants, il a tout retrouvé, il a tout vu, il s'est retrempé en plein courant, il a ressenti les plus vifs stimulants de la vie, il a compris la vraie philosophie parisienne, cette facilité, cette grâce à vivre, même au milieu du travail, cette sagesse rapide qui consiste à savoir profiter d'une heure de soleil ! Combien de fois, après des journées et des semaines de retraite et d'étude, me trouvant là vers trois heures sur ces boulevards fourmillants, j'ai rencontré de ces hommes que M. de Pontmartin décrit si affreux, si terribles, qui sont de la littérature active, ou des théâtres ou des journaux grands et petits ! Je ne sais pourquoi, peut-être est-ce parce qu'elles sont rares, mais ces rencontres me plaisent toujours ; j'y gagne, j'y apprends de ces gaies et folles nouvelles qui autrement courraient risque de ne m'arriver jamais, j'entends de ces mots spirituels que toute la méditation ne donnerait pas, je m'y aiguise ; je crois même voir, sauf quelques rares exceptions, une bienveillance réelle à mon égard sur ces visages fins et travaillés. Ce sont des camarades de guerre qui servent dans des armes différentes et plus légères ; de ce qu'on fait chacun de son côté ce que l'autre ne ferait pas, est-ce une raison pour se détester? Je suis bien sûr que de ces hommes qui viennent de me serrer la main, aucun ne me trahira, n'ira écrire incontinent contre moi (entendez-vous, Monsieur le gentilhomme-propriétaire du Comtat?) et ne parodiera en malice cette conversation que j'ai eue avec bonhomie. Et puis, quand je rentre dans mes quartiers non lettrés et tout populaires, quand je m'y replonge dans la foule comme cela me plaît surtout les soirs de fête, j'y vois ce que n'offrent pas à beaucoup près, dit-on, toutes les autres grandes villes, une population facile, sociable et encore polie; et s'il m'arrive d'avoir à fendre un groupe un peu trop épais, j'entends parfois sortir ces mots d'une lèvre en gaieté : *Respect à l'âge!* ou : *Place à l'ancien!* Je suis averti alors et assez désagréablement, je l'avoue, de ce qu'on est toujours si tenté d'oublier, mais je le suis avec égard, avec politesse; de quoi me plaindrais-je? Oh! Paris, Paris de tous les temps, Paris ancien et nouveau, toujours maudit, toujours regretté et toujours le même, oh! que Montaigne déjà te connaissait bien! C'est chez toi qu'il est doux de vivre, c'est chez toi que je veux mourir! »

Un provincial, au contraire (je suis étonné d'avoir à employer ce mot avec M. de Pontmartin, et j'espérais même que ni le mot ni la chose n'existaient presque plus), est prompt à s'ébahir ou à se scandaliser; il se pique ou se mortifie aisément; il se bourre de trop de choses en trop peu de temps, et a peine ensuite à les digérer. J'ai peur que M. le soi-disant maire de Gigondas, malgré tout son esprit, n'ait suivi ce procédé d'une détestable hygiène morale. Dans ses six mois de Paris, il veut en mettre trop ; de là un étourdissement, une sorte de griserie et d'ivresse de tête qu'il va cuver en province, et il se venge en médisant de ce qui la lui a donnée. Ce n'est pas ainsi qu'il faut prendre Paris ; demandez plutôt à l'aimable et heureux Auber qui n'en sort pas. Prenez Paris comme le café, tous les jours et à petites doses. C'est ainsi que Paris est *attique*.

Monsieur de Pontmartin, — je reviens à mon dire, et ce sera mon dernier mot, — je vous avais cru plus Parisien que cela.

Lundi 4 août 1862.

LETTRES INÉDITES

DE

JEAN RACINE et de LOUIS RACINE

Précédées de Notices

PAR L'ABBÉ DE LA ROQUE

chanoine d'Autun, leur petit-fils (1).

M. l'abbé de La Roque descend de Louis Racine en ligne directe par les femmes. La veuve de Louis Racine, la bru du grand Racine, vécut fort longtemps et fort avant dans le XVIIIe siècle; elle vit la Révolution française et mourut en 1794, âgée de 93 ou 94 ans. Elle était née peu de mois après la mort de son beau-père : cela allonge la chaîne. L'abbé de La Roque dédie son livre, qu'il appelle un « monument de famille, » à sa mère, la baronne de La Roque, encore existante et qui

(1) Un vol. in-8°, chez Hachette, boulevard Saint-Germain, 77.

est assez âgée elle-même pour avoir connu dans son enfance et sa première jeunesse la veuve de Louis Racine, sa bisaïeule. Ce sont les derniers papiers de famille provenant des deux poëtes du nom de Racine, que l'abbé de La Roque, homme instruit et capable de les bien encadrer, publie aujourd'hui.

I.

L'intérêt est, nous l'avouerons, fort inégal ; il n'est pas facile de trouver et de dire du nouveau sur Jean Racine. Les Mémoires sur sa Vie que nous a laissés son fils sont fort agréables, très-justes en général par l'esprit de tradition et de piété qui les anime, mais inexacts en bien des points, surtout pour les commencements et le début de la carrière. Même après tout ce qui a été fait pour porter plus de précision dans cette partie, il reste à faire encore. M. l'abbé de La Roque, qui est plus en fonds et mieux muni sur Racine fils que sur Racine père, n'a guère fourni de nouveau sur le premier que quelques lettres adressées par lui à sa sœur restée à La Ferté-Milon, Marie Racine, qui devint ensuite Mme Rivière. Le mari, M. Rivière, avait titre et qualité conseiller du roi, contrôleur au grenier à sel à La Ferté-Milon. Ces lettres de Racine n'ont rien de remarquable, sinon qu'elles ne le sont pas du tout, et qu'il devient curieux de voir un homme de génie, dans une Correspondance qui se prolonge durant tant d'années, écrire si uniment et avec si peu de vivacité, avec une telle absence de traits d'esprit. Il se proportionnait sans doute à celle à qui il écrivait et à son monde. Les communications semblent même avoir été interrompues entre elle et lui pendant tout le temps de sa carrière au théâtre; il y a une lacune de dix-huit ans dans ces lettres. Le côté brillant et profane a disparu complétement. Cette sœur de Racine semble avoir boudé son illustre frère dans sa gloire et n'avoir voulu de lui que sa régularité et ses vertus (1). Il ne serait pas impossible de tirer de cette simplicité, à laquelle il se soumet sans trace d'effort, un sujet d'éloge : n'est-il pas touchant de voir un homme de génie, au comble de la renommée, célèbre par tant de chefs-d'œuvre, continuer d'écrire avec cette modestie et dans cette uniformité de ton à une sœur, ne l'entretenir que de détails de famille, de sollicitudes paternelles, de soins de nourrice? En effet, quand Racine est marié et père, c'est à La Ferté-Milon ou dans le voisinage qu'il envoie volontiers ses enfants en nourrice; la seconde de ses filles, Nanette, s'en est bien trouvée : « Elle crève de graisse, dit-il, et est la plus belle de nos enfants. » — Voici une lettre toute maternelle écrite par ce bon père deux ans après qu'il eut fait *Athalie;* elle est adressée à son beau-frère, M. de Rivière, qui, indépendamment de ses charges administratives, était un peu médecin.

(1) Racine avait une autre sœur encore dont l'abbé de La Roque ne parle pas, qui se fit religieuse à Port-Royal, la sœur Marie de Sainte-Geneviève Racine, de laquelle on ne dit rien sinon qu'elle mourut dans de grands sentiments de piété. Dans la famille Racine, le génie n'est pas *à vue d'œil* comme dans la famille Pascal. La culture y paraît plus riche que le fonds. Les sœurs n'y sont pas les égales du frère.

« A Paris, le 8e novembre (1692).

« Nous avons bien pensé ne vous pas envoyer notre enfant, le lait de sa nourrice s'étant arrêté presque aussitôt après son arrivée, et ayant été même obligés d'en envoyer querir une autre. Mais enfin, à force de caresses et de bonne nourriture, son lait est assez revenu, et nous n'avons pas voulu désespérer une pauvre femme à qui vous aviez donné votre parole. J'espère que notre générosité ne nous tournera point à mal, et qu'elle en aura de la reconnaissance. Nous avons envoyé en carrosse l'enfant et la nourrice jusqu'au Bourget, pour leur épargner le pavé dans un coche. Je crois, Monsieur, que je n'ai pas besoin de vous le recommander. Voici pourtant quelques prières que ma femme me dit de vous faire. Elle vous supplie de bien examiner la nourrice à son arrivée, et, si son lait n'est pas suffisant, de lui retirer sur-le-champ notre enfant et de le donner à cette autre dont vous aviez parlé. L'enfant est de grande vie et tette beaucoup. D'ailleurs, elle n'est pas fort habile à le remuer. Nous vous prions d'envoyer chez elle, surtout durant les premiers quinze jours, une sage-femme, ou quelque autre qui soit instruite, de peur qu'il n'arrive quelque inconvénient. Nous vous prions aussi d'ordonner qu'on ne le laisse point crier, parce qu'étant un garçon, les efforts sont à craindre, comme vous savez. Ayez la bonté de voir si son berceau est bien tourné. Les soldats font peur aussi à ma femme, et j'ai recommandé à la nourrice, s'il y en passait chez elle qui fussent insolens, de se réfugier aussitôt chez vous. Enfin, Monsieur, souvenez-vous que c'est en votre seule considération et à celle de ma sœur que nous envoyons cet enfant à la campagne. Sans cela nous l'aurions retenu à Paris avec bien de la joie, quoi qu'il en eût coûté, et ma femme même a bien versé des larmes ce matin en le voyant partir. J'ai payé six francs au coche pour la nourrice et pour l'enfant. Si le cocher a eu bien soin d'eux, et si la nourrice en est contente, je vous prie de lui faire donner quinze sous. J'ai donné à la nourrice trois écus neufs, et je lui ai dit de se bien nourrir sur le chemin et de vous tenir compte du reste. Je vous prie aussi de donner un écu à la nourrice de Nanette, qui lui a envoyé des biscuits... »

Tout cela est bien, sans doute, et prouve une grande vertu morale et domestique chez l'homme de génie. Il est touchant de voir cette plume immortelle descendre à tant de soins familiers sans croire s'abaisser. C'est, à ce titre, le plus intéressant endroit de cette Correspondance, où il ne se rencontre d'ailleurs, je le répète, ni le moindre petit mot pour rire, ni un trait d'esprit proprement dit, ni une saillie d'imagination. Racine n'avait pas, comme Mme de Sévigné, de l'imagination à revendre et à tout propos, même à propos de nourrice ; sa *folle du logis* ne lui échappait pas bon gré, mal gré, à tort et à travers ; il savait où placer la sienne, qui n'était pas du tout une folle, et il la distribuait dans ses ouvrages. Et puis il s'adressait à un beau-frère tout uni et non à une Mme de Grignan. Enfin, il est bien permis d'être sobre de poésie dans la semaine, quand on a fait *Athalie* le dimanche.

Qu'on mette en regard de cette lettre de Racine le moindre billet de ce brillant et libertin célibataire, si vif, si sensé, si occupé du genre humain, si dévoué aux intérêts de tous dans l'avenir, si guerroyant contre les préjugés, si infatigable jusqu'au dernier soupir, — Voltaire, — on aura une idée des deux natures d'hommes, des deux genres de vie, et aussi de deux siècles et de deux mondes. Disons tout : il est plus sûr et plus honorable de prendre parti pour Racine ; mais Voltaire, dans ses Lettres, est autrement amusant à lire. Il ne pétille pas seulement d'esprit, mais de pensées, et de pensées qui nous regardent. Racine s'occupe de la manière dont est tourné le berceau de Louis Racine : c'est estimable ; Voltaire s'inquiète de la manière dont tournera la civilisation, notre berceau à tous, et il y met la main. Suivez le parallèle.

Racine, quoi qu'en dise son biographe filial M. de La Roque, n'est pas en avant de son siècle et n'a pas les horizons très-étendus. Il était noble, et il ne tenait qu'à lui en achetant une *terre*, un fief, d'avantager son aîné ; il y renonça quand il lui naquit un second fils. Il changea d'idée par économie, par équité, par considération de bon père de famille : « Nous ne sommes pas à beaucoup près assez riches, disait-il, pour faire tant d'avantages à notre aîné. » Mais il ne faudrait pas voir dans cette sage détermination un commencement de philosophie. Racine avait « cent fois plus de goût que de philosophie. » Qui a dit cela ? Voltaire.

Comme noble (et cet anoblissement remontait à son bisaïeul), Racine avait des armes ; c'étaient des armes parlantes : un *rat* et un *cygne,* ce qui, en prononçant ce dernier mot entre les dents, faisait tant bien que mal *Ra-cine.* Ce *rat* faisait beaucoup souffrir le délicat et harmonieux poëte ; il ne ressemblait pas à son grand-père, qui avait intenté un procès à un peintre lequel, en peignant les vitres de la maison, s'était avisé d'y mettre, au lieu du *rat,* un *sanglier.* « Je voudrais bien, disait à ce propos Racine, que ce fût en effet un sanglier, ou la hure d'un sanglier, qui fût à la place de ce vilain rat. » Il avait fini par supprimer d'autorité ce *rat* dans ses armoiries, où ne figurait plus que le *cygne*.

Je ne puis m'empêcher de faire une remarque. Ce n'était pas du tout logique à Racine de garder le *cygne* et de supprimer le *rat*, puisque, les armes étant parlantes, le cygne, qui figurait la seconde moitié de son nom, ne venait là qu'à la condition que le rat y représentât la première. Ce cygne tout seul restait, pour ainsi dire, en l'air, et n'avait plus de raison d'être. Où veux-je en venir ? Vous l'avez deviné. Racine, à la différence de Shakspeare, n'a fait autre chose, dans sa poésie et dans sa peinture des passions, que de choisir de la sorte et de supprimer le laid qui est dans la réalité et dans la nature, pour ne laisser subsister que le beau qui lui sied et qu'il aime. Ce rat qu'Hamlet, dans sa folie feinte, poursuivait derrière la tapisserie, et au nom duquel, espérant atteindre le roi, il perçait Polonius, Racine au fond n'en voulait pas, et vous n'en trouvez aucune trace dans son œuvre. Il a tout ennobli. Cela ne l'empêche pas d'être plus naturel que Corneille qui prend ses beautés hors de la nature, au-dessus de la nature, tandis que Racine prend les siennes dans la nature et dans le cœur, mais en choisissant. Racine est naturel, si on le compare à Corneille, tandis qu'en face de Shaskpeare, qui est la nature même, il ne paraît qu'élégant (*eligit*). Aussi suis-je resté stupéfait, l'autre jour, d'entendre un homme de goût, qui sait pourtant toutes ces choses aussi bien et mieux que nous (1), en venir à qualifier Racine de « prince de l'école réaliste. »

---

(1) M. Édouard Thierry.

Fuyons ces vilains mots que tout le monde se jette à la tête et qui sont sujets à malentendu et à contre-sens ; c'en est un ici. Bornons-nous à dire, comme tout le monde, que Racine est le prince de l'école qui a cherché à être naturelle en restant noble, élégante, harmonieuse. L'historiette qui a rapport à ses armoiries résume la question d'une manière sensible et piquante. La querelle ou plutôt le grand combat est entre lui et Shakspeare. L'un accepte et comprend les choses comme elles sont dans la nature et dans l'humanité ; il prend, sans les disjoindre (car tout cela se tient, se correspond et, pour ainsi dire, se double), le rat et le cygne, le reptile et l'aigle, le crapaud et le lion ; il prend le cœur à pleines mains, tel qu'il est au complet, or et boue, cloaque ou Éden, et il laisse à chaque objet sa couleur, à chaque passion son cri et son langage. L'autre ne veut et n'admet, même en peignant ses monstres, que les plus nobles formes, les plus belles expressions des passions humaines.

II.

C'est sur Louis Racine ou Racine fils que l'abbé de La Roque nous apprend le plus de choses. Mais on me dira : Qui donc aujourd'hui se soucie de savoir plus de choses sur Racine fils ? — *Racine, fi!* comme l'appelait l'abbé Gédoin. Il n'y a que les grands hommes qui comptent ; leurs héritiers affaiblis, leurs disciples pâlissants ne viennent qu'à la suite et se confondent en eux. De loin ils n'ont pas d'existence propre.

Les Pitt, fils de Chatham, sont rares en littérature, et même on n'en cite pas un seul exemple. Être et se sentir fils d'un grand homme est souvent plus accablant qu'inspirant. Cela même étouffe et asphyxie, si l'on reste trop près de son père, comme le rejeton venu trop près du grand chêne :

Nunc altæ frondes et rami matris opacant.

Il y aurait pourtant moyen, tout noué et empêché qu'il est par nature et par éducation, de s'intéresser au fils du grand Racine, poëte lui-même, versificateur élégant, modeste et pieux, ayant le culte d'un père illustre ; et si l'on en savait un peu moins sur son compte, si on le repoussait un peu dans le vague, on pourrait composer de cette figure secondaire une esquisse assez attrayante. Par exemple, en terminant une Histoire de Port-Royal où le grand Racine aurait rempli toute la place qu'il doit tenir, et où l'on aurait montré l'esprit religieux de cette sainte maison s'exprimant par sa bouche avec un caractère unique de tendresse, de mélodie et de grandeur, dans l'œuvre d'*Athalie* et surtout dans celle d'*Esther*, on ajouterait quelque chose comme ceci :

« Il est un autre Racine que l'on aurait aimé à y
« joindre, ce Racine fils qui n'a pas été tout à fait sans
« doute le poëte tendre, plaintif, l'élégiaque chrétien,
« le Cowper janséniste qu'on aurait souhaité à Port-
« Royal expiré, mais qui en a eu quelques accents ; ce
« Racine fils qui offre le modèle de la manière la plus
« honorable de porter un nom illustre quand on est

« engagé dans la même carrière ; car si *le crime d'une
« mère est un pesant fardeau*, la gloire d'un père n'en
« est pas un moins grand, et Racine fils n'a cessé de
« le sentir en même temps qu'il a suffi dignement en-
« core à ce rôle difficile. Il restera l'exemple le plus à
« citer et à proposer de la façon modeste dont on peut
« faire rentrer un nom illustre dans la famille, tout
« en le maintenant à demi dans la gloire, etc., etc. »

Voilà l'idéal d'un Racine fils. De beaux passages du
poëme de *la Religion*, que l'on sait par cœur dès l'enfance, y répondent bien. Le comte Joseph de Maistre,
dans une de ses *Soirées de Saint-Pétersbourg*, s'est tenu
à cette vue première. Cet esprit arrogant s'est montré
tendre pour le fils de Racine, comme l'éminent Montesquieu avait été d'une indulgence charmante pour Rol-
lin : cela sied aux forts. Un des interlocuteurs des *Soirées*, le Chevalier ayant cité de mémoire quelques vers
de Racine fils, le Comte lui répond :

« Avant de vous dire mon avis, Monsieur le Chevalier,
permettez, s'il vous plaît, que je vous félicite d'avoir lu Louis
Racine avant Voltaire. Sa muse, héritière (je ne dis pas universelle) d'une autre muse plus illustre, doit être chère à tous
les instituteurs ; car c'est une *muse de famille*, qui n'a
chanté que la raison et la vertu. Si la voix de ce poëte n'est
pas éclatante, elle est douce au moins et toujours juste. Ses
Poésies sacrées sont pleines de pensées, de sentiment et
d'onction. Rousseau marche avant lui dans le monde et dans
les Académies ; mais, dans l'Église, je tiendrais pour Racine... »

Ce jour-là, le noble Comte avait oublié toutes ses

préventions contre les jansénistes et demi-jansénistes, et nous le surprenons trop rarement en flagrant délit d'indulgence pour l'en blâmer.

C'est dans ces données exclusivement flatteuses et laudatives que l'abbé de La Roque a tout naturellement écrit la Vie de son aïeul (1). Il nous le montre entraîné dès sa jeunesse, et malgré la défense de Boileau, par une vocation irrésistible; il veut rimer et il rimera. Il a hérité de son père le mécanisme et le talent de la versification; il a l'oreille et le doigté, le métier même. Il l'applique d'abord au plus triste des sujets, à *la Grâce*. C'est par où il débute, dans un temps qu'il se croyait appelé au parti de la retraite religieuse chez les Oratoriens. Au sortir de là, ayant quitté l'habit plus que l'esprit ecclésiastique, on le voit très-accueilli par le Chancelier Daguesseau, alors en disgrâce et habitant sa terre de Frênes. Voltaire, de deux ans seulement plus jeune que Racine fils, débutait vers le même temps par les *J'ai vu,* se faisait mettre à la Bastille, et bientôt s'attaquant au théâtre, le mauvais sujet conquérait d'emblée le beau monde par le succès d'*OEdipe*. Le bon sujet Racine, poëte de *la Grâce* et non des Grâces, reçu à l'Académie des Inscriptions dès 1719, était l'hôte de Frênes, d'où on lui écrivait, après son départ, qu'il avait fait *les délices* de tous par sa présence; mais il ne faudrait pas prendre ce compliment pour autre chose

(1) Indépendamment de tout ce qu'on trouve sur Louis Racine dans le présent volume, M. l'abbé de La Roque avait publié, il y a quelques années, une *Vie* de Louis Racine plus développée (Firmin Didot, 1852).

qu'une pure politesse, et une lettre du Chancelier à
M. de Valincour montre que le jeune Racine, dans son
séjour à Frênes, s'était montré doux, facile d'humeur,
mais peu inventif, rétif à la réplique, nullement propre
aux jeux de société, donnant peu l'idée que de beaux
vers pussent sortir de cette tête-là ; et de fait, il était
de sa personne sans aucun agrément.

Son panégyriste Le Beau a raconté comme une gentillesse qu'à une ou deux années de là, lorsqu'il fut
nommé à un emploi d'inspecteur des fermes en Provence, il y eut à Marseille une grande attente à la nouvelle que le fils de Racine arrivait ; les dames surtout
en espéraient beaucoup : dans leur curiosité, elles se
rendirent en nombre dans une maison où il devait
passer la soirée ; mais le désappointement fut extrême.
Il ne répondit aux agaceries des belles Provençales
qu'en rechignant et par monosyllabes ; il parut tout le
temps embarrassé, distrait. La distraction peut être une
piquante chose, ou excusable du moins, quand elle est
jointe au génie d'un La Fontaine ; mais être ou paraître
distrait et absent, quand on n'a nul génie pour excuse
et qu'on n'a pas de fée intérieure qui vous ravisse, c'est
trop peu.

Ce contraste si marqué entre son nom illustre et sa
maussade apparence fut sans doute une des raisons qui
déterminèrent, malgré son mérite, les amis de son père
à le pousser vers la finance et à le détourner d'une
carrière purement littéraire, dans laquelle ses préjugés
à demi jansénistes devenaient d'ailleurs un obstacle. Ce
bon sujet en effet, qui « ne voulut jamais rien faire im-

primer contre les règles, » devait trouver, à publier ses vers tout édifiants, bien plus de difficultés que le charmant libertin Voltaire à débiter les siens si profanes : pour leur donner la clef des champs, Voltaire n'avait qu'à entr'ouvrir sa fenêtre ; ils avaient des ailes et s'envolaient d'eux-mêmes. Les vers de Racine, au contraire, et son poëme de *la Grâce,* si longtemps retardé, et son poëme de *la Religion,* qui ne parut qu'en 1742, devaient être revêtus de toutes les formalités et approbations d'usage, et cela demanda des années.

La carrière de Louis Racine dans les finances se fit lentement. Il n'eut jamais dans le cardinal de Fleury qu'un froid protecteur. Il n'était pas homme à profiter de sa position pour s'enrichir. La fortune ne lui vint que par un mariage qu'il contracta dans une honorable famille de Lyon et qui le mit au-dessus de ses affaires. Ce sont les lettres à sa femme, écrites avant et depuis son mariage, qu'on publie aujourd'hui ; elles sont convenables et ce qu'elles doivent être ; mais il n'y a rien de bien vif ; jamais une vraie gaieté, une vraie grâce.

Quoi ! pas une grâce ? me dira-t-on, et ce portrait, donc, d'une de ses filles, de son aînée, qui se termine par ces mots : « Je finis tout son portrait que je n'ai
« point flatté, en vous disant que pour la figure et la
« raison, c'est un petit diamant, mais encore brut ; il
« faudra du temps et des soins pour le polir. Malgré
« cela, elle pourra bien, auprès de beaucoup de per-
« sonnes, ne pas tant briller que sa cadette : mais
« d'autres sauront bien connaître son mérite. » Il faut, en vérité, qu'il y ait bien peu de chose dans une Cor-

respondance pour qu'on en soit réduit à y relever un pareil trait comme saillant.

D'autres lettres de lui, publiées il y a quelques années (1), et se rapportant la plupart au dernier temps de son séjour en province, à Soissons, l'avaient montré littérateur instruit, sachant même un peu d'hébreu, lisant les langues modernes, l'italien, l'anglais, citant à propos ses auteurs, et justifiant le mot de Voltaire qui le définit quelque part « un homme laborieux, exact et sans génie. » Ce n'est pas de celui-là qu'on dira que l'esprit lui sortait par tous les pores. On sent à chaque mot l'économie, et il lui en faut. Il n'était pas au niveau d'un siècle où Duclos disait : « Mon talent à moi, c'est l'esprit. » De l'esprit argent comptant et à tout instant, voilà ce que la société demandait alors avant tout et ce que Racine fils avait moins que personne à lui donner.

Il eut le mérite cependant de suivre un des mouvements de l'époque, et d'introduire pour sa part des commencements de littérature étrangère et comparée; il apprécia et traduisit *le Paradis perdu* de Milton : quant à comprendre l'œuvre de Dante, il y échoua ; le contraire eût été trop fort pour son siècle et pour son esprit. Mais enfin, il est honorable à ce chantre de *la Religion*, purement raisonneur et sans invention, à ce traducteur en vers des *Pensées* de Pascal, de s'être enquis des autres poëmes religieux construits par de vrai-

---

(1) *Correspondance de Louis Racine avec René Chevaye de Nantes*, un petit vol. in-8°; Nantes, chez Petitpas, 1858.

ment grands architectes et poëtes dans les littératures étrangères, et d'avoir essayé d'y mordre.

Je dis le bien que je peux, je le désire et je le cherche ; mais j'ai toujours, malgré moi, présent à l'esprit certain Portrait de Racine fils en quelques lignes, que l'abbé de Voisenon a tracé de sa plume la plus médisante ; et, par malheur, on sent que cette méchanceté doit ressembler ; le voici :

RACINE FILS.

« C'est de lui que M. de Voltaire a dit : petit fils d'un grand père. Il fut le premier à sentir son infériorité ; il se fit peindre les OEuvres de son père à la main, et les regards fixés sur les vers de la tragédie de *Phèdre :*

  Et moi, fils inconnu d'un si glorieux père!

« ... Il n'est pas possible d'être plus dénué de toute espèce de grâces que l'était Racine le fils. Il avait l'air d'une grimace, et sa conversation ne démentait point sa physionomie. Je me trouvai un jour avec lui chez M. de Voltaire, qui nous lisait sa tragédie d'*Alzire;* Racine crut y reconnaître un de ses vers, et répétait toujours entre ses dents : « Ce vers-là est à moi. » Cela m'impatienta ; je m'approchai de M. de Voltaire en lui disant : « Rendez-lui son vers et qu'il s'en aille! »

Voilà ce que les petits-fils ne disent pas et ne doivent pas dire dans leurs biographies de famille. Force nous est bien de les compléter.

— « M. Racine a beau faire, son père sera toujours un grand homme. » C'est un mot de Voltaire, et ces mots-là, quand vous les avez une fois entendus, vous restent attachés comme une flèche.

Racine fils ayant quitté les emplois de finance revint

habiter Paris pendant ses dernières années ; il allait pouvoir jouir enfin de ses droits de titulaire à l'Académie des Inscriptions dont il était un membre depuis si longtemps absent, lorsqu'une intrigue l'obligea à prendre la vétérance. Un des beaux messieurs du monde de M. de Maurepas, et qui était le président de l'Académie à ce moment, le duc de Nivernais, ordinairement aimable et gracieux aux gens d'esprit, mais qui trouvait peut-être que Racine fils n'était pas assez cet homme d'esprit comme il l'entendait, parut se ressouvenir tout à coup de la querelle que leurs père et aïeul avaient eue à propos de *Phèdre,* et lui donna d'injustes dégoûts, pour le pousser à se démettre et faire arriver plus vite son ami Sainte-Palaye. M. de Maurepas crut arranger la chose, moyennant pension. On s'explique difficilement que l'Académie française, qui devait être, ce semble, « l'asile naturel d'un Racine, » l'ait repoussé vers le même temps, ou du moins lui ait fait un petit signe de tête négatif et très-significatif, et cela pour la seconde fois : il dut renoncer à l'idée de s'y voir admis. Décidément, si Racine fils savait peu sourire, la fortune non plus ne lui souriait pas.

Il éprouva, dans les années qui suivirent, un chagrin mortel. Son fils unique, qui semblait destiné, si l'on en juge par les éloges et les regrets qu'il inspira, à faire refleurir la tige poétique des Racine, périt dans un voyage, victime du tremblement de terre de Lisbonne, à l'âge de vingt et un ans (1755). Ami du poëte novateur Le Brun, célébré et magnifiquement pleuré par lui, par ce futur ami d'André Chénier, le jeune Racine, de qui son père jugeait un peu sévèrement tant qu'il vécut, disant de lui, comme d'un jeune présomptueux, « qu'il voudrait tout savoir et ne rien étudier, » était-il d'étoffe à être un poëte novateur aussi, à oser dans le sens moderne, à désoler, puis à enorgueillir ce père redevenu et resté tant soit peu bourgeois, à l'étonner par un classicisme repris de plus haut ou par un romantisme anticipé, à être un peu plus tôt, et à la face de Voltaire vieillissant, quelque chose de ce qu'André Chénier a été plus tard? — Je me pose la question comme un beau rêve, comme un *Tu Marcellus eris* à ajouter à tant d'autres ; mais c'eût été trop dans une même famille que cette double couronne, que cette régénération du génie à presque un siècle de distance. Là aussi, dans cet ordre de royauté, la Fortune aime à transférer les sceptres d'une race à l'autre ; les dynasties littéraires ne se perpétuent pas.

Son fils mort, Louis Racine fut brisé du coup. Son malheur le détacha de tout, même de l'étude ; il avait, outre une belle collection d'estampes, un cabinet de livres assez nombreux et curieux ; il en fit faire une vente publique et ne garda que le nécessaire.

Là encore on peut se figurer une fin touchante d'un père malheureux qui, caché dans son petit jardin du faubourg Saint-Denis, y recevant de loin en loin la visite de quelque jeune poëte déférent et respectueux, d'un abbé Delille naissant, ne songe plus pour son compte qu'à mourir en chrétien, *latendo et tacendo*.

Un horrible mot du Journal de Bachaumont me gâte tout. A la date du 31 janvier 1763, on y lit :

« M. Racine, dernier du nom, fils du grand Racine, de l'Académie des Inscriptions et Belles-Lettres, est mort hier d'une fièvre maligne. Il ne faisait plus rien comme homme de lettres ; il était abruti par le vin et par la dévotion. »

Ces médisances clandestines ont cela d'affreux que, sans absolument y croire, on en reste imprégné et affecté. La nature humaine est si faible d'ailleurs et si misérable, qu'il ne serait pas impossible que, dans ce besoin d'oubli et d'engourdissement à tout prix où on nous le montre, il y eût un coin de vérité.

J'ai connu dans ma jeunesse un aimable et vieux professeur de l'Université dont le fils, militaire brillant et déjà colonel, fut tué à Waterloo. Le malheureux père, depuis ce jour funeste, ne voulut d'autre remède à sa douleur que celui qu'avait autrefois trouvé dans son abandon l'infortunée Ariane.

III.

Assez de Racine fils comme cela. C'est autre part qu'est la vie, c'est autre part qu'est l'encouragement et l'espérance. Quand la propriété et l'hérédité littéraires seront établies et constituées, il y aura, si tout marche à souhait, je vois cela d'ici, des races rentées de grands et petits dauphins littéraires, des Racine fils à perpétuité ; mais c'est dans les terrains toujours vierges qu'il faudra chercher du neuf et que les sources imprévues se rouvriront. Je crois comprendre autant qu'un autre les douceurs de la stabilité littéraire, et je ne les con-

testerai pas. Il est doux en effet et commode de se dire
de bonne heure : Tout ce qui est grand est fait; tous les
beaux vers sont faits; tous les discours sublimes sont
sortis : il n'y a plus, à qui vient trop tard et le lendemain, qu'à lire, à relire, à admirer, à goûter et dégus-
ter, à se tenir tranquille et coi en présence des modèles,
à mettre sa supériorité à les trouver supérieurs à tout
ce qui s'est tenté depuis, à tout ce qui se tentera désormais. On a sur ses rayons un petit nombre d'auteurs
choisis; on n'en sort pas, et quand on a fini de l'un, on
recommence de l'autre. On y trouve à chaque fois de
nouvelles beautés, sur lesquelles l'éloge repasse et ren-
chérit; on en cause avec quelques amis du même temps
que nous, avec quelque camarade de collège resté
comme nous fidèle à la tradition; l'on se fait l'un à
l'autre pour la centième fois les mêmes citations de
certains beaux passages, les mêmes allusions fines
auxquelles on répond par un coup d'œil de satisfaction
et d'intelligence, en secouant la tête. On se délecte enfin
et l'on se repose. Mais, après des années de ce régime,
où cela mène-t-il? où arrive-t-on? A rester distingué
sans doute, mais immobile, mais borné, fermé et tout
à fait étranger à la vraie activité intellectuelle toujours
renaissante, — à avoir divinisé sa paresse sous le nom
de goût. Ces anciens, ces devanciers qu'on admire
étaient des classiques en action, debout et militants :
on est, soi, des classiques assis, éternellement assis.
Que si l'on se risque à écrire quelque chose à grand'
peine (car enfin il faut bien quelquefois employer son
encre), que de scrupules, que de précautions et de

craintes en présence de ces anciens qui ont tout trouvé!
Malheur et honte si on allait risquer par mégarde un
mot qu'ils n'auraient pas mis! Aussi ne marche-t-on
qu'avec eux, en s'appuyant sur eux, sur ce qu'ils ont
dit; on a dans la mémoire toutes sortes de belles ou
jolies sentences, recueillies à loisir et qu'on tient à
placer; on dirige tout son discours, on incline tout son
raisonnement pour amener une phrase de Quintilien,
pour insinuer une pensée de Cicéron, et l'on est tout
content d'avoir échappé ainsi à penser par soi-même
et en son propre nom. Triomphe et modestie! tout est
sauvé; on a pensé avec l'esprit d'un autre et parlé avec
ses paroles.

Il y a un autre système, un autre parti à prendre,
celui des chercheurs de vérité et de nouveauté, des
remueurs d'idées, des Staël, des Lessing, des Diderot,
des Hegel comme des Voltaire : ici le mot d'ordre, c'est
que le mouvement, quel qu'il soit et tant qu'on peut se
le donner, est le plus grand bien de l'esprit comme du
corps. L'esprit humain ne compte que sous un perpétuel
aiguillon. Le plus grand danger pour lui est de devenir
stagnant et de croupir. Mieux vaut s'user que se rouiller.
Nous sommes des machines, d'admirables machines :
ne laissons pas s'épaissir et se figer en nous les huiles
des rouages. Certaines idées sont belles, mais, si vous
les répétez trop, elles deviennent des lieux communs :
« Le premier qui les emploie avec succès est un maître,
et un grand maître; mais, quand elles sont usées, celui
qui les emploie encore court risque de passer pour un
écolier déclamateur. » C'est Voltaire, l'excellent critique

littéraire, qui a dit cela, et à propos de Racine fils. Les choses justes elles-mêmes ont besoin d'être rafraîchies de temps à autre, d'être renouvelées et retournées; c'est la loi, c'est la marche. Un souverain qui monte sur le trône n'est pas plus jaloux de refondre toute la monnaie de ses prédécesseurs et de la marquer à son effigie, que les critiques nouveaux venus, pour peu qu'ils se sentent de la valeur, ne sont portés en général à casser et à frapper à neuf les jugements littéraires émis par leurs devanciers. Il y a quelque abus peut-être, mais cela ne vaut-il pas mieux pourtant que d'avoir de ces jugements comme des monnaies usées, effacées, qui glissent entre les doigts et qu'on ne distingue plus? Art, critique, recommençons donc toujours, et ne nous endormons pas. Il est des saisons plus ou moins fécondes pour l'esprit humain, des siècles plus ou moins heureux par des conjonctions d'astres et des apparitions inespérées, mais ne proclamons jamais que le Messie est venu en littérature et qu'il n'y a plus personne à attendre; au lieu de nous asseoir pour toujours, faisons notre Pâque debout comme les Hébreux et le bâton à la main. Ce que Virgile a remarqué des semences est vrai des hommes : il faut les trier, les épurer, les agiter sans cesse; autrement tout dégénère. Tous les genres sont bons, hors le genre ennuyeux; tous les défauts peuvent servir le talent, hormis la faiblesse. On se trompe sur les généalogies littéraires, si on les prend de trop près et comme à bout portant, dans le sens apparent et superficiel. Le vrai successeur direct d'un grand homme, c'est son égal et son pareil dans l'âge suivant.

Le vrai continuateur de Louis XIV au point de vue de la France, ce n'est pas Louis XV ni le faible Louis XVI : c'est la Révolution armée et imposant à l'Europe; c'est Sieyès la représentant à Berlin, Bonaparte à Campo-Formio et ailleurs. De même, au point de vue de l'esprit humain, le digne successeur de Racine, c'est Voltaire qui adorait Racine et le proclamait poëte naturel et divin, une merveille de goût, en ayant, lui, bien autre chose encore que du goût. Le vrai successeur de Voltaire, ç'a été cette pléiade d'historiens et de critiques, honneur de notre temps (Thiers, Thierry, Guizot, Fauriel, etc., aujourd'hui Renan). Après le siècle du génie et du goût, on a eu le siècle de l'esprit et de la philosophie; après le siècle de l'Encyclopédie, aboutissant à la plus terrible des Révolutions qui a remis les fondements de la société à nu, on a le siècle de la critique historique, du passé admirablement compris sous toutes ses formes, de l'art réfléchi et intelligent : voilà les vraies successions, les vraies suites, les grandes routes et les larges voies.

Ceux qui, comme Racine fils, se croient dans la continuation directe, ne sont que dans un embranchement étroit, stérile, et qui aboutit à quelque bourg sans issue, à une villa endormie.

Lundi 11 août 1862.

SOUVENIRS DE SOIXANTE ANNÉES

PAR

M. ÉTIENNE-JEAN DELÉCLUZE (1)

D'autres se sont intitulés bourgeois de Paris, et je ne prétends pas disputer à ces gens d'esprit et de haute notoriété leur qualification, leur personnalité saillante et reconnaissable; il y a place pour plus d'un dans la grande ville. Mais, en fait de gens qui raisonnent d'art et qui écrivent, M. Delécluze est, à mes yeux, le bourgeois de Paris par excellence; c'est le bourgeois de Paris fils de bourgeois, resté bourgeois lui-même, ni pauvre ni enrichi, ayant eu de bonne heure pignon sur rue, modeste et très-content, aimant les lettres, les arts, et en parlant, en jugeant à son aise, de son coin, — un bon coin; — ayant gardé quelques-uns des préjugés et peut-être quelques-unes des locu-

(1) Un vol. in-18, 1862, chez Michel Lévy, rue Vivienne, 2 bis.

tions de son quartier; s'étant formé sur place, rondement et sans en demander la permission au voisin; ayant voyagé sans changer, s'étant porté lui-même partout; ne s'étant guère perfectionné, mais ne s'étant pas corrompu. Excellent homme, type honnête, modèle de probité, très-instruit et à côté de cela assez ignorant; fin, malin, un peu taquin, curieux; bon observateur et tout à côté un peu naïf, un peu simple et, comme il s'agit de Paris, j'allais dire un autre mot. Le fait est qu'il y a des jours où, quand il écrit et qu'il juge autrui, il n'ouvre pas toutes ses fenêtres; il en a même d'obstinément condamnées. M. Delécluze, qui a beaucoup écrit, n'est pourtant pas, à proprement parler, un écrivain; mais c'est un des originaux de ce temps-ci. Je vais justifier et développer ces divers traits avec les propres récits que cet homme estimable vient de publier en dernier lieu et qu'il avait commencé à nous donner déjà dans son livre sur le peintre David et son École (1).

Il y a deux façons possibles de parler de M. Delécluze, — ou comme on l'a fait récemment dans le *Journal des Débats,* son journal et sa maison depuis quarante ans, c'est-à-dire avec un esprit de famille, d'affection, et sans le discuter; — ou bien comme on le peut faire quand on voit en M. Delécluze un témoin très-attentif, un chroniqueur très-sincère, sinon toujours exact, des idées et des goûts de notre époque, un juge des hommes et des esprits d'autant plus à considérer et à contrôler qu'il ne se donne le plus souvent

---

(1) *Louis David, son Ecole et son Temps, Souvenirs* par M. E.-J. Delécluze; 1 vol. in-8°, 1855, chez Didier, quai des Augustins, 35.

que pour un narrateur et un rapporteur impartial. J'ai pensé que cette dernière manière était encore la plus respectueuse, même envers un homme de l'âge de M. Delécluze, mais dont l'esprit ferme et sain ne demande grâce à personne et peut supporter la contradiction.

Et d'abord, le nom de M. Delécluze, connu des gens de lettres et des artistes, ne l'est guère du public; car, bien qu'il écrive depuis tant d'années, il n'est pas, je le répète, un de ces écrivains qu'il suffit de nommer; il n'a jamais eu de ces rencontres brillantes de plume qui éclatent aux yeux de tous sous forme de talent. Pour tranquilliser donc ceux des lecteurs qui aiment à savoir d'avance de qui on leur parle, je dirai que M. Delécluze est surtout un critique de beaux-arts, qui depuis 1822, depuis quarante ans! a exercé et exerce encore cette sorte de magistrature au *Journal des Débats*; qui y a défendu les traditions de l'École de David contre toutes les tentatives d'innovation et tous les assauts du romantisme; qui est un ennemi déclaré du gothique; qui est très-consciencieux, assez bienveillant pour les personnes, sans quartier sur les principes; qui a beaucoup causé de toutes choses autres encore que beaux-arts; qui a eu de bonne heure l'habitude d'écrire les conversations des gens d'esprit qui venaient chez lui ou qu'il rencontrait dans le monde; qui a des masses de ces procès-verbaux et de ces minutes d'entretiens qui seront un jour plus intéressants pour nos neveux que les plus élégants rapports académiques, et où les pauvres d'idées en quête d'érudition facile iront puiser comme dans les papiers de Conrart. — M. Delécluze, né vers 1781, a aujourd'hui quatre-vingts ans passés, et habite depuis quelques années Versailles. Il est oncle du savant et spirituel architecte Viollet-le-Duc.

Maintenant qu'on a une première idée du personnage, il va nous raconter lui-même sa vie, non sans finesse, mais cependant avec une bonhomie parfaite. C'en est déjà une preuve que de s'être avisé de se raconter à la troisième personne et de s'être mis en scène continuellement sous le nom d'*Étienne,* qui est un de ses prénoms. « Au mois de mai 1789, nous dira-t-il en commençant, Étienne, âgé de huit ans, était confié aux soins de Savouré, dont la pension relevait du collége de Lizieux, où le jeune enfant devait achever ses études... Pendant l'année 1793, Étienne, rentré dans sa famille, abandonna presque entièrement les études classiques, pour se livrer au goût naturel qui le dominait (le goût du dessin). » Et ainsi dans tout le cours du récit. Ce perpétuel Étienne, qui revient sans cesse comme le nom de César dans les fameux *Commentaires,* fait un premier effet assez singulier, mais qui n'est pas désagréable, la nature de l'homme étant donnée. Le jeune Étienne est si naturellement le centre de tout ce qu'il raconte, — tout ce qui arrive, arrive si à point nommé pour le progrès et le bonheur d'Étienne, qu'on finit par s'y accoutumer. Il nous initie à toutes ses impressions d'enfance ; il nous fait assister aux grands événements publics : Étienne y était, nous dit l'auteur, Étienne en fut témoin ; et à l'instant nous voilà satisfaits de la satisfaction d'Étienne ou émus de son émotion. L'auteur a de petites rencontres familières où il se tape sur la joue à lui-même; il s'appelle *le petit espiègle*; il se fait marcher devant soi. Enfin, si le *je* impatiente souvent, si le *moi* est haïssable, comme dit Pascal, Étienne, cette variété du *moi* et du *je*, semble avoir tourné la difficulté : il est assez aimable et assez avenant.

Étienne donc, ou plutôt M. Delécluze (car je ne puis jouer si longtemps), quitta la pension en 1793, avant d'avoir pu achever ses études : son père, architecte fort occupé, avait de la fortune et possédait une jolie habitation à Meudon. Le jeune enfant y fut livré à lui-même pendant la Terreur; sa passion dominante était alors pour le dessin, et il copiait indifféremment, avec une égale avidité, tout ce qui lui tombait sous la main. Il aspirait cependant à avoir un maître, et le nom de David étant alors le plus grand, le plus radieux entre ceux des artistes, celui du dictateur suprême, il ambitionnait d'entrer dans son École, de travailler dans son atelier. Ce bonheur, tant désiré, lui arriva sur la fin de 1796. Dans l'intervalle et pendant son séjour à Meudon, l'enfant s'était remis aux lectures littéraires et aux études classiques; il y avait été guidé ou aidé par un voisin de campagne, l'abbé Bintot. Mais, en général, on peut dire que M. Delécluze n'eut point de maître pour la littérature et qu'il se forma lui-même, lisant directement les auteurs, apprenant le latin dans Térence, et devenant même assez fort plus tard dans l'étude du grec.

Un double résultat de cette première éducation se

fera sentir dans toute sa carrière. Critique d'art, M. Delécluze, qui va entrer dans l'École de David et y travailler longtemps aura en peinture des principes et des connaissances bien plus arrêtées et plus dogmatiques qu'en littérature. Il apportera, au contraire, et admettra plus de variété et plus de liberté d'idées dans ce dernier genre. Cependant il y aura, en littérature, une chose bien essentielle qu'on ne lui aura pas apprise et qu'il ne saura jamais : c'est l'art d'écrire. Il n'a jamais fait de rhétorique; on s'en aperçoit en le lisant.

Ne pas avoir fait de rhétorique dans le sens où je l'entends ici, c'est ne pas se douter des difficultés de l'art. Un jour devant M. de Chateaubriand, on parlait du style et des soins infinis qu'il y faut prendre. M. de Chateaubriand, qui, ce jour-là, était d'humeur communicative, s'exprima en maître sur cette partie délicate et suprême. M. Ballanche présent et qui, en telle matière, avait voix au chapitre, dit aussi son mot et insista sur les difficultés. Je ne sais si quelques autres écrivains distingués, bien que très-inférieurs aux précédents, n'ajoutèrent pas aussi leurs observations timides. — « Eh bien! moi, dit M. Delécluze qui assistait à l'entretien, c'est étonnant! voilà des années que je ne rature plus. » — Tout le monde sourit.

Je passe sur bien des enfantillages romanesques du début et qui tiennent une grande place, mais une place à demi voilée pour nous, dans l'adolescence d'Étienne; j'arrive à ce qui nous intéresse véritablement, l'atelier de David sous le Directoire, et ensuite les souvenirs littéraires proprement dits pendant la durée de la Restauration.

I.

L'atelier du maître est fort bien peint ou dessiné par M. Delécluze dans son livre sur David, ouvrage singulièrement composé, dont une moitié est au point de vue de la biographie d'Étienne, et l'autre moitié au point de vue de la biographie régulière de David : ce sont deux moitiés de volume collées ensemble et d'un ton tout différent. Ces critiques classiques, qui donnent de si grands préceptes sur l'unité d'intérêt et de composition, ne les suivent pas toujours dans l'ordonnance de leurs livres. Mais peu importe ; il y a dans celui-ci quantité de renseignements curieux, inestimables, et qui ne sont que là. Ce livre a fait à M. Delécluze le plus grand bien auprès des jeunes générations d'artistes ou de curieux d'art avec qui il avait été auparavant en guerre sur des points de doctrine. Tout le monde s'accorda pour profiter d'une lecture instructive, récréative même et pleine de faits. M. Delécluze s'y est montré peintre d'intérieur fort particulier et fort distingué, mais pas tout à fait peut-être dans le sens où il le croit.

Il commence par nous décrire, avec un soin dont je lui sais gré, la situation des ateliers où entra le jeune Étienne ; il nous donne l'état des lieux : c'est dans le Louvre, dans la partie qui répond à la moitié nord de la grande colonnade et à la moitié de la façade en retour du côté de la rue de Rivoli, qu'étaient les ateliers et logements accordés aux artistes. Ce quart du Louvre était livré à des constructions intérieures particulières, et chacun en avait usé à sa guise et sans contrôle. Aussi était-ce un dédale, un embrouillamini de corridors, d'escaliers sombres, de cloisons, de soupentes, et à certains endroits un amas d'horreurs, un cloaque. M. Delécluze, tout plein de ces souvenirs, décrit tout et appelle tout par son nom : voilà de la vérité. Avant d'entrer dans l'atelier même de David, le jeune Étienne fut admis, par manière de stage, dans celui de Moreau, élève de David, et à qui ce dernier avait prêté pour un temps l'atelier où était son tableau des *Horaces*. Le véritable atelier des élèves de David était au-dessous. M. Delécluze nous décrit scrupuleusement cet atelier des *Horaces* dans lequel il ne pénétra d'abord qu'avec un sentiment de respect et presque de terreur religieuse. C'était pour lui l'antichambre et comme le vestibule de l'autre sanctuaire auquel il aspirait. Rien n'est oublié de ce qui décorait le local, ni les tableaux (c'est tout simple), les *Horaces* et le *Brutus*, ni l'ameublement, chaises, lit dans le goût antique, ni les tentures, ni le poêle. Les premières heures que l'élève passe seul dans l'atelier (car Moreau ne venait que tard et rarement) sont occupées à des réflexions sans nombre ; le propre d'Étienne est de réfléchir sur tout et de chercher à se rendre compte de tout par lui-même :

« Malgré l'inexpérience du jeune élève, cette journée passée dans l'atelier des *Horaces* et les réflexions que tant d'objets nouveaux lui firent faire agirent avec puissance sur son esprit. *Dans la vie d'un homme, il y a toujours des circonstances décisives qui l'enlèvent à la génération dont il procède, pour le placer au milieu de celle dont il fait partie.* C'est ce qui arriva à Étienne en cette occasion. Il s'aperçut tout à la fois de combien on était en arrière dans la maison de ses parents sur la marche qu'avaient suivie les arts depuis dix ans, et pressentit tout ce qu'il fallait qu'il connût et qu'il étudiât pour rattraper le gros de l'armée dans laquelle il se trouvait enrégimenté tout à coup. »

La remarque est juste, et l'expression aussi : voilà Étienne enrégimenté et enrôlé dans l'armée de David; c'est là son premier groupe et son premier milieu; c'est ce qu'il va entendre, embrasser, admirer et puis commenter à merveille : mais que les années s'écoulent, que de nouveaux courants s'élèvent dans l'air, que l'École de David, en se prolongeant, se fige comme toutes les écoles, qu'elle ait besoin d'être secouée, refondue, renouvelée, traversée d'influences rafraîchissantes et de rayons plus lumineux, lui, il ne voudra jamais en convenir; il y est, il y a été élevé, nourri; il y a pris son pli, le premier pli et le dernier; il n'en sortira pas.

Il y a des naïvetés charmantes dans ces pages de M. Delécluze : car son talent (il en a, selon moi) n'est pas où il le croit et où il conseille aux autres d'en avoir. Il n'a ni élévation de style, ni gravité de ton, ni noblesse ou élégance de formes, ni rien de ce dont il parle sans cesse en des termes qui jurent souvent avec le fond; mais il a dans quelques parties une vérité naïve, un peu gauche, un peu distraite ou inexpérimentée, la sincérité non pas du pinceau (il n'a pas de pinceau), mais du crayon, de la plume ; il a le croquis véridique pour les choses qu'il sait et qu'il a vues en son bon temps et de ses bons yeux ; il copie honnêtement, simplement, et un sentiment moral, touchant ou élevé, comme on le verra, peut sortir quelquefois de cette suite de détails minutieux dont pas un ne tranche ni ne brille.

Ce Moreau dans l'atelier de qui il se trouvait d'abord par hasard, et qui n'était pas un vrai maître, était un paresseux ; de plus il avait pour l'architecture un goût et un talent plus prononcés que pour la peinture, et il se partagea bientôt entre les deux. Il faisait, tout en sifflant un air de romance, un éternel tableau de *Virginius,* qu'il interrompait souvent et qui ne fût terminé qu'en 1827. Or, à cette dernière date, M. Delécluze était critique d'art au *Journal des Débats,* et il eut occasion de parler de ce tableau de son ancien maître ; rien de plus simple. « Exemple étrange des vicissitudes hu-
« maines ! s'écrie Étienne tout saisi à l'idée du contraste ;
« ce tableau de *Virginius,* commencé en 1796, en pré-
« sence du petit élève de Moreau, devait, quarante ans
« après (lisez *trente,* c'est bien assez), lorsque l'artiste
« le termina en 1827, passer à l'Exposition du Louvre
« sous les yeux du critique Étienne, appelé à écrire sur
« les arts dans le *Journal des Débats !* » Ce sont là de ces étonnements que j'appelle naïfs, et les vicissitudes humaines, de 1796 à 1827, ont eu, on l'avouera, des coups de dés plus renversants. Mais Étienne met une grande importance à tout ce qui arrive à Étienne ; et, à voir sa bonne foi, les détails dans lesquels il entre, les

particularités instructives ou curieuses qu'il y rattache, on finit par s'intéresser à lui avec lui.

Pendant qu'il travaille presque seul et sans direction (en attendant mieux) dans l'atelier des *Horaces*, le petit Étienne voit arriver une belle dame, Mme de Noailles, qui se fait élève, bien que déjà amateur assez habile, et avec laquelle il passe en tête-à-tête presque toutes ses matinées. C'était une enchanteresse que cette Mme Charles de Noailles, sœur d'Alexandre de Laborde, et née de cette aimable famille si heureusement douée depuis trois générations pour les arts (1). Elle avait vingt-six ans, il en avait seize. Le jeune Étienne va-t-il devenir amoureux de sa belle camarade? Oh! non pas : Étienne, bien qu'un peu romanesque par tournure d'esprit (il nous l'assure), était trop sage pour se permettre de ces audaces ou de ces impertinences. Mais il est galant, il est bien élevé, et cette nuance de familiarité décente et de demi-intimité est touché avec beaucoup de finesse. Ici le moral est en jeu, et la délicatesse, la noblesse des sentiments suggère ou supplée celle des manières.

Un jour pourtant, le jeune Étienne eut, à l'occasion de la charmante dame, une idée un peu plus que folâtre. David était venu visiter l'atelier ; Mme de Noailles, dont le frère rentrait d'émigration, était toute joyeuse ; David l'avait félicitée de cette rentrée, lui l'ancien jacobin, l'ancien terroriste ! Étienne, dans sa jeune tête, avait peine à concilier tout cela :

(1) C'est la même que cette duchesse de Mouchy aimée de Chateaubriand, et qui eut l'idée de lui donner rendez-vous à l'Alhambra au retour du pèlerinage à Jérusalem. Sa raison plus tard s'égara.

« Ce conflit, cet amalgame de choses et d'idées incohérentes fit naître dans l'esprit d'Étienne une foule de réflexions contraires, dont le résultat fut de le plonger dans une rêverie profonde.

« David était sorti de l'atelier ; Charles Moreau et Mme de Noailles s'étaient remis au travail, mais Étienne resta assis auprès du poêle, essayant vainement de composer un seul et même homme de l'ancien ami de Robespierre et du nouveau protecteur des émigrés. Pensif, il tenait son regard machinalement fixé sur Mme de Noailles, qu'il ne voyait que par derrière. Ses cheveux châtain foncé, entourés de bandelettes rouges à la manière antique, faisaient ressortir la blancheur de son cou, qui était élancé et fort beau. Ce rouge et ce cou blanc frappèrent tout à coup l'imagination d'Étienne, excitée déjà par les réflexions que la visite de David lui avait suggérées, et il lui sembla voir tomber la jolie tête de cette jeune femme. Ce ne fut même qu'en faisant un grand effort sur lui qu'il parvint à se rendre maître de l'agitation intérieure qu'il éprouva en ce moment. »

Bravo ! Étienne, voilà de l'imagination, voilà de la vérité. Vous avez eu cette idée singulière, et vous osez l'exprimer comme vous l'avez eue ; non qu'elle soit belle et gracieuse, cette image de la guillotine sur un joli cou ; elle est affreuse, elle est laide (entendez-vous bien) et horrible, cette idée-là ; mais elle est dramatique, vraiment shakspearienne, et elle jaillissait assez naturellement, hélas ! du choc des souvenirs. Étienne se rappelait avoir rencontré, enfant, la charrette sur laquelle on menait à l'échafaud le père même de Mme de Noailles, M. de Laborde, banquier de la Cour.

Cependant, si j'approuve l'idée et l'expression de l'idée puisqu'elle est franche et fidèle, j'ai peine à comprendre que M. Delécluze se soit laissé aller à risquer la lecture de cette scène un jour dans le salon de Mme Récamier. Étienne a ses souvenirs, nous avons aussi les nôtres. J'y étais ce jour-là, cette après-midi, où l'on était convié à entendre dans l'élégant salon le commencement des Mémoires et *Souvenirs* de M. Delécluze (1839). L'auditoire avait été choisi à souhait : outre les habitués, M. de Chateaubriand en tête, c'était M. le duc de Noailles, plus la vicomtesse de ce nom et sa fille la duchesse de Mouchy, c'est-à-dire la fille et la petite-fille de Mme de Noailles elle-même. M. Delécluze commença. Je dois dire que dans le volume de ses *Souvenirs* où il parle de cette matinée (page 302), il ne se rend compte que très-imparfaitement de l'effet qu'il produisit. Et d'abord le succès de la lecture fut compromis, et le plaisir gâté, dès le commencement. La description que l'auteur faisait du Louvre et de la saleté de ses abords, et de l'horreur des constructions privées au dedans, et des *éviers* même et des *latrines* (car le mot y est), parut singulière dans son détail et dans sa longueur à ce petit public choisi. Y en avait-il plus long à ce sujet dans le morceau lu qu'il n'y en a aujourd'hui dans le même morceau imprimé ? Je ne sais, mais cela parut excessif et ne mit nullement en goût. Je vois encore M. Lacretelle l'académicien entrant à l'improviste à ce moment de la lecture ; il venait en visite et n'était pas des invités ; j'ai encore présent à l'esprit son visage étonné, car il ne savait absolument de quoi il s'agissait, et il avait peine évidemment à concevoir ce que faisait tout ce beau monde attentif à écouter une description si peu engageante. Le lecteur lui-même, M. Delécluze, parut s'apercevoir qu'il y en avait un peu trop sur ce point, et, à un instant, il essaya de sauter un feuillet et d'enjamber ; mais, ayant mal pris sa mesure, il vit que ce ne serait plus assez clair pour la suite du récit, et il dut revenir en arrière sur ses pas ; de sorte qu'au lieu d'entendre une seule fois le passage désobligeant, on eut à le subir une seconde.

Puis, lorsqu'en avançant dans sa lecture il en fut à l'autre passage sur Mme de Noailles et son joli cou qu'il supposait soumis à la guillotine, je laisse à penser si cela ne répandit pas un nuage sur le front de gens dont les proches y avaient en effet passé et avaient eu le cou coupé tout de bon. Il y avait donc, à tous égards, peu d'à-propos à venir lire à haute voix dans un salon, et devant un auditoire ainsi composé, ce qui se lit des yeux sans inconvénient et avec assez d'intérêt dans le cabinet.

II.

Le premier chapitre du livre ne nous montrait le jeune Étienne que dans l'atelier de Moreau, autrement dit *l'atelier des Horaces,* et comme dans le vestibule de l'École de David ; le second chapitre nous fait franchir avec lui le degré de la grande initiation : nous sommes dans l'atelier du maître, au moins dans celui où sont rassemblés ses élèves et où David paraît souvent pour donner ses conseils à l'un et à l'autre. Ici comme tout à l'heure, la description du local est minutieuse et complète ; c'est un inventaire. Après l'état des lieux, on a le dénombrement et le signalement des élèves dont aucun, à ce moment-là, si l'on excepte Granet, n'était destiné à devenir un grand peintre ; le temps des Gérard, Gros, Girodet, était passé : celui d'Ingres ne devait venir qu'un peu après. Mais cette suite de physionomies disparates offre l'intérêt d'un tableau de mœurs et d'un tableau de genre (1). M. Delécluze qui, dans la pratique, ne craint pas de déroger à ses grands principes et qui aborde le réel et même le laid avec une sorte de gaieté, nous a donné à quelques égards un intérieur flamand. Si l'on peut trouver qu'il insiste un peu trop sur quelques élèves, dont les noms sont restés parfaitement inconnus, par exemple sur Gautherot « à la dartre vive, » il résulte de cette suite de croquis d'après nature une impression totale pleine de vie et de mouvement. David fait le tour de l'atelier et dit à chacun son mot ; le défaut ou la qualité qu'il remarque chez l'élève, dans l'ouvrage commencé qu'il a sous les yeux, lui devient un sujet de réflexions plus générales. Le langage, le geste de David est rendu et mimé à mer-

(1) On a grandement abusé de ce titre d'élève de David ; il y en eut un des plus obscurs dont Étienne ne parle pas ou qu'il ne met que dans sa liste de la fin, et qui dut être de ce temps ou d'un peu après. C'est un nommé de Lavoipière, dont j'ai sous les yeux une curieuse lettre par laquelle il sollicite du Président de la République, le prince Louis-Napoléon, en juillet 1852, une place de conservateur des Musées. Il énumère ses titres, et il réserve le plus mémorable pour le post-scriptum : « Je fus aussi chargé par David, dit-il, de lui ébaucher le javelot de Tatius dans le tableau des *Sabines.* »

veille ; tout cet endroit du livre est charmant. Si soigneux de nous transmettre ce que David disait aux autres, Étienne a négligé toutefois de nous apprendre ce que le maître lui adressait à lui-même de vérités et de conseils. J'y veux suppléer ; j'imagine donc que David, qui dit si bien son fait à chacun, aurait pu parler à peu près en ces termes au petit Étienne, s'il l'avait vu plus avancé et peignant déjà :

« Toi, tu es bien jeune, mais je vois déjà ta disposition : quand tu veux faire du noble, ça ne va pas ; tu fais de l'académique, du froid, du copié, du connu ; non ; — mais voilà de petits coins dans ton tableau, et sur ton garde-main de petites figures qui sont vraies, qui sont naïves. — C'est fin, c'est malin ; si tu regardes et si tu copies ce que tu vois, tu pourras bien faire. Tes petits bonshommes valent mieux que tes grands ; tu as des coins de Flamand en dessinant ; mais soigne ta peinture ; ça n'est pas serré, ça n'est pas solide, ça n'est pas peint. Tu ne te doutes pas de ce que c'est que le style. — Tiens, dessine et ne peins pas, tu y perdrais ton latin. »

Voilà ce que David aurait pu dire, voilà le pronostic du maître ; et de tout ce qu'a fait ou tenté Étienne en ce genre, que reste-t-il en effet ? Deux dessins en aquarelle représentant naïvement, l'un les blessés français de Montmirail rentrant à Paris, l'autre le défilé des troupes alliées sur les boulevards en 1814 ; — plus, ce très-bon dessin *à la plume* de l'atelier du maître (1).

(1) On me dit qu'il n'est besoin de faire aucune supposition, et que David, faisant son tour d'atelier, et arrivé au jeune Étienne, lui dit un jour en effet : « Ah ! tu es riche, toi, tu fais bien. Tu ne

M. Delécluze n'est pas de l'école dont il croit être et dont il a été beaucoup trop en qualité de critique d'art par ses doctrines ou ses préventions. Il ne prêche nullement d'exemple. Il est le contraire d'un classique. Il écrit le plus souvent à la diable ou plutôt à la papa. Qui donc a osé le comparer à Daunou? oh! ceci est trop fort. Il a eu des phrases inouïes (j'en pourrais citer au besoin une kyrielle) (1), surtout quand il nous prêchait le beau. Si c'est être romantique que d'écrire incorrectement, personne n'a plus droit à ce titre que lui. Il ne choisit pas quand il copie et qu'il décrit. Il n'oubliera ni une dartre vive à une joue, ni dans une chambre une *encoignure* (ce dernier mot lui est particulièrement familier et cher). Il a fait un joli roman, *Mademoiselle de Liron,* son seul titre vraiment littéraire : son héroïne n'est pas une héroïne, c'est une fille aimable et sensée qui excelle aux soins du ménage et à la pâtisserie du

travailles pas, tu le peux, toi! Tu ne seras jamais un peintre, ça se voit! Mais tu es un bavard, tu as des opinions, toi! Étienne, tu seras un critique. » On sent de quelle espèce de critique entendait parler le maître : artiste manqué, critique par pis aller.

(1) Par exemple, ayant à parler du grand prix de gravure (*Journal des Débats* du 21 septembre 1854), il dira : « Les élèves graveurs admis au concours sont tenus à dessiner d'abord une figure d'après l'antique, puis une académie d'après nature dont ils font la traduction avec le burin, et c'est d'après le *mérite* de cette triple étude que l'on apprécie leur *mérite* et qu'on leur décerne un prix quand ils le *méritent.* » — Faisant le procès, dans le même journal (5 octobre 1855), à la peinture d'Overbeck et à son école, il concluait ainsi : « L'école allemande moderne, ainsi que l'ancienne, n'a *donc eu qu'une* aurore sans midi. » Nonobstant ces cacophonies, M. Delécluze a été l'homme de la critique musicale aux *Débats* pendant trente ans, et il n'a cessé de prêcher la mélodie.

pays, une campagnarde un peu philosophe qui a aimé
et failli une première fois, et qui aimera et cédera encore une seconde ; intéressante et sensible, bien qu'un
peu grasse (1). Il n'a rien fait de mieux. Il n'est pas un
peintre de l'école de David, il n'est pas un élève de la
race de David, mais il s'est trouvé être en définitive le
chroniqueur de l'atelier de David, un Tallemant des
Réaux plein de prudhomie et de sérieux.

Oui, de sérieux, et même d'une certaine gravité morale. Il y a un bel endroit dans cette description d'élèves
et d'atelier : c'est quand l'un des élèves, et des plus
vulgaires, s'avise de parler mal de Jésus-Christ. Un atelier est toujours fort mêlé, mais on était sous le Directoire et le mélange alors avait un caractère particulier :
les écoles, comme la société, offraient de violents contrastes. Les élèves de David se partageaient en divers
groupes fort distincts : dans l'un, les vieux camarades
restés un peu révolutionnaires ou jacobins, au langage
du temps, et communs ; dans un autre, les nouveaux
venus et qui tenaient plus ou moins à l'ancien régime
par la naissance, par les opinions ou le ton, Forbin,
Saint-Aignan, Granet ; plus loin et toujours ensemble,
deux jeunes Lyonnais fort réservés et qu'on disait religieux, Révoil et Richard Fleury ; un beau jeune homme
faisant secte à part, Maurice Quaï, un ami de Nodier,
mort jeune, noble penseur, véritable type olympien ; et

---

(1) J'ai fait autrefois, en 1832, dans la *Revue des Deux Mondes*,
un article sur *Mademoiselle de Liron*, où j'ai rendu pleine justice à
ce roman à la fois délicat et réel ; l'article a été recueilli depuis
dans le volume des *Portraits de Femmes,* édition de 1855.

quelques autres encore dans l'intervalle. Un jour donc, un élève, racontant une histoire bouffonne, y mêla à diverses reprises le nom de Jésus-Christ; je laisse M. Delécluze raconter cette scène au naturel :

« La première fois, Maurice ne dit rien, seulement sa physionomie devint sévère; mais lorsque le conteur eut répété de nouveau le nom sacré, alors les yeux du chef de la secte des *penseurs* s'enflammèrent, et Maurice fit taire le mauvais plaisant en lui imposant impérieusement silence. L'étonnement des élèves parut grand; mais il ne fut exprimé que sur la physionomie de chacun... Maurice était sujet à des colères très-vives, mais qui duraient peu; il avait d'ailleurs du tact, et, en cette occasion, il sentit la nécessité de justifier par quelques paroles la hardiesse de la sortie qu'il venait de faire. « Belle invention vraiment, dit-il en continuant de peindre, que de prendre Jésus-Christ pour sujet de plaisanterie! Vous n'avez donc jamais lu l'Évangile, tous tant que vous êtes? L'Évangile! c'est plus beau qu'Homère, qu'Ossian! Jésus-Christ au milieu des blés, se détachant sur un ciel bleu! Jésus-Christ disant : « Laissez venir à moi les petits enfants! » Cherchez donc des sujets de tableaux plus grands, plus sublimes que ceux-là! — Imbécile, ajouta-t-il en s'adressant avec un ton de supériorité amicale à son camarade qui avait plaisanté, achète donc l'Évangile et lis-le avant de parler de Jésus-Christ. »

Lorsque Maurice eut cessé de parler, il y eut un intervalle de silence assez long, pendant lequel tout le monde se consulta du regard pour savoir comment on prendrait la chose.

Le brave Moriès (un vieil élève, ancien militaire, peu habile au pinceau, mais vertueux) trancha la difficulté : « C'est bien cela, Maurice! » dit-il d'une voix ferme; et à peine ces mots eurent-ils été prononcés, que tous les élèves crièrent à plusieurs reprises : « Vive Maurice! »

« ... Après le mouvement oratoire de Maurice, et pendant

le repos du modèle, Moriès, Ducis, Roland, *de* Forbin, M. de Saint-Aignan, Granet et beaucoup d'autres qui représentaient assez bien le parti aristocratique à l'atelier, vinrent prendre les mains de Maurice et le féliciter sur son élan généreux. Lorsque ceux-ci eurent épuisé leurs louanges fort sincères, s'avancèrent alors vers Maurice, Richard Fleury et Révoil, les deux amis lyonnais. Leurs figures paraissaient émues, et d'un air timide, mais où perçait un sourire plein de joie, ces deux jeunes artistes remercièrent leur généreux camarade de manière à laisser entendre à tous les assistants qu'ils attachaient plus d'importance encore qu'eux à ce qui venait de se passer. En effet, *de* Forbin et Granet, qui avaient fréquenté Richard Fleury et Révoil à Lyon, avouèrent à leurs condisciples que ces deux jeunes gens étaient fort pieux. Ce bruit se communiqua d'oreille en oreille, et jamais depuis ce jour on ne se permit la plus légère plaisanterie sur les habitudes religieuses des deux amis lyonnais. »

La crise morale qui travaillait la société se réfléchit là en abrégé : la *Guerre des Dieux* de Parny, d'abord triomphante, est repoussée et bat en retraite ; le *Génie du Christianisme* approche, il est dans l'air. La scène est belle, touchante, bien composée ; je n'en ai retranché que quelques réflexions qui la ralentissent. Le sentiment moral ici approche du talent.

III.

On voit mon embarras, mon partage d'impressions en parlant de cet excellent homme, et je n'en fais pas mystère. Le pour et le contre se combattent en moi à son sujet, et, malgré mon estime, mon respect, je maintiens le contre. Et comment, en conscience, ferais-je autrement? j'ai affaire au fond à un adversaire. M. Delécluze, critique d'art, n'a cessé de combattre, de railler, de chicaner, de diminuer ou de nier le mouvement que j'aime, dont je m'honore d'être, moi indigne, dont tous les amis, toutes les admirations de ma jeunesse ont été, dont tous ceux qui survivent sont encore. Il n'a jamais voulu comprendre que ce qu'il appelle la *bourrasque* romantique avait de grandes et bonnes raisons d'être ; que, depuis 1816 et 1819, un souffle général et rafraîchissant passait sur les âmes, qu'un souffle embrasé passait sur les lèvres et sur les pinceaux ; qu'il y avait, entre tout ce qui éclata ou ce qui s'essaya de nouveau alors, dans l'art, dans la poésie, dans la philosophie, dans l'histoire, dans la critique, — qu'il y avait, d'une branche et d'un ordre à l'autre, affinité, sympathie naturelle, fraternelle, courant rapide, électrique, le vrai signe des rénovations nécessaires et légitimes. En peinture (je parlerais comme un ignorant si j'entrais dans le détail, mais sur un seul point principal j'ai conscience d'avoir raison), il était bon que l'École de David finît et fût déclarée finie ; la contemplation du tableau des *Sabines* ne menait plus à rien ; les Gérard, les Gros eux-mêmes, les Guérin, les Girodet, n'étaient pas des maîtres à faire des élèves supérieurs ou égaux à eux, si ces élèves ne se retournaient contre eux ou du moins ne s'éloignaient bien vite de ces guides à bout de voie et usés sur la fin de leur carrière. Il fallait qu'avec Bonington un rayon clair et lumineux, une lumière légère vînt baigner et inonder le ciel des marines et des paysages ; qu'avec

Géricault, une réalité puissante et d'après la forte nature osât reparaître et se montrer; qu'avec Eugène Delacroix une langue de feu vînt serpenter à travers les larges toiles et avertir le spectateur ébloui qu'après tout et avant tout un peintre est un peintre. Or, tout ce côté-là, M. Delécluze, si à cheval sur l'ancienne école, ne le sait pas, ne le sent pas. Il connaissait si peu Géricault, ce jeune maître, que longtemps il l'a écrit *Jéricho,* comme la ville. Il s'étonne que ceux qu'il appelle romantiques aient accueilli et salué M. Ingres à son retour d'Italie, et il s'obstine à voir dans M. Ingres l'école pure de David continuée, et cela n'est pas plus vrai qu'il ne le serait de dire qu'André Chénier est de l'école classique précédente. Il accapare Schnetz, Léopold Robert, dont les débuts brillants n'étaient que des variétés de l'école pittoresque naturelle, d'après des types bien choisis, mais non idéalisés (1). S'étant fait

---

(1) C'est évident pour ce qui est de Schnetz; si on le contestait pour Léopold Robert, je citerais de lui un fragment de lettre à son ami Brandt, du 3 octobre 1822; il était alors en Italie et à Rome : « J'ai été bien favorisé, je l'avoue, disait-il; j'ai voulu choisir un « genre qu'on ne connût pas encore, et ce genre a plu. C'est tou- « jours un avantage d'être le premier. Lorsque j'arrivai, je fus « frappé de ces figures italiennes, de leurs mœurs et de leurs « usages remarquables, de leurs vêtements pittoresques et sau- « vages. Je pensai à rendre cela avec toute la vérité possible, mais « surtout avec cette simplicité et cette noblesse que l'on remarque « dans ce peuple, et qui est encore un trait conservé de ses aïeux. « Ce que j'ai fait jusqu'à présent ne me satisfait pas encore; j'es- « père réussir mieux... Mon état me coûte beaucoup; je suis forcé « d'avoir continuellement des modèles pour mes tableaux, car « *je suis résolu à ne pas faire un trait sans ce secours, qui ne* « *peut jamais tromper.* »

dès l'abord un système sur l'ordre hiérarchique des trois arts, architecture, sculpture, peinture, il a prétendu continuellement subordonner celle-ci, lui couper la flamme et les ailes. Abusant d'une remarque juste de Quatremère de Quincy sur le but et la destination des objets d'art, il a méconnu les conditions de son temps; il en a voulu à M. de Marigny et à ceux qui sont venus depuis, d'avoir commandé des tableaux qui n'auront place que dans des galeries; il aurait voulu décourager la production, d'_____ et éloigner les expositions de peinture; il semblait craindre que le goût des arts ne se répandît; s'il avait eu le langage magnifique et superbe de cet autre, il aurait dit, lui aussi : « La démocratie coule à pleins bords. » Préoccupé de ces idées dont quelques-unes peuvent avoir (je ne le nie pas) leur justesse théorique ou historique, il a, dans l'application, oublié qu'un critique est aussi un praticien qui prend l'art où il est et qui en tire le meilleur parti pour l'élever, pour le nourrir. Il a été le contraire de Diderot, de ce critique cordial et réchauffant, et il s'en vante; il a refroidi tant qu'il a pu les ardeurs modernes. Sauf une bienveillance de complaisance qu'il a pu avoir quelquefois (mais je parle des heures décisives), il a méconnu et froissé constamment plus d'un de ces jeunes artistes qui avaient dès le début l'étincelle sacrée; il a préféré les bons élèves froids, réguliers, ceux qui opéraient dans les dimensions les plus grandes ou dans les formes convenues. J'ai encore sur le cœur ses jugements dédaigneux sur Paul Huet, par exemple, ce paysagiste précurseur, qui fut l'un des premiers à rentrer dans la voie et à exprimer dans ses vastes paysages, où le détail peut laisser à désirer, les aspects d'ensemble, le sentiment profond et sacré de la nature : M. Delécluze n'a jamais su que l'accuser d'aimer et de chercher le *bizarre*. Les conseils de critique à artiste sont utiles, mais ils ne valent que s'ils sont accompagnés d'une sympathie intelligente. Soutenir les braves et dignes talents de la génération précédente, trop mis à l'écart un moment et négligés, comme M. Heim, était bien sans doute ; mais cela se pouvait sans se montrer glacial et répulsif aux talents nouveaux. Oh! que d'artistes mes contemporains ont gémi dans leur cœur de ce sceptre de plomb tenu pendant quarante ans et promené sur les têtes par une main lente! Pour moi, je le sens, si j'avais été peintre, c'eût été une calamité que de me sentir toute ma vie sous la coupe d'un tel juge. Quelques dissertations instructives, entremêlées à des jugements mortifiants ou neutres, n'en rachètent pas l'offense ou l'ennui. Mais ces vérités-là, on ne se les dit pas à soi-même, on se dit tout le contraire; et revenant sur les souvenirs du Salon de 1824, où parurent réunies plusieurs des premières productions de la jeune École pittoresque (Delacroix, Delaroche, Scheffer, Sigalon), et sur la critique animée et bienveillante qu'en fit alors M. Thiers, leur jeune contemporain, Étienne conclut aujourd'hui de la sorte :

« Par la vivacité de son imagination et de sa parole spirituelle, Thiers, comme un nouvel Éole, maître des vents et des orages, avait décuplé la hardiesse et la confiance des quatre ou cinq peintres romantiques dont les ouvrages avaient produit de l'effet au Salon de 1824. Et en effet, sans qu'il s'en doutât alors, et contre son intention certainement, il est un des premiers qui ont préparé le règne du laid et de la triste réalité dans les arts. »

Ainsi M. Thiers est accusé formellement d'avoir amené le règne du *laid,* parce qu'il a encouragé les jeunes peintres dans ses comptes rendus des Salons.

C'est pourtant singulier et piquant, vous l'avouerez, que M. Delécluze, avec cette tranquillité de conscience, se croie sincèrement l'organe du beau, et qu'il impute à M. Thiers de patronner le laid. Car, si l'on avait mis devant Louis XIV les productions de M. Delécluze et celles de M. Thiers, ce n'est pas probablement de ces dernières que le grand roi eût dit : « Qu'on m'ôte ces magots ! »

Je ne suis pas comme le grand roi, j'aime assez les magots, c'est-à-dire les peintures plus ou moins *flamandes,* et j'ai à revenir sur la partie littéraire des *Souvenirs* de M. Delécluze. Peut-être y serai-je un peu plus d'accord avec lui. Qu'on me pardonne ces longueurs ! Souvenirs contre souvenirs : ce sont nos Mémoires que nous écrivons.

Lundi 18 août 1862.

SOUVENIRS DE SOIXANTE ANNÉES

PAR

M. ÉTIENNE-JEAN DELÉCLUZE.

(SUITE ET FIN.)

Nous avons tous un faible ou un travers, et ce travers originel, très-sensible dans notre personne, se reproduit dans nos écrits, mais n'y est pas également visible pour tous. C'est comme une veine délicate qui peut être confondue avec d'autres par un œil inattentif et neuf, mais à laquelle celui qui nous connaît de vieille date ne se trompe pas. Une fois avertis, et la veine à peine indiquée par un doigt rapide, tout le monde la voit et la reconnaît aussitôt.

Ainsi pour M. Delécluze ou pour *Etienne*. Il y aurait à faire de lui, sous ce dernier nom, un double portrait à la La Bruyère, ou plutôt un seul et même portrait avec variante : *Étienne ou l'homme content de lui,* — *Étienne ou l'homme qui a eu toujours raison.* Horace a remarqué que presque aucun mortel n'est content de son sort, et qu'on est disposé plutôt à louer et à envier ceux qui suivent des conditions différentes. Étienne donne un démenti formel à cette première satire d'Horace : il n'envie personne, il n'a jamais aspiré à un autre sort que le sien ; il est vrai qu'il n'a jamais eu proprement de profession (hormis pour un temps très-court), et que de bonne heure une fortune suffisante lui a permis de lire, d'étudier à son aise, et de se livrer à l'heureuse modération de ses penchants. Mais toutes les circonstances du dehors ont beau être favorables, elles restent vaines lorsqu'on a l'aiguillon au dedans. Étienne n'a pas reçu de la nature et ne s'est pas donné par une émulation acquise cet aiguillon, cet éperon intérieur de ceux qui *se tourmentent eux-mêmes*. Il n'est possédé par aucun démon. Célibataire heureux et régulier, l'amour (sinon à l'état de sentiment, du moins à l'état de passion) paraît l'avoir laissé assez tranquille. Enfant du xviiie siècle et païen à sa manière, — païen vertueux et innocent, — les scrupules néo-chrétiens, qui de notre temps ont prise sur tant d'âmes jeunes ou vieilles, lui sont restés inconnus et étrangers. La gloire ne le chatouille pas ; le style ne le démange pas. Il a pu chaque jour étudier son nombre d'heures et remplir son nombre de pages sans se lever pour cela plus matin. Quand il a fait une chose, il ne s'en repent pas, il ne le regrette jamais, et il est porté à s'en applaudir : « Je ne saurais assez me féliciter, me disait-il un jour, du parti que j'ai pris... » Il s'agissait de ses études sur les auteurs de la

Renaissance, dans lesquelles il se rendait compte à lui-même plus qu'au public du résultat de ses nombreuses lectures, et il puisait évidemment sa satisfaction dans sa conscience plutôt que dans son succès. Un passage de La Bruyère, qui l'avait frappé dans sa jeunesse, est devenu, nous dit-il, le programme et comme le texte de toute sa vie : « Il faut, en France, beaucoup de fer-
« meté et une grande étendue d'esprit pour se passer
« des charges et des emplois, et consentir ainsi à
« demeurer chez soi et à ne rien faire. Personne
« presque n'a assez de mérite pour jouer ce rôle avec
« dignité, ni assez de fonds pour remplir le vide du
« temps, sans ce que le vulgaire appelle des *affaires*. Il
« ne manquerait cependant à l'oisiveté du sage qu'un
« meilleur nom, et que méditer, parler, lire et être
« tranquille, s'appelât travailler. » Il se flatte aujourd'hui d'avoir à peu près réalisé ce plan qu'il s'était proposé, d'avoir vécu en sage et en philosophe, étranger à ce qu'on appelle succès, indifférent à ce qu'on appelle gloire, et de s'être uniquement « attaché, en cultivant les lettres, à mettre en jeu les ressources de son intelligence, dans l'espoir de prendre une idée de l'ensemble des choses de ce monde où il ne fera que passer, et de purifier, autant qu'il est possible, son esprit et son âme par la méditation et l'étude. » Ce sont ses propres termes, et je n'ai pas voulu affaiblir l'expression de cette satisfaction élevée ; mais il est résulté de cette conscience habituelle de sa propre sagesse et de cette confiance tranquille en soi, qu'il a été enclin à voir les autres plus fous ou plus sots qu'ils n'étaient peut-être ;

il se disait, en les écoutant, en les voyant animés de passions diverses : « Est-il possible que tous ces gens-là ne soient point raisonnables et sages comme moi-même? » Il jouissait de leur extravagance, il les taquinait même au besoin pour la leur faire déployer; il les invitait ou les accueillait, un peu pour les regarder, comme on voit devant soi des chevaux courir : puis, quand il les avait quittés et le soir venu, il couvrait des pages d'une écriture sans rature du récit de ces conversations, en se donnant tout simplement le beau rôle et en faisant dire, comme Socrate, à ses interlocuteurs plus de sottises encore qu'il ne leur en était sans doute échappé. Et si ces interlocuteurs, comme cela arrivait quelquefois, avaient été des taquins eux-mêmes, de doubles malins, des gens d'esprit moqueurs, aimant avant tout le mouvement, la contradiction, lui, il ne s'en apercevait pas. Il était un peu dupe : ne le soyons pas.

Cet avertissement était nécessaire pour ceux qui, sans connaître l'auteur, liront le volume publié aujourd'hui. Il y a de plus, dans ces *Souvenirs* littéraires *de soixante années,* deux parts fort distinctes à faire : il y a les véritables souvenirs, ceux qui sont de première main, et ce qui n'en est pas, ce que M. Delécluze n'a su que tard et par raccroc. Il n'est pas difficile, après une vie longue, quand on a entendu tout le monde et vu les dénoûments, de venir faire, à propos de chaque personnage célèbre, une espèce de compilation de jugements, une cote tant bien que mal taillée, et de la donner sans y mettre le relief et la façon. C'est ce qu'a fait M. Delécluze pour quantité de personnes et de noms et cette partie de son livre n'a qu'une valeur médiocre et incertaine. Tout ce qu'il dit de Mme de Staël, de M. de Chateaubriand, du comte de Maistre, de M. de Lamennais et du monde de *l'Avenir,* de Victor Hugo et de son salon avant et après 1830, des Saint-Simoniens et de leur monde, etc., etc., mérite peu qu'on s'y arrête. Ce sont des à peu près qui appelleraient des remarques plus précises, des rectifications à chaque page. Sa politique est courte, elle est celle d'un homme qui n'a guère vu ce côté-là de son temps que des rangs de la garde nationale. Il n'a aucune exactitude de détail, en quoi que ce soit. Il écorche presque tous les noms propres, il écrit l'abbé *Gerbot* pour Gerbet; il appelle M. Pasquier, le *comte* Pasquier, comme un homme qui n'aurait jamais ouvert *le Moniteur:* il écrit sans cesse *de* Lamartine, *de* Salvandy, là où il supprime le monsieur, comme un homme qui ne les aurait jamais entendu nommer : on dit *M. de Lamartine,* ou *Lamartine* tout court. Il se trompe sur le compte de ses derniers et jeunes amis, jusqu'à les qualifier au rebours du trait dominant. — *L'ardent* Bersot, dira-t-il de l'aimable, du bon, de l'honnête, du judicieux et vif, mais non pas ardent Bersot. — On s'y perdrait encore une fois à vouloir relever tous les à peu près et toutes les inexactitudes de cette partie des *Souvenirs* de M. Delécluze. Je vais droit à la partie originale et neuve, la seule qui ait pour nous de l'intérêt et qui ajoute quelque chose qu'on savait.

I.

Quoique M. Delécluze ait eu peu d'illusions en aucun temps, nous assure-t-il, et qu'il soit à peu près uniformément satisfait de tous les pas de sa carrière, il est pourtant un moment qui, à ses yeux, eut une importance décisive et qui se peint en beau dans son imagination : c'est l'heure de son entrée dans la carrière littéraire, lorsque ayant renoncé décidément au crayon pour la plume, il fit ses premières armes au *Lycée*, petite revue distinguée qui parut vers 1819, et lorsque ensuite, après deux ou trois années de prélude, il fut admis parmi les rédacteurs des *Débats*. Vers ce même temps il eut l'idée de réunir chez lui les après-midi du dimanche, dans l'appartement qu'il occupait au quatrième de sa propre maison, rue Chabanais au coin de la rue Neuve-des-Petits-Champs, ses amis ou ses connaissances qui s'occupaient des questions littéraires, alors si débattues. Ces matinées de M. Delécluze, dont le bruit transpira peu à peu dans le monde lettré, furent bientôt très-suivies, très-animées ; jamais une femme n'y parut ; mais, en fait d'hommes, de jeunes hommes, ce qu'il y avait de plus distingué alors par l'esprit, par les prémices du talent, y venait, et la conversation y était souvent charmante ou du moins très-amusante.

C'est ce moment, — le vraiment beau moment de M. Delécluze, son point lumineux et son petit foyer central dans le mouvement moderne, qu'il nous a rendu avec assez de vivacité dans ses *Souvenirs*. Il exagère beaucoup *le Lycée* et ce qui s'y fit, mais il n'exagère pas ce mouvement d'idées, ce courant, ce conflit brillant et tumultueux qui passa par son modeste salon de 1825 à 1830.

Et M. de Rémusat, mûr dès la jeunesse, et Ampère, mobile d'humeur, « changeant comme avril; » et Albert Stapfer, l'élève de Guizot, passé plus tard à Carrel ; et Sautelet au visage jeune, au front dépouillé qui attendait la balle mortelle ; et Duvergier de Hauranne, esprit net, perçant, ardent alors à toute question littéraire (je suis toujours tenté de lui demander grâce en politique au nom des amitiés de ce temps-là); et Artaud, jeune professeur destitué et promettant un littérateur ; et Guizard plus intelligent et plus discutant que disert, et Vitet dont le nom dit tout, et l'ironique et bon Dittmer, le demi-auteur des *Soirées de Neuilly*, si supérieur à Cavé; et Dubois, du *Globe*, si excité, si excitant, qui a commencé tant d'idées et qui, en causant, n'a jamais su finir une phrase ; et Paul-Louis Courier, aux cheveux négligés, qui apparaissait par instants comme un Grec sauvage et un chevrier de l'Attique,— large rire, *rictus* de satyre, et qui avait du miel aux lèvres; — et Mérimée, dont M. Delécluze a subi l'ascendant, le seul des romantiques à qui il ait pardonné de l'être, et de qui il nous disait un jour dans un langage moins que classique : « C'est égal, c'est un fameux lapin ! » — et Charles Magnin, esprit doux, fin, progressif, écouteur ingénieux, plume excellente; et le baron de Mareste, homme du monde très-spirituel, comme il en faut entre les gens de lettres pour les dédoubler, pour les espacer un peu ; un de ces amateurs qui de bonne heure ont vu le spectacle dans une bonne stalle, témoin assidu, bien informé, et qui, lui aussi, a dû écrire ; — tous ceux-là, et bien d'autres encore, y étaient, et dans cette espèce de galetas plafonné bruissaient comme abeilles en ruche et faisaient tourbillon. Mais celui qui habituellement y tenait le dé et y faisait le diable à quatre, qui harcelait le maître de la maison, tenait tête à Courier, et relançait un chacun jusque dans les derniers retranchements des vieilles doctrines, c'était Beyle, autrement dit Stendhal, la trompette à la fois et le général d'avant-garde de la nouvelle révolution littéraire.

J'allais pourtant oublier, dans cette réunion des dimanches, un assistant des plus exacts, le moins semblable à Beyle et le plus silencieux de tous, Adrien de Jussieu, le botaniste, mince et long de taille, long de tête, long de visage, penché par habitude, souriant du coin de l'œil et du coin des lèvres, avec bénignité et finesse, et qui, sortant des derniers, disait chaque fois en serrant la main au maître de la maison : « Ils ont été bien amusants aujourd'hui ! » ou bien : « Ça n'a pas été aussi amusant que dimanche dernier. » Adrien de Jussieu représentait la galerie. — Je reviens à Beyle, le premier acteur et le boute-en-train de la société.

II.

Beyle, en cela, se livrait à sa verve, à sa nature d'esprit, et aussi il avait intérêt à ce que la conversation fût des plus vives : il s'était chargé d'envoyer à je ne sais quelle Revue anglaise des nouvelles de notre littérature, et il venait s'approvisionner le dimanche dans le salon de M. Delécluze, profitant de toutes les idées qu'il levait ou voyait lever devant lui, et en faisant son gibier : c'était son droit.

D'un autre côté, M. Delécluze, qui a toujours eu le goût des procès-verbaux et des copies exactes, soit en dessin, soit en littérature, n'était pas fâché que Beyle se lançât et, selon lui, extravaguât beaucoup, afin d'avoir le plaisir d'écrire le soir, à tête reposée, les conversations dont il nous donne les échantillons aujourd'hui dans ses *Souvenirs,* et qu'il nous représente comme des fantaisies folles : car sa marotte à lui, c'est la sagesse. Beyle et M. Delécluze, ayant chacun leur arrière-pensée, l'un d'écrire à Londres en sortant de là, l'autre d'écrire le soir pour son bonnet de nuit, étaient donc à deux de jeu. L'un n'a rien à reprocher à l'autre.

M. Delécluze, qui nous rend très-bien quelques-unes de ces spirituelles audaces et de ces boutades de Beyle (notamment pages 233-236, 258-260), ne l'apprécie pourtant pas lui-même à sa valeur. Il y a aujourd'hui une opinion sur Beyle que je vois adoptée et professée par un des hommes dont je prise le plus la vigueur, la portée d'esprit et le talent, par M. Taine : il proclame que Beyle était un homme de génie. Quel qu'ait été et que soit mon goût pour Beyle, je ne puis en mon âme et conscience consentir à un tel jugement, et je ne pense pas qu'aucun de ceux qui ont connu le personnage y souscrive. Je conçois qu'un homme qui laisse des ouvrages achevés, des monuments peu accueillis d'abord et peu compris de ses contemporains, mais remplis de beautés ou de vérités qui éclatent après lui, soit proclamé homme de génie sur sa tombe, tandis qu'il ne passait de son vivant que pour un original distingué. Mais Beyle n'est point dans ce cas; il n'a laissé que des livres décousus, ayant des parties très-remarquables, mais sans ensemble, rien qui ressemble à un monument. Ses livres, en un mot, ne sont pas de nature à donner de lui une idée supérieure à celle qu'imprimait sa personne présente. Or, cette idée, quelle était-elle?

Pour me rafraîchir et me raviver les impressions à son sujet, je viens de relire sa Correspondance (1) si vive, si amusante, et à laquelle il ne manque, pour être tout à fait agréable, qu'une clef, l'indication possible et facile à donner (mais qu'on se hâte!) de la plupart des noms propres et de quelques sobriquets sous lesquels il désignait ses amis. Beyle eut un mérite rare, incontestable : du sein de la littérature de l'Empire, qui retardait sur les grandes actions et les prodigieux événements contemporains, il sentit qu'une autre littérature devait naître. Cette littérature, grande à son tour et neuve, ne pouvait coïncider avec les choses extraordinaires accomplies dans l'ordre de l'action; car « un peuple, prétendait-il, n'est jamais grand que dans un genre à la fois. » Les victoires de l'esprit ne devaient

(1) *Correspondance inédite* de Stendhal, précédée d'une Introduction, par M. Mérimée; 2 vol. in-8°, Michel Lévy, rue Vivienne, 2 *bis*.

donc venir qu'après celles de l'épée. Beyle les provoquait et les prédisait. Il attendait avec impatience pour cela que la France fît trêve à ses préoccupations politiques parlementaires ; mais il attendit longtemps, et cette trêve ne vint jamais. Il estimait que ce sont les mœurs de chaque époque qui engendrent et suscitent les seuls écrits vivants, que le reste n'est que production de serre chaude et affaire d'Académie. Le principe et le mérite du romantisme, selon sa définition familière et entre amis, est « d'administrer à un public la drogue juste qui lui fera plaisir dans un lieu et à un moment donnés ; » ce qui ne veut pas dire du tout que la drogue qui a réussi en un cas et dans un pays réussira également ailleurs. Les Académies croient posséder des recettes et des formules générales ; or il n'en existe pas de parfaitement applicables d'un temps, d'un lieu et d'un peuple à un autre. « Le mérite de Manzoni (en 1819) est d'avoir saisi la saveur de l'eau dont le public italien avait soif. » Usons du libre conseil pour la France. C'est Beyle qui parle. Soyons *nous*, et ne copions pas. *Qui nous délivrera de Louis XIV ?* « *L'affectation* n'a paru qu'au XVIIe siècle ; il y avait encore beaucoup de *naïveté* à la Cour de Henri IV ; cette aimable qualité des Français ne fut tout à fait anéantie que par le règne de Louis XIV. Elle a trop souvent manqué depuis à des écrivains *énervés* par le désir d'entrer un jour à l'Académie française. » Beyle ne savait pas très-exactement l'histoire littéraire, et il n'appréciait pas la qualité essentielle, solide et grave, de la langue sous Louis XIV ; mais là où il ne se trompait pas, c'était sur l'abus qu'on avait fait depuis lors des fausses imitations et des prétendues conformités avec cette langue et surtout avec la poésie racinienne. Faible contre les grands classiques, il reprenait ses avantages contre les classiques de seconde et de troisième main. Il appelait l'alexandrin un *cache-sottise;* il demandait pourquoi le vers français se vante de n'admettre que le *tiers* des mots de la langue, tandis que les vers anglais peuvent tout dire. Il soutenait que le vers de Racine avait été créé exprès par lui à l'usage et à l'instar de la Cour dédaigneuse de Louis XIV, et il allait jusqu'à dire en 1818 que la cause de Racine était la même que celle des *carrosses du Roi.* Il voulait la vérité dans toute sa simplicité, non dans sa vulgarité ; ses bêtes d'aversion à lui, c'était le *vulgaire* et l'*affecté,* tandis que la bête noire de la bonne compagnie, c'est l'*énergie* dans tous les genres. Il poussait le goût du franc et de l'*imprévu* jusqu'à passer outre à cette bonne compagnie trop émoussée, trop monotone, et à préférer la mauvaise : là était l'écueil. Car ce qu'il entendait, lui, avec le grain de sel, d'autres ne l'entendraient pas ainsi et iraient donner tout droit dans les crudités. Il comptait bien d'ailleurs, l'épicurien et le raffiné, ne parler que pour une élite; il a lâché son mot dans une lettre à Thomas Moore ; il n'écrit, dit-il, que pour un petit nombre d'élus, « *happy few,* très-fâché que le reste de la canaille humaine (c'est son mot) lise ses rêveries. » Depuis Sieyès et l'avénement de la démocratie, pensait-il encore, il n'y a plus que l'aristocratie littéraire qui ose aimer les phrases simples et les pensées naturelles : il entendait bien rester de cette aristocratie, et il narguait le reste du monde qui se prend au *bombast,* au bouffi et au fardé en tout genre.

Quand on pense et qu'on sent de la sorte, on n'est pas l'homme d'une révolution, on est tout au plus celui d'une conspiration à huis clos ; on fait fureur, mais portes closes et en petit comité. Là en effet était le triomphe de Beyle, à table entre amis, ou les soirs de mardi après minuit chez Mme Ancelot, ou les matins du dimanche chez M. Delécluze. Que de tempêtes ! que de gaietés ! que de rires et de colères, et de prises de bec, selon son principe que « rien n'est si agréable que de se dire (entre amis) de bonnes injures ! » Que cet homme qui passait pour méchant auprès de ceux qui le connaissaient peu était aimé de ses amis ! Que je sais de lui des traits délicats et d'une âme toute libérale ! A la longue et à force d'habiter l'Italie, il perdit un peu l'air de France et le fil des idées du temps ; à force de craindre la pédanterie, il en contracta une d'une espèce particulière : c'était de vouloir être plus vif que nature et de professer le naturel en des termes qui semblaient un peu cherchés. Il ne faut pas vouloir danser et paraître svelte quand on a pris du ventre. Mais dans son bon temps, de 1818 à 1830, que d'esprit, de sagacité ! la plupart de ses jugements littéraires d'alors, courus et touchés à peine, sont restés charmants : — et sur Xavier de Maistre et son frère, si différents, mais semblables en un point, et en général sur les écrivains de Savoie, fins, sagaces et jamais lourds, et desquels on peut dire que « la finesse italienne a passé par là ; » — et sur Mme de Souza, le romancier aux aimables nuances, qui excelle à *cent pages d'amour délicat,* mais chez qui « cette délicatesse est compensée par l'absence de tout trait fort et profond : le premier volume de ses romans amuse beaucoup, le quatrième lasse toujours; » — et sur Mme de Staël, contre laquelle il lance des paroles d'un pronostic effrayant ; et sur Mme de Genlis, qui a trouvé moyen, avec infiniment d'esprit, de faire entrer l'ennui dans ses livres, car l'hypocrisie de salon les glace ; et sur M. de Jouy, à qui il accorde un peu trop en faveur de son *Sylla* et de ses vers tragiques dignes de la prose ; et sur Andrieux, dont on essaya un moment de faire l'arbitre du goût ; il écrivait de ce dernier en janvier 1823 :

« M. Andrieux, dont on vient de publier les Œuvres, est un élève de Voltaire, ingénieux, spirituel et sans force ; tel il s'est toujours montré dans ses comédies, dont une seule est restée au théâtre, *les Étourdis,* et dans ses poésies légères. Voici cinq volumes de ses Œuvres ; ils doivent plaire aux étrangers. Il me semble que si Frédéric II vivait encore, il en serait enchanté, lui qui se plaignait de l'obscurité et de l'affectation des écrivains modernes.

« M. Andrieux est un homme de bon goût ; mais ses ouvrages ne conviennent plus au siècle vigoureux et sérieux au milieu duquel nous vivons. La génération des *poupées,* qui commença la Révolution en 1788, a été remplacée par une génération d'hommes forts et sombres, qui ne savent pas bien encore de quoi il leur conviendra de s'amuser. Les dures exagérations de MM. Hugo et Delavigne nous conviennent mieux que les petits vers doucereux et d'excellent goût de MM. Andrieux et Baour-Lormian. »

Songeons à la date (1823) pour excuser quelque m

lange et un *ex æquo* dans les noms, et ne voyons que la pensée.

Or, quatre ans après, en 1827, dans un opuscule qu'il publiait à propos de Shakspeare et de *Roméo et Juliette,* M. Delécluze, se rangeant du côté des littératures du Midi et se préoccupant à l'excès d'un grand danger qu'il supposait imminent du côté du Nord, écrivait :

« Rien ne serait plus fatal à la langue française que si nos écrivains, entraînés à l'imitation des idiomes du Nord, transportaient la phraséologie de ces derniers dans le nôtre. Il y a quelque chose de gonflé, d'élastique jusqu'à l'infini, dans les idées des hommes du Septentrion, qui disloque et fait craquer, si je puis m'exprimer ainsi, nos phrases latino-françaises. Les ouvrages de M. de Lamartine, brillantes inspirations des poésies de lord Byron, viennent à l'appui de ce que j'avance. M. Casimir Delavigne devient faible du moment où il veut intercaler dans ses phrases pures et élégantes les idées gigantesques nées en Allemagne ou en Angleterre; tandis que Mme Tastu, modeste et discrète comme la langue dont elle fait usage, en n'effarouchant pas le lecteur par la singularité des expressions, protége beaucoup mieux l'élan qu'elle fait prendre à l'imagination de celui qui lit; enfin M. Béranger, dans ses bons morceaux, est *classique* en ce sens qu'il est *conséquent,* puisque son style est habituellement la contre-épreuve de sa pensée, que sa pensée est souvent juste, heureuse, et qu'elle lui appartient toujours. »

On voit qu'ici le mélange des noms est poussé jusqu'à la confusion et au contre-sens. M. Delécluze, s'il apprécie Béranger, comprend peu Lamartine, et ne veut voir en lui qu'un poëte sans inspiration propre, un reflet et un écho de Byron. Il a raison d'estimer

Mme Tastu, mais il la pousse à un rang hors de toute proportion, et auquel cette muse modeste ne prétendait pas ; et en quels termes le fait-il encore ? Mme Tastu, au dire de M. Delécluze, *protége beaucoup mieux l'élan qu'elle fait prendre à l'imagination de celui qui lit.* Et c'est ainsi qu'écrit un homme qui se fait juge des styles à ce même moment ! Tandis qu'il décerne tranquillement la couronne à Mme Tastu (1), il ne nomme pas M. Hugo en 1827, et il parle de *gigantesque* à propos de Casimir Delavigne. Sur ce simple aperçu, on peut, en se reportant par la pensée en arrière, se représenter lequel, de Beyle ou de M. Delécluze, avait comme critique le plus de flair.

Je ne sais pas de preuve plus sûre qu'on n'est pas fait pour être un vrai critique, que d'aller préférer d'instinct, dans ce qu'on a sous les yeux, un demi-talent à un talent et, qui pis est, à un génie. Étienne n'y manque jamais.

C'était pourtant un contradicteur d'un genre assez neuf que M. Delécluze, et Beyle les aimait, mais il en trouvait peu à sa guise. Il ne voyait dans Dussault, dans M. Duvicquet, dans « le grand Évariste Dumoulin » (j'en demande pardon aux voûtes et aux colonnes de l'ancien *Constitutionnel*), que des rabâcheurs d'idées et de phrases convenues : « Je regarde Dussault, disait-il, comme le Fiévée du *classicisme,* le meilleur avocat d'une vieille platitude. » Il appelait de tous ses vœux

(1) « Mme Tastu, une femme de mérite plutôt que d'esprit, qui a été poëte un jour. » La voilà bien définie, et telle que je l'ai comprise.

un digne adversaire et un vrai contradicteur : « Prions Dieu que quelque homme de talent prenne ici la défense du *classicisme,* et force ainsi les romantiques à faire usage de tout leur esprit, et à ne laisser aucune erreur dans leur théorie. » Il écrivait cela de Milan en 1819, et en vue du romantisme italien de Manzoni. A plus forte raison dut-il penser de la sorte à Paris dans les années qui suivirent.

En exposant ainsi Beyle et sa doctrine (si doctrine il y a), ai-je besoin d'avertir que je suis bien loin de l'épouser en tout. Il découronne par trop l'imagination humaine. Par aversion pour le clinquant, il fait trop fi des richesses de la parole et des magnificences légitimes qu'en tirent la passion, la fantaisie ou l'éloquence. Disciple direct de Tracy et de Cabanis, il a, en bien des cas, la conclusion plus physiologique que littéraire. Il est trop pressé de supprimer ces régions vastes, un peu vagues, ces espaces intermédiaires, séjours des vents, des rayons et des nuages, l'atmosphère en un mot où la poésie respire et se complaît. Ses théories, telles que je viens de les recomposer, forment évidemment un tissu de vérités, de taquineries et d'impertinences. Mais M. Delécluze n'y fait nullement la part des deux premières, et il ne tient pas à lui que Beyle ne passe pour un pur extravagant. C'est souverainement injuste. Sa sévérité étrange pour un si ancien ami et un si piquant esprit appelle la nôtre à son égard et la justifierait, s'il en était besoin (1).

(1) Je sais quelqu'un qui a dit : « Delécluze est parfois un béotien émoustillé, mais il y a toujours le béotien. »

III.

Il est une autre petite société voisine de la sienne, celle de son beau-frère Viollet-le-Duc, habitant la même maison que lui, à un étage au-dessous, que M. Delécluze nous a bien décrite. M. Viollet-le-Duc était un homme d'esprit, exact, délicat, peu fécond, très-occupé d'ailleurs de fonctions administratives, qui avait précédé tout le monde dès le temps de l'Empire dans le goût des vieux auteurs français antérieurs à Malherbe et de la poésie du xvie siècle : le *Catalogue* qu'il a dressé de sa bibliothèque, et dans lequel il donne un aperçu de chaque auteur de sa collection, est un livre qui restera. Il s'était essayé en poésie et avait lancé dès 1809, sous le titre de *Nouvel Art poétique,* une assez fine satire contre l'école descriptive de Delille, qui avait été fort remarquée et qui avait réussi. Il y a loin de là pourtant à dire avec M. Delécluze, peu exact dans ses termes, que le talent poétique de son jeune beau-frère s'était produit d'abord « avec éclat. » Dans les dernières années de la Restauration, de 1820 à 1828, la bibliothèque de M. Viollet-le-Duc était devenue, les vendredis soirs, un lieu de réunion et de conversation douce, agréable, instructive, mais sans rien des vivacités et des orages que l'étage supérieur assemblait le dimanche. On s'y réglait sur le ton du maître de la maison.

Puisque j'ai rencontré le souvenir d'un aimable érudit, il est impossible de ne pas remarquer, à l'honneur de M. Delécluze, qu'un de ses neveux, M. Eugène Viollet-le-Duc, élevé par lui librement, philosophiquement, mis de bonne heure à même des belles choses, entouré des bons et beaux exemplaires en tout genre, est devenu l'homme distingué que nous savons, le restaurateur le plus actif et le plus intelligent de l'art gothique en France, ayant en toute matière des idées saines, ouvertes, avancées, et maniant la parole et la plume aussi aisément que le crayon ; j'ajouterai qu'à en juger par ses directions manifestes, il n'a guère en rien les doctrines de son oncle ; et c'est en cela que je loue ce dernier de n'avoir point appliqué, dans une éducation domestique qu'il avait tant à cœur de mener à bien, de vue exclusive ni de système personnel et oppressif. L'élève s'est de lui-même émancipé à tel point que M. Delécluze a cru devoir un jour écrire deux articles contre les idées, selon lui dangereuses et trop envahissantes, de ce téméraire en architecture : c'est à faire sourire. L'oncle essaye de gronder tout en louant. Je crois voir le doyen de Killerine à la fois fier et inquiet de ses pupilles, jeunes frères et sœurs, si différents de lui. C'est ainsi que M. Delécluze est à la fois récompensé et puni dans le neveu qui lui est échu ; mais le premier sentiment l'emporte, et il me semble l'entendre se dire avec orgueil : « C'est pourtant là un œuf que j'ai couvé ! »

Je ne suivrai pas Étienne dans l'idée qu'il veut nous donner de divers autres salons, « tels qu'ils étaient tenus, dit-il, en 1826 ; » il a de ces expressions singulières et naturellement inélégantes. Je ne ferai plus que lui emprunter un portrait exact, peu flatté, mais assez amusant, du philosophe Ballanche, d'ordinaire si pacifique, mais irascible par accès et subitement colérique au moment où l'on s'y attendait le moins. Ce souvenir d'Étienne remonte à un voyage d'Italie qu'il fit en 1824, et pendant lequel il rencontra à Rome Mme Récamier entourée de ses amis, parmi lesquels, dit-il, le *bon et aimable* Ballanche. Et en conséquence, il va nous le dessiner ainsi :

« Faible de santé, lourd dans ses mouvements, ce pauvre homme avait la tête et particulièrement le visage concassés comme s'ils eussent reçu deux ou trois coups de pilon dans un mortier... Tout le temps qu'il ne donnait pas à l'étude, il le consacrait à Mme Récamier, qu'il aimait et a toujours vénérée comme une sainte. Habituellement plongé dans ses méditations, ce n'était qu'en certaines occasions, lorsqu'il entendait exprimer des idées et des sentiments contraires aux siens, que cet homme, qui habituellement paraissait végéter plutôt que vivre, s'animait et parlait quelquefois avec une véhémence qui allait jusqu'à l'emportement. Chaque jour, après son travail, il arrivait régulièrement chez Mme Récamier vers trois heures du soir, et, après lui avoir fait affectueusement ses politesses, allait s'établir devant la cheminée où il restait immobile comme un sphinx égyptien. Les allées et venues des personnes de la maison, les visites, rien ne le tirait de son calme, à moins que quelques paroles malsonnantes à son oreille ne vinssent, comme une étincelle électrique, enflammer son cerveau. Entre plusieurs explosions de ce genre, il en est une qui a longtemps égayé le petit cercle de la rue *del Babuino*. Après un très-bon dîner chez Mme la duchesse de Devonshire, Ampère et Ballanche, qui y avaient assisté, revinrent vers dix heures du soir chez Mme Récamier, où se trouvaient le duc de Laval, lord Kinnaird, le duc-abbé de

Rohan, Montbel et Étienne. Le travail littéraire dont s'occupait Ballanche en ce moment lui faisait diriger ses lectures sur les ouvrages de Bossuet, et comme le dîner de la duchesse lui avait délié la langue, il laissa échapper sur le grand évêque quelques paroles dédaigneuses qui furent relevées aussitôt par Mme Récamier et le duc de Laval. Mais Ballanche, levant la tête et prenant un ton d'autorité, commença une diatribe fulminante en motivant, comme il l'entendait, les reproches qu'il faisait à Bossuet, et s'échauffant toujours davantage, il arriva enfin à sa péroraison en disant, comme s'il avait été hors de lui : « Qu'on ne me parle plus des vertus « et des talents de Bossuet; d'un homme qui a osé dire que « Dieu n'a pas révélé le dogme de l'immortalité de l'âme aux « Juifs, parce qu'ils n'étaient pas dignes de recevoir cette « vérité ! Ces mots, » ajouta-t-il en devenant presque furibond et marchant à grands pas, « ces mots le rendent digne du « feu, et les cinquante mille bûches de l'Inquisition ne suffi- « raient pas pour le rôtir ! » Puis s'arrêtant tout à coup : « Il « y aurait là cinquante mille fenêtres que je m'en précipite- « rais d'un coup, en témoignage de ce que j'avance. » En laissant échapper ces dernières paroles, il appuyait la main tantôt sur l'épaule de M. de Laval, tantôt sur celle de lord Kinnaird et du duc de Rohan, qui, ainsi que les autres assistants, ne pouvaient se tenir de rire, hilarité à laquelle le bon Ballanche se laissa bientôt aller lui-même. »

Voilà un portrait d'ami pris sur nature et qui sort tout vivant d'un croquis ou d'un procès-verbal tracé évidemment le soir même. Des deux côtés du visage de Ballanche, l'un était difforme et *concassé*, selon l'expression de M. Delécluze, l'autre était pur et donnait même l'idée de beauté, comme David le sculpteur l'a prouvé par son médaillon. M. Delécluze a préféré le côté laid et réel, jusqu'à supprimer, à dissimuler tout à fait l'autre aspect du profil; je prends encore une fois notre homme en flagrant délit de contradiction pratique avec ses doctrines. C'est ce que je voulais (1).

Les honneurs de ce livre des *Souvenirs* sont pour un tout dernier ami, un anatomiste, M. Marc Bourgery, mort depuis quelques années. M. Delécluze lui adresse en terminant une apostrophe philosophique, sensible et un peu solennelle, qui rappelle en bourgeois *le Songe de Scipion*. Cette allocution d'Étienne à Marc, qui par-ci par-là détonne, n'est pas sans une certaine élévation intérieure.

(1) Ici même, pour venger le pauvre philosophe néo-platonicien ainsi ridiculisé, je n'aurais qu'à opposer à M. Delécluze ou à Étienne une contre-partie de souvenirs. Étienne raille Ballanche, mais sait-il bien, à son tour, ce qu'on se disait alors de lui, ce qu'on se répétait à l'oreille dans ce petit monde romain de Mme Récamier? Étienne avait quarante-deux ans, il n'était pas marié; il se demandait s'il ne se marierait pas. C'était le moment ou jamais, l'heure critique. Il y avait alors, auprès de Mme Récamier, une jeune et jolie nièce, Mlle Amélie. Elle paraissait fort agréable à Étienne comme à tout le monde. Étienne se disait : « Me marierai-je ou ne me marierai-je pas? » Et il déduisait longuement les raisons pour et contre; dans cette éternelle consultation de Panurge, il prenait même pour confidents de sa perplexité quelques-uns des jeunes amis de Mme Récamier. Bien entendu que c'était à Mlle Amélie qu'il songeait. Il n'oubliait dans tout cela qu'une seule chose, de se demander si Mlle Amélie voudrait bien. Mais il ne se posait même pas la question, tant il était sûr de lui, tant il était appliqué à balancer et à peser en sens divers ses propres commodités et convenances! C'était comique, m'assure-t-on, de voir la bonne foi du raisonneur, de l'écouter dans ses soliloques d'homme à demi amoureux, mais raisonnable. Il se faisait à lui-même les demandes et les réponses. Étienne, qui apercevait une paille dans l'œil de son voisin Ballanche, ne voyait pas une poutre dans le sien au même moment.

Je conclus, et plus gaiement qu'on ne le croirait peut-être : M. Delécluze ou Étienne, qui a passé sa vie à se croire classique et à défendre plus ou moins l'orthodoxie en littérature ou en art, serait, à cette heure-ci, rejeté de tous les classiques, s'il y en avait encore, et au nom même de ce qu'il a professé : je ne lui vois d'asile et de refuge à espérer que *in partibus infidelium,* parmi ceux qu'il a tant conspués, et qui l'accueillent volontiers, qui lui font place, en faveur d'un joli roman naturel, de quelques dessins vrais et frappants, de quelques descriptions fidèles et qui ont le cachet de leur date : *Mademoiselle de Liron,* son chef-d'œuvre, *l'Atelier de David,* et quelques pages et portraits des *Souvenirs.* On est sans rancune, on le met à son rang, mais pas un cran plus haut. Que voulez-vous? on a ses mesures et ses degrés : on est aussi des classiques dans son genre et à sa manière.

Vendredi 22 août 1862.

WATERLOO

PAR M. THIERS

Il s'est écrit depuis des années bien des batailles de Waterloo : il y en a eu de nettes et de patriotiques, de savantes et de passionnées, de fougueuses et de brillantes, de poétiques et de souverainement, j'allais dire d'outrageusement pittoresques. M. Thiers, en venant le dernier, semble devoir clore le concours entre les historiens. Il n'a eu qu'un but, démêler la vérité, toute la vérité, et l'exposer clairement. Ce n'est ni une peinture ni une représentation de la bataille qu'il nous offre, c'est un récit et une explication. Il nous fait comprendre point par point cette campagne de 1815 ; il nous fait toucher du doigt les vraies causes qui ont déjoué le plan le plus habilement et le plus hardiment conçu, et dont l'exécution dans sa première partie, dans sa majeure partie, avait marché, sinon tout à fait à souhait, du moins dans le sens voulu. Il nous montre ce qui a converti tout d'un coup ces succès et une victoire qu'on était tout près d'arracher, en un immense désastre, deuil éternel de notre histoire. J'ai entendu parler dernièrement d'indifférence à ce sujet de Waterloo (1) ; cette indifférence, grâce à Dieu ! ne viendra jamais, tant qu'il y aura une vraie France. Mais ce malheur de la patrie a été assez glorieux, assez couronné d'héroïsme, pour qu'on ne se lasse pas de le considérer, de l'examiner en tous sens jusqu'à ce qu'on en ait l'intelligence tout entière. En suivant aujourd'hui notre historien national dans sa narration explicative, nous tâcherons de lui emprunter aussi quelque chose de sa simplicité. Après les triomphes ou les débauches et le *nec plus ultra* de la couleur, il n'y a plus qu'à être très-simple.

Napoléon, à l'ouverture de la campagne de 1815, résolu à prendre l'offensive plus conforme à son génie et à celui de son armée, avait l'œil sur la frontière du Nord ; il y voyait Wellington et Blücher déjà prêts et unis, mais non tellement unis, quoique fort rapprochés, qu'on ne pût pénétrer entre eux et les couper dans la ligne même de soudure. Il fallait pour cela dissimuler ses mouvements, de peur de les avertir et de les resserrer à l'instant même. Il y réussit. L'opération par laquelle il rassembla ses corps d'armée, au nombre de 124,000 hommes, derrière la forêt de Beaumont, à quelques lieues de l'ennemi, et d'un ennemi si

(1) Ceci faisait allusion à quelque article inséré dans un journal voisin, et où ce mot avait été remarqué. Le journal s'appelait, je crois, *la France*.

vigilant, sans que celui-ci parût s'en douter, est universellement admirée comme un chef-d'œuvre de stratégie. Parti de Paris le 12 juin, l'Empereur passait la frontière dans la nuit du 14 au 15, et se portait sur Charleroi. Les troupes étaient merveilleuses d'ardeur. « Les troupes, écrivait le général Foy dans son Journal militaire à la date du 14 juin, éprouvent non du patriotisme, non de l'enthousiasme, mais une *véritable rage* pour l'Empereur et contre ses ennemis. Nul ne pense à mettre en doute le triomphe de la France. » Mais, dans cette bouillante armée, les chefs, dévoués eux-mêmes et pleins de vigueur, sentant qu'il y allait pour la plupart de leur destinée et qu'ils jouaient le jeu terrible de *tout ou rien,* n'étaient pas cependant dans un parfait rapport avec le soldat. Tandis que celui-ci était confiant jusqu'à l'exaltation, les chefs avaient, quelques-uns du trouble, d'autres des prévisions et des circonspections inaccoutumées ; ils avaient éprouvé les revers de la fortune et s'en souvenaient. Le soldat ne se sentait plus conduit par eux tout à fait comme autrefois, et il se méfiait d'eux, du moins de quelques-uns L'Empereur n'avait plus son major-général unique et incomparable, ce Berthier qui était la main souple rapide et sûre de sa pensée. Le maréchal Soult un peu solennel, un peu cérémonieux et embrouillé, n'avait pas dans la communication des ordres la netteté et la prestesse nécessaires. Plus d'un ordre essentiel, adressé pendant cette campagne à des chefs de corps, arriva tard ou n'arriva pas. On s'en aperçut dès le premier jour, dès les premières heures, lorsque l'armée entière s'étant ébranlée à trois heures du matin, Vandamme, une des têtes de colonne les plus importantes, se trouva en retard et manqua au rendez-vous faute d'avoir été prévenu.

L'histoire a relevé dans cette campagne quantité d'incidents minutieux que d'ordinaire elle néglige. Mais ici on a tout recherché et tout mis en ligne de compte pour expliquer le résultat. La véritable question, en effet, qui domine tant de débats et de récits contradictoires, est celle-ci : Napoléon, dans cette campagne de 1815, a-t-il donc été au-dessous de lui-même? Le merveilleux et rajeuni capitaine de 1814, que son foudroyant retour de l'île d'Elbe avait montré plus présent de génie et de hardiesse que jamais, a-t-il failli et s'est-il ralenti en juin 1815? A-t-il eu, comme général, une diminution sensible d'activité, une décadence? Est-ce à des fautes de sa part qu'il faut attribuer le malheur final? ou bien a-t-il été égal à lui-même et à son passé, pour le moins égal si l'on considère l'ensemble des difficultés et les menaces de l'avenir? A-t-il été jusqu'au bout le premier des guerriers par la tête comme par l'épée, et s'est-il retiré, est-il tombé du théâtre de l'histoire dans sa plénitude de génie militaire, et avec le sacre du malheur en plus? Y a-t-il eu faute, ou seulement *fatalité* comme on dit, dans l'issue funeste?

La *fatalité,* pour des esprits qui ne se payent pas de vains mots et d'idoles, c'est une suite inévitable de grandes ou petites causes ajoutées et combinées qui peuvent déjouer à la longue la volonté la plus supérieure et tout le génie humain. La *fatalité* bien analysée, dans cette campagne de 1815, se compose de bien des éléments et de bien des incidents. Et d'abord, comme premier élément, je rappellerai cette sorte de désaccord entre le moral de l'armée et ses chefs, le soldat ayant la disposition à se croire trahi et perdu, du moment qu'il ne voyait pas Napoléon. Un autre élément très-positif de la fatalité, dans ces quatre journées glorieuses et sinistres de juin 1815, ç'a été la lenteur de rédaction et l'ambiguïté de parole du maréchal Soult comme major-général ; — ç'a été la circonspection morale des chefs, toujours braves et plus braves que jamais dans l'action, mais peu confiants désormais en la fortune, et qui, entre deux suppositions possibles, inclinaient toujours pour la plus défavorable, la plus fâcheuse et la plus timide : témoin Ney, Reille, Vandamme, d'Erlon, surtout Grouchy. « Le caractère de « plusieurs généraux, a dit Napoléon, avait été dé- « trempé par les événements de 1814; ils avaient perdu « quelque chose de cette audace, de cette résolution et « de cette confiance qui leur avaient valu tant de gloire « et avaient tant contribué aux succès des campagnes « passées. » A tous ces éléments humains de fatalité s'ajouta, la veille du dernier jour, un orage du ciel, un obstacle matériel considérable et imprévu. En temps ordinaire, toutes ces circonstances qu'on énumère avec soin et qu'on relève auraient eu moins d'importance, car toutes n'auraient pas donné à la fois; l'une, en manquant, aurait corrigé et compensé l'autre ; mais ici tout s'ajouta par l'effet du courant général des idées et des événements. La somme totale de ces fautes ou de ces contretemps est ce qu'on appelle *force des choses, fatalité.*

Un esprit supérieur y échappe pour son compte, pour ce qui dépend de lui seul, mais n'en triomphe pas dans ce qui l'entoure : Napoléon, dans cette campagne, en fit la douloureuse épreuve.

On a chicané dès les premiers mouvements et on a incidenté sur les moindres mécomptes pour en faire remonter le tort à Napoléon. M. Thiers, avec une lucidité parfaite, remet chaque chose à sa place et ne donne pas aux faits secondaires une portée qu'ils ne méritent pas. Le retard de Vandamme, le premier jour, n'empêcha pas Charleroi d'être enlevé. Ayant traversé Charleroi et arrivé à Gilly, Napoléon, dont la vue se justifiait, et qui avait saisi le point faible de la ligne, le joint entre les Prussiens et les Anglais, avait intérêt à amener les premiers dans les plaines de Fleurus pour leur livrer bataille et les rejeter du côté de Namur, d'où ils venaient. Le combat du premier jour ne pouvait être autre chose que ce qu'il fut, une charge à fond, une vigoureuse reconnaissance. Quant aux Anglais, encore dispersés, et qui avaient à venir de Bruxelles et des environs, il suffisait, pour les arrêter, d'envoyer Ney sur la gauche et de lui faire occuper la position centrale des Quatre-Bras. On avait le temps d'avoir affaire aux Prussiens isolément. Le plan conçu par Napoléon, et qui se rapportait juste à l'état des choses et des armées, telles qu'on les avait devant soi, était en voie d'exécution et de pleine réussite.

Si l'on n'en fit pas plus le premier jour, si l'on ne

poussa pas au delà des bois en avant de Fleurus, il y avait à cela de bonnes raisons, et rien ne périclitait, l'objet principal étant d'attirer le gros de l'armée prussienne à une journée décisive pour le lendemain. Il n'est pas moins vrai, et Napoléon l'a regretté lui-même, qu'il y avait eu des retards fâcheux, et que la nuit survint avant qu'on pût entrer à Fleurus, où il aurait voulu placer son quartier général.

Les hésitations de Ney à la gauche commencèrent la série des fatalités. Le vaillant maréchal avait-il reçu, dès son arrivée sur le théâtre de la guerre dans l'après-midi du 15, et de la bouche de Napoléon, l'ordre formel de se diriger aux Quatre-Bras et de les occuper au plus vite avant la nuit, pendant que cette position ne pouvait être encore que peu disputée? Napoléon l'affirme; M. Thiers montre, par des raisons concluantes, qu'il ne peut en avoir été autrement. Au reste, il ne s'agit pas de charger en rien Ney, le brave des braves, mais d'expliquer la suite des faux pas, des malentendus dont un ou deux, ou trois encore, eussent été réparables, mais qui, en s'ajoutant tous, en s'accumulant opiniâtrément et sans relâche jusqu'à la fin, comblèrent la mesure et firent mentir dans ses calculs les plus profonds et les plus justes le génie moderne des combats.

Ney, à peine arrivé et immédiatement mis à la tête de son corps d'armée, crut avoir besoin de quelques heures pour se reconnaître, pour prendre idée des troupes qu'il commandait : la lenteur à attaquer dans la soirée du 15 pouvait se réparer aisément le lendemain. L'Empereur y comptait bien ; aussi ne lui fit-il aucun reproche quand il le revit à Charleroi, où le maréchal revint de sa personne vers minuit. Mais le lendemain 16, dans la matinée, il y eut de nouvelles lenteurs, de plus graves incertitudes. Napoléon prêt à monter à cheval pour aller reconnaître la plaine de Fleurus, destinée à la bataille du jour, recommandait expressément à Ney par une lettre détaillée d'occuper fortement les Quatre-Bras, de se porter même un peu en avant, et cependant de n'engager pas trop la cavalerie légère de la garde ni même les cuirassiers de Valmy, de tenir une de ses divisions à droite, afin d'être en état de se rabattre au besoin sur Fleurus et d'aider au succès définitif de la journée. La lettre portée par un des aides de camp de l'Empereur, M. de Flahaut, arriva... A quelle heure précise? M. Thiers montre que la difficulté n'est pas là, et que la lettre fut rendue bien à temps dans la matinée (avant onze heures). Mais ce que nous venons de mettre sur le compte de la fatalité ou de la force aveugle des choses commençait à se produire. Par exemple : le général Reille laissé à la droite de Ney, recevant par M. de Flahaut, qui le vit en passant, un premier ordre de se porter sur Frasnes, c'est-à-dire vers Ney son chef immédiat, raisonna et attendit un second ordre plus formel. Ce général, qui connaissait les Anglais pour les avoir combattus si vaillamment en Espagne, appréciait leur force, leur solidité, et, les supposant déjà massés en grand nombre aux Quatre-Bras, apprenant d'ailleurs par un des plus braves officiers de l'armée le mouvement général des Prussiens vers Fleurus, estima qu'il y aurait péril à avoir les Anglais devant soi aux Quatre-Bras et les Prussiens à dos ; mais ce retard même allait créer le danger aux Quatre-Bras, où les Anglais, assez faibles jusqu'à midi, convergeaient de toutes parts et se renforçaient à vue d'œil. Ney attendait donc pour agir le corps de Reille, et, sur son ordre pressant, il ne vit arriver en premier lieu que Reille lui-même en personne, dont les divisions ne se mirent en mouvement pour rejoindre qu'un peu plus tard, et dont les conseils prudents, les remarques à l'égard des Anglais et du caractère particulier de leurs troupes, ne laissaient pas de lui donner à penser. Ce grand et magnifique guerrier, un lion quand il était dans la fournaise, n'avait toute sa netteté de décision qu'au milieu du feu, et encore seulement pour l'horizon actuel qu'il embrassait du regard. Ce jour-là pourtant, le héros en lui commençait à sentir qu'il avait trop différé. A deux heures et demie, le canon de Fleurus et de Ligny se faisait entendre; Napoléon engageait sa bataille, et, malgré ses ordres réitérés depuis la veille, rien du côté de Ney ne lui annonçait encore que l'action fût engagée aux Quatre-Bras.

Mais Napoléon lui-même ne commençait-il pas trop tard sa journée, et n'avait-il point perdu de temps en demeurant à Charleroi jusqu'à près de onze heures du matin? M. Thiers discute cette critique et la fait évanouir. En ces longs jours de juin, ne l'oublions pas, la nuit ne commence que vers neuf heures, et l'on avait toute latitude pour opérer. La lenteur fâcheuse aux Quatre-Bras n'avait nul inconvénient à Ligny. Ces heures du matin étaient nécessaires pour rassembler nos troupes, pour les amener de bien des points sur le terrain prévu, pour y laisser déboucher les Prussiens eux-mêmes, dont l'ardeur servait nos desseins. Napoléon, quoique ne se portant pas bien en ce moment, était resté dix-huit heures à cheval le 15, n'avait pris que trois heures de sommeil, s'était levé le 16 presque avec le jour, avait donné et dicté ses ordres, et se remettait à cheval pour y rester dix-huit heures encore. C'était bien là toujours le Napoléon de 1814; ce n'est pas un Napoléon amolli.

Ligny, une des terribles batailles du siècle et qui ne put être éclipsée que par Waterloo, Ligny fut une vraie victoire : c'eût été une victoire décisive sans un concours de circonstances dont une seule pourtant fut capitale, selon M. Thiers. Il s'agit de d'Erlon et de son corps d'armée qui flotta, durant toute l'action, des Quatre-Bras à Fleurus et de Fleurus aux Quatre-Bras, d'une bataille à l'autre, espèce de Juif errant qui marcha toujours sans arriver jamais. Ce phénomène de guerre des plus singuliers est expliqué par l'historien à l'entière et triste satisfaction du lecteur.

Les Prussiens rangés, échelonnés le long du ruisseau de Ligny bordé de saules et de peupliers, et occupant le terrain en talus qui s'élevait en amphithéâtre sur le flanc de la chaussée de Namur à Bruxelles qu'ils voulaient défendre, présentaient une position défensive formidable et presque impossible à emporter de front. Aussi que d'efforts, que de prodiges d'énergie et de fureur, que d'héroïsme dépensé dans ces trois villages

de Saint-Amand, traversés par le sinueux et sanglant ruisseau ! « Nous usions l'ennemi, et il nous usait. » *Æquabat mutua Mavors funera*, comme disaient les anciens Épiques. Le vieux et brave Friant, ce modèle des divisionnaires dans la main de l'Empereur, en avait jugé avec son coup d'œil exercé : « Sire, nous ne
« viendrons jamais à bout de ces gens-là, si vous ne les
« prenez à revers, au moyen de l'un des corps dont
« vous disposez. » — « Sois tranquille, » lui répondit Napoléon ; « j'ai ordonné ce mouvement trois fois, et
« je vais l'ordonner une quatrième. » C'était le corps de d'Erlon que Napoléon avait demandé à Ney dès trois heures un quart ; un ordre rédigé par le maréchal Soult, et porté par M. de Forbin-Janson, disait au maréchal Ney : « Monsieur le maréchal, l'engagement que
« je vous avais annoncé est ici très-prononcé. L'Empe-
« reur me charge de vous dire que vous devez ma-
« nœuvrer sur-le-champ de manière à envelopper la
« droite de l'ennemi et tomber à bras raccourci sur ses
« derrières. L'armée prussienne est perdue si vous
« agissez vigoureusement : *le sort de la France est entre*
« *vos mains!* » A bien lire cet ordre et à tout peser, il était évident que ce qui se faisait aux Quatre-Bras et qui aurait dû être décisif si on s'y était pris de ce côté à temps, ne devenait plus que secondaire ; que l'important était Fleurus, que le succès y dépendait d'une manœuvre, d'une attaque à revers contre les Prussiens, que le sort de la France se décidait là, et qu'il y fallait peser à tout prix. Et cependant d'Erlon n'arrivait pas. Peut-être eût-il fallu le dire plus nettement encore, le

demander expressément à Ney, et un major-général plus rompu au métier aurait appelé les gens et les corps par leur nom.

Oh! le mot propre! on en voit l'utilité. Une phrase de moins, et un nom de plus; et l'ordre devenait clair comme le jour, sans plus prêter à aucune ambiguïté.

Ney tout bouillant, recevant cet ordre, ne le prit pas dans son sens le plus naturel et l'interpréta. Il crut qu'on lui demandait un suprême effort aux Quatre-Bras contre les Anglais, pour pouvoir ensuite, apparemment, se porter sur les derrières de l'autre ennemi, les Prussiens, et, au lieu de ralentir son action et de se borner, comme il le fit plus tard à la fin de la journée et après des prodiges de valeur perdue, à une solide défensive, il songea à ramasser ses forces pour porter un rude coup devant lui; dans cette préoccupation unique et absolue, il envoya dire à d'Erlon, à ce même chef qu'un ordre de l'Empereur remis par Labédoyère dirigeait en ce moment vers le moulin de Bry, à dos de l'armée prussienne, de revenir en toute hâte aux Quatre-Bras : c'était un contre-sens. Mais Ney comprit si bien de cette manière l'ordre émané du major-général que, dans son héroïque fureur, appelant le comte de Valmy, dont il avait fait approcher une brigade, il lui dit, en répétant le mot qui lui montait à la tête : « Général, *le sort de la France est entre vos mains.* »

D'Erlon, recevant l'ordre de Ney en contradiction avec celui de Napoléon, ne prit point le parti qu'en d'autres temps de confiance et d'orgueil il aurait certainement adopté. Il crut à un danger extrême de Ney, et conjurer un désastre lui parut plus important que de décider ou de compléter une victoire. Il obéit donc à Ney, son chef immédiat, n'osant plus se fier aveuglément à Napoléon et à son étoile, à César et à sa fortune. Ses soldats, eux, qui y croyaient toujours, se voyant promenés incessamment d'une canonnade à l'autre, frémissaient de se sentir inutiles. Pour lui, prenant en fin de compte un demi-parti, il se contenta d'envoyer dans la direction de Bry une seule de ses divisions (Durutte), qui, dès lors, n'atteignit le but qu'en tâtonnant et sans servir à autre chose, la journée finie, qu'à précipiter la retraite des Prussiens; et lui-même il arriva à Frasnes sur les derrières de Ney, trop tard, et quand il n'y avait plus à agir.

Cependant sa marche, si inutile pour le moins, avait même été nuisible un instant. Car, avant de rétrograder vers Ney, et lorsqu'il était en marche sur Bry, vers cinq heures, aperçu de loin par Vandamme et mal reconnu par l'un des officiers de ce dernier général, il avait donné des inquiétudes aux nôtres à un moment décisif, et avait contribué à suspendre un mouvement victorieux jusqu'à ce qu'on fût revenu d'une première erreur; on y perdit près de deux heures bien précieuses. Vandamme était devenu circonspect depuis Kulm, et, même dans son intrépidité habituelle, il regardait désormais à deux fois derrière lui. Tout à l'heure, c'était Reille qui y regardait à deux fois devant lui, depuis Vittoria. Les imaginations de ces vaillants hommes s'étaient rembrunies.

On voit l'ensemble des contre-temps, et, si l'on osait

parler ainsi en telle matière, des *guignons,* des méprises, auxquels on avait déjà affaire. Napoléon les conjura encore par son génie à Fleurus; et, voyant sa grande combinaison première, celle qui consistait à tourner les Prussiens, se faire attendre ou échouer, il en improvisa à l'instant une autre. « Tiens-toi tranquille, disait-il à Friant qui s'inquiétait, il n'y a pas qu'une seule manière de gagner une bataille. » Se portant, en effet, vers Ligny, à un endroit où le ruisseau fait coude, et d'où l'on apercevait, à travers une éclaircie d'arbres, les corps prussiens échelonnés, il les prit en écharpe par du canon, et bientôt, dépassant Ligny même, il les fit attaquer à revers par sa garde. C'est ce dernier mouvement suspendu par suite de l'erreur de Vandamme, mais repris aussitôt l'erreur éclaircie, qui décida le succès de la journée. L'armée ennemie, coupée en deux, n'avait plus qu'à se retirer en toute hâte.

J'abrége et j'étrangle à regret de larges et lucides récits, dans lesquels, au milieu même de parties menaçantes et sombres, un rayon circule encore. J'en voudrais du moins résumer l'impression, la conclusion si nette : le malheur de la journée de Ligny, son moindre succès fut dans l'inaction et l'inutilité de d'Erlon, pas ailleurs; le reste était secondaire. Mais même avec cette fatale malencontre qui ôtait sa portée et ses ailes à la victoire, tout était bien encore; tout dans le plan du grand capitaine se pouvait réparer et continuer à souhait, si la fortune ne nous réservait pas, à un second et plus formidable Ligny, un second et plus grave incident d'Erlon.

Et qu'on ne trouve pas que c'est après bien des années revenir et s'appesantir à l'excès sur des faits accomplis, user son attention à la recherche de causes dont l'effet s'est dès longtemps épuisé. La curiosité, ici, est de la piété, du patriotisme. Tant qu'il y aura une France, l'âme de la France sera contemporaine de ces douloureuses journées. La consolation qu'il y a à se dire qu'on a été surtout vaincu par la fatalité, et à s'en rendre raison, n'est pas une consolation puérile et vaine. Qu'il ne vienne jamais le jour où les générations renouvelées, fussent-elles dans la prospérité de la civilisation et de la paix perpétuelle, ne paraîtraient plus que froides et indifférentes à ce qui a remué et déchiré les entrailles de la patrie, en ces années connues et senties de nous, années de deuil immense, d'immortelle grandeur! Hommes, soyons ouverts à tous les sentiments d'humanité, de communication facile et libre, et, s'il se peut, fraternelle : nation, gardons intègre le nerf des nations.

Lundi 25 août 1862.

WATERLOO

PAR M. THIERS

(SUITE.)

Je continue, d'après M. Thiers, de faire un résumé, le plus clair et le plus simple possible, de ces suprêmes et émouvants récits.

La bataille de Ligny gagnée, les Prussiens repoussés mais non détruits, toute la question pour Napoléon était de savoir s'il pourrait atteindre les Anglais séparément, à temps, et si eux voudraient s'y prêter. Toute la journée du 17 (juin) fut employée à se mettre en devoir de livrer cette seconde bataille aussi nécessaire et plus décisive que la première.

Il importait avant tout de connaître la direction qu'avaient prise Blücher et son armée en retraite plus qu'en déroute. Les premières poursuites de la cavalerie n'ayant rien appris de positif, le maréchal Grouchy fut chargé avec un corps considérable (36,000 hommes) d'atteindre l'ennemi dans sa marche qu'on estimait plus confuse qu'elle ne l'était, de le suivre l'épée dans les reins, de le talonner, de l'empêcher de se rallier, et, s'il se rabattait vers Bruxelles du côté des Anglais, de le retarder le plus possible, en se tenant dans tous les cas entre lui et l'armée française, de manière à pouvoir se rallier à celle-ci dès qu'il y aurait lieu. Les ordres étaient si précis quant à cette dernière prescription, ils étaient de plus si indiqués par les circonstances, si commandés par le bon sens, qu'il fallut à Grouchy ce que M. Thiers a le droit d'appeler une véritable « cécité morale » pour ne pas mieux entrer dans l'esprit de sa mission. Le premier jour qui devait être employé si activement, Grouchy, après des tâtonnements infructueux pour s'assurer de la marche des Prussiens, ne fit que deux lieues, s'arrêta à six heures du soir et jugea qu'il serait à temps le lendemain pour suivre l'ennemi, qui se trouvait ainsi avoir gagné sur lui plusieurs heures. Il y avait déjà en germe dans cette détermination toute sa conduite du lendemain, d'où résulta la perte de Waterloo.

Napoléon s'étant porté à Bry et de là sur la chaussée de Namur, étonné de voir que les Anglais tenaient encore aux Quatre-Bras, ordonna les mouvements qui accélérèrent leur retraite, déjà ordonnée d'ailleurs par Wellington. Il gronda Ney sans colère, et attendit que son armée défilât par cette chaussée trop étroite pour tant d'hommes, de chevaux et de canons. Le temps était devenu affreux ; la pluie tombait à torrents ; les chemins étaient inondés, les terres défoncées. Dès que la nature s'en mêle, l'homme redevient bien petit, que ce soit le grand Pompée ou César. Il fallut renoncer à l'idée d'atteindre et de combattre l'armée anglaise dans l'après-midi du 17, et courir le risque de la voir se dérober devant nous derrière la forêt de Soignes. Mais Wellington n'avait pas l'idée de se dérober ; il avait étudié en avant de la forêt la forte position du Mont-Saint-Jean : il l'occupa solidement et nous y attendit.

La nuit arrivée, Napoléon donna les ordres pour la bataille du lendemain, quoiqu'il en doutât encore. Il ne fut rassuré que lorsqu'à une heure du matin, fort préoccupé de ses sombres pensées et du danger qu'aurait pour la France, menacée du côté du Rhin, tout retard dans la décision de cette campagne projetée par lui en deux coups de foudre, il fut sorti à pied, accompagné seulement du grand maréchal Bertrand : il parcourut la ligne des grand'gardes ; l'horizon, vers la forêt de Soignes, « apparaissait comme un incendie. » C'étaient les Anglais qui se séchaient à leurs feux de bivouac, car le bois ne leur manquait pas. La pluie tombait toujours à torrents ; l'Empereur s'assura qu'aucun mouvement de retraite ne se prononçait de la part de l'adversaire. Il rentra satisfait à son quartier général, ne demandant plus à la fortune qu'un terrain solide et le soleil. Aussi quand il le vit paraître, bien pâle d'abord et perçant les brouillards vers cinq heures du matin, il eut un mouvement de joie : « Sur cent chances nous en avons quatre-vingts pour nous, » dit-il.

Un ordre expédié à Grouchy l'informa de la bataille qui allait se livrer : tenir les Prussiens séparés des Anglais, et rester lui-même en communication avec l'armée française, dont il formait avec ses 36,000 hommes l'extrême aile droite, voilà le rôle, la part d'action qui lui revenait; c'était clair. Plus la bataille commencerait tôt dans la journée, et plus on avait de chances de devancer toute jonction des Prussiens. Mais le terrain était détrempé. Combien d'heures de soleil fallait-il pour le rendre praticable à l'artillerie? Drouot demandait deux ou trois heures : ce qui fit que l'action ne commença qu'à onze heures et demie ou midi. Ce brave officier, l'honneur et le scrupule même, ne se pardonnait pas ce retard, qui aurait pu être cependant aussi profitable que nuisible en donnant à Grouchy le temps d'arriver, mais qui, de fait, devint funeste; et tandis que d'autres cherchaient à s'excuser de ce dont ils étaient réellement coupables, il s'accusait, lui, de ce dont il était innocent.

Il y eut des fautes et des contre-temps marqués dans l'exécution du plan le mieux conçu. Ce plan de Napoléon consistait à se porter avec toute sa droite au complet sur la gauche des Anglais, la moins forte, à la culbuter sur leur centre qui occupait la grande chaussée de Bruxelles, et à leur fermer la route ouverte par la forêt de Soignes. On commença à notre gauche par une diversion qui devint une action trop principale autour de la ferme et du château de Goumont. De braves lieutenants s'y acharnèrent beaucoup trop; des bois dérobaient à Napoléon ce qui s'y passait d'héroïque, mais d'un peu inutile à l'ensemble des opérations, comme dans un siége séparé. La lunette de l'Empereur, qui, de la position centrale où il était, se promenait sur tout le revers du Mont-Saint-Jean, tait souvent dirigée vers la droite par où l'on attendait Grouchy. Une ondulation, une ombre mouvante se fit sentir à l'extrémité de l'horizon. Qu'était-ce ? Il se trouva, après reconnaissance, que c'étaient des Prussiens, le corps de Bulow qui n'avait pas donné à Ligny et qui se dirigeait vers Wellington. Il y eut dès lors nécessité de modifier le plan primitif, de retourner une partie de sa droite pour parer aux 30,000 hommes de Bulow, et de livrer la bataille à Wellington avec un chiffre de combattants déjà inégal, mais notablement diminué. Les chances étaient grandes encore, mais moindres.

Fallait-il à ce moment-là non-seulement modifier son plan, mais replier, retirer la bataille, la remettre à un autre jour? Était-ce possible dans l'état d'esprit de l'armée, dans l'état de la France et de l'Europe? Le gant était jeté ; les dés étaient sur table. « Nous avions ce matin quatre-vingt-dix chances pour nous, » dit à ce moment Napoléon au maréchal Soult ; « l'arrivée de Bulow nous en a fait perdre trente ; mais nous en avons encore soixante contre quarante. » Se hâter d'autant plus et donner en toute vigueur contre la gauche et le centre des Anglais était le mouvement indiqué, et Napoléon l'ordonna. On attaqua la Haie-Sainte, qu'on ne parvint d'abord à arracher qu'en partie comme pour Goumont. Une singularité de tactique, dans la formation des colonnes d'attaque, disposition exceptionnelle, adoptée ce jour-là par Ney et d'Erlon, sans doute en prévision de la solidité anglaise, devint une faute qui nuisit au développement des manœuvres; ce trop de précaution de d'Erlon alla contre son but; on n'avait obtenu dans ce premier et vigoureux effort au centre qu'un résultat incomplet : c'était à recommencer. Cependant Bulow se dessinait de plus en plus et approchait; c'était un corps considérable, ce n'était plus une ombre à l'horizon. Il n'y avait pas à hésiter. Le péril était de ce dernier côté. Que Ney emporte la Haie-Sainte et s'y tienne, s'y arrête pour le moment : quand Bulow aura été reçu comme il convient, qu'il aura été refoulé et retardé pour une heure ou deux, il sera temps de se reporter au plateau du Mont-Saint-Jean et d'y frapper le coup décisif. Mais Ney est pressant, il réclame des forces, il est hors de lui dans son ardeur, il est comme furieux et forcené de tout son arriéré d'action des jours précédents, de tous ses retards de la veille et de l'avant-veille; il jure, si on le laisse faire, d'en finir à lui seul avec l'armée anglaise. Napoléon lui ordonne d'attendre pour une dernière attaque, et lui envoie provisoirement les cuirassiers de Milhaud.

Mais il est des mouvements qui d'eux-mêmes parlent plus haut que des ordres. Quand on vit s'ébranler cette admirable cavalerie de Milhaud, quand on la vit traverser de droite à gauche notre ligne de bataille, un sentiment universel, électrique, circula : le cri de *Vive l'Empereur!* se fit entendre; chacun crut, parce qu'il le désirait, que l'ordre d'attaquer à fond était venu ; Milhaud le crut, Lefebvre-Desnoëttes le crut, Ney se le figura. Aucun colonel général, aucun commandant en chef de la garde n'était là pour modérer une si belle ardeur. Ney n'y tint pas : se voyant une telle force en main, après une attaque des Anglais repoussée, il déboucha de la Haie-Sainte, se lança sur le plateau, et livra cet assaut acharné dans lequel un nouvel entraînement vint englober toute la grosse cavalerie de la garde, la réserve même, sans que celle-ci eût reçu aucun ordre pour cela. Seul, le souffle embrasé l'attire dans son tourbillon et l'y précipite. C'est le contraire d'une panique : c'est l'ivresse de Mars, c'est le vertige des braves. Mêlée sans exemple! matière en fusion, matière toute bouillante du plus beau chant d'une moderne *Iliade,* s'il y avait encore des *Iliades!* Ce combat de centaures et de géants, avec ses *va-et-vient,* ses coups de collier réitérés à bride abattue, dura des heures. Au dernier terme, il ne faut plus à Ney qu'un effort pour saisir la victoire; les lignes anglaises sont trouées ou ébranlées de toutes parts; la première ligne, la seconde est rompue, il ne reste à percer que la troisième et dernière; un peu d'infanterie déciderait tout : Ney en fait demander en toute hâte à Napoléon par son aide de camp Heymès. « De l'infanterie! répond l'Empereur; où voulez-vous que j'en prenne? voulez-vous que j'en fasse?... »

Que s'était-il donc passé dans l'intervalle autour de Napoléon? En voyant le mouvement de Ney et cette première charge brillante de la cavalerie Milhaud couronnant les hauteurs du Mont-Saint-Jean, comme on en triomphait autour de lui et qu'on criait déjà victoire, l'Empereur avait dit : « Voilà un mouvement prématuré ; c'est trop tôt d'une heure. » A quoi Soult répliqua, s'en prenant à Ney : « Il nous compromet comme à Iéna. » Et l'Empereur avait ajouté : « Cependant il faut soutenir ce qui est fait. » Et il avait envoyé l'ordre aux cuirassiers de Valmy de se porter au grand trot pour appuyer la première cavalerie ainsi lancée trop à l'aventure sur le plateau.

On était dans un de ces moments décisifs où le moindre incident peut causer de grands résultats. On a beau calculer profondément à la guerre, il y a toujours et surtout le hasard des combats, et il suffit d'un rien pour faire pencher la balance. Le mouvement de toute cette cavalerie Kellermann défilant au cri de : *Vive l'Empereur !* en imposa à l'ennemi et rassura nos troupes qui en avaient besoin ; car Bulow, à ce moment même, menaçait le flanc et les derrières de notre armée ; sa canonnade prolongée étonnait les nôtres ; il était important de ne faire de mouvement rétrograde nulle part et de se maintenir dans la position prise, quoiqu'on se fût trop hâté. Bien loin de redouter Bulow, on avait l'air d'aller à la poursuite des Anglais. Pour ceux qui cherchaient à y lire, le visage de Napoléon, en cet instant difficile, ne paraissait respirer que la confiance. Il sentait pourtant combien la partie était compromise. Bulow arrivait, Ziethen ou d'autres allaient arriver, et Grouchy, Grouchy n'arrivait pas !

Et voici que la réserve de grosse cavalerie de la garde, entraînée elle-même par le mouvement de Kellermann, saisie à son tour de je ne sais quel élan vertigineux (ô noble malheur d'une armée trop électrisée ce jour-là!), avait donné vers le Mont-Saint-Jean sans en avoir reçu l'ordre. Lorsque l'Empereur voulut la faire rappeler, il était trop tard : elle était engagée. Dès cinq heures, Napoléon se trouva privé ainsi de cette réserve qu'il avait toujours eu soin de garder disponible pour la fin des batailles.

Et puis, quand toute cette troupe, ces 10,000 hommes de superbe cavalerie, dans la main du plus brave des hommes, plus furieux et plus enragé d'héroïsme à cette heure suprême qu'on ne l'avait jamais vu en aucune rencontre, eurent chargé et rechargé maintes fois, eurent fait des miracles, eurent ouvert mainte et mainte brèche dans les rangs de la plus tenace des infanteries et en face du plus inébranlable des chefs de guerre dont la grandeur dans l'histoire est d'avoir résisté et vaincu ce jour-là; quand Ney, après des heures tumultueuses que nulle montre exacte n'a comptées, se sentit à bout d'efforts, son quatrième cheval tué sous lui, à pied, son habit percé de balles et lui-même là-dessous comme invulnérable, il avait envoyé son aide de camp Heymès demander à Napoléon ce renfort d'infanterie, et Napoléon avait fait la réponse désespérée, inexorable.

Il était environ six heures du soir, et tout annonçait qu'on allait avoir affaire en effet à toutes les forces de Blücher. De Grouchy il n'était pas plus question que s'il avait disparu dans un tremblement de terre; et cependant depuis midi la canonnade qu'il entendait, quand il n'aurait pas reçu d'ordre, l'appelait assez haut. L'infanterie de la garde, la seule dont Napoléon disposât, et qu'il ne pouvait accorder à Ney, était son unique ressource dans l'imminence du danger croissant à sa droite.

C'est cette droite qui offrait le côté vulnérable et découvert, du moment que Grouchy ne venait pas. Après les deux récits que Napoléon a laissés de la bataille, la narration explicative de M. Thiers répondant à toutes les objections et aux critiques soulevées dans l'intervalle, les discutant et faisant la part de chacune, ne laisse rien à désirer. On comprend maintenant Waterloo comme si l'on y assistait d'en haut en ballon, et sans la fumée du combat; on en voit les mouvements, les ressorts, les préparations, les péripéties et les crises, comme dans une tragédie bien analysée. « Une « bataille, » a dit à ce propos Napoléon, « est une ac-« tion dramatique qui a son commencement, son mi-« lieu et sa fin. L'ordre de bataille que prennent les « deux armées, les premiers mouvements pour en venir « aux mains, sont l'exposition; les contre-mouvements « que fait l'armée attaquée forment le nœud, ce qui « oblige à de nouvelles dispositions et amène la crise, « d'où naît le résultat ou dénoûment. » Par malheur, le plan de Waterloo ne put être exécuté à aucun moment comme il avait été conçu. Dès l'origine, l'ombre de Bulow se dessinant et grandissant à l'horizon indiqua l'intervention possible des Prussiens et causa une perturbation sensible dans l'action principale; le nœud n'était plus où il devait être; une autre pièce (pour continuer l'image) venait compliquer la première et s'essayer à côté : il n'y avait plus d'unité d'action. Tandis que Reille à gauche, par ses lieutenants, s'acharnait un peu trop contre le château de Goumont, Lobau à droite était tout entier retourné et occupé contre Bulow. L'attaque du centre s'en trouvait dégarnie d'autant ; l'infanterie en temps utile y fit faute. Un personnage essentiel dans le plan de Napoléon manqua toujours, c'était Grouchy, lequel apparaissant avec ses 36,000 hommes, en tout ou en partie, eût permis de conjurer ce fantôme des Prussiens devenu bientôt une formidable réalité, et de livrer la bataille dans l'ordre régulier et savant suivant lequel elle avait d'abord été calculée. Évidemment, dans ce cas, la bataille était gagnée, et deux fois plutôt qu'une. On saisit à merveille ces moments où l'action de Napoléon, libre alors et non plus partagé, s'ajoutant à l'impétuosité de Ney qui avait poussé les choses à l'extrême, penchant sur le plateau, eût tout renversé et achevé. Grouchy, par son absence totale, fut le seul auteur de la perte.

Et pourquoi donc ce Grouchy de contre-temps et de malheur ne venait-il pas ? quelles raisons avait-il de résister à l'évidence, aux instances et aux adjurations de ses lieutenants les plus éclairés, de rester sourd au tonnerre ? Je n'irai pas m'enfoncer dans cette explication de détail, aujourd'hui épuisée. Je ne dirai qu'un mot qui pour moi la résume : il y a des esprits fermés, des têtes où une idée, si elle n'y entre tout d'abord, ne pénètre pas. Ce brave général de l'Empire, marquis de naissance, eut ce jour-là quelque chose de l'entêtement d'un émigré.

Quelles furent les dernières heures de la bataille? On le sait trop bien. Les lieutenants de Blücher qui faisaient effort pour nous percer à Planchenois sont repoussés et battus d'abord, et Napoléon profite de ce répit pour envoyer Friant et se porter lui-même au plus vite, avec ce qu'il peut prendre d'infanterie de la garde, au secours de Ney et décider la retraite de Wellington. Celui-ci semble en être au dernier quart d'heure de résistance. Va-t-on, de ce côté, ressaisir la victoire? on peut encore l'espérer. Il est de ces coups extrêmes qui font le sort d'une journée... C'est alors que Ziethen, survenant avec son infanterie et de la cavalerie fraîche, nous prend en flanc, nous entame, nous tourne et débouche en arrière sur le champ de bataille. La digue est rompue, la trouée est faite, la plaine inondée; la terreur dans nos rangs s'en mêle; tout se confond. Il y a un moment où l'acier qui a résisté à tout se brise et casse comme verre. Ainsi se brisa en un clin d'œil cette vaillante armée.

Napoléon, qui n'avait désespéré à aucun moment, voyant tout s'écrouler à la fois, tout manquer sous lui, son armée en débris et son Empire, reculait à pas lents sous une pluie de feu; il semblait décidé à ne pas survivre, à vouloir mourir avec ses grenadiers. Après une dernière volée de coups de canon tirée par son ordre, il allait entrer dans un carré et s'y enfermer, quand Soult, qui était près de lui, lui dit : « Ah ! Sire, les ennemis sont déjà assez heureux; » et, s'emparant de la bride, il poussa le cheval de l'Empereur sur la route de Charleroi.

La nuit était venue, quelques carrés de la garde tenaient seuls et demeuraient, dans le débordement universel, comme des têtes de rochers sombres. C'est alors qu'un cri sublime sortit de ces carrés assaillis.— Rendez-vous! — La garde ne se rend pas. — Voilà le mot dans toute sa simplicité, tel qu'il a dû s'échapper à la fois de toutes les poitrines et de toutes les lèvres, tel qu'il n'a pu ne pas être dit. L'acte répondait aux paroles. On ne se rendait pas, et l'on mourait. Que vous faut-il de plus?

J'ai souffert, je l'avoue, de cette discussion dernière si prolongée au sujet de ce cri suprême. Serions-nous devenus des rhétoriciens ou des byzantins pour disputer ainsi à perte de vue sur ce qui n'est beau et ce qui ne mérite de vivre que par le sentiment qui en est l'âme? Léonidas ou tel autre héros grec a-t-il mêlé un juron de son temps à la parole sublime qui a traversé les siècles, et qui, des Thermopyles ou de Marathon, est venue jusqu'à nous? Je l'ignore et le veux ignorer. Lisez Homère, le plus grand, le plus héroïque, le plus magnifique et aussi le plus naturel des poëtes : il n'y a pas un seul mot sale dans toute l'*Iliade,* le livre des guerriers. J'aime la vérité assurément et la réalité franche, je le répète assez souvent; je sais même surmonter un dégoût pour arriver au plus profond des choses, au plus vrai de la nature humaine; mais je m'arrête là où l'inutilité saute aux yeux et où la puérilité commence. Je fuis la rhétorique directe qui s'étale et qui s'affiche; je ne fuis pas moins la rhétorique retournée, qui est tellement occupée à faire pièce à la rhétorique solennelle, qu'elle en oublie le fond des choses, qu'elle se prend elle-même à des mots, leur donne une importance qu'ils n'ont pas, et devient une manière de rhétorique à son tour. C'est à regret et à mon corps défendant que je me suis vu forcé de toucher ce point littéraire et de goût, à la fin d'un récit où toute littérature s'oublie et cesse, où ce serait le triomphe de la peinture elle-même de ne point paraître une peinture, où l'histoire doit à peine laisser apercevoir l'historien, et où la page la plus belle, la plus digne du héros tombé et de la patrie vaincue avec lui, ne peut se payer que d'une larme silencieuse.

Sainte-Hélène, ce dernier chapitre de l'ouvrage de M. Thiers, supérieur encore par l'intérêt à tous les autres, nous appelle, et nous y reviendrons. De la masse un peu confuse de mémoriaux et de récits publiés sur cette captivité douloureuse et féconde, M. Thiers a extrait, dégagé et distribué avec un art qui se dérobe tout ce qui est authentique, ce qui est pur, élevé, inaltérable, — toutes paroles d'or. On pourrait intituler ce dernier livre, *Napoléon jugé par lui-même*. Je ne sais pas dans la littérature des nations 250 pages plus grandes de sujet ni plus simples. — Non, nous ne sommes pas en décadence.

Lundi 1er septembre 1862.

MAURICE ET EUGÉNIE DE GUERIN

FRÈRE ET SŒUR. (1).

I.

C'est moins du frère que de la sœur que je voudrais m'occuper ici ; je ne parlerai donc qu'assez brièvement de Maurice de Guérin, ayant déjà discouru de lui ailleurs. Je rappellerai seulement que Georges Maurice de Guérin était un jeune homme né en 1810, mort en 1839, avant sa trentième année. Issu d'une ancienne famille noble, assez peu aisée, qui vivait dans le Midi au château du Cayla, du côté d'Alby; élevé dans une maison religieuse à Toulouse, puis au collége Stanislas,

(1) *Maurice de Guérin, Journal, Lettres et Poëmes,* avec Introduction par M. Trébutien ; un vol. in-8°; deuxième édition fort augmentée. — *Eugénie de Guérin, Journal, Lettres et Fragments,* publiés par le même; un vol. in-8°. — Chez Didier, quai des Augustins, 35.

abrité quelque temps à La Chesnaye en Bretagne, dans le petit monde de M. de Lamennais au moment critique et alors que ce grand et violent esprit couvait déjà sa séparation d'avec l'Église, revenu bientôt à Paris et se livrant à la littérature, il mourut avant d'avoir rien publié de remarqué ni d'important. Mais ses amis firent remettre à Mme Sand quelques-uns de ses fragments inédits, quelques-unes de ses lettres et un morceau achevé, *le Centaure*, lequel, inséré dans la *Revue des Deux Mondes* en mai 1840, suffit à poser, à fonder la réputation de Maurice auprès des curieux d'entre les jeunes générations. Le reste des OEuvres se fit longtemps attendre et ne fut recueilli et publié pour la première fois qu'en 1860, par les soins de M. Trébutien de Caen, le savant et digne antiquaire, jaloux de tous les beaux débris et particulièrement dévot à ces saintes reliques de l'amitié. Aujourd'hui, c'est une seconde édition plus complète qui se publie et qui, se joignant au Journal et aux Lettres de Mlle Eugénie de Guérin, sœur aînée du poëte et morte elle-même peu de temps après lui, vient montrer quel couple poétique distingué c'était que ce frère et cette sœur : — lui, le noble jeune homme « d'une nature si élevée, rare et exquise, d'un idéal si beau qu'il ne hantait rien que par la poésie; » — elle, la noble fille au cœur pur, à l'imagination délicate et charmante, à la croyance vaillante et ferme, toute dévouée à ce frère qu'elle adorait, qu'elle admirait et que, sans le savoir, elle surpassait peut-être; qu'elle craignait sans cesse de voir s'égarer aux idées et aux fausses lumières du monde; qu'elle fut heureuse de ramener au bercail dans les heures dernières; qu'elle passa plusieurs années à pleurer, à vouloir rejoindre, et dont elle aurait aimé cependant, avant de partir, à dresser elle-même de ses mains le terrestre monument.

La vie de ces deux êtres si finement doués fut bien simple et tout intérieure. Maurice, celui des deux qui passait pour le vagabond et « le grand errant, » ne fit pas de plus long voyage que du Cayla à Paris, puis de Paris en Bretagne, puis de là à Paris encore. Vers la fin il souffrait de la poitrine ; il retourna au Cayla après cinq ans d'absence, en 1838, pour respirer l'air natal ; il se maria cette année-là même avec une jeune Anglaise née dans l'Inde, qui lui apportait de la fortune, « une Ève charmante, venue tout exprès d'Orient pour un paradis de quelques jours. » Elle et lui jouirent peu de ce bonheur; il mourut dans l'année. Sa sœur Eugénie était venue à Paris pour assister au mariage, et bientôt elle le ramena mourant au Cayla. C'était son premier voyage, à elle, son premier séjour à Paris; elle en fit un second en 1841, en venant de passer quelques semaines chez des amis, près de Nevers. Elle mourut en mai 1848.

Une grande préoccupation était au cœur de Mlle de Guérin : c'était, en même temps qu'elle recueillerait les restes poétiques de son frère, de donner quelques explications sur l'état moral de son âme, et de le revendiquer pour cette foi chrétienne et catholique dans laquelle il avait été nourri, dans laquelle il était rentré et il était mort. Mme Sand, en publiant *le Centaure* dans la *Revue des Deux Mondes,* avait insisté sur le caractère de naturalisme, de *panthéisme,* comme on dit, qui est en effet celui de cet étrange poëme. Mlle Eugénie de Guérin, et, depuis sa mort, les autres membres de la famille, ont tenu à établir la distinction qui est à faire entre la foi de Maurice de Guérin et toutes les apparences contraires qui semblent résulter du fond même de son talent. L'édition actuelle porte en mainte page les marques de ce scrupule.

Nous la comprenons, cette tendresse de scrupule et de conscience, nous l'honorons et dans la famille et chez les amis catholiques bretons qui la partagent; mais qu'on me laisse dire qu'elle est excessive et qu'elle ne saurait prévaloir contre les faits. Maurice de Guérin, dans les années où il a écrit les pages qui le recommandent à la mémoire comme artiste, les belles pages dont on se souviendra dans une histoire de l'art, — ou des tentatives de l'art au xixe siècle, — avait cessé de croire et de prier. Il avait cessé d'être chrétien. Il était une de ces organisations tendres et vagues, ouvertes et profondes, que l'aspect de la nature physique et champêtre passionne et attire jusqu'à les enivrer, jusqu'à les absorber en soi et, par moments, les anéantir. Quand il créa *le Centaure,* son seul morceau achevé (et qui me fait regretter qu'on ait retrouvé *la Bacchante,* autre morceau de lui bien inférieur et capable, vraiment, de faire tort au premier), quand au sortir d'une visite au Musée des Antiques, après avoir admiré cette œuvre vivante, correcte, magnifique, irréprochable, qu'on attribue à des sculpteurs cariens, il se dit qu'il allait,

« par sa plume, commenter et *étendre* le ciseau (1), » que fit-il, qu'imagina-t-il dans sa conception vraiment puissante? Est-ce qu'il alla supposer un homme tel qu'il est aujourd'hui, avec les pensées et les sentiments actuels, et doublé seulement d'une force de cheval pour galoper et conquérir à son gré l'espace, un cavalier bien monté, toujours en selle et à la suprême puissance, ayant sous lui à demeure un cheval parfait, correct et classique comme celui de Virgile? Oh! non pas. Il savait trop bien que les sentiments et les idées même résultent, dans un être organisé, de tout l'ensemble de sa structure, et qu'on n'est pas impunément homme et cheval, tête et croupe tout ensemble. Est-ce que, d'autre part, il alla faire ce que j'ai entendu un juge délicat, mais purement spiritualiste (M. Vitet), regretter qu'il n'eût pas en effet réalisé, — la lutte entre les deux natures, entre la nature humaine supérieure, la tête, la pensée, l'esprit, et entre la nature inférieure, animale, matérielle? Oh! pas davantage. Guérin, quand il conçut *le Centaure*, ne songeait pas, c'est-à-dire qu'en tant qu'artiste il ne croyait pas à cette distinction des deux natures. Aussi, dans son *Centaure* à lui, ces deux natures ne sont pas opposées, elles sont conjointes et confuses. Il a fait la physiologie du Centaure, si tant est qu'il y ait une telle physiologie possible; il en a tiré et rendu certainement toute la poésie imaginable. Ainsi, pour exprimer le galop fougueux et les délices de cette course effrénée, éperdue, au sein des fleuves, à travers

---

(1) Expression de M. Jules Levallois, un des fidèles et intelligents appréciateurs de Guérin.

les forêts — (c'est le Centaure vieilli qui parle et qui est censé raconter les plus chères sensations de sa jeunesse à un homme venu dans sa caverne pour l'interroger) :

« L'usage de ma jeunesse, dit-il, fut rapide et rempli d'agitation. Je vivais de mouvement et ne connaissais pas de borne à mes pas. Dans la fierté de mes forces libres, j'errais, m'étendant de toutes parts dans ces déserts. Un jour que je suivais une vallée où s'engagent peu les Centaures, je découvris un homme qui côtoyait le fleuve sur la rive contraire. C'était le premier qui s'offrit à ma vue ; je le méprisai. Voilà tout au plus, me dis-je, la moitié de mon être !...

« Je me délassais souvent de mes journées dans le lit des fleuves. Une moitié de moi-même, cachée dans les eaux, s'agitait pour les surmonter, tandis que l'autre s'élevait tranquille et que je portais mes bras oisifs bien au-dessus des flots. Je m'oubliais ainsi au milieu des ondes, cédant aux entraînements de leur cours qui m'emmenait au loin et conduisait leur hôte sauvage à tous les charmes des rivages. Combien de fois, surpris par la nuit, j'ai suivi les courants sous les ombres !... Ma vie fougueuse se tempérait alors au point de ne laisser plus qu'un léger sentiment de mon existence répandu par tout mon être avec une égale mesure, comme, dans les eaux où je nageais, les lueurs de la déesse qui parcourt les nuits. Mélampe, ma vieillesse regrette les fleuves...

« Une inconstance sauvage et aveugle disposait de mes pas. Au milieu des courses les plus violentes, il m'arrivait de rompre subitement mon galop, comme si un abîme se fût rencontré à mes pieds, ou bien un dieu debout devant moi. Ces immobilités soudaines me laissaient ressentir ma vie toute émue... Autrefois, j'ai coupé dans les forêts des rameaux qu'en courant j'élevais par-dessus ma tête : la vitesse de la course suspendait la mobilité du feuillage qui ne rendait plus qu'un frémissement léger ; mais au moindre repos, le vent et l'agitation rentraient dans le rameau, qui reprenait le cours de ses murmures. Ainsi ma vie, à l'interruption subite des carrières impétueuses que je fournissais à travers ces vallées, frémissait dans tout mon sein...

« La jeunesse est semblable aux forêts verdoyantes tourmentées par les vents : elle agite de tous côtés les riches présents de la vie, et toujours quelque profond murmure règne dans son feuillage. Vivant avec l'abandon des fleuves, respirant sans cesse Cybèle, soit dans le lit des vallées, soit à la cime des montagnes, je bondissais partout comme une vie aveugle et déchaînée... »

Et vous oserez dire qu'un souffle de panthéisme n'a point passé sur de telles pages! Savez-vous, malgré toutes vos respectables, mais inopportunes protestations de famille et d'amitié toujours en alarmes, à quoi ce morceau, dans son inspiration du moins, ressemble et à quoi il fait penser? Il faut bien le dire, car l'art aussi est sévère, scrupuleux, inexorable, et la critique, qui est son humble servante, ne connaît pas, quand on la presse de trop près, les ménagements timorés et les rétractations de pure complaisance. Voici donc le pendant de ce beau morceau du *Centaure,* mais en prose gauloise, digne des vieux aïeux rabelaisiens de la terre bourguignonne ; ce n'est plus un Centaure qui parle ici, mais un paysan (notez-le bien), un manant, fils et petit-fils de manants, d'anciens soldats redevenus bûcherons et un peu braconniers ; c'est l'ancien bouvier devenu trop citadin à son tour, et qui regrette les heures rustiques de sa jeunesse. Écoutez :

« Le paysan est le moins romantique, le moins idéaliste des hommes. Plongé dans la réalité, il est l'opposé du *dilet-*

tante, et ne donnera jamais trente sous du plus magnifique tableau de paysage. Il aime la nature comme l'enfant aime sa nourrice, moins occupé de ses charmes, dont le sentiment ne lui est pas étranger cependant, que de sa fécondité... Le paysan aime la nature pour ses puissantes mamelles, pour la vie dont elle regorge. Il ne l'effleure pas d'un œil d'artiste; il la caresse à pleins bras, comme l'amoureux du Cantique des cantiques : *Veni, et inebriemur uberibus...*

« Quel plaisir autrefois de me rouler dans les hautes herbes, que j'aurais voulu brouter, comme mes vaches; de courir pieds nus sur les sentiers unis, le long des haies; d'enfoncer mes jambes, en rehaussant (rebinant) les verts *turquies*, dans la terre profonde et fraîche! Plus d'une fois, par les chaudes matinées de juin, il m'est arrivé de quitter mes habits et de prendre sur la pelouse un bain de rosée... A peine si je distinguais alors moi du non-moi. Moi, c'était tout ce que je pouvais toucher de la main, atteindre du regard, et qui m'était bon à quelque chose; non-moi était tout ce qui pouvait nuire ou résister à moi. L'idée de ma personnalité se confondait dans ma tête avec celle de mon bien-être... Tout le jour, je me remplissais de mûres, de raiponces, de salsifis des prés, de pois verts, de graines de pavots, d'épis de maïs grillés, de baies de toutes sortes, prunelles, blessons, alises, merises, églantines, lambrusques, fruits sauvages; je me gorgeais d'une masse de crudités à faire crever un petit bourgeois élevé gentiment, et qui ne produisaient d'autre effet sur mon estomac que de me donner le soir un formidable appétit. L'alme Nature ne fait mal à ceux qui lui appartiennent...

« Que d'ondées j'ai essuyées! Que de fois, trempé jusqu'aux os, j'ai séché mes habits sur mon corps, à la bise ou au soleil! Que de bains pris à toute heure, l'été dans la rivière, l'hiver dans les sources! Je grimpais sur les arbres; je me fourrais dans les cavernes; j'attrapais les grenouilles à la course, les écrevisses dans leurs trous, au risque de rencontrer une affreuse salamandre; puis je faisais, sans désemparer, griller ma chasse sur les charbons. Il y a, de l'homme à la bête, à tout ce qui existe, des sympathies et des haines secrètes dont la civilisation ôte le sentiment. J'aimais mes vaches, mais d'une affection inégale; j'avais des préférences pour une poule, pour un arbre, pour un rocher... »

Qui a écrit cela? qui a parlé de la sorte? qui a dit en cette prose épaisse et riche, grassement paysanesque et roturière; ce que Guérin a dit dans sa langue élégante et choisie, ce qu'il a exprimé de son ciseau mythologique et fin? Quel est ce sanglier qui se rue et se roule dans la nature, de même que le Centaure s'y plonge? C'est Proudhon. Mais ce jour-là, quelles que soient les différences de race, de tempérament, d'éducation, d'expression entre lui et Guérin, différences qui sont presque autant d'antipathies et de contrastes, tous deux ils se ressemblaient par un fonds de paganisme, par l'amour et la poursuite du grand Pan, et par le sentiment d'abandon, de fureur et d'ivresse démoniaque ou sacrée qu'il leur inspirait. Ce qui n'empêche pas que Guérin ne soit mort converti, repentant peut-être, ou du moins réconcilié. On reconnaît tout cela, et l'on n'y contredit en rien. Mais la mort est une chose, et le talent en est une autre. L'imagination n'est pas toujours d'accord avec le cœur. Bon gré, mal gré, qu'on le veuille ou non, Guérin reste bien « une sorte d'André Chénier du panthéisme. » Ce sera son nom dans l'histoire littéraire de ce temps-ci, s'il y obtient un nom distinct, ce que nous espérons bien. O vous, ses bons amis de Bretagne, cela dût-il vous contrarier un peu, il est puéril et inutile de prétendre le lui ôter.

II

C'est assez revenir sur Maurice de Guérin, et nous aurions regret de voir instituer une controverse autour de sa tombe. Je veux maintenant parler de sa rare et touchante sœur, Eugénie, dont les Œuvres ou plutôt les fragments sont réunis devant nous, grâce aux soins du pieux éditeur, M. Trébutien. On n'en connaissait jusqu'ici qu'une très-faible partie, un *Memorandum*, imprimé à Caen en 1855, et pour quelques amis seulement ; mais ce peu qu'on avait vu d'elle, chez ceux à qui il avait été donné d'en être confidents, avait excité un vif désir d'en avoir et d'en savoir davantage. Eugénie était l'aînée de Maurice ; elle avait cinq ans de plus que lui. Elle naquit poëte. Tout enfant, dans un séjour à Gaillac chez des cousines, c'est elle qui le raconte, elle se levait souvent, quand on l'avait couchée, pour regarder les étoiles à une petite fenêtre qui était au pied de son lit. On l'y surprit et l'on cloua la fenêtre, car elle s'y suspendait au risque de se jeter dans la rue. Elle avoue qu'elle fut d'abord un peu jalouse de Maurice, le dernier né, et qu'elle enviait les caresses, les bonbons et les baisers qu'il recevait plus qu'elle. Mais peu à peu elle comprit que l'âge fait changer l'expression de l'amour, et que « les tendresses, les caresses, ce lait du cœur, s'en vont droit vers les plus petits ; » et elle se mit à aimer passionnément ce jeune frère. « Maman, lui disait-elle plus tard, était

« contente de cette union, de cette affection fraternelle,
« et te voyait avec charme sur mes genoux, enfant sur
« enfant, cœur sur cœur, comme à présent. » Ces sentiments ne firent que grandir et se fortifier avec l'âge.
Elle se plut de bonne heure aux entretiens de ce frère
poëte d'imagination et de nature :

« Il m'était si doux de t'entendre, de jouir de cette parole
haute et profonde, ou de ce langage fin, délicat et charmant
que je n'entendais que de toi!... Avec ton parler commença
notre causerie. Courant les bois, nous discourions sur les
oiseaux, les nids, les fleurs, sur les glands. Nous trouvions
tout joli, tout incompréhensible, et nous nous questionnions
l'un l'autre. Je te trouvais plus savant que moi, surtout lorsqu'un peu plus tard tu me citais Virgile, ces Églogues que
j'aimais tant et qui semblaient faites pour tout ce qui était
sous nos yeux. Que de fois, voyant les abeilles et les entendant sur les buis fleuris, j'ai récité :

>   Aristée avait vu ce peuple infortuné
>   Par la contagion, par la faim moissonné! »

Elle lut Lamartine à seize ans, les *Méditations*, et ne
retrouva jamais depuis, au même degré, ce charme
indicible, cette extase première ; Lamartine resta
toujours pour elle « le cher poëte » par excellence. Elle
en vint par la suite à admirer, mais elle ne put jamais
prendre sur elle d'aimer et de goûter ces autres génies
incontestables, mais dont les écrits ont *des laideurs qui
choquent l'œil d'une femme.* « Je déteste de rencontrer,
disait-elle, ce que je ne veux pas voir. » Bientôt elle fit
des vers elle-même ; elle avait reçu de la nature le
rhythme intérieur et la mélodie. Elle eut l'idée de com-

poser pour les enfants un recueil qui se serait appelé *les Enfantines;* quelques-unes de ces pièces se sont conservées; il en est une fort jolie, intitulée : *L'Ange Joujou.* Les premiers rêves, les premières ardeurs, les premières peines (car elle en eut) de cette noble fille se dérobent à nous : il y a des choses qu'elle ne dit jamais qu'à Dieu ou à son confesseur. Sans fortune, ayant plus de physionomie que de beauté, ou même n'ayant pas de beauté du tout (quoique sa vivacité d'expression ne donnât pas le temps de la trouver laide), quand elle se découvre à nous et à son frère Maurice dans son Journal le plus intime, elle n'a pas moins de vingt-neuf à trente ans; elle semble avoir renoncé au mariage, elle est bien près d'avoir renoncé au monde : c'est une âme vierge et un peu veuve, c'est une *âme-sœur.* La sœur parfaite, à la longue, se forme et se compose de bien des sacrifices intérieurs.

Rien de plus monotone que sa vie ; elle a perdu sa mère depuis bien des années; elle habite avec son père au château du Cayla; elle a une autre sœur plus jeune qu'elle, Marie ou *Mimi*; elle a un frère *Éran* ou Érembert, aimable et assez dissipé; mais le frère chéri, le frère unique, celui de qui elle dirait volontiers ce que cette reine de Hongrie, la digne sœur de Charles-Quint, disait du grand Empereur, son frère : « Il est mon tout en ce monde après Dieu, » c'est Maurice, le génie tendre et sans défense, qu'elle considère comme aventuré à travers tous les écueils de la vie et du monde. Il était chez M. de Lamennais, il vient d'en sortir : il a fort à faire, craint-elle, de lutter avec cet éloquent démon et ce grand tentateur. De loin donc, elle prie pour lui, elle écrit à son intention ce petit Journal qu'il aime pour en avoir vu les premiers cahiers, et qu'il lira un jour. Ame innocente, élevée, pure, non pas inexpérimentée, mais droite et simple, elle y cause avec elle-même, avec ses plus hautes et ses plus secrètes pensées, avec Dieu, priant, pleurant, se chantant parfois des vers, se disant :

« La solitude fait écrire parce qu'elle fait penser. On prend son âme avec qui l'on entre en conversation. Je demande à la mienne ce qu'elle a vu aujourd'hui, ce qu'elle a appris, ce qu'elle a aimé, car chaque jour elle aime quelque chose. Ce matin j'ai vu un beau ciel., le marronnier verdoyant, et entendu chanter les petits oiseaux. Je les écoutais sous le grand chêne, près du Téoulé dont on nettoyait le bassin. Ces jolis chants et ce lavage de fontaine me donnaient à penser diversement : les oiseaux me faisaient plaisir, et, en voyant s'en aller toute bourbeuse cette eau si pure auparavant, je regrettais qu'on l'eût troublée, et me figurais notre âme quand quelque chose la remue; la plus belle même se *décharme* quand on en touche le fond, car au fond de toute âme humaine il y a un peu de limon. »

Elle-même, elle se laisse *couler* sur ce papier qu'elle quitte et reprend souvent; elle est triste, il lui manque quelque chose, sa tranquillité n'est qu'à la surface; cela lui fait du bien d'écrire et lui décharge l'âme de ce *triste* qui parfois la trouble; elle se sent mieux après :
« Quand une eau coule, elle s'en va avec l'écume et se
« clarifie en chemin. Mon chemin à moi, c'est Dieu ou
« un ami, mais Dieu surtout. Là je me creuse un lit et
« m'y trouve calme. »

Il y a des enfances dans ce Journal, mais à tout instant il est émaillé de jolies choses, de pensées délicates, de nuances exquises, le tout dit dans une langue heureuse, souvent trouvée, avec un mouvement et une grâce d'expression qui ne s'oublient plus. Il faut bien appeler les choses par leur nom, elle s'ennuie : c'est une âme inemployée et même sevrée. Elle se retourne sur elle-même, elle souffre tout bas ; quand elle se prête aux rires de ses jeunes amies, charmantes compagnes qu'on entrevoit passer, Louise, Marie, *Lili*, « ce lis intelligent, » comme elle l'appelle, il y a de sa part moins de laisser-aller que de complaisance et d'indulgence ; mais elle, elle est ailleurs, ce n'est plus une jeune fille ; elle aspire déjà à se consumer uniquement du côté de son frère et de Dieu. A la voir aimer les enfants, on sent qu'il manque à cette nature aimante d'être mère ; on croit entendre le murmure du cœur, le gémissement des entrailles ! Écoutez ce qui vient à la fin de ce joli récit, où son vœu secret lui échappe :

« Le 14 mars 1836. — Une visite d'enfant me vint couper mon histoire hier (une histoire de pauvre vieille et de mendiante sur son grabat). Je la quittai sans regret, j'aime autant les enfants que les pauvres vieux. Un de ces enfants est fort gentil, vif, éveillé, questionneur ; il voulait tout voir, tout savoir. Il me regardait écrire et a pris le pulvérier (le sablier) pour du poivre dont j'apprêtais le papier. Puis il m'a fait descendre ma guitare qui pend à la muraille pour voir ce que c'était ; il a mis sa petite main sur les cordes, et il a été transporté de les entendre chanter. — *Quès aco qui canto aqui ?* (Qu'est-ce que c'est que ça qui chante là) ? — Le vent qui soufflait fort à la fenêtre l'étonnait aussi ; ma chambrette était pour lui un lieu enchanté, une chose dont il se souviendra longtemps, comme moi si j'avais vu le palais d'Armide. Mon christ, ma sainte Thérèse, les autres dessins que j'ai dans ma chambre lui plaisaient beaucoup; il voulait les avoir et les voir tous à la fois, et sa petite tête tournait comme un moulinet. Je le regardais faire avec un plaisir infini, toute ravie à mon tour de ces charmes de l'enfance. *Que doit sentir une mère pour ces gracieuses créatures!*

« Après avoir donné au petit Antoine tout ce qu'il a voulu, je lui ai demandé une boucle de ses cheveux, lui offrant une des miennes. Il m'a regardé un peu surpris : « Non, m'a-t-il dit, les miennes sont plus jolies. » Il avait raison : des cheveux de trente ans sont bien laids auprès de ces boucles blondes. Je n'ai donc rien obtenu qu'un baiser. *Ils sont doux les baisers d'enfant! il me semble qu'un lis s'est posé sur ma joue.* »

Elle aime à instruire les enfants et à leur faire le catéchisme. Elle a besoin d'aimer, elle n'ose dire *d'être aimée.* Si elle lit un jour le bon vieux saint de ses amis, saint François de Sales, au chapitre des *Amitiés* : « C'est
« bien le mien, remarque-t-elle, le cœur cherche tou-
« jours sa pâture. Moi, je vivrais d'aimer : soit père,
« frères, sœur, il me faut quelque chose. »

Ce Journal même où elle s'écoule, et qui ne laisse pas de lui donner, de temps en temps, de petits scrupules à cause du plaisir qu'elle y prend, ne lui suffit pas. Elle a beau se dire par moments: « *C'est ma lyre à*
« *moi que ma plume,* » et s'y confier comme à une amie, les pensées abondent; elle ne sait qu'en faire dans sa solitude : « Si j'avais un plan, dit-elle, un cadre fait,
« je le remplirais tous les jours un peu, et cela me
« ferait du bien. Le trop-plein fait torrent parfois... »

Il y a des jours où, dans ce trop-plein qui lui pèse et qui fait cauchemar quand il ne fait pas torrent, elle se dit que l'aiguille lui va mieux que la plume : « J'ai pris « la couture pour tuer cela à coups d'aiguille, mais le « vilain serpent rémue encore, quoique je lui aie coupé « tête et queue, c'est-à-dire tranché la paresse et les « molles pensées. » Ce désaccord entre le cœur ou l'imagination de la noble fille et son cadre étroit, isolé, se fait sentir ; des plaintes qu'elle s'avoue à peine à elle-même nous en arrivent fréquemment.

Et pourtant est-ce désaccord qu'il faut dire? Elle semble heureusement née pour habiter la campagne, tant son être « s'harmonise avec les fleurs, les oiseaux, les bois, l'air, le ciel, tout ce qui vit dehors, grandes ou gracieuses œuvres de Dieu. » Elle aussi, comme Bernardin de Saint-Pierre, elle a le sens des symboles naturels ; la vie sous toutes ses formes lui parle ; elle est femme à voir des mondes dans un fraisier :

« Mon ami, je suis ce fraisier en rapport avec la terre, avec l'air, avec le ciel, avec les oiseaux, avec tant de choses visibles et invisibles que je n'aurais jamais fini si je me mettais à me décrire, sans compter ce qui vit aux replis du cœur, comme ces insectes qui logent dans l'épaisseur d'une feuille. »

Toutes les saisons de l'année, toutes les heures de la journée ont pour elle leur charme particulier et leur langage. Elle a, au réveil, des esquisses de matin d'une fraîcheur délicieuse :

« J'admirais tout à l'heure un petit paysage de ma chambrette qu'enluminait le soleil levant. Que c'était joli! Jamais je n'ai vu de plus bel effet de lumière sur le papier, à travers des arbres en peinture. C'était diaphane, transparent; c'était dommage pour mes yeux, ce devait être vu par un peintre. Mais Dieu ne fait-il pas le *beau* pour tout le monde? Tous nos oiseaux chantaient ce matin pendant que je faisais ma prière. Cet accompagnement me plaît, quoiqu'il me distraye un peu. Je m'arrête pour écouter; puis je reprends, pensant que les oiseaux et moi nous faisons nos cantiques à Dieu, et que ces petites créatures chantent peut-être mieux que moi. Mais le charme de la prière, le charme de l'entretien avec Dieu, ils ne le goûtent pas; il faut avoir une âme pour le sentir. J'ai ce bonheur que n'ont pas les oiseaux. Il n'est que neuf heures, et j'ai déjà passé par l'*heureux* et par le *triste*. Comme il faut peu de temps pour cela! »

Son âme reflète le ciel; elle a l'âme *couleur du temps*, et elle se le reproche; car il y a des jours tristes, — les jours de neige « où l'âme se recoquille et fait le hérisson; » — les jours de pluie, où l'on a envie de pleurer :

« Il pleut; je regardais pleuvoir, et puis je me suis dit de laisser tomber ainsi goutte à goutte mes pensées sur ce papier. Cela éclaircira mon ciel qui, aussi bien que l'autre, est chargé, non pas de gros nuages, mais de je ne sais quoi qui voile le bleu, le serein. Je voudrais sourire à tout, et je me sens portée aux larmes; cependant je ne suis pas malheureuse. D'où cela vient-il donc?... »

Il y a aussi des jours mêlés, moitié gais, moitié tristes, indécis, d'une teinte indéfinissable; mais elle sait très-bien les définir :

« Le 28 mai. — Notre ciel d'aujourd'hui est pâle et languissant comme un beau visage après la fièvre. Cet état de langueur a bien des charmes, et ce mélange de verdure et de débris, de fleurs qui s'ouvrent sur des fleurs tombées, d'oiseaux qui chantent et de petits torrents qui coulent, cet air d'orage et cet air de mai font quelque chose de chiffonné, de triste, de riant, que j'aime... »

Ne reconnaissez-vous pas le paysagiste d'instinct, qui se joue et qui s'essaye sans maître, et auquel il faudrait bien peu de chose, — seulement un cadre plus grand, — pour devenir un maître en son genre et lutter peut-être avec notre grand paysagiste du Berry? — Enfin il y a encore (car je veux faire avec elle le tour de l'année), il y a les jours d'hiver et de tempête :

« Le 7 février. — Grand vent d'autan, grand orchestre à ma fenêtre. J'aime assez cette harmonie qui sortait de tous les carreaux mal joints, des contrevents mal fermés, de tous les trous des murailles, avec des notes diverses et si bizarrement pointues, qu'elles percent les oreilles les plus dures. Drôle de musique du Cayla, que j'aime, ai-je dit, parce que je n'en ai pas d'autre. Qui n'entend jamais rien, écoute le bruit, quel qu'il soit. »

Elle ne sait pas la musique, et elle le regrette : il lui semble qu'elle aurait un moyen plus puissant et plus efficace que tout autre pour s'exprimer, pour s'épancher. Son imagination, d'ailleurs, n'est jamais à court. « Là où les autres ne voient rien, elle trouve beaucoup à dire, » comme le remarquait un jour une de ses compagnes. Que ce soit la couleur du temps, le loquet d'une porte, un vieux château qu'elle visite, ou l'une quelconque des fêtes et cérémonies rurales, le baptême ou la fonte d'une cloche, la bénédiction des bestiaux, la messe de Noël où elle se rend en famille à minuit « par des chemins bordés de petits buissons blancs de givre, comme s'ils étaient fleuris, » elle trouve sur tous ces thèmes fortuits ou naturels des pensées charmantes, légères et célestes, dignes d'une Cymodocée chrétienne. Elle a non-seulement ses croyances fermes où elle se fonde, mais aussi ses superstitions flottantes qu'elle admet un peu à volonté : « Ils ne savent pas être heureux, dit-elle, ceux qui veulent tout comprendre. » N'allez pas vous figurer, en pensant à elle, ni une femme poëte, sentimentale et toujours dans l'attitude de la rêverie, ni une catholique raisonneuse et théologienne, ni une demoiselle châtelaine un peu haute ; si elle lit Platon, c'est bien souvent au coin du feu de la cuisine, et les jours de carnaval elle n'est pas chiche de retrousser ses manches pour faire des croustades. Elle a gardé du bon vieux temps des aïeules l'habitude de filer. Je lis à un endroit du Journal : « Filé ma quenouille et lu un sermon de Bossuet. » Ou bien, après quelque élan mystique où elle s'est sentie comme ravie dans la quiétude de l'oraison : « Allons, ma pauvre Ame, reviens aux choses de ce monde. Et je prends ma quenouille, ou un livre, ou une casserole, ou je caresse Wolf ou Trilby. » Voilà le vrai ; elle est ménagère, elle sait être pratique, et elle nous dira son vœu le plus humble, son rêve d'Horace, de Jean-Jacques ou de La Fontaine :

« Mon ami (c'est toujours à son frère qu'elle parle), quand je ne pense pas te faire plaisir ou t'être utile, je ne dis rien ; je prends ma quenouille, et au lieu de la *femme du* xviiᵉ *siècle,* je suis la simple fille des champs, et cela me fait plaisir, me distrait, me détend l'âme. Il y a en moi un côté qui touche aux classes les plus simples et s'y plaît infiniment. Aussi n'ai-je jamais rêvé de grandeur ni de fortune; mais que de fois, d'une petite maison hors des villes, bien proprette avec ses meubles de bois, ses vaisselleries luisantes, sa treille à l'entrée, des poules! et moi là, avec je ne sais qui, car je ne voudrais pas un paysan tel que les nôtres, qui sont rustres et battent leurs femmes... »

Elle n'achève pas, mais la nature a parlé, et il se retrouve là encore, au fond de ce jeu et de ce rêve d'idylle, un mari... pas trop brutal... et des enfants!

Loin de moi l'idée d'établir une rivalité, de risquer un parallèle qui pourrait devenir une pomme de discorde et allumer la guerre civile dans un certain monde! mais on a parlé de *classique* dernièrement à propos des écrits d'une dame russe fort vantée, et j'ai protesté contre cette manière d'éloge : Mᵐᵉ Swetchine, avec tout son esprit, ne saurait, en effet, être appareillée aux véritables classiques, même en matière de spiritualité; celle qui mériterait véritablement ce nom par la grâce du tour, la correction du trait, le naturel et la propriété des images, la simplicité (au moins relative) des pensées, ce serait Mˡˡᵉ Eugénie de Guérin, si elle avait fait un livre.

Je n'ai voulu que mettre en goût ceux que ce genre de lectures intimes est de nature à intéresser. La fin du journal de Mˡˡᵉ de Guérin offre plus de variété que le début : elle est formée, elle est mûre : elle a reçu tous les enseignements de la douleur. Son voyage de Paris fut un grand événement dans sa vie : elle dut, selon son expression, y être fréquemment tentée ; son intelligence si ouverte put y donner plus d'un secret assaut à sa foi ou du moins à son cœur. Elle a parlé amèrement des « déceptions d'estime, d'amour, de croyance, » dont elle eut à y souffrir. Chose piquante! elle y vit beaucoup, pendant son séjour, un des meilleurs amis, — le meilleur ami de son frère, — Barbey d'Aurevilly, jeune alors et dont les façons si tranchées pouvaient ne sembler encore qu'un des travers passagers de la jeunesse : sa conversation brillante exerça incontestablement sur elle une espèce de séduction. C'était un singulier contraste, on l'avouera, que cette âme virginale, cette colombe du Cayla, au sortir de son désert, faisant connaissance pour la première fois avec Paris et le monde lettré par cet échantillon d'homme d'esprit, par ce bouquet de feu d'artifice. Esprit contre esprit, elle était bien fille d'ailleurs à croiser le fer et à tenir la gageure.

Mais ce qui est beau, attachant, ce qui caractérise Mlle de Guérin à mes yeux, c'est la passion et le culte qu'elle a pour son frère. Elle est le modèle et comme le type idéal, dans l'ordre poétique, des sœurs aînées, admiratrices, inquiètes, vigilantes, prêtes à se sacrifier pour le salut ou la gloire d'un frère chéri. Il faut l'entendre dans ses cris et ses vœux de chrétienne alarmée, lorsqu'elle le voit égaré, dévoyé, selon elle, emporté vers un art d'une application funeste, souffrant de la poitrine avec cela, et, à travers les distractions mondaines, déjà atteint du mal mortel :

« O frères, frères, nous vous aimons tant ! Si vous le saviez, si vous compreniez ce que nous coûte votre bonheur, de quels sacrifices on le payerait ! O mon Dieu ! qu'ils le comprennent et n'exposent pas si facilement leur chère santé et leur chère âme.

Quand elle l'attend, quand elle l'espère au Cayla après cinq années d'absence, elle lui prépare des fleurs dans un gobelet :

« J'en ai longtemps regardé deux, dit-elle, dont l'une penchait sur l'autre qui lui ouvrait son calice. C'était doux à considérer et à se représenter l'épanchement de l'amitié dans ces deux petites fleurettes. Ce sont des stellaires, petites fleurs blanches à longue tige des plus gracieuses de nos champs... C'est ma fleur de prédilection. J'en ai mis devant notre image de la Vierge. Je voudrais qu'elles y fussent quand tu viendras, et te faire voir les deux fleurs amies. Douce image qui des deux côtés est charmante, quand je pense qu'une sœur est fleur... »

Aussitôt qu'il est parti, elle rentre dans la chambrette qu'il occupait ; elle prend le livre qu'il a lu : c'est un Bossuet où il a mis des signets de sa main, souvent aux mêmes endroits qu'elle avait notés elle-même : « Ainsi « nous nous rencontrons partout comme les deux yeux ; « ce que tu vois beau, je le vois beau. » Quand il est près de se marier, elle tremble que cela ne réussisse pas et ne vienne à manquer par quelque côté, car ce frère chéri est, comme elle l'appelle, « un mauvais artisan de bonheur. » Elle se met à sa place et craint qu'il ne recule au dernier instant. « *Toujours* me semble « effrayant pour toi, aigle indépendant, vagabond.

« Comment te fixer dans ton aire! » Il meurt, et dès lors sa vie, à elle, n'est plus qu'un deuil, une consécration de toutes ses pensées et de toutes ses heures au cher et unique absent, un soin religieux de sa mémoire, un dialogue avec lui d'un monde à l'autre. Ce livre se pourrait intituler *le Livre des frères et des sœurs.*

Lundi 8 septembre 1862.

SAINTE-HÉLÈNE

PAR M. THIERS (1).

I

Je passe sur la fin des Cent-Jours, sur cette triste et embrouillée période qui s'étend depuis Waterloo jusqu'à la seconde rentrée des Bourbons, honteux *chassé-croisé* d'intrigues, triomphe et règne de Fouché, et bien digne de demeurer marqué de son nom dans l'histoire. Ce livre, en effet, qui a titre *Seconde Abdication*, mériterait de se nommer tout uniment *M. Fouché*; il y a de ces instants de l'histoire qui appellent une peine morale et infamante. Je saute donc à pieds joints sur ces dix-huit ou vingt jours d'indignes tripoteries et de pêche en eau trouble, racontés déjà d'ailleurs et exposés en détail par plusieurs historiens de mérite (M. Villemain, M. Duvergier de Hauranne, M. de Viel-Castel),

(1) Cet article sur *Sainte-Hélène* faisait comme suite à ceux qu'on a lus précédemment sur *Waterloo*.

mais par aucun plus lucidement que par M. Thiers, et je m'attache avec lui à l'homme qui vient de tomber de la scène de l'histoire et dont la vie, désormais confinée à Sainte-Hélène, n'est plus que le sujet de la plus magnifique des biographies. Quelle imagination de poëte eût mieux inventé que la réalité ici ne donna? Les douleurs même, à cette distance, disparaissent dans la grandeur et la beauté du couronnement.

Bien des rois, empereurs ou chefs d'État se sont vus prisonniers de l'ennemi après des pertes de batailles : qui ne s'est intéressé aux captivités toutes françaises de saint Louis, du roi Jean et de François Ier? Plus d'un roi et empereur aussi, ou dictateur, a vécu après avoir abdiqué : qui ne connaît et ne s'est figuré Sylla sans licteurs, dialoguant et discourant d'après Montesquieu, Dioclétien heureux jardinier à Salone, Charles-Quint sombre et solitaire, retiré en son cloître près des moines de Saint-Just? Mais aucun monarque et souverain ne s'était rencontré encore dans la situation extraordinaire de Napoléon, à la fois abdiquant et captif, — prisonnier sans avoir été pris et en quelque sorte de son propre choix, pour s'être allé asseoir au foyer de la nation son implacable ennemie; détenu non dans une prison, mais sur le rocher le plus perdu de l'Océan ; non par la vengeance d'un seul adversaire, mais par la terreur de l'Europe entière conjurée ; et désormais élevé (seule élévation dernière qui lui manquât) à l'état de victime ; — ayant abdiqué pour la seconde fois et toujours forcément sans doute, mais enfin de cœur comme de fait, et résigné ; ne nourrissant plus aucun espoir de retour, mais conservant jusqu'à la fin toute la sérénité de son coup d'œil, toute sa plénitude d'intelligence politique ; sevré de presque toute information actuelle, et se reportant avec d'autant plus d'impétuosité et d'ardeur aux grands événements récents ou passés, à l'histoire d'hier ou à l'histoire des siècles ; perçant de plus dans l'avenir et plongeant sur les horizons lointains avec la haute impartialité du conquérant apaisé, avec la vue épurée du civilisateur. Tous les genres d'intérêt sont là réunis, et après même que la compassion contemporaine et vivante pour le grand homme souffrant est épuisée, les moindres de ses paroles conservées et transmises appartiennent à jamais au monde et vont émouvoir encore ou instruire la dernière postérité.

A peine embarqué sur le *Northumberland* qui devait le transporter de la rade anglaise à Sainte-Hélène, Napoléon qui, de ses derniers compagnons de fortune, n'avait pu garder avec lui que le grand maréchal Bertrand, les généraux Montholon, Gourgaud et M. de Las Cases (sans compter son fidèle valet de chambre Marchand), Napoléon passait de longues heures, dans cette traversée qui fut de plus de deux mois (8 août-17 octobre), en plein air, sur le pont du vaisseau, — tantôt immobile, à cheval sur un canon qui était à l'avant du bâtiment et que les marins anglais eurent bientôt baptisé *le canon de l'Empereur,* regardant le ciel et les flots, se voyant aller à la tombe et décliner au plus profond de l'Océan comme un astre qui change d'hémisphère ; tantôt se levant, interpellant ses fidèles compagnons et se parlant comme à lui seul, s'interrogeant sur tant d'événements prodigieux desquels lui-même se surprenait étonné après coup, et que sa pensée, pour la première fois oisive dans le présent, roulait en tumulte. Ce qui l'occupait d'abord, comme il est naturel, c'était ce qu'il y avait de plus récent et le désastre de la veille, c'était Waterloo et cette dernière campagne ; il en était encore possédé et obsédé ; il ne revenait pas, lui, l'homme du calcul, d'une telle série de contre-temps et de malencontres, et il apostrophait les absents. Il n'était pas de ces génies qui acceptent la force des choses comme solution commode ; il n'était pas du tout persuadé qu'une bataille de plus ou de moins, gagnée ou perdue deux mois auparavant, un ennemi de plus ou de moins, repoussé, tout cela revenait à peu près au même, que sa situation en 1815 était de prime abord comme désespérée, que les plus heureux efforts et la plus belle entrée de jeu n'auraient pu en réparer le vice radical ; que Waterloo même gagné n'eût été qu'un répit. Sa forme de génie n'acceptait pas ces sortes de consolations à l'usage des faibles. Il savait que l'histoire humaine, en ces moments d'ébranlement et de commotion générale et profonde, a, pour ainsi dire, plusieurs *dessous,* et que le génie d'un seul a suffi bien souvent pour dégager et faire saillir un de ces plans cachés, inaperçus, lesquels, sans un homme, sans le téméraire au coup de main imprévu et vigoureux, auraient toujours paru à la foule (y compris le peuple des gens d'esprit) impraticables, chimériques, et auraient été universellement déclarés impossibles.

Mais bientôt, s'échappant de ces combinaisons avortées et sans issue, il s'élançait par un autre mouvement bien naturel vers les souvenirs les plus frais, les plus purs, et son esprit s'envolait sur les cimes dorées de la jeunesse. Il recommençait sa vie : il se revoyait à Brienne, à Toulon, au fort de l'Éguillette, sa première victoire; puis, après une disgrâce passagère qui faillit faire de lui le plus bizarre en apparence et le plus homme à projets d'entre les officiers généraux non employés, et certainement le plus incommode des mécontents, il se montrait reprenant bientôt le vent de la fortune, consulté, mis à sa place et à même enfin de se produire tout entier, gravissant à vingt-sept ans comme général en chef ces rampes escarpées d'où l'on découvre tout d'un coup l'Italie, cette Italie de tout temps l'objet de ses méditations, *Italiam! Italiam!* s'emparant d'emblée de cet antique champ de gloire, et le sillonnant à son tour de traces immortelles comme il ne s'en était pas vu depuis Annibal.

Et ses compagnons d'exil, l'entendant s'expliquer avec ce feu, cette netteté, cette éloquence, lui disaient : « Sire, écrivez comme César, soyez vous-même l'historien de votre histoire. » Il s'y refusait d'abord : le désespoir, sous cette forme tranquille, était en lui trop profond. Cependant peu à peu les instances opérèrent. Gourgaud, Las Cases, Montholon, Bertrand, s'offraient à l'envi pour lui épargner les lenteurs d'une rédaction proprement dite, pour saisir sa pensée au vol et la fixer (sauf révision) sous sa dictée brûlante; il refusait encore :

« Que la postérité, disait-il, s'en tire comme elle pourra. Qu'elle recherche la vérité, si elle veut la connaître. Les archives de l'État en sont pleines. La France y trouvera les monuments de sa gloire, et, si elle en est jalouse, qu'elle s'occupe elle-même à les préserver de l'oubli... » — Puis, dans son âme engourdie, une flamme d'orgueil jaillissant tout à coup : « J'ai confiance dans l'histoire ! » s'écriait Napoléon. « J'ai eu de nombreux flatteurs, et le moment présent appartient aux détracteurs acharnés. Mais la gloire des hommes célèbres est, comme leur vie, exposée à des fortunes diverses. Il viendra un jour où le seul amour de la vérité animera des écrivains impartiaux. Dans ma carrière on relèvera des fautes sans doute, mais Arcole, Rivoli, les Pyramides, Marengo, Austerlitz, Iéna, Friedland, *c'est du granit, la dent de l'envie n'y peut rien!...* »

Bientôt, la navigation se prolongeant, il céda aux prières et se mit à dicter à M. de Las Cases sa première campagne d'Italie, et au général Gourgaud la campagne de 1815, c'est-à-dire son chef-d'œuvre militaire incontesté et son dernier malheur immérité. En tout il savait choisir ses points. Déjà, après cette double dictée, il pouvait mourir.

Cependant on était arrivé, après soixante-huit jours de traversée, en vue de Sainte-Hélène. L'amiral Cockburn, qui commandait la division navale, marin des plus honorables et homme de devoir, fit, en débarquant, ce qu'il put pour concilier la rigoureuse observance de ses instructions avec les égards dus à un tel captif; il n'y réussit qu'imparfaitement. Des deux moitiés de l'île on choisit, pour l'y loger, celle dont l'inclinaison était la moins riante et la moins salubre. Là, en un mot, comme dans toutes les prisons, les gardiens songèrent plus à leur commodité qu'à celle du prisonnier. On n'eut pas cette délicatesse la plus élémentaire, qui eût consisté à sentir que c'était, ou jamais, un cas d'exception. Napoléon s'aperçut bientôt qu'il ne pouvait monter à cheval sans être suivi et gardé à vue. Lors même qu'on lui eut assigné un rayon où il pût tourner à son gré, ce rayon trop étroit lui devint vite un *cercle d'enfer*. Mais, par la suite, la plus cruelle gêne pour lui comme pour tous les habitants de Longwood fut l'absence d'ombre; un bois de gommiers voisin de l'habitation n'en donnait pas; la tente qu'on avait dressée et qui lui en procurait un peu n'avait ni la mobilité ni la fraîcheur d'un ombrage. *Un chêne! un chêne!* s'écriait souvent Napoléon en regrettant cet arbre de la patrie.

Les misères de cette captivité, surtout quand le gouverneur de l'île fut sir Hudson Lowe, ne seront jamais assez flétries. Ce dernier gardien ou geôlier de Napoléon ne saurait être excusé pour les mille tracasseries qu'il inventa, et qui trahissaient en lui l'absence de sentiments dont il n'avait pas le premier germe. « Il y a de ces figures qui ne trompent pas, » jugea tout d'abord Napoléon en le voyant. Sir Hudson Lowe ne démentit point ce diagnostic d'un œil de génie. Aussi quand, Napoléon mort, il revient en Europe et qu'il s'y voit en tous lieux l'objet d'une répulsion instinctive, universelle, ne saurais-je admettre qu'on dise de lui d'un ton de compassion, « *l'infortuné* Hudson Lowe. » Voyez-vous pas d'ici le *pauvre homme!* Ne déplaçons pas la compassion. Je crois qu'il faut dire de lui, « le *misérable* Hudson Lowe. » Il importe de garder aux gens connus leur vrai nom. Quand on a eu de telles occasions uniques dans la vie et dans les siècles de se montrer et qu'on les manque, c'est irréparable. Il n'existe pas de circonstances atténuantes, et l'on n'est pas admis à dire d'un pareil être : « Il fera mieux une autre fois. »

C'est sur les pensées, sur les occupations historiques et morales du grand captif qu'il faut se rejeter pour n'avoir pas le cœur trop serré par ce supplice et cette lente agonie de près de six années à Sainte-Hélène. Napoléon parlait de tout et avec une impartialité, une douceur qui montraient à quel point il était détaché et revenu de l'action. Il n'est pas exact de dire qu'à Sainte-Hélène il ait parlé des traîtres et mis à leur charge les torts de sa fortune. Oui, en débarquant de l'île d'Elbe et quand cela était une arme entre ses mains, il a pu les dénoncer, les accuser; mais à Sainte-Hélène il était rentré dans la sphère d'équité et d'indulgence; il disait au contraire qu'il avait rencontré peu de traîtres dans sa vie : il n'en comptait même qu'un seul qui justifiât ce nom, Fouché. Il expliquait en moraliste consommé les défections dont il avait été l'objet et s'en rendait compte par des intérêts, des vues, des illusions qui rendaient les hommes moins haïssables et moins coupables : « Ils ne m'ont point *trahi*, » disait-il, « ils m'ont *abandonné*, et c'est bien différent. » —

« Les traîtres, répétait-il encore, sont plus rares que vous ne le croyez. Les grands vices, les grandes vertus sont des exceptions. La masse des hommes est faible, mobile parce qu'elle est faible, cherche fortune où elle peut, fait son bien sans vouloir faire le mal d'autrui, et mérite plus de compassion que de haine. Il faut la prendre comme elle est, s'en servir telle quelle, et chercher à l'élever si on le peut. Mais, soyez-en sûrs, ce n'est pas en l'accablant de mépris qu'on parvient à la relever. Au contraire, il faut lui persuader qu'elle vaut mieux qu'elle ne vaut, si on veut en obtenir tout le bien dont elle est capable. A l'armée, on dit à des poltrons qu'ils sont des braves, et on les amène ainsi à le devenir. En toutes choses il faut traiter les hommes de la sorte, et leur supposer les vertus qu'on veut leur inspirer. »

Je suis extrêmement frappé, dans ces paroles venues de Sainte-Hélène, du point de vue auquel se place invariablement Napoléon. Il était tout à fait sorti de l'action, ai-je dit, et il jugeait avec impartialité, avec philosophie, les hommes et les choses; mais quelle philosophie? Ce n'est pas celle des philosophes proprement dits, qui analysent la machine humaine, la démontent, la décomposent, se donnent le plaisir de la regarder en dedans et en dessous, de l'expliquer tant bien que mal, et puis n'en font rien. Sa philosophie, à lui, restait toute pratique, non critique, non ironique, nullement pessimiste, mais toute en vue de l'usage qu'on peut faire, du parti qu'on peut tirer de ce merveilleux instrument qui s'appelle l'homme, dans une société, dans une nation. Loin de démonter l'instrument, les chefs d'État doivent en effet chercher à le remonter plutôt et à le tenir constamment en action pour l'employer, pour le conduire. Napoléon à Sainte-Hélène était toujours ce chef-là.

Mais il l'était à l'état de repos, de contemplation sereine, et là seulement où il pouvait l'être encore, dans l'inspiration habituelle qui lui dictait ses jugements. Son esprit, tous orages apaisés, avait pris naturellement son niveau. Rien n'indique mieux ce niveau naturel d'un esprit que les lectures auxquelles on se complaît. Il y avait des livres qu'il ne supportait pas. C'est à propos d'un pamphlet politique, le *Dictionnaire des Girouettes,* ouvrage satirique et dénigrant, composé d'ailleurs dans un sens bonapartiste, qu'il faisait ces remarques sur la nature humaine. Après avoir souri un instant de quelques-unes de ces malices contre les personnes, il n'y tint plus et jeta le livre :

« C'est un livre détestable, s'écria-t-il, avilissant pour la France, avilissant pour l'humanité ! S'il était vrai, la Révolution française, qui a cependant inauguré les plus généreux principes, n'aurait fait de nous tous, nobles, bourgeois, peuple, qu'une troupe de misérables. Tout cela est faux et injuste. Prenez les guerres de religion en France, en Angleterre, en Allemagne, vous y trouverez de ces changements intéressés, en aussi grand nombre et par d'aussi petits motifs. Henri IV en a vu autant que moi et que Louis XVIII. La Fronde en a offert bien d'autres, et, certes, la France qui, quelques années après, gagnait les batailles de Rocroy (1) et ces Dunes, qui produisait *Polyeucte, Athalie,* les *Oraisons funèbres* de Bossuet, n'était point avilie. Gardez-vous du vulgaire plaisir qu'on goûte en voyant ses adversaires châtiés ; car soyez assurés que l'arme qu'on emploie est une arme à double tranchant, et qui peut se retourner contre vous... »

(1) La victoire de Rocroy est antérieure à la Fronde, aussi bien que *Polyeucte,* mais le raisonnement ne subsiste pas moins dans sa justesse.

On aime cette élévation de point de vue. Ceux (et j'en ai connu) qui, nourris dans les idées opposantes, croyaient à Napoléon moins d'estime pour la nature humaine, sont heureusement combattus et en partie réfutés par de telles pages, par de telles paroles empreintes à la fois de sérieux et d'indulgence. Et en général, cette école de philosophes systématiques et distingués qui, dans leur classification un peu bizarre des grands hommes de l'histoire, ne voulaient voir en Napoléon dont ils méconnaissaient toute l'œuvre de création civile qu'un grand et puissant *rétrogradateur,* ne saurait soutenir désormais un pareil sentiment après tant de paroles de sagesse, de haute clairvoyance et presque de prophétie sociale, sorties de Sainte-Hélène, et qui révèlent un fond d'âme égal ou supérieur, s'il se peut, aux actes, et parfois meilleur. On a ici la lumière sans la foudre. Napoléon semble ne plus mettre son orgueil qu'à voir plus loin et plus juste que d'autres. Le gigantesque auquel il s'échappait dans l'action se contient dans le discours, maintenant que la tentation prochaine ou éloignée n'y est plus. Il y a, dans ce tableau complet de la captivité et des travaux de Sainte-Hélène, de quoi confirmer et transporter tous ceux qui croient surtout au génie et qui l'idolâtrent ; de quoi ramener et réconcilier ces autres esprits, moins enthousiastes, qui étaient restés surtout sensibles aux dernières fautes d'un règne où tout fut immense ; de quoi émouvoir enfin et confondre en réflexions salutaires ces âmes délicates qui mêlent au spectacle de toute grande infortune humaine une idée religieuse d'expiation.

Napoléon avait achevé, ou à peu près, de dicter à bâtons rompus ce qui concernait son histoire, celle de ses campagnes, lorsqu'en 1819, des livres qui traitaient des grands capitaines de tous les temps tombèrent sous sa main, et il s'en saisit avec avidité; il eut, à l'instant, l'idée de devenir historien et critique des autres. On sait à quel point de perfection il y réussit. Qui n'a lu ses admirables Précis des campagnes de Turenne, de Frédéric, de César, suivis d'observations détaillées, — tout l'art et la science de la guerre résumés en quelques pages concises, et ramenés à des principes fixes, supérieurs, qu'il n'appartient pourtant qu'au génie ou au talent de savoir, à des degrés divers, mettre en pratique et appliquer?

Par de telles pages claires et irréfragables, une nouvelle science est constituée qu'il n'est plus permis à l'historien ni à l'homme d'étude de négliger et de méconnaître. Ne niez pas le progrès accompli. Que cela vous plaise ou non, que cela étonne et désoriente plus ou moins les lettrés dans leurs habitudes, il faut, de nos jours, s'accoutumer à suivre dans leur détail les opérations de guerre; c'est d'une nécessité absolue pour s'intéresser à toute une branche de l'histoire. Sans faire le militaire et sans prétendre juger, on peut et l'on doit comprendre. Jomini et M. Thiers nous y ont accoutumés; mais c'est encore Napoléon qui, dans sa brièveté lumineuse, est le plus fait pour initier.

Quand on est lettré soi-même, on sourit involontairement d'abord de voir la critique de Napoléon s'appliquer à l'examen de chacune de ces campagnes fameuses dans l'histoire comme on procéderait au jugement d'une œuvre d'esprit, d'une épopée, d'une tragédie : mais n'est-ce pas une œuvre de génie également? Il est le grand et souverain critique, le Gœthe dans cette branche comme les Feuquières, les Jomini, les Saint-Cyr sont des La Harpe ou des Fontanes, des Lessing ou des Schlegel, tous bons et habiles critiques ; mais lui, il est le premier de tous, et pour peu qu'on y réfléchisse, il n'en pouvait être autrement. Et qui donc parlerait mieux d'Homère que Milton?

L'inaction physique avait altéré profondément la santé de Napoléon, lorsqu'en 1820 il eut un soudain réveil d'activité et de lutte contre le mal. Privé de l'exercice du cheval par l'impatience qu'il avait de se sentir espionné et suivi, il essaya d'y substituer un autre travail, un autre mode de fatigue : il se fit brusquement jardinier et planteur, et il s'y porta avec l'ardeur qu'il mettait à tout. La bêche en main dès l'aurore avec tout son monde, il travailla à élever un épaulement en terre gazonnée contre le vent du sud-est qui brûlait toute végétation ; et, fort de cet abri, il transplanta ensuite quelques arbres, surtout un chêne, cet ombrage si désiré, et le seul élève de toute cette plantation qui vive encore. Un cours d'eau, détourné d'une source prochaine, vint par ses soins fertiliser ce jardin dont il devait jouir si peu. Ce fut son dernier effort, son dernier éclair d'intérêt à la vie ; et le mal le reprit pour ne plus cesser.

Napoléon avait l'imagination religieuse ; vers la fin il avait fait convertir sa grande salle à manger en chapelle, et l'on y disait la messe tous les dimanches. Il n'obligeait personne à y venir, mais il approuvait qu'on y assistât. Il ne supportait à ce sujet ni une plaisanterie, ni un sourire équivoque. Cette messe dite sur un rocher désert avait pour lui un charme qui réveillait ses souvenirs d'enfance, et qui suscitait même d'autres mémorables souvenirs inséparablement attachés à l'époque de sa plus brillante et de sa plus pure grandeur. Cette messe de l'Empereur à Sainte-Hélène, de celui qui avait restauré les autels et rouvert Notre-Dame avec pompe en 1802, et qui aujourd'hui dépouillé, relégué aux confins du monde, voulait revoir un autel au seuil du tombeau, cela n'est-il pas comme un dernier chapitre du *Génie du Christianisme?*

Napoléon meurt donc en chef d'État, en homme social, en civilisateur, non comme un philosophe qui scrute et décompose au fond de son cabinet les instincts et les mobiles de l'âme humaine : lui, il les accepte et les pratique en ce qui est de lui et de sa volonté jusqu'à la fin, même lorsqu'il n'avait plus à s'en servir chez autrui. Il ne songe pas à se soustraire, pour son compte, aux grandes croyances ni aux formes de croyances qu'il a remises en honneur et commandées. « N'est pas athée qui veut, » disait-il. Il représente bien la société moderne elle-même telle qu'il l'a refaite, dans sa mesure un peu vague et flottante, mais toutefois persistante, de disposition morale et religieuse : à défaut de la foi, il a le respect.

On était en 1821; le mal croissait; on approchait de ce terme fatal du 5 mai, date funèbre et immortelle.

Les pensées militaires reprirent Napoléon à ses dernières heures et au chevet de l'agonie. Chacun, en ces suprêmes instants où la volonté trop faible laisse flotter les rênes, s'en va en imagination à son penchant favori, à son délire préféré. Le philosophe rêve d'aller rejoindre Aristote, Platon, Descartes, Spinosa, Leibnitz, ces rois et ces législateurs sublimes de la pensée. Dante rêve de rejoindre Virgile, Homère, Musée, le chœur des poëtes sacrés. Pour Napoléon, c'était le groupe des guerriers qu'il voyait déjà flotter vaguement dans un nuage : « Je vais, » disait-il, « rejoindre Kléber, Desaix, « Lannes, Masséna, Bessières, Duroc, Ney !... Ils « viendront à ma rencontre... Ils ressentiront encore « une fois l'ivresse de la gloire humaine... Nous parle- « rons de ce que nous avons fait, nous nous entre- « tiendrons de notre métier avec Frédéric, Turenne, « Condé, César, Annibal... » Puis, s'arrêtant dans son rêve des Champs Élysées, dans sa vision d'Ossian, il ajoutait avec le sourire de l'homme qui, même tout près de l'agonie, sait maîtriser l'illusion : « A moins « que là-haut comme ici-bas on n'ait peur de voir tant « de militaires ensemble. »

Il mourut le 5 mai, à six heures et demie du soir, au moment où le canon de l'île donnait le signal de la retraite et où le soleil se couchait dans l'océan. Tout fut grand, solennel et simple. La légende ne saurait trouver ici rien qui soit égal à la réalité.

II.

J'ai pu à peine donner idée de ce chapitre élevé et pathétique qui couronne dignement la plus sérieuse histoire. Il ne serait pas juste maintenant, après avoir tant parlé du héros, de ne pas dire quelque chose de l'historien qui nous l'a si bien fait connaître. Qu'on veuille songer à ce qu'on doit de reconnaissance à celui qui, dans une publication continue de vingt années, nous a initiés à ce degré, tous tant que nous sommes, à l'esprit et au détail politique, administratif, militaire, de la plus grande époque et la plus invoquée dans les entretiens de chaque jour ; qui, sans que nous soyons hommes d'État ni politiques de métier, nous a fait assister, par le dépouillement des pièces les plus secrètes et les plus sûres, aux conseils et aux débats diplomatiques d'où sont sorties les destinées de l'Europe et de la France pendant l'ère la plus mémorable ; qui, sans que nous soyons financiers, nous permet, avec un peu d'attention, de nous rendre compte des belles et simples créations modernes en ce genre ; sans que nous soyons administrateurs, nous montre par le dedans ce que c'est que le mécanisme et les rouages de tout cet ordre civil et social où nous vivons ; sans que nous soyons militaires, nous fait comprendre la série des mouvements les mieux combinés, et par où ils ont réussi, et par où ils ont échoué en venant se briser à des causes morales et générales plus fortes. Qu'on lui sache gré surtout de nous fournir, par l'étendue même et le caractère circonstancié de ses récits, les moyens de le discuter, de le contrôler à notre tour, et parfois de le contredire. Que quelques fautes inévitables dans un si vaste travail, et inséparables de la manière même adoptée par l'historien; des redites ou ce qui semble tel, et qui tient à un besoin extrême de clarté ; quelques inexactitudes sur des points accessoires et qu'on pouvait fort bien laisser de côté, pures inadvertances, sans effet sur l'ensemble, et qui tiennent encore à l'excellente habitude de ne parler qu'avec des données positives et avec des faits, non avec des phrases; le tout si réparable dans une seconde édition : que ces taches légères n'aillent pas obscurcir dans notre esprit, quand nous jugeons de tout le monument, la grandeur du dessin, la noblesse et l'aisance de la distribution, la lucidité des exposés, la lumière des tableaux, l'ouverture et la largeur des horizons. Et si l'on en vient au style tant discuté, tant contesté, qu'on me permette d'y revenir encore moi-même dans un dernier mot.

On a raconté, et cela est vrai, qu'un jour allant visiter M. Royer-Collard peu de semaines avant sa mort, M. Thiers le trouva dans son cabinet, et M. Royer-Collard lui montra un volume de l'*Histoire du Consulat et de l'Empire* sur sa table, à côté d'un volume de Platon et de Tacite, en lui disant: « Vous voyez que vous n'êtes pas en mauvaise compagnie. » Sur quoi M. Thiers répondit tout naturellement que c'était là pour lui un bien redoutable voisinage ; et M. Royer-Collard répliqua: « N'ayez pas peur, vous vous défendez contre tout le monde. »

Le mot est charmant, et, de plus, il est juste et a tout son poids dans la bouche d'un homme qui ne faisait guère de compliments. Il est très-vrai que la manière d'écrire de M. Thiers n'éblouit pas, ne renverse pas, ne s'impose pas, mais elle se défend. Elle se défend d'elle-même, parce qu'elle se fait accepter de tout lecteur, parce qu'elle est facile, agréable, et qu'elle court, qu'elle entre aisément, parce qu'elle dit ce qu'elle veut dire ni plus ni moins, qu'elle vous livre tout uniment, quoique souvent avec bien de la vivacité, le fait ou la pensée, et qu'elle ne laisse chemin faisant aucun point vague, aucun recoin obscur. Elle n'a pas même besoin de se défendre à une première lecture, et ce n'est qu'à la réflexion et après avoir profité de tout ce qu'on lui doit de net et d'utile, qu'on lui peut faire et qu'on lui fait quelques critiques. Eh bien! là elle se défend encore et par des raisons excellentes, judicieuses ou du moins des plus spécieuses, appropriées au genre, tirées de la nature et de la grandeur même de l'œuvre en question. Un jour que j'avais essayé de dire quelques-unes de ces raisons au public, M. Thiers me fit l'honneur de m'écrire pour me remercier de l'avoir défendu contre les écrivains *à effet*; mais il trouva sans peine à ajouter à ce que j'avais dit, et il le fit si bien, d'une telle abondance de cœur et d'une telle verve, qu'il me semble que je ne saurais choisir aujourd'hui d'autre avocat pour lui que lui-même :

« Il y a entre ces messieurs et moi, disait-il, un malentendu irréparable. Je ne crois dans les arts qu'à ce qui est simple, et je tiens que tout effet cherché est un effet manqué.

Je regarde à l'histoire des littératures et je vois que les chercheurs d'effet ont eu la durée, non pas d'une génération, mais d'une mode; et vraiment ce n'est pas la peine de se tant tourmenter pour une telle immortalité. De plus, je les mets au défi de faire lire, non pas vingt volumes, mais un seul. C'est une immense impertinence que de prétendre occuper si longuement les autres de soi, c'est-à-dire de son style. Il n'y a que les choses humaines exposées dans leur vérité, c'est-à-dire avec leur grandeur, leur variété, leur inépuisable fécondité, qui aient le droit de retenir le lecteur et qui le retiennent en effet. Si l'écrivain paraît une fois, il ennuie ou fait sourire de pitié les lecteurs sérieux. J'ai vécu dans les assemblées, et j'ai été frappé d'une chose : c'est que dès qu'un orateur faisait ce qu'on appelle une *phrase*, l'auditoire souriait avec un indéfinissable dédain et cessait d'écouter. En histoire, il en est ainsi, et je soupçonne qu'il doit en être un peu de même dans les autres genres de littérature. Du reste, je ne parle que du mien, que je crois le plus sérieux qu'il y ait au monde; et ne pas se proposer la forme simple, c'est n'en comprendre ni la beauté ni la grandeur. On se trompe sur la véritable cause du grand effet produit par Tacite. D'abord il est peintre et point narrateur, ce qui est fort différent. Ensuite, il y a dans ses tableaux ce que nous autres, amateurs des arts, appelons le clair-obscur, et ce clair-obscur consiste dans une profonde tristesse, tristesse d'un honnête homme vivant sous la plus basse et la plus exécrable des tyrannies. Or, je défie de répandre une telle couleur sur des tableaux de notre temps, quelque tragiques que soient les époques que nous reproduisons. »

C'est là un *post-scriptum* à joindre désormais à la célèbre préface du XIIe volume, c'est un dernier éclaircissement que je suis fier d'avoir provoqué et heureux de produire. Qu'ajouter de plus et de mieux? M. Thiers, en prétendant établir comment on se passe d'un style proprement dit, donne au même moment l'exemple d'un style vif, pressé, excellent. Et dans ce tome vingtième que nous avons sous les yeux, si c'était l'heure de citer, nous aurions beau jeu. Que ne puis-je détacher ces trois pages de résumé admirable sur le caractère de Napoléon (p. 710 — 713), depuis ces mots : *Napoléon était né avec un esprit juste,...* jusqu'à ceux-ci : *Telle fut cette nature extraordinaire !...* Ce sont là des pages élevées, fermes, vigoureuses de ton, philosophiques de fond, irréprochables, à offrir aux amis comme aux ennemis ; je n'en sais pas en français de plus belles. Et il n'y a pas l'ombre d'emphase ; M. Thiers, en les écrivant, n'a pas pensé à faire un morceau ; mais au terme de cette grande étude, de l'œuvre de sa vie, il est arrivé de tous les points, par la force même de la vérité et la convergence des faits, à cette conclusion énergique, à cette condensation supérieure de sa pensée. De tous ses javelots, cette fois rassemblés, il a formé le faisceau et l'a noué d'un lien indissoluble.

Une dernière question redoutable, périlleuse ! je me la pose pourtant : Que penserait Napoléon lui-même, s'il avait assez vécu pour lire, pour se faire lire une telle histoire du Consulat et de l'Empire, que celle de M. Thiers ? Comment se résumerait son sentiment, son impression dernière ? — Il aurait eu probablement des impatiences à bien des endroits, de l'humeur, mais certainement il éprouverait, en fermant le livre, de la reconnaissance.

Lundi 15 septembre 1862.

CHARLES-QUINT APRÈS SON ABDICATION,

AU MONASTÈRE DE SAINT-JUST (1).

En repassant l'autre jour en idée les abdications forcées ou volontaires de rois et d'empereurs, j'ai été naturellement amené à penser à Charles-Quint, le plus mémorable exemple que l'histoire nous offre antérieurement à notre temps, et un simple coup d'œil m'a fait apercevoir à quel degré de précision et d'intérêt les travaux récents ont porté l'examen et l'exposé de ce curieux épisode. L'histoire de Charles-Quint tout entière, dont Robertson semblait avoir élevé le monument définitif, a été renouvelée de nos jours par la connaissance directe des sources et des papiers d'État contenus

(1) *Charles-Quint, son abdication, son séjour et sa mort au monastère de Yuste,* par M. Mignet; 1 vol. in-8°, cinquième édition 1862; — *Retraite et mort de Charles-Quint au monastère de Yuste,* lettres inédites, tirées des archives de Simancas, et publiées par M. Gachard, archiviste général du royaume de Belgique; 2 vol. in-8°, Bruxelles, 1854, 1855.

dans les archives des divers pays, régis et gouvernés par ce puissant monarque; l'étude des diverses branches dont se compose, en si grand nombre, ce règne étendu et complexe est devenue l'objet d'une savante émulation, et en Espagne, et à Vienne, et en Belgique surtout par les exactes et si essentielles publications de M. Gachard : en France, M. Mignet a résumé pour tous la plupart des nouveaux résultats et y a ajouté pour son propre compte, dans le grave et majestueux tableau qu'il a consacré aux dernières années du vieil empereur.

Quelles furent les causes qui amenèrent un politique si profond, si ambitieux, si habile, émancipé et souverain depuis l'âge de quinze ans, initié dès lors aux plus grandes affaires, qui avait reçu coup sur coup en héritage des royaumes et des mondes, avait brigué et obtenu l'Empire, qui défendait la Catholicité et aux frontières contre les mécréants, et au cœur contre les hérétiques, qui avec toutes ses couronnes recommençait presque la grandeur et l'universalité de la puissance de Charlemagne (moins, il est vrai, ce quartier du milieu qu'on appelle la France), — quelles raisons, dis-je, quels motifs véritables l'amenèrent un jour à renoncer à tout cela en plein démêlé, en plein écheveau d'affaires, à se démettre à l'âge de cinquante-cinq ans, à se confiner dans un cloître, à vouloir y mourir? Était-ce affaiblissement d'esprit? Eut-il bientôt du regret, comme on l'a dit, de s'être annulé? Ne s'occupait-il dans ce cloître où il habita dix-huit mois que de son salut et de l'éternité? ou de construire des horloges?

ou d'assister et de présider à ses propres funérailles?—
Toutes ces questions, sur lesquelles on n'avait, avant
ces dernières années, que des réponses incomplètes,
insuffisantes, et dont la légende même avait essayé
de s'emparer pour y broder, sont aujourd'hui résolues, et l'on ne connaît guère mieux ce que faisait,
disait et pensait chaque jour Napoléon à Sainte-Hélène
que ce que faisait et pensait Charles-Quint à Saint-Just.

Les vraies raisons de sa détermination finale, Charles-Quint les a dites sans arrière-pensée dans cette mémorable séance du 25 octobre 1555, tenue à Bruxelles en présence des États assemblés, lorsqu'après avoir fait faire un exposé de motifs par un de ses conseillers, il prit lui-même la parole et rendit compte de sa conduite présente en même temps qu'il résuma tout son règne, dans un discours improvisé pour lequel il s'aida de quelques notes et dont on connaît amplement la substance.

De tous les États et lieux qui faisaient partie de sa vaste monarchie, Charles-Quint choisit exprès, pour cet acte solennel, la capitale des provinces belges, où il était né, où il avait été nourri, qu'il affectionnait particulièrement, et aux institutions desquelles il rendait ainsi le plus bel hommage; il voulut imprimer à cette renonciation politique suprême comme un caractère de famille; et lui, le plus hautain partout ailleurs et le grave des maîtres, il eut ce jour-là des accents de cordialité et presque de bonhomie. Il rappela en commençant:

« Qu'il y avait quarante ans que dans la même salle, dans le même lieu, et quasi à la même heure, il avait été émancipé du consentement de l'empereur Maximilien, son grand-père ; qu'il n'avait alors que quinze ans ; qu'en 1516 le roi catholique étant mort, il fut obligé de passer en Espagne l'année suivante ; qu'en 1519 il perdit l'empereur, son aïeul ; qu'alors il sollicita l'élection à l'Empire, non par ambition d'avoir plus de seigneuries, mais pour le bien de plusieurs de ses royaumes et pays, et principalement de *ceux de par deçà* ; que, depuis, il avait fait neuf voyages en Allemagne, six en Espagne, sept en Italie, dix aux Pays-Bas, quatre en France, deux en Angleterre, et deux en Afrique, sans compter ses visites en ses autres royaumes, pays et îles, lesquelles avaient été nombreuses, et son passage par la France en 1539, qui n'était pas la moindre de ses entreprises ; qu'il avait, dans ces divers voyages, traversé huit fois la Méditerranée et trois fois l'Océan... »

Quarante années d'un semblable règne, de telles fatigues pour pourvoir à tout instant et subvenir à tant de royaumes et d'États disjoints, une santé détruite et dont le délabrement dans sa personne était visible à tous, justifiaient suffisamment une pensée de retraite depuis longtemps conçue, mais qu'il avait fallu ajourner jusqu'à ce que son fils eût atteint l'âge d'homme.

Un autre motif qui l'avait fait différer jusque-là, quoique cette idée de renonciation fût déjà très-ancienne chez lui, c'était que, s'il avait abdiqué un peu plus tôt, et vers le temps de sa fuite d'Inspruck, il eût quitté la partie sur des revers, qu'il eût donné gain de cause aux ennemis de la foi catholique et eût paru céder au découragement moral, quand il ne se rendait qu'à la fatigue. Il avait donc voulu ne sortir de la scène que sur un retour de fortune et après s'être montré encore une fois chef d'armée et capitaine. Que si, dans ses deux dernières expéditions contre la France, il n'avait pas tout à fait réussi, il n'avait pas non plus échoué ; il n'avait pu prendre Metz, il est vrai, mais il avait fait lever le siége de Renti : en tout ceci, il avait fait ce qu'il avait pu, « et il lui déplaisait de n'avoir pu mieux faire. »

C'est ainsi qu'il parlait de lui-même en des termes simples et réservés. Car, quoiqu'il fût très-fier de sentiments et de langage, Charles-Quint, outre qu'il aimait « la vérité dans sa simplicité, » avait cela du vrai politique de ne point pousser les choses à l'extrême et de ne pas substituer avant tout l'orgueil à l'intérêt. Jeune et déjà émancipé, on l'avait vu patient, ne se hâtant pas de régner par lui-même, très-appliqué aux affaires, mais écoutant les conseils de son ancien gouverneur, le seigneur de Chièvres. Il avait fait écrire sur son bouclier cette devise : *Nondum* (pas encore) ! Quelques années après, devenu empereur, il avait changé de devise, il était entré résolûment dans sa destinée, avec ce mot audacieux qui faisait mentir les colonnes d'Hercule : *Plus ultra* (c'est-à-dire, passons outre et au delà) ! Et cette pensée affichée de conquête et d'entreprise ne s'appliquait pas seulement aux Indes ; il avait certainement visé alors, du côté de l'Europe, plus haut et plus loin en tous sens qu'il ne pouvait atteindre et étreindre ; il avait eu ses fumées d'orgueil, ses rêves de toute-puissance. Mais les années venues et les difficultés s'accroissant, il avait été le premier à se dire ce mot si difficile à entendre : *Assez!* Après donc avoir donné ses soins à réparer ses affaires, à les régler une dernière fois et à les remettre sur un pied suffisant, il se retirait en prudent et en sage sur un dernier bon semblant de fortune, sur un succès modeste, sans pousser plus avant les chances, sans trop demander au sort, et sans se soucier d'ailleurs des discours et propos, mêlés de sourire, qu'en tiendraient immanquablement entre eux les ennemis et les jaloux.

Car il savait bien qu'on imputerait, malgré tout, sa résolution à faiblesse, et que tous ses succès anciens, éclipsés pour un temps, seraient méconnus, attribués uniquement et comme *jetés à la fortune.* Il fallait bien de la fermeté et du bon sens pour se mettre au-dessus du *qu'en dira-t-on* non-seulement du peuple, mais des politiques. Un ambassadeur vénitien écrivait peu après, en terminant une dépêche où il résumait tout le règne et le caractère de Charles-Quint :

« Mais la fuite d'Inspruck, le mauvais succès de l'entreprise de Metz ont traversé le cours de cette gloire et sont venus remettre en mémoire les autres mauvais succès, comme ceux de Provence, d'Alger et de Castelnuovo ; la trêve désavantageuse conclue avec Sa Majesté très-chrétienne, la renonciation aux États, le départ pour l'Espagne et l'entrée dans un monastère, tout cela lui a fait perdre presque toute sa réputation, je dis presque toute, parce qu'il lui en reste autant qu'il reste d'impulsion à une galère qui a été fortement poussée par les rames et le vent, et qui, l'un et l'autre cessant, fait pourtant encore un peu de chemin ; chacun concluant de là que c'est par le souffle favorable de la fortune qu'a été guidé l'immense navire des États, royaumes et empires de Sa Majesté. »

Mais, patience! il viendra, quelques années après, un sage appelé Montaigne qui remettra tout à sa place et à son rang dans l'estime, et qui ayant à développer cette idée, qu'un père sur l'âge, « atterré d'années et de maux, privé par sa foiblesse et faute de santé de la commune société des hommes, se fait tort et aux siens de couver inutilement un grand tas de richesses, et que c'est raison qu'il leur en laisse l'usage puisque la nature l'en prive, » ajoutera pour illustrer sa pensée :

« La plus belle des actions de l'empereur Charles cinquième fut celle-là, à l'imitation d'aucuns Anciens de son calibre, d'avoir su reconnoître que la raison nous commande assez de nous dépouiller, quand nos robes nous chargent et empêchent, et de nous coucher quand les jambes nous faillent : il résigna ses moyens, grandeur et puissance à son fils, lorsqu'il sentit défaillir en soi la fermeté et la force pour conduire les affaires avec la gloire qu'il y avoit acquise : *Solve senescentem...* »

Mais entrons un peu plus avant dans les raisons qui persuadèrent à une de ces âmes d'ambitieux, si aisément immodérées, d'en agir si sensément et prudemment. Charles-Quint sans doute était guerrier et capitaine, et il le prouva en plus d'une rencontre à la tête de ses vieilles bandes ; il s'était montré de bonne heure passionné pour les exercices corporels, habile aux armes, le meilleur cavalier de son temps. Bien que de sa personne, selon la remarque de Brantôme, il se fût mis un peu tard *de la danse de Mars*, n'ayant guerroyé d'abord que par ses capitaines, il fit merveille dès qu'il y entra, et parut un chevalier intrépide, armé pour la défense de la Chrétienté et le maintien de la foi. Mais il n'est pas moins vrai qu'il était bien plus encore un politique qu'un homme de combat. Son plaisir comme son triomphe était de démêler des intérêts compliqués, de débrouiller des situations épineuses, de compenser et contre-balancer des influences, de ménager des mariages et alliances considérables, d'agiter enfin des desseins profonds dont rien ne se trahissait au dehors et ne venait déranger le dédain de sa lèvre ni obscurcir la calme sécurité de son front. Ses livres préférés, c'était Commynes, c'était Thucydide; et si, à l'article de la mort, la pensée du jugement dernier n'avait tant préoccupé et offusqué son imagination espagnole et sombre; s'il avait pu, lui aussi, rêver son rêve de Champs Élysées, c'est avec ces politiques consommés et parfaits qu'il eût aimé à se figurer la rencontre et les entretiens d'au delà.

Étant tel de sa nature, homme de prudence et de conseil avant tout, la principale ou même la seule raison de l'abdication de Charles-Quint, ce fut sa santé usée, ruinée par les fatigues, et aussi, il faut le dire, par les intempérances. Ce dernier point n'est plus un mystère. On a publié dans ces derniers temps un Journal de la santé et du régime de Louis XIV; ce n'est rien auprès des relations qu'on a du régime et des maladies de Charles-Quint. Ce prince, dans sa jeunesse et malgré quelques attaques d'épilepsie qu'il avait essuyées, était plutôt bien que mal constitué, et l'ensemble de sa personne marquait de la vigueur plutôt que de la faiblesse. Mais, dès l'âge de trente ans, il ressentit les premières atteintes de la goutte, et ce mal ne cessa de le travailler de plus en plus avec les années. Son intempérance y aidait singulièrement. Il n'était pas des plus retenus sur l'article des femmes; ce libertin de Brantôme, qui prétend savoir ces sortes de choses sur le bout du doigt et par le menu, nous en a touché un mot; mais c'est le trop de manger surtout qui lui était nuisible (1). Charles-Quint était d'une voracité vraiment extraordinaire et phénoménale ; et comme l'a spirituellement remarqué M. Mignet, « ce grand homme, qui savait commander à ses passions, ne savait pas contenir ses appétits; il était maître de son âme dans les diverses extrémités de la fortune, il ne l'était pas de son estomac à table. » Malgré médecins et confesseur, il recherchait en tout temps les mets qui convenaient le moins à sa santé. Même dans l'état d'exténuation où il était réduit quelques années avant son abdication, et tel qu'un ambassadeur de Henri II nous l'a décrit pendant une de ses attaques de goutte, « l'œil abattu, la bouche pâle, le visage plus d'homme mort que vif, le col exténué et grêle, la parole faible, l'haleine courte, le dos fort courbé, et les jambes si faibles qu'à grand'peine il pouvait aller avec un bâton de sa chambre jusqu'à sa garde-robe; » même dans ce piteux état, il ne cessait

---

(1) On ne le savait pas généralement du temps de Brantôme : celui-ci dit de Charles-Quint qu'il était plus sobre que chaste ; Bayle le répète d'après lui. Si pourtant l'on veut avoir l'écho du XVIe siècle sur Charles-Quint, et les divers propos sur cet empereur avant le tableau classique de Robertson, il faut lire l'article de Brantôme qui le concerne, et aussi celui de Bayle dans le *Dictionnaire historique* cela déride.

de se gorger de viandes indigestes, de poissons, de saumures, de bières glacées :

« Jusqu'à son départ des Pays-Bas pour l'Espagne, disait un ambassadeur vénitien, il avait l'habitude de prendre le matin à son réveil une écuelle de jus de chapon, avec du lait, du sucre et des épices ; après quoi il se rendormait. A midi, il dînait d'une grande variété de mets ; il faisait collation peu d'instants après vêpres, et, à une heure de nuit, il soupait, mangeant dans ces divers repas, toutes sortes de choses propres à engendrer des humeurs épaisses et visqueuses. »

Même dans le cloître où il s'était retiré pour soigner la double santé de l'âme et du corps, il ne mettait (son médecin Mathys nous l'apprend) aucun frein à ses envies, et ne se privait ni de fruits ni de poissons :

« Dans la saison des fruits, Charles-Quint commençait son dîner en mangeant une grande quantité de cerises et de fraises, celles-ci accompagnées d'une écuelle de crème : ensuite il se faisait servir un pâté assaisonné d'épices, avec du petit salé bouilli et du jambon frit. Le reste des mets n'était que des accessoires. »

Quel contraste de ce grand empereur intempérant, et d'ailleurs si sage, avec ceux qui, sobres en tout le reste, n'ont de passion et d'intempérance que celle de l'esprit, de l'intellect et du cerveau ! N'allons pas nous figurer cependant sous un trop triste aspect le grand empereur du XVIe siècle, au moment où il sortait de cette séance de renonciation solennelle et attendrissante. L'ambassadeur vénitien dont nous avons déjà donné un jugement le peignait de la sorte à cette date :

« Sa Majesté césaréenne est de taille moyenne, d'aspect grave. Elle a le front large, les yeux bleus et qui témoignent d'une grande vigueur d'âme, le nez aquilin, un peu de travers, la mâchoire inférieure longue et large, ce qui fait qu'elle ne peut joindre les dents et qu'on ne l'entend pas très-bien à la fin des mots. Elle a peu de dents de devant et gâtées, les chairs belles, la barbe courte, hérissée et blanche. Elle est très-bien proportionnée de sa personne. Sa complexion est flegmatique et naturellement mélancolique... »

Voilà une esquisse qui n'est pas à faire pitié, ce semble, et qui peut se voir encore après le portrait du Titien.

Il fallut à Charles-Quint du temps, même après sa renonciation publique, pour se décharger de tous ses titres et de toutes ses couronnes, pour « se dénuer de tout, » selon son expression sincère. Ses amis, sa famille opposaient des objections ou des délais à l'entier accomplissement de son vœu, au moins en ce qui était de la dignité impériale. Il habitait déjà depuis plus d'une année le cloître qu'il était encore de nom et de droit empereur, et il n'eut la satisfaction d'apprendre qu'enfin il n'était plus rien et de pouvoir se nommer *Charles* tout court que dans les derniers mois de sa retraite. Cette retraite elle-même ne se fit que par des stations et des étapes successives. Lorsqu'il arriva en Espagne au mois de septembre 1556, il ne trouva pas les choses prêtes comme il les avait recommandées : il avait choisi pour son dernier abri ici-bas le monastère de Saint-Just de l'Ordre de saint Jérôme, situé dans un site pittoresque de l'Estramadure ; il avait prescrit qu'on eût à y bâtir un édifice contigu où il pût vivre avec un petit nombre de serviteurs, à part bien qu'à portée de la compagnie des moines et à même, pour ainsi dire, de tous les exercices religieux. Sa chambre à coucher devait être tellement disposée que de son lit l'empereur pût voir le grand autel de l'église et les orangers du couvent.

La simplicité de cette demeure privée ne devait rien avoir d'ailleurs de la nudité cénobitique. Le goût des arts et de la Renaissance s'y marquait encore. L'inventaire qu'on a retrouvé en fait foi. Sans parler des meubles élégants, les murailles étaient revêtues de riches tapisseries de Flandre et décorées de plusieurs tableaux de sainteté ou de famille, dus au Titien, ce peintre favori de l'empereur et dont il avait même un jour, dit-on, ramassé le pinceau.

Quand tout fut disposé ou à peu près, Charles, qui s'était arrêté à Valladolid, franchit la chaîne de l'Estramadure. La dernière gorge, le dernier passage (*puerto*) traversé, il dit : « Je n'en passerai plus d'autre en ma vie que celui de la mort. »

Lorsqu'enfin, après quelque retard encore et un séjour au château de Jarandilla, il s'installa dans cette habitation claustrale si désirée, le 3 février 1557, accompagné de Quivada majordome, de Gaztelù secrétaire, Van Male aide de chambre, Mathys médecin, Giovani Torriano horloger ou mécanicien, et de quelques autres serviteurs, quelle vie y mena d'abord

Charles-Quint? quelles habitudes et quelles règles de conduite y observa-t-il? et put-il rester fidèle au régime moral qu'il s'était d'abord proposé?

Une double source d'informations nous est donnée, toutes deux sincères, authentiques, et l'une est nécessaire pour compléter l'autre. En premier lieu, les écrivains du couvent, les moines hiéronymites, voyant le grand empereur honorer à jamais leur maison par une adoption sans exemple, assister à leurs exercices, s'agenouiller à leurs offices, vénérer les mêmes reliques, dîner une fois à leur réfectoire avec toute la communauté, obliger son confesseur, simple moine, de rester assis devant lui, faire dire messes sur messes pour le repos de l'âme des siens et pour le salut de la sienne, en ont fait un saint, un homme détaché du siècle, ne pensant qu'à Dieu, à l'autre vie, à la fin dernière. Mais d'autre part, depuis qu'on a pu lire les lettres nombreuses écrites en ce même temps par les personnes de l'entourage de Charles-Quint, les consultations à lui adressées sur toutes les affaires politiques de l'Europe et les réponses, on a un double jour ouvert sur la pensée du grand solitaire; il n'a plus été possible de dire avec Robertson: « Les pensées et les vues ambitieuses
« qui l'avaient si longtemps occupé et agité étaient en-
« tièrement effacées de son esprit; loin de reprendre
« aucune part aux événements politiques de l'Europe,
« il n'avait pas même la curiosité de s'en informer. »
Et sans faire de lui le moins du monde un ambitieux qui se repent, ni sans accuser les bons moines d'avoir falsifié la vérité parce qu'ils en ont ignoré la moitié,

on est arrivé à voir le Charles-Quint réel, naturel, non légendaire, partagé entre les soins qu'il devait encore au monde et à sa famille, traité et considéré par elle comme une sorte d'empereur *consultant,* et en même temps catholique fervent, Espagnol dévot et sombre, tourné d'imagination et en esprit de pénitence aux visions de purgatoire ou d'enfer, et aux perspectives funèbres. M. Mignet a mis dans tout son jour ce singulier personnage combiné, vrai Janus, cette bizarre et haute figure de cloître à la fois et d'histoire.

M. Gachard, dans deux Introductions de la plus exacte analyse qui précèdent les pièces et documents publiés par lui et tirés des archives de Simancas, et dans ces pièces mêmes, nous a donné et distribué, en les interprétant, les éléments positifs à l'aide desquels chacun peut désormais se former un jugement propre. Il résulte assez clairement de cette lecture que Charles-Quint ne put s'abstenir des affaires aussi entièrement qu'il l'aurait désiré peut-être et qu'il se l'était proposé en prenant le parti de la solitude. Les affaires sont si accoutumées à lui qu'elles le cherchent partout où il est et le poursuivent : il ne peut, quoi qu'il fasse, boucher ses yeux et ses oreilles ; il s'impatiente dès le premier jour d'apprendre que le duc d'Albe qui, au nom de Philippe II, faisait la guerre au Pape, a conclu trop vite une suspension d'armes désavantageuse ; il en est si contrarié qu'il ne veut pas même entendre lire les articles de la trêve. N'admirez-vous pas le sentiment politique persistant? Il est chrétien et catholique jusqu'au monastère inclusivement, il a un pied dans le cloître, et cependant il n'a aucun scrupule de voir son fils guerroyer contre un pontife belliqueux (Paul IV), et si la guerre finit trop tôt, il s'en fâche. C'était la liberté de penser à l'usage des meilleurs catholiques de ce temps-là.

Charles-Quint au cloître se montre très-soigneux, même quand il s'occupe forcément de politique, de n'empiéter en rien sur l'autorité de son fils. Ce fils, le sombre et jaloux Philippe II, était alors dans les Pays-Bas; Charles-Quint se permet une seule fois de lui donner des conseils. S'il apprend avec douleur que le roi n'a pas été présent à la bataille de Saint-Quentin, il dissimule et déguise son mécontentement. En retour de cette touchante déférence du père pour le fils devenu roi, il ne serait pas exact de dire que celui-ci se montra ingrat; mais, si Philippe II paraît toujours fils respectueux, il n'est jamais tendre. Voilà la vraie nuance.

Charles en agit plus librement avec sa fille, la princesse dona Juana, gouvernante des royaumes d'Espagne en l'absence du roi : dans une affaire délicate qui se traitait avec le Portugal, il substitue sans façon des instructions de son chef à celles dont l'envoyé d'Espagne avait été chargé par la princesse gouvernante ; en ceci il fait acte de souverain jusque dans le cloître. Quand il croit voir des fautes, des lenteurs préjudiciables dans la conduite de quelque affaire importante, il ne se contient plus et donne des avis : il se montre surtout pressant dans l'affaire des Luthériens qu'on a découverts et arrêtés dans la Vieille-Castille, et lui qui a éprouvé les inconvénients de n'avoir pas étouffé en Allemagne le

Luthéranisme au berceau, il n'a de cesse qu'on ne fasse leur procès aux hérétiques d'Espagne et qu'on ne les brûle. Il a ainsi sa part jusque dans les *auto-da-fé* qui n'eurent lieu qu'après sa mort. Triste marque d'influence! mais elle lui revient.

S'il fait de temps en temps et par exception acte de maître, il sait pourtant trop bien au fond qu'il ne l'est plus : aussi se montre-t-il des plus sensibles à la déférence qu'on a à l'étranger pour ses désirs; et le roi de Portugal ayant paru céder, dans une négociation de famille où il s'était montré jusqu'alors inébranlable, aux instances particulières de Charles-Quint, celui-ci en éprouva une joie telle qu'il n'en avait pas eu une semblable au temps de sa puissance pour ses succès les plus éclatants. C'est que le succès ici était tout personnel et ne pouvait se rapporter qu'à l'homme même.

On voit donc que Charles-Quint, en entrant au cloître, et tout en prenant la retraite très au sérieux, ne put tenir exactement sa résolution et sa gageure : il n'eut pas même le temps de ressentir l'ennui, le vide que son brusque changement de vie n'eût pas manqué de produire en son âme ardente et active. Peut-on s'étonner qu'il fut vite repris du goût des affaires? C'est le contraire qui eût été trop invraisemblable et trop étonnant. Quand Gaztelù lui lisait les dépêches des Pays-Bas, et que la lecture était finie, Charles en voulait encore : « N'y en a-t-il plus? » demandait-il. Mais si ce n'était ce jour-là, le lendemain il en arrivait d'autres; la poste ne chômait pas; les informations, les consultations se succédaient. Cela fut surtout vrai lorsque le roi lui eut envoyé, et à plus d'une reprise, son favori Ruy Gomez, en faisant appel à son conseil, et même à son aide, le cas échéant. Il y eut, en effet, un cas prévu où Charles-Quint, tout *frère Charles* qu'il était, avait à peu près promis de se remettre à la tête d'une armée d'invasion contre la France. Cette invasion dépendait de l'exécution d'un traité avec le roi de Navarre, qui aurait renoncé, moyennant dédommagement en Italie, à tous ses droits sur ses États, et qui serait passé au parti de l'Espagne. Cette dernière promesse de Charles-Quint de reparaître à la tête d'une armée n'était-elle qu'une de ces clauses éventuelles dont on compte bien qu'on n'aura jamais à s'acquitter; et Charles, prié et mis en demeure d'exécuter son engagement, se serait-il excusé sur sa santé? J'en doute. On n'est jamais sûr de rien avec ces diables de conquérants, même devenus ermites, avec ces lions, même vieillis, s'ils restent libres et si on leur montre leur proie. Charles était bien capable d'avoir un dernier et soudain réveil avant de mourir, et de se sacrifier pour l'intérêt des siens. Il aurait fait sa dernière campagne en litière. On l'aurait porté à la bataille comme le vieux doge Dandolo, ou comme à Rocroy le comte de Fuentès.

Il ne fut pas mis à l'épreuve, et tous les serments d'achever sa vie dans la retraite, tous les vœux envers le Ciel furent respectés et observés. Il dissimula même très-bien aux yeux de tous sa reprise ou son redoublement d'action consultative dans les négociations du dehors; surtout il ne voulut jamais paraître se mêler en rien des affaires de l'intérieur du royaume; et le solitaire, quoique très-visité des reines, ses sœurs, et des plus hauts personnages, le *demi-saint,* comme l'appelle Brantôme, conserva jusqu'au bout son air de réserve et son attitude d'auguste reclus.

Conçut-il, dans les heures de loisir qui lui étaient laissées, l'idée d'écrire ou plutôt de continuer ses Commentaires? car il avait commencé à les rédiger dans l'été de 1550, pendant une navigation sur le Rhin, et l'on croit même avoir tout nouvellement retrouvé une version en portugais de cet ouvrage qu'on disait perdu (1). Ce qui est certain, c'est que les papiers de Van Male, de celui qui aurait servi de secrétaire à l'empereur pour ce genre de travail, furent saisis après la mort du maître pour être remis à Philippe II, lequel était peu ami de la publicité en telle matière, et qui, une fois qu'il la tenait, ne lâchait pas sa proie. Aussi Charles-Quint, à Saint-Just, racontant et commentant sa propre vie, la jugeant et la regardant du port, du dernier promontoire, comme il est probable qu'il le fit et vraisemblable que Van Male l'ait noté, nous ne l'avons pas. Il ne s'agit pas d'un livre sec; nous voudrions les conversations, les confidences de Charles-Quint sur lui-même : si elles existaient par écrit, elles ont disparu.

Ce fut Quivada, le marjordome, qui fut chargé au départ de mettre les scellés sur les papiers de Van Male; on entrevoit par plus d'un détail que ces derniers servi-

(1) *Commentaires de Charles-Quint,* traduits du portugais et publiés pour la première fois par le baron Kervyn de Lettenhove; 1 vol. in-8°, 1862. Paris, Firmin Didot. L'ouvrage est d'un médiocre intérêt.

teurs de Charles-Quint, restés en petit nombre autour de lui, ne vivaient pas dans un parfait accord, qu'ils se jalousaient les uns les autres; les Espagnols en voulaient aux Flamands, et Van Male, le favori de l'empereur, leur paraissait trop récompensé, ainsi que le médecin Mathys. Jalousie et zizanie, même entre les fidèles. Qu'on se rappelle Sainte-Hélène, Gourgaud jaloux de Las Cases; c'est l'éternelle histoire.

Charles-Quint qui, vu du côté de la politique, nous paraît jusqu'à la fin si prudent, si ferme de conseil, si sain d'esprit, si occupé d'autres choses encore que d'horloges, si attentif aux affaires du dehors et voué aux intérêts de sa race et de sa maison, ce même homme, vu du côté des moines, paraissait à ceux-ci tout pénitent, tout mortifié, tout appliqué à la fin suprême, et il n'y avait pas hypocrisie à lui dans ce double rôle; il unissait bien réellement dans son âme profonde et son imagination mélancolique ces deux manières d'être si contraires. Oh! qu'il est donc possible d'être grand homme d'État et grand politique, sans devenir à aucun degré philosophe! C'est ce qu'on ne peut s'empêcher de penser en le considérant. Se passa-t-il, en effet, dans ses derniers jours, la fantaisie lugubre de faire célébrer ses propres funérailles? Grave et piquante question, fort agitée entre les historiens, et qui pour les uns tient déjà à la légende, tandis que pour les autres elle ne sort ni de la vraisemblance ni de la vérité! Soyons un peu juges nous-mêmes :

« Un jour (nous dit dans sa Relation naïve un bon moine de Saint-Just), l'empereur étant très-satisfait de sa santé et de la bonne disposition où il était, fit appeler le père Fray Juan Regla, son confesseur, et lui dit : « Fray Juan, il m'a paru à propos de faire faire les obsèques et funérailles de mes parents, ainsi que de l'impératrice, puisqu'en ce moment je me porte bien et n'éprouve aucune douleur : que vous en semble? » Le père confesseur lui répondit : « Sire, ce sera très-bien fait, surtout si Votre Majesté peut y assister, comme elle le désire : lorsque Votre Majesté le voudra, elles se feront. » Sa Majesté repartit: « Alors, je serai charmé qu'elles se fassent dès demain, et que l'office soit célébré avec beaucoup de lenteur et de solennité, et que l'on dise de nombreuses messes. Je veux aussi qu'il soit dit des messes basses pour mes parents et pour l'impératrice, outre celles qui ont lieu ordinairement. » Tout cela fut exécuté comme Sa Majesté l'avait ordonné, Sa Majesté assistant à tous les offices près du grand autel, hors de son habitation. Les obsèques de ses parents et de sa femme étant achevées, il dit au père Fray Juan Regla : « Je désirerais aussi faire faire mes propres obsèques, et les voir, et y assister vivant : que vous en semble? » Alors le bon Fray Juan Regla s'attendrit beaucoup : il commença à pleurer, et ce fut d'une voix entrecoupée par ses larmes qu'il répondit comme il put : « Que Votre Majesté vive durant de longues années, au plaisir de Dieu, comme nous le désirons, et qu'Elle ne veuille pas nous annoncer sa mort avant le temps! » L'empereur lui répliqua: « Ne croyez-vous pas que ces obsèques me profiteront? » — « Elles vous profiteront sans doute, Sire, parce que toute bonne œuvre est profitable, quand elle est faite convenablement. » — « Donnez donc des ordres, dit Sa Majesté, pour que les obsèques se commencent cette après-midi. » — Cela se fit ainsi. Un catafalque, entouré de flambeaux et de cierges en beaucoup plus grand nombre qu'aux services précédents, fut dressé dans la grande chapelle, et Sa Majesté voulut assister à la cérémonie avec les gens de sa maison, tous vêtus de deuil. Pour nous, les témoins de cette scène, ce fut un spectacle bien imposant et bien nouveau que des funérailles faites ainsi pour un personnage qui vivait encore, et j'assure que le cœur nous fendait de voir qu'un homme voulût en quelque sorte s'enterrer vivant et faire ses obsèques avant de mourir. Tous pleuraient en se voyant ainsi vêtus de deuil. Que ceux qui négligent le soin de leur salut me le disent : n'est-ce pas là un exemple suffisant pour que chacun regarde comme il vit, et comment il doit mourir? »

Que vous en semble? Peut-on révoquer en doute un pareil témoignage d'un témoin oculaire qui n'a nul intérêt à mentir et qui raconte les choses si bonnement? L'inusité de semblables obsèques, une inexactitude de date qu'il suffit de corriger en avançant la scène d'un ou de deux jours pour rendre tout possible, le silence gardé par les secrétaires et les amis politiques de Charles-Quint, qui rougissaient peut-être en secret d'une semblable bizarrerie de leur maître, sont-ce des raisons suffisantes pour faire rejeter un récit qui est confirmé par celui de deux autres moines hiéronymites? M. Gachard penche pour admettre la vérité de cette scène des funérailles : M. Mignet persiste à la révoquer en doute et à la croire inconciliable avec les faits connus. Il m'en coûterait, je l'avoue, d'y renoncer. Toute cette fin de vie de Charles-Quint me fait l'effet d'une oraison funèbre en action.

Il y avait en Charles-Quint à Saint-Just un homme double, deux hommes distincts, séparés par une mince cloison, un politique persistant et un moine affilié, un conseiller d'État plein de sagesse et un catholique assiégé de terreurs. On trouva, dans l'inventaire des meubles et objets à son usage, une cassette renfermant « un Crucifix sculpté et deux disciplines. » Le Crucifix était celui qu'avait tenu embrassé l'impératrice mourante, et celui que lui-même il demanda à l'article de la mort. Se servit-il également des disciplines, ou ne s'en servit-il pas? Autre question que j'ai peine à comprendre qu'on agite avec le désir d'y répondre négativement. Il me paraît clair que, s'il avait ces disciplines, ce n'était point par luxe ni *ad honores*; c'était apparemment pour s'en servir une fois ou l'autre, et la goutte qu'il avait de temps en temps aux doigts ne dut pas l'en empêcher absolument ni toujours. Brantôme, dont les paroles d'ailleurs ne sont pas d'Évangile, a dit d'après la rumeur publique que « bien souvent l'empereur se fouettait d'un fouet de pénitent. »

Un dernier trait dans ce sombre tableau. Charles-Quint avait eu en 1545, d'une jeune et belle fille de Ratisbonne, un fils naturel, celui qui devint si célèbre sous le nom de Don Juan ; il l'avait ôté de bonne heure à sa mère et l'avait fait adopter en dernier lieu par la femme de son majordome Quivada. L'enfant âgé de douze ou treize ans, portant alors le nom de Geronimo et passant pour le page de Quivada, vint quelquefois à Saint-Just dans les derniers mois de la vie de son glorieux père ; mais le vieil empereur le voyait sans faire semblant de le connaître. Cet enfant qui promettait un héros ne paraît pas avoir égayé un instant cette triste demeure. Ah! si Napoléon à Sainte-Hélène avait eu son fils..., un fils... *Saltem si quis mihi parvulus aula luderet Æneas !* Mais Charles-Quint se permettait peu de sourire. Il n'avait qu'un désir étroit et timide au sujet de ce fils, c'est qu'arrivé à l'âge d'homme il prît le froc et se fit moine. La veille de sa mort, il eut un scrupule et fit remettre à l'un de ses aides de chambre 600 écus d'or, pour en acheter à Bruxelles 200 florins de rente viagère au profit de la mère de l'enfant. Ce fut son dernier legs, un legs un peu honteux et qui sent le remords.

Il mourut occupé jusqu'à la fin et des intérêts de la monarchie et du soin de son propre salut, entouré de prélats et de religieux qui l'exhortaient, de moines qui priaient, d'amis qui pleuraient, mettant sa confiance dans le Crucifix, — ce même Crucifix que l'impératrice avait tenu en mourant, qu'il avait réservé à son tour pour l'heure suprême, et qu'il porta à sa bouche, puis serra deux fois sur sa poitrine (21 septembre 1558). « Ainsi finit, écrivait son fidèle majordome après l'avoir vu expirer, le plus grand homme qui ait été et qui sera. » En tout sa fin, on le voit, a sa marque bien à elle; elle est toute particulière, monacale, strictement catholique, conforme par les circonstances et l'appareil au génie espagnol dans lequel, sans y appartenir de naissance, il était entré si profondément. Les différences de cette fin si digne, si caractérisée, mais si spéciale, si exclusive et si ensevelie, du grand empereur du xvie siècle, les contrastes qu'elle offre avec les destinées de cet autre empereur exposé plus encore que relégué à Sainte-Hélène, y achevant de vivre et s'y dévorant dans les loisirs forcés d'une retraite où les mortifications, certes, ne manquaient pas, mais qui s'éclaire des rayons d'une civilisation supérieure et des lumières d'un génie universel, sont assez sensibles sans que j'y insiste. C'est matière à longue réflexion.

Lundi 22 septembre 1862.

CONNAISSAIT-ON MIEUX

LA NATURE HUMAINE

AU XVIIᵉ SIÈCLE APRÈS LA FRONDE

QU'AU XVIIIᵉ AVANT ET APRÈS 89 ?

I

Je n'aime guère la polémique en littérature, et je ne crois pas qu'elle serve à grand'chose. Je conçois que de temps en temps on attaque, s'il y a lieu, si l'occasion vous tente, s'il y a une justice à faire, une revanche à prendre : puis on passe outre, et l'on n'y revient plus que de loin en loin et le moins possible; le public vous en sait gré. Mais j'aimerais assez le dialogue dans les choses littéraires, si elles étaient encore établies comme autrefois, s'il y avait, entre les journaux qui ont de la place et du loisir pour la critique désintéressée, assez de rapports de bon voisinage et assez de silence dans la rue pour que l'on pût, à certains jours, causer commodément d'une fenêtre ou d'une porte à l'autre : ainsi entre l'ancien *Journal de Paris* du temps de Rœderer et *le Publiciste* de M. Suard, par exemple, — ainsi encore entre ces deux journaux et l'ancien *Journal des Débats,* il y avait de ces contradictions modérées, et il s'échangeait de ces remarques qui pouvaient être quelquefois utiles ou intéressantes en restant polies. Aujourd'hui je voudrais non pas du tout répondre à deux articles qui ont paru, il y a une quinzaine, dans les *Débats,* mais en parler et exprimer à cette occasion quelques idées qu'ils m'ont suggérées à mon tour. Il s'agit des articles de M. Weiss sur l'*Histoire de la Littérature française* de M. Nisard (1). Je ne sais si M. Weiss a assez rendu justice en toutes ses parties à l'ouvrage du savant académicien ; je ne sais si moi-même autrefois, dans *le Moniteur,* j'ai dit au sujet de l'*Histoire* de M. Nisard tout ce qui était à dire : c'est moins sur le fond que j'ai à revenir que sur une des idées et des vues exprimées par M. Weiss. Il me permettra cependant, avant d'entamer mon sujet, d'incidenter sur un point.

M. Weiss s'étonne d'oser louer M. Nisard à la troisième page du journal où il écrit, et il a bien voulu me nommer tout à côté dans une intention des plus bienveillantes : je l'en remercie, mais vraiment son étonnement m'a fait sourire. Il faut que les choses en effet aient bien marché, que les générations se soient

---

(1) *Journal des Débats* des 6 et 7 septembre.

bien renouvelées, et que quelques-uns des nouveaux et spirituels rédacteurs des *Débats* soient bien jeunes (heureux défaut!) pour qu'on s'étonne parmi eux que le nom de M. Nisard y puisse être l'objet d'une conclusion favorable; et moi-même j'ai failli en être, des *Débats*, et en être à fond, bien plus que M. Weiss ne le soupçonne. Il y a trente-trois ans environ de cela : les messieurs Bertin, très-attentifs à tout ce qui se produisait et s'annonçait, même de hasardé et de contesté, avaient l'œil sur la jeune école dite romantique. Hugo était alors dans son premier éclat de lyrisme, et il avait déjà écrit la préface de *Cromwell*; il avait des admirateurs très-vifs dans la famille qui régnait aux *Débats*, et plus d'un allié dans la place : Armand Bertin, un peu plus mûr et de nature volontiers sceptique, mêlait bien, je le crois, à ses applaudissements quelques légères plaisanteries et quelques réserves; mais son frère Édouard, le peintre au pinceau sévère, ce Schnetz du paysage, mais Mlle Louise, nature poétique et profonde, étaient tout gagnés aux idées et aux enthousiasmes de la génération à laquelle ils appartenaient et faisaient honneur par leur talent. On méditait, si j'étais bien informé, une sorte de petite révolution littéraire aux *Débats*; le ministère Martignac (on était alors sous le ministère Martignac) permettait de s'occuper de discussions poétiques, d'odes et de drames, et s'il avait duré, tout promettait quelques saisons de luttes pacifiques très-vives. J'avais l'honneur d'être de ceux auxquels on pensait pour la critique : mes premiers essais en ce genre et l'amitié de Victor Hugo me désignaient.

Je me rappelle, entre autres, u e journée de dimanche aux Roches près Bièvres, dans cette riante et hospitalière maison des champs; M. Bertin l'aîné, cordial, ouvert, large d'accueil, et, malgré ses gouttes (1), nous promenant avant le dîner dans son désert, nous en montrant les points de vue, les accidents abrupts, « les *mamelons,* comme disait Bonaparte (2); » M. Bertin de Vaux, à table, silencieux observateur, et qui nous regardait courir et nous répandre en discours comme de jeunes chevaux lâchés. Je m'apercevais bien qu'on nous observait, qu'on nous mesurait de l'œil, qu'on me tâtait en particulier; mais qu'importe à cet âge? je n'en prenais ni moins de liberté ni moins de plaisir. Les invités et les convives, c'étaient Antony Deschamps, Alfred de Wailly, Nisard, le lauréat de la Sainte-Barbe-Nicolle, dès lors attaché au journal et qui devait y rendre d'actifs services dans les deux années suivantes. — Vous n'en étiez pas, je dois le dire, ni vous, Sacy, ni vous-même, Saint-Marc Girardin, déjà pourtant si remarqués au journal et si en crédit; mais on se méfia un peu ce jour-là et de votre bon sens classique et de votre gaieté railleuse. — Je n'oublierai point, parmi les personnes présentes, une habituée et une amie de la maison, Mme de Bawr, l'auteur d'une jolie pièce de théâtre et d'agréables romans. Elle nous répéta plu-

(1) Je tiens à être exact : on me dit que M. Bertin l'aîné n'a jamais eu la goutte; le fait est qu'il semblait l'avoir par sa lenteur et sa lourdeur de jambes qui n'étaient, dans ce cas-là, que la difficulté de marcher d'un homme gros et puissant.

(2) Ainsi parlait M. Bertin l'aîné, peu révérencieusement et en vieux royaliste.

sieurs fois d'un air fin un mot dont nous ne sentîmes pas dans le moment toute la valeur : « Vous avez du talent, disait-elle aux romantiques, mais n'oubliez pas, Messieurs, ce conseil d'une vieille femme : soyez aimables ! » Le mot nous parut légèrement suranné, et nous le crûmes plus banal qu'il ne l'était, à le bien prendre. C'était tout simplement le conseil d'Horace :

Non satis est pulchra esse poemata, dulcia sunto!

Et, en effet, ce qui a manqué dès lors et plus tard à de merveilleux talents, ce n'a été ni la grandeur ni la puissance ni la magnificence, ça été le charme. — Mais en voilà assez de ces souvenirs pour montrer qu'il s'en fallut de peu que je ne précédasse de beaucoup aux *Débats* M. Weiss, et je n'y serais entré que pour y trouver déjà, en son lieu et à son poste, M. Nisard. Le ministère Martignac tomba ; de bien plus graves préoccupations survinrent. Moi-même j'avais, j'en conviens, le caractère trop mal fait peut-être et trop rétif pour pouvoir me ranger et me fixer à demeure dans un journal qui avait le ton et les usages d'une famille; car, une fois admis et agréé, c'était quasi un mariage que l'on contractait. Mais une certaine reconnaissance toutefois, liée au souvenir d'une heureuse journée, m'est toujours restée de cet accueil, de cette idée bienveillante des anciens Bertin, et tant qu'il y aura un Bertin aux *Débats,* tant qu'il y aura de ces rédacteurs qui sont allés aux Roches, nous ne pourrons nous étonner que la justice ou l'indulgence littéraire y triomphe de préventions politiques qui elles-mêmes ne se trahissent que par accès et qui ont leurs intermittences. Voilà que je fais le Nestor et que je radote du vieux temps : j'en viens vite à l'idée qui m'a mis la plume à la main.

II.

M. Weiss, louant le xviie siècle après M. Nisard, va jusqu'à accorder à la génération de 1660, c'est-à-dire des premières années du règne effectif de Louis XIV, à la génération qui était encore jeune ou déjà mûre alors, qui avait vu la fin de Richelieu et la Fronde, « une supériorité de lumières » sur les générations du xviiie siècle qui lisait l'*Esprit des Lois*, les *Lettres philosophiques* et l'*Émile* ; admettant cette supériorité comme un fait, il l'explique par la nature même des événements politiques auxquels cette génération avait assisté, par les revirements étranges qui lui avaient découvert toutes les vicissitudes de l'opinion et qui l'avaient éclairée sur le fond de la nature humaine, tandis que les hommes du xviiie siècle et d'avant 89 avaient perdu le souvenir des révolutions et des impressions qu'elles laissent, et n'avaient assisté qu'à des intrigues ministérielles, à des disputes de jansénisme et de molinisme, de gluckisme et de piccinisme, à de petites choses enfin, tout en en rêvant de grandes et d'immenses. Il en résulta, en effet, un peu de chimère et d'illusion, une sorte d'optimisme, mêlé aux pensées de réforme qui animèrent les généreux esprits du xviiie siècle. Ils crurent en général les choses plus faciles et l'homme plus vite modifiable qu'il ne l'était réellement.

Est-ce à dire pourtant que l'avantage des *lumières* proprement dites soit du côté du xviie siècle? Je ne saurais l'admettre, et en reconnaissant à ce beau xviie siècle la supériorité du goût, je persiste à croire que le xviiie, avec et nonobstant ses erreurs, était plus éclairé. C'est un point sur lequel on ne peut lâcher pied sans que l'économie même de notre histoire moderne française soit bouleversée, et la vraie notion du progrès confondue.

J'accorderai d'abord tout ce qui me paraît juste. Il y eut en effet au xviie siècle une génération puissante et forte, et en quelque sorte privilégiée : c'est celle qui ayant vu la fin du régime de Richelieu, de ce despotisme patriotique qu'on détesta de près sans le comprendre, se trouva jeune encore pour jouir de la régence d'Anne d'Autriche, et qui ensuite assista ou prit part à la Fronde : elle put avoir elle-même ses illusions, elle fit ses fautes, elle commit bien des actes odieux ou ridicules; elle les vit passer du moins et les toléra ou y trempa; mais elle y gagna de l'expérience, et, quand l'autorité de Louis XIV fut venue enfin tout pacifier et tout niveler, elle conserva quelque temps sous ce règne égal et superbe un vif ressouvenir du passé, qui lui permit de faire tout bas des comparaisons et des réflexions dont les écrits, indirectement, profitèrent.

Oui, sans doute, il y eut là, à quelque degré et dans un cadre moindre, de cette expérience, de cette sagesse ou de cette malice ironique et sceptique qui ne vient qu'après les révolutions et quand l'homme s'est montré à nu ou a retourné deux ou trois fois son habit devant nous.

La Rochefoucauld a consigné l'élixir amer de cette expérience dans des Réflexions et des Maximes immortelles qui vivront autant que la nature humaine, et contre lesquelles elle aura jusqu'à la fin à se débattre.

Pascal a, certes, grandement profité de cette vue de la Fronde, et il conclurait en politique aussi vertement et aussi crûment qu'un Machiavel, s'il n'était avant tout un pénitent qui n'a de hâte que pour s'agenouiller et pour aller tout mettre au pied de la croix.

Molière, sans songer précisément à la politique, en avait sans doute tiré des jours profonds pour la peinture morale de l'espèce, pour sa comédie dont le rire inextinguible ne saurait faire oublier les sanglantes morsures et les perpétuelles insultes à la guenille humaine.

La Fontaine, à travers toutes ses distractions et ses rêveries, avait lui-même entendu de ses oreilles le sage ou soi-disant tel crier selon les temps, et du jour au lendemain : *Vive le Roi! Vive la Ligue!*

Saint-Évremond, l'épicurien à l'âme ferme, avait appris à ce jeu où il semble n'être entré que pour mieux voir, à connaître de près le caractère des grands personnages de l'histoire et à deviner, presque en homme pratique, le génie des anciens peuples.

Le cardinal de Retz passa les derniers jours de sa

vie à faire un livre unique, qui reste le bréviaire de tous ceux qui ont vu ou verront des révolutions, même autrement formidables.

Bossuet n'a si bien peint, dans leur ensemble moral du moins, et dans leur aspect terrible et majestueux, les grands orages d'Angleterre qu'il n'avait pas vus et dont le sens politique lui échappait, que parce qu'il avait observé de près chez nous ces temps d'ébranlement où toutes les notions du devoir sont renversées, et où les meilleurs perdent la bonne voie.

La Bruyère, déjà plus éloigné, avait pourtant assez appris et ouï de ce temps-là pour se dire que rien n'est plus ordinaire que de voir un même homme changer du tout au tout dans sa vie, et en moins de vingt années, sur les points les plus importants et les plus sérieux.

Tout cela est vrai, et, comme M. Weiss nous le rappelle, il n'est pas jusqu'à l'honnête et sensée Mme de Motteville qui ne fasse là-dessus ses remarques très-philosophiques ou du moins d'une morale très-religieuse. Pendant un séjour de la Cour à Fontainebleau au printemps de 1661, après le mariage de Monsieur, on voyait, dit-elle, dans les promenades que le roi, les reines, Monsieur et Madame faisaient sur le canal dans un bateau doré, le prince de Condé s'empresser de les servir à la collation en sa qualité de grand maître, mettant lui-même les plats sur la table ou les rendant au duc de Beaufort qui était en dehors de la barque trop petite, et qui s'empressait aussi, par son ardeur obséquieuse, de faire oublier les torts du passé.

Le ci-devant Roi des halles, chef des importants et des frondeurs, le prince du sang, victorieux et altier, sans mesure et sans scrupule, qui avait songé à détrôner le jeune roi, tout cela redevenu domestique et respectueux et humble, c'était à faire louer Dieu de la paix présente, ajoute la sage Mme de Motteville. Moins de dix ans avaient suffi pour opérer cette métamorphose. Ces contrastes étaient à chaque pas, pour qui savait observer, en ces années du règne commençant de Louis XIV. Là aussi, pour peu que l'opinion se fût amusée à ce jeu-là, il y aurait eu à faire un *Dictionnaire des Girouettes*. Mais on y pensait peu : tout le monde tournait à la fois ; il n'y avait plus qu'un parti, celui du roi. Le roi se ressouvenait du passé pour mieux régner; tous les autres ne s'en souvenaient que pour mieux servir. A peine si quelques esprits réfléchis songeaient à s'étonner du changement complet de décoration et de rôles. « Tout arrive en France, » avait dit un jour La Rochefoucauld à Mazarin ; et Henri IV disait : « En France, on s'accoutume à tout. »

On eut, dès ce temps de la Fronde, à y bien regarder, des échantillons de tous les genres de personnages qu'on a vus se produire depuis dans des révolutions plus grandioses et plus sérieuses : Retz, un Mirabeau-Talleyrand ; — un duc d'Orléans spirituel et lâche. L'abbé Fouquet était un intrigant osé et de première force qui avait en lui du Vitrolles et du Fouché. Indépendamment des grands seigneurs et des gens de qualité qui occupaient la scène et tramaient intrigue sur intrigue, taillant sans pitié dans la chose publique, il y avait des bourgeois malins, sages et prudents, restés dans leur coin à observer. Conrart, qui nous a si bien décrit le massacre de l'Hôtel de Ville, valait l'académicien Suard. Et Patru, et Tallemant des Réaux donc! Patru, vieilli et mort dans l'indigence, était un peu comme ces gens d'esprit dont on disait, dans notre jeunesse, qu'ils avaient donné dans la Révolution. Il avait été très-lié avec le Coadjuteur, et par un fonds d'humeur libre, par un ton de franc-parler, il s'en ressentit toujours.

Ainsi, sur un point, nous sommes d'accord; il n'est rien de tel que de voir une Fronde pour se rafraîchir dans l'idée de la nature humaine. On a beau être né marin, il n'est rien de tel que de voir une tempête; soldat, que de voir une bataille. Un Shakspeare s'est à peu près passé de tout cela, dira-t-on, et pourtant il a tout su. Mais la nature n'a fait qu'une fois un Shakspeare. Nous autres, qui ne sommes pas des sorciers, nous ne devinons pas, nous voyons. En 1848, Letronne me disait : « C'est désagréable, mais que c'est curieux pour l'observateur! C'est comme si l'on voyait le corps humain après qu'on en aurait ôté la peau. »

Puis, tout cela dit, il ne faut rien s'exagérer. Si l'on excepte La Rochefoucauld qui fait son profit de l'expérience pour écrire un livre profond, et Retz qui s'en inspire pour écrire les Mémoires les plus vivants et les plus amusants, rien de cette révolution avortée de la Fronde ne tourne précisément aux lumières. La leçon pratique, Mme de Motteville nous l'a montrée : on se range avec d'autant plus d'empressement à Louis XIV après tant de désordre et de misères ; on remercie Dieu, on s'humilie en vieillissant, et un beau jour on se réveille dévot et confit en pouvoir absolu.

Est-ce que Bossuet lui-même, qu'on ne récusera certes pas comme exprimant dans un haut exemple la moyenne des lumières du grand règne, avait profité de l'expérience produite sous ses yeux aux années de sa jeunesse, lorsque dans l'Oraison funèbre du prince de Condé il ne craignait pas de dire en une phrase magnifique et souvent citée : « Loin de nous les héros « sans humanité !... Lorsque Dieu forma le cœur et les « entrailles de l'homme, il y mit premièrement la bonté « comme le propre caractère de la nature divine... La « bonté devait donc faire comme le fond de notre « cœur... La grandeur qui vient par-dessus, loin d'af-« faiblir la bonté, n'est faite que pour l'aider, etc. » Mais c'est méconnaître outrageusement l'expérience que de déclarer ainsi que la bonté fait le fond de l'homme : l'homme n'est précisément ni bon ni méchant ; les uns ont reçu en naissant la bonté peut-être, mais les autres ont certainement autre chose au fond du cœur, et le grand Condé plus qu'un autre homme était une preuve de cette disposition primitive et nullement débonnaire. Bossuet, en proférant cette fausseté morale déguisée en beauté oratoire, ne faisait d'ailleurs qu'emprunter à Tertullien discutant contre l'hérétique Marcion une pensée théologique qu'il détournait de son sens, qu'il dépouillait de son tour déclamatoire en l'isolant, et à laquelle il imprimait un air de grandeur comme ce lui était chose aisée, sans la rendre pour cela plus juste (1).

Dès le milieu du règne de Louis XIV, tout était tourné à la règle étroite, à la dévotion, et le profit moral, la dose de connaissance morale dont on parle, et qui d'ailleurs n'était propre qu'à un petit nombre d'individus d'élite dans une génération à peu près dis-

(1) La pensée de Bossuet est fausse, parce que, tout singulier que cela puisse paraître, ce grand orateur ne l'a obtenue que moyennant un *escamotage*. Oui, il a *escamoté* tout simplement le péché originel. La bonté *devait* faire le fond de notre nature, avant la Chute apparemment. Mais, dans l'état actuel, fait-elle en effet le fond de notre cœur? telle est la question, et Bossuet l'a tout simplement enjambée; il a continué de raisonner comme si cette bonté, qui *devait* faire le fond de notre cœur, le faisait en réalité : ce qui, chrétiennement, n'est pas exact. Au reste, je le répète, le germe de cette pensée est dans Tertullien que Bossuet lisait beaucoup et dont il a tiré plus d'une pensée saillante ou d'une image. Tertullien combattant l'hérétique Marcion qui suppose deux dieux, l'un bon d'où procède le Nouveau Testament, l'autre méchant et cruel de qui l'Ancien Testament est venu, s'efforce d'expliquer comme quoi c'est toujours le même Dieu, lequel était bon d'abord, mais qui, depuis que l'homme a péché, avait dû devenir plus sévère. La bonté est essentielle, selon lui, et dans la nature de Dieu ; la sévérité n'a été qu'accidentelle et en raison des circonstances : *Ita prior bonitas Dei, secundum naturam ; severitas posterior, secundum causam; illa ingenita, hæc accidens; illa propria, hæc accommodata; illa edita, hæc adhibita ;* et ainsi de suite. Bossuet avait déjà fait usage de cette argutie théologique dans un de ses sermons de jeunesse (sermon pour le neuvième dimanche après la Pentecôte), et il y essayait d'une manière encore enveloppée la pensée qu'il devait reprendre plus tard et placer, comme on l'a vu, en si belle occasion, et en l'offrant sous un jour si spécieux. Mais ce n'est qu'une beauté oratoire, une magnifique flatterie à l'adresse des hommes en général et du prince de Condé en particulier.

parue, étaient dès longtemps épuisés ; la révocation de l'Édit de Nantes, et l'approbation presque entière qu'elle reçut dans les régions élevées et de la part de quelques-uns de ceux même qui auraient dû être des juges, l'inintelligence profonde où l'on fut à la Cour de la révolution anglaise de 1688 et de l'avénement de Guillaume, montrent assez que les lumières étaient loin et que les plus gens d'esprit en manquaient. Les lumières proprement dites, dans l'idée desquelles entre la pensée du bien public, de l'amélioration de l'homme en société, d'une constitution plus juste, d'une manière de penser plus saine et plus naturelle, ne vinrent que peu à peu, et d'abord à l'état de vœu, de rêve et un peu de chimère. Ce fut l'œuvre du xviiie siècle tout entier de mûrir, de rassembler, de coordonner, de propager ces vues plus justes, plus salutaires et tendant à une civilisation meilleure. Je ne saurais admettre avec M. Weiss que Vauvenargues soit si fort au-dessous de La Bruyère et de La Rochefoucauld. Vauvenargues, mort trop tôt et incomplet comme écrivain, rouvre un ordre d'idées et de sentiments qui est plein de fécondité et d'avenir. Il ne décourage pas, il ne dénigre pas ; il n'applique aux passions ni le blâme ni le ridicule, ni un mode d'explication qui a sa vérité, je l'admets, mais qui dans l'action déjoue, déconcerte et stérilise. Vauvenargues est un moraliste vrai, naturel, qui n'est pas dupe, et qui de plus a le mérite que n'ont pas les autres de donner impulsion et direction. En fait de connaissance purement curieuse et ironique de la nature humaine, je ne sais ce que l'auteur des

Lettres persanes laisse à désirer aux plus malins; et dans l'*Esprit des Lois*, Montesquieu cherche à réparer, à rétablir les rapports exacts, à faire comprendre les résultats pratiques sérieux, à faire respecter les religions civilisatrices, et son explication historique des lois et des institutions, si elle ne conclut pas, inspire du moins tout lecteur dans le sens du bien, dans le désir du perfectionnement social graduel et modéré. Sans doute, il eût été très-profitable au xviiie siècle d'être averti utilement à son début, d'avoir sous la Régence sa petite Fronde pour se rappeler les dangers toujours latents et se rendre compte de tout ce que contient de putride et d'inflammable le fond d'une vieille société. Mais le xviiie siècle ne le sut-il donc pas? La Régence, à de certains jours, ne lui fit-elle pas entrevoir une fronde? N'eut-on pas le système de Law, avec ses *sens dessus dessous* et ses émeutes? Pour moi, quand je lis Voltaire, que je l'ouvre presque à toutes les pages, je ne saurais voir en lui quelqu'un qui se fait la moindre illusion sur la nature française et parisienne. Une phrase polie adressée par lui à Condorcet ne saurait me le faire considérer comme le promoteur ingénu d'une révolution qui sera toute à l'eau rose. Beaucoup de choses l'auraient irrité, bien peu l'eussent étonné, j'imagine, s'il avait vécu la centaine. L'*optimisme* fut sans doute le défaut de la philosophie politique du xviiie siècle, à la prendre dans sa source, à son origine, chez les Fénelon, les Vauban même, les abbé de Saint-Pierre, et presque dans tout son cours; il y eut une recrudescence d'optimisme sous

Louis XVI à partir de Turgot, de Malesherbes, jusqu'à M. Necker. Il semblait plus facile, avec des intentions droites et des idées justes, de faire le bien des hommes et des peuples que cela ne s'est vérifié, au fait et au prendre ; on ne comptait assez ni avec les passions, ni avec les intérêts, ni avec les vices. Et pourtant, il n'y a pas eu d'erreur dans le total, si l'on a trouvé dans le détail bien des mécomptes. Jean-Jacques Rousseau, qu'on cite toujours comme exemple de faiseur d'utopies politiques, ne s'est pas trompé lorsqu'il a tant de fois décrit, appelé de ses vœux et deviné à l'avance cette classe moyenne de plus en plus élargie, vivant dans le travail et dans l'aisance, dans des rapports de famille heureux et simples, dans des idées saines, non superstitieuses, non subversives, ce monde qui fait penser à celui de Julie de Wolmar et de ses aimables amies, et dont les riantes demeures partout répandues, dont les maisons « aux contrevents verts » peuplent les alentours de notre grande ville et nos provinces. J'ai oublié le *Contrat social* de Rousseau, mais j'ai toujours présentes à l'imagination et à l'esprit tant de descriptions engageantes d'une vie saine, naturelle et sensée : puisse ce genre heureux d'existence, qui présuppose de si bons fondements, se propager plus encore (1)! Condorcet lui-même, dont le nom se présente d'abord comme celui de

(1) On m'objecte : Mais il y a bien des absurdités, bien des idées inapplicables chez Jean-Jacques et contraires aux dispositions de la nature humaine. Et moi je vous dis : Les paradoxes du xviii° siècle ont plus fait pour l'avancement de l'espèce que les magnifiques lieux communs du xvii°. Il fallait donner un heurt violent à la routine pour en sortir. Vous me parlez de Bourdaloue et de ses habiles

l'apôtre puni de son zèle et le plus cruellement déçu dans son ardente poursuite, ne s'est pas tant trompé qu'il semble, et quoiqu'il se mêlât à sa foi dans l'avenir un fanatisme que je n'aime nulle part, il n'a pas désespéré du progrès en mourant, et il a bien fait. Les siècles, qui vont moins vite que le calcul, ne lui donneront pas tout à fait tort : Turgot, son maître, et qui avait embrassé moins que lui, a déjà raison et a gagné sa cause. Sieyès, cette tête profonde qui avait conçu avant 89 la reconstitution totale de la société et, qui plus est, de l'entendement humain, cet esprit supérieur a pu tomber dans le découragement et dans l'apathie quand il a vu la refonte sociale dont il avait médité et dessiné le plan échapper à son empreinte; l'artiste en lui, l'architecte boudait encore plus que le philosophe; il était injuste envers lui-même et envers son œuvre qui se poursuivait sous les formes les moins prévues, mais qui se poursuivait, c'est l'essentiel : qu'on relise sa célèbre brochure, et qu'on se demande s'il n'a pas gagné la partie et si le Tiers-État n'est pas tout.

Non; si inférieurs aux Retz et aux La Rochefoucauld pour l'ampleur et la qualité de la langue et pour le talent de graver ou de peindre, ils connaissaient la nature humaine et sociale aussi bien qu'eux, et infiniment mieux que la plupart des contemporains de

---

descriptions morales. Eh bien, tout compte fait, Rousseau renferme infiniment moins d'absurdités que Bourdaloue avec ses sermons en *trois points* et les subtilités inimaginables qu'il déduit de textes prétendus sacrés. Il fallait *désengaîner* la morale de tout ce revêtement artificiel : de là quelques brisures.

Bossuet, ces moralistes ordinaires du xviii° siècle, ce Duclos au coup d'œil droit, au parler brusque, qui disait en 1750 : « Je ne sais si j'ai trop bonne opinion de « mon siècle, mais il me semble qu'il y a *une certaine* « *fermentation de raison universelle* qui tend à se dé- « velopper, qu'on laissera peut-être se dissiper, et dont « on pourrait assurer, diriger et hâter les progrès par « une éducation bien entendue; » le même qui portait sur les Français en particulier ce jugement, vérifié tant de fois : « C'est le seul peuple dont les mœurs peuvent « se dépraver sans que le fond du cœur se corrompe, « ni que le courage s'altère... » Ils savaient mieux encore que la société des salons, ils connaissaient la matière humaine en gens avisés et déniaisés, et ce Grimm, le moins germain des Allemands, si net, si pratique, si bon esprit, si peu dupe, soit dans le jugement des écrits, soit dans le commerce des hommes; — et ce Galiani, Napolitain de Paris, si vif, si pénétrant, si pétulant d'audace, et qui parfois saisissait au vol les grandes et lointaines vérités; — et cette Du Deffand, l'aveugle clairvoyante, cette femme du meilleur esprit et du plus triste cœur, si desséchée, si ennuyée et qui était allée au fond de tout; — et ce Chamfort qui poussait à la roue après 89 et qui ne s'arrêta que devant 93, esprit amer, organisation aigrie, ulcérée, mais qui a des pensées prises dans le vif et des maximes à l'eau-forte; — et ce Sénac de Meilhan, aujourd'hui remis en pleine lumière (1), simple observateur d'abord des mœurs de

---

(1) Voir le livre de Sénac de Meilhan, *le Gouvernement, les Mœurs*

son temps, trempant dans les vices et les corruptions mêmes qu'il décrit, mais bientôt averti par les résultats, raffermi par le malheur et par l'exil, s'élevant ou plutôt creusant sous toutes les surfaces, et fixant son expérience concentrée, à fines doses, dans des pages ou des formules d'une vérité poignante ou piquante.

Que serait-ce si, au nombre des moralistes français du xviiie siècle, on rangeait, comme on en a le droit, le grand Frédéric, notre compatriote littéraire, le plus sensé, le plus éclairé (quand il ne goguenarde pas trop), le plus ami de la raison et, pour tout dire, le plus cousin de Montaigne et de Bayle, parmi les écrivains porte-couronne !

Que serait-ce si l'on montrait dans son cadre de Passy, au milieu de notre monde du xviiie siècle, Franklin, le patriarche souriant, le sage de l'avenir, aux remarques fines et utiles, aux vérités ingénieuses et fructueuses, et desquelles bon nombre sont nées parmi nous !

Que serait-ce encore si l'on revendiquait ces autres savants d'un ordre élevé, ces moralistes implicites et d'autant plus sûrs qu'ils embrassent plus de rapports d'ensemble, ce Buffon qui se rendait d'autant mieux compte de l'homme qu'il était sorti comme naturaliste

---

et les Conditions en France avant la Révolution, suivi des *Portraits des personnages distingués de la fin du XVIIIe siècle,* avec une Introduction par M. de Lescure (1862) ; et voir aussi l'intéressant article de ce dernier dans la *Revue germanique* du 1er septembre.

de la vue circonscrite de l'espèce, et qu'il inaugurait dans son ampleur l'étude, encore si neuve aujourd'hui, de la physiologie comparée en ce qui est des faits de sensibilité et d'intelligence.

Mais j'ai tort de me borner aux seuls noms éminents : le propre de ce qu'on appelle *lumières* est d'être répandu et de circuler. Or, les idées de bon sens, de tolérance, de réforme civile, les idées justes, exclusives des vieux préjugés et vraiment libératrices des esprits, circulaient, étaient partout au xviiie siècle, tandis qu'elles étaient rares, étouffées, contraintes, et n'existaient que dans quelques têtes durant la dernière et même la première moitié du règne de Louis XIV.

Après cela, il est bien vrai que ce n'est pas sous forme et figure de moraliste que se produit le plus essentiellement l'étude et la connaissance de l'homme au xviiie siècle, avant et après 89. Avant 89, il y a un but, il se mêle presque toujours à l'observation un élément dogmatique, polémique, une intention et une arme de combat ; c'est qu'on a en effet des ennemis à vaincre, à mettre en déroute : on est à la guerre, on marche à une conquête. Puis, après cette conquête, obtenue si chèrement et payée d'affreux désastres, on a besoin d'une réparation. La Révolution était trop forte pour permettre des observateurs et des curieux ; on était vainqueur ou vaincu, bourreau ou victime. Le premier effet moral, au lendemain, était encore moins l'expérience raisonnée que la réaction. Mais il en sortit et il surnagea, au milieu de ce flot de passions, j'allais dire de ce fleuve de sang, une plus grande connaissance des garanties, des forces et puissances sociales, et une idée, malgré tout persistante, d'espérance et de progrès pour l'espèce. Or, cela dépasse le moraliste proprement dit qui voit l'homme tel qu'il est, tout formé, à l'état stationnaire, et le même en tout temps.

La Révolution n'a donc pas produit de moralistes proprement dits, écrivant en dehors des considérations de l'histoire. Elle a produit de brillants et vigoureux réactionnaires, des restaurateurs ou des prédicateurs du passé, Bonald, de Maistre, Chateaubriand; des marcheurs en avant et même des utopistes en partie clairvoyants, et, par opposition aux injurieux prophètes du passé, des prophètes plus ou moins aventureux de l'avenir, tels que Saint-Simon, Comte; de savants législateurs surtout, dans l'ordre du possible, les Tronchet, les Cambacérès, les collaborateurs du Code Napoléon... La simple observation morale eût paru un jeu un peu trop égoïste et désintéressé après de tels naufrages. Les imaginations et les intelligences étaient frappées, sillonnées ou éclairées de la foudre. La Révolution, même à son lendemain, était encore trop orageuse et trop volcanique pour offrir un fauteuil stable et commode à un moraliste *dilettante*. Un La Rochefoucauld, sortant de là avec son petit volume, même chef-d'œuvre, eût paru un hors d'œuvre, la souris enfantée par la montagne, *exiguus mus*. M. de Talleyrand n'a pas écrit ses maximes comme La Rochefoucauld, il les a pratiquées; il les a appliquées et mises en jeu dans ces grandes parties d'échecs où il avait l'Europe pour échiquier. Que ne les a-t-il pratiquées en effet plus patriotiquement et avec plus d'intégrité personnelle! il y aurait plaisir et honneur à le louer pour son charmant esprit et son grand sens.

Les meilleurs moralistes sortis de ces temps révolutionnaires ont été des serviteurs de la France, profitant de leur expérience pour l'appliquer avec une modération constante et un bon sens varié aux diverses situations, tels que nous avons vu par exemple feu le chancelier Pasquier; la connaissance des hommes les a menés au maniement des hommes avec mesure et indulgence. Cela vaut bien un livre piquant et amer, une fois fait, et qui ne se refera pas.

En résumé, le xviie siècle moraliste a sur le xviiie un seul avantage, c'est d'avoir eu une révolution, — une révolution qui n'a pas triomphé, peu importe, la Fronde, — de l'avoir eue au commencement et non à la fin. Il en est résulté pour quelques-uns de ses écrivains, pour un petit nombre, plus d'expérience pratique de l'homme. La Fronde, à ce point de vue, a été une espèce d'école de morale très-suffisante, très-complète et pas trop forte. Quoi qu'il en soit, le xviiie siècle, eût-il eu une reprise de Fronde sous la Régence, n'eût jamais pu entièrement prévoir 89 et ses suites. 93 a été une de ces choses qui ne se prévoient pas. Mais qu'on n'aille pas dire, à cause de cette inévitable imprévoyance mêlée à tant d'espérances légitimes et depuis justifiées, que le xviiie siècle, dans son ensemble comme dans son élite, ne reste pas incomparablement supérieur à la seconde moitié du xviie siècle par les lumières et la connaissance de l'homme vrai, de l'homme moderne en société, de l'homme civil, religieux, politique, tel qu'il sort et se prononce dans les cahiers des États-Généraux, et tel qu'il se retrouve, somme toute, après le naufrage même, au temps du Consulat : ce serait substituer un préjugé littéraire à un fait positif, à une vérité historique incontestable.

J'ai fini ma plaidoirie.

Lundi 29 septembre 1862.

LES SAINTS ÉVANGILES

TRADUCTION PAR LE MAISTRE DE SACI

Paris, Imprimerie Impériale, 1862 (1).

Ce beau volume, chef-d'œuvre de typographie, qui s'offre à nous encadré, illustré d'ornements en tête et à la fin des chapitres, parsemé d'images sur bois figurant les Évangélistes ou les scènes des Évangiles, a cela de remarquable qu'il a été composé et imprimé en très-peu de temps; on avait dit qu'on n'irait pas à l'Exposition de Londres, que l'Imprimerie Impériale n'y serait pas représentée cette fois. Un changement survenu dans la direction était la raison plausible et l'excuse. Le directeur actuel, M. Anselme Pétetin, trouva en arrivant ce projet d'abstention à peu près arrêté. Il ne put y consentir; il recourut au prince Napoléon, notre président et patron naturel pour l'Exposition de Londres, qui fit

(1) Un magnifique in-folio.

revenir sur la décision première. Pour lui, il répondait, par un coup de collier valeureux, de réparer les mois perdus et de faire acte de présence à Londres en y paraissant, et non des derniers, avec une production digne de l'établissement unique en Europe, à la tête duquel la confiance de l'Empereur venait de le placer. On se mit donc à l'œuvre avec émulation et zèle ; l'honneur de l'Imprimerie Impériale était en jeu ; chacun le sentait ; chacun, dans cette sphère laborieuse où le ressort est intact comme dans une armée, fit son devoir à l'envi, depuis le chef des travaux typographiques jusqu'au dernier pressier, et l'on arriva à temps sans que l'œuvre produite accusât en rien la précipitation et sans qu'elle éveillât chez les connaisseurs en telle matière d'autre sentiment que celui d'une approbation sans réserve pour une exécution si parfaite.

M. Anselme Petetin avait trouvé dans l'Imprimerie Impériale un corps d'élite qui sait ce que c'est que le dévouement, qui l'a montré notamment à de certains jours, et qui est accoutumé aussi à rencontrer chez ses directeurs des chefs faits pour l'apprécier et pour le conduire. Je me rappelle encore, et bien d'autres avec moi, cette administration si féconde, si utile et si paternelle de M. Lebrun pendant près de dix-huit ans. M. Petetin est un digne héritier des mêmes traditions ; homme de bien et homme de cœur, défenseur ancien et courageux de la démocratie durant des années bien difficiles, il n'oublie jamais que la tâche essentielle aujourd'hui est de l'organiser et qu'on n'y parvient en effet que par l'alliance de la cordialité et de la justice.

La vue de ce beau livre m'a tenté, et je me suis mis à relire, — oui, à relire d'un bout à l'autre, non pas les quatre Évangiles, je mentirais, mais le premier des Évangiles, celui qui est dit selon saint Matthieu; et les idées qu'a fait naître en moi cette lecture sont telles, que je crois pouvoir les communiquer à mes lecteurs sans inconvénient ni scandale pour aucun.

Le premier des Évangiles est aussi le plus naïf, le plus naturel, si l'on peut dire, celui qui nous rend le plus abondamment les discours de Jésus, comme le pouvait faire un témoin qui les avait entendus, qui les avait recueillis à la source, et qui s'est attaché à en conserver le caractère populaire, innocent et bienfaisant. Sans entrer ici (ce qui me conviendrait moins qu'à personne) dans aucune des questions controversées entre les savants et les théologiens des diverses communions et en me gardant pour vingt raisons excellentes d'aller m'y heurter, il est bien clair à mes yeux, comme aux yeux de tout le monde, que puisqu'il y a quatre Évangiles canoniques et non pas un seul, il y a des différences, au moins apparentes, entre ces Évangiles également reçus, et il a été de tout temps réputé utile de s'en rendre compte pour se former une idée plus exacte, plus suivie et mieux ordonnée, de la vie et de la prédication de Jésus. Repousser tout examen, toute comparaison entre ces témoins ou ces narrateurs, reconnus sincères et authentiques, n'a jamais été la voie la plus sûre pour arriver au respect et à la vénération la mieux conçue en ce qui regarde la mission et les paroles du maître. Ce serait moins que jamais aujourd'hui le moyen de se débarrasser des difficultés, puisqu'elles ont surgi et qu'elles ont éclaté de toutes parts, puisque des attaques, des négations philosophiques radicales ont eu lieu, telles que celle de Strauss en première ligne ; la meilleure manière pour se retracer l'image de la personne réelle et vivante de celui dont la venue a changé le monde est d'en revenir avec bonne foi et réflexion aux récits originaux qui nous ont conservé la suite de ses actes et de ses paroles.

Ce qui me frappe dans l'Évangile selon saint Matthieu, et qui, s'il n'est pas l'original même de cet apôtre, est traduit de l'hébreu et rédigé en grande partie d'après lui, c'est moins le récit des actions, l'encadrement des circonstances, que les discours, les dires et sentences de Jésus qu'on saisit ici dans tout leur jet primitif et toute leur fraîcheur. Le premier et le plus célèbre de ces discours, qui se rencontre également chez saint Luc, mais moins développé chez celui-ci et comme morcelé, est le *Sermon sur la montagne*. On peut dire que le jour où un tel discours fut proféré du haut d'une colline de la Galilée, il s'était produit et révélé quelque chose de nouveau et d'imprévu dans l'enseignement moral de l'homme. Moïse, redescendant des hauteurs du Sinaï, avait, en promulguant le Décalogue, établi le dogme de l'unité du Dieu vivant et réglé les prescriptions sévères qui s'y rattachent; il avait déclaré et imposé « les premiers principes du culte de Dieu et de la société humaine. » Mais du jour où, dans une province de Judée éloignée de Jérusalem, sur une colline verdoyante, non loin de la mer de Galilée, au milieu d'une population de pauvres, de pêcheurs, de femmes et d'enfants, le Nazaréen, âgé de trente ans environ, simple particulier, sans autorité visible, nullement conducteur de nation, ne puisant qu'en lui-même le sentiment de la mission divine dont il se faisait l'organe inspiré comme un fils l'est par son père, se mit à parler en cette sorte, de cette manière pleine à la fois de douceur et de force, de tendresse et de hardiesse, « d'innocence et de vaillance, » un nouvel âge moral commençait. Que disait-il donc, dans son enseignement populaire, de si pénétrant et de si nouveau ?

« Bienheureux les pauvres d'esprit, parce que le royaume des Cieux est à eux !

« Bienheureux ceux qui sont doux, parce qu'ils posséderont la terre !

« Bienheureux ceux qui pleurent, parce qu'ils seront consolés !

« Bienheureux ceux qui sont affamés et altérés de la justice, parce qu'ils seront rassasiés !

« Bienheureux ceux qui sont miséricordieux, parce qu'ils obtiendront eux-mêmes miséricorde !

« Bienheureux ceux qui ont le cœur pur, parce qu'ils verront Dieu !

« Bienheureux les pacifiques, parce qu'ils seront appelés enfants de Dieu !

« Bienheureux ceux qui souffrent persécution pour la justice, parce que le royaume des Cieux est à eux ! etc. »

Sans doute il y a bien des obscurités mêlées aux douces lumières qui sortent de ces paroles. Qu'est-ce que ces *pauvres d'esprit* ? Sont-ce simplement des pauvres dans le sens propre, de vrais pauvres de biens, comme le dit saint Luc? sont-ce des pauvres en idée et qui se sont dépouillés mentalement, qui sont détachés en esprit des biens qu'ils possèdent? sont-ce même des simples d'esprit, comme on l'entend quelquefois par abus? Peu m'importe. Les Évangélistes, pas plus que le grand apôtre saint Paul, ne sont le moins du monde des écrivains parfaits, précis, observant la liaison des idées et soucieux de ce qu'on peut appeler la clarté littéraire; prenons-les tels quels, comme Jésus les a pris; je ne m'attache qu'au souffle général dans ces paroles plus ou moins complétement recueillies : qui pourrait, en les lisant, ne pas le sentir circuler à travers? Avait-on auparavant ouï dans le monde de tels accents, un tel amour de la pauvreté, du dénûment, une telle faim et soif de la justice, une telle avidité de souffrir pour elle, d'être maudit des hommes à cause d'elle, une telle confiance intrépide en la récompense céleste, un tel pardon de l'offense, et non pas simplement un pardon, mais un mouvement plus vif de charité pour ceux qui vous ont fait du mal, qui vous persécutent et vous calomnient, une telle forme de prière et d'oraison familière adressée au Père qui est dans les Cieux? Y avait-il auparavant rien de pareil à cela, d'aussi rassurant et d'aussi consolateur, dans l'enseignement et les préceptes des sages? N'était-ce pas là véritablement une révélation au sein de la morale humaine, et si l'on y joint ce qui ne saurait se séparer, l'ensemble d'une telle vie passée à bien faire et de cette prédication de trois années environ, couronnée par le supplice, n'est-il pas exact de dire que ç'a été un « nouvel idéal d'une âme *parfaitement héroïque* » qui, sous cette première forme à demi juive encore et galiléenne, a été proposé à tous les hommes à venir?

Que vient-on nous parler de *mythe*, de réalisation plus ou moins instinctive ou philosophique de la conscience humaine se réfléchissant dans un être qui n'aurait fourni que le prétexte et qui aurait à peine existé? Quoi! ne sentez-vous pas la réalité, la personnalité vivante, vibrante, saignante et compatissante qui, indépendamment de ce que la croyance et l'enthousiasme ont pu y mêler en surplus, existe et palpite sous de telles paroles? Quelle démonstration plus sensible de la beauté et de la vérité du personnage tout historique de Jésus que ce premier Sermon sur la montagne!

Je sais bien qu'on a plus d'une fois discuté et contesté l'originalité entière de cette morale chrétienne, telle qu'elle apparaît à la réflexion et que je l'exprime en ce moment; on a prétendu qu'il n'y avait pas une si grande distance entre elle et les maximes des plus sages de l'Antiquité, et, pour ne parler que des plus en vue dans notre Occident, de Socrate, de Platon, de Cicéron, de Sénèque, et plus tard de Marc-Aurèle. On a recueilli des passages de textes où est recommandée cette « *charité envers le genre humain;* » et c'est pour de semblables pensées sans doute qu'Érasme penchait fort à croire l'âme de Cicéron sauvée et à la mettre avec les bienheureux dans le Ciel. Sénèque, à son tour, et sans avoir connu saint Paul, appelait l'homme *une chose sacrée à l'homme, homo sacra res homini :* « Ayez donc toujours dans le cœur et dans la bouche, disait-il, ce vers de Térence : *Je suis homme et rien de ce qui touche l'homme ne m'est indifférent.* » Quelques écrivains, de nos jours, et particulièrement les écrivains dits néo-catholiques, dans leurs peintures de l'Empire romain, se sont livrés à des exagérations, non pas sur la corruption romaine, qui était extrême, en effet, sous les Empereurs, mais sur l'absence de qualités et de vertus civiles qui réellement y brillaient encore. Pline le Jeune peut pourtant nous en donner une favorable idée, et aussi le philosophe Favorinus chez Aulu-Gelle, et cet autre philosophe Nigrinus, de qui Lucien a parlé avec tant d'affection et d'enthousiasme, et cet Hérode Atticus qui unissait à la fois tant de doctrine, d'éloquence suave et d'humanité. C'est lui qui, accosté, au milieu d'un groupe d'amis, par un philosophe soi-disant stoïcien ou cynique qui lui demandait arrogamment, au nom de sa barbe et de son manteau, de lui donner de quoi acheter du pain, répondait : « Qu'il soit ce qu'il veut, donnons-lui pourtant quelque chose, si ce n'est comme à un homme, du moins comme étant homme nous-mêmes... *tanquam homines, non tanquam homini.* » C'est là une charmante application encore du sentiment et du mot de Térence. On reprochait à Aristote d'avoir secouru un homme qui ne le méritait pas : « Ce n'est pas l'homme que j'ai secouru, répondit-il, c'est l'humanité souffrante. »

L'imagination de Platon avait fait plus et semblait s'être portée spontanément au-devant du Christianisme : on le voit, dans un de ses dialogues, se plaire à figurer en face du parfait hypocrite, honoré et triomphant, le modèle de l'homme juste, simple, généreux, qui veut être bon et non le paraître :

« Dépouillons-le de tout, excepté de la justice, disait un des personnages du dialogue, et rendons le contraste parfait entre cet homme et l'autre : sans être jamais coupable, qu'il passe pour le plus scélérat des hommes; que son attachement à la justice soit mis à l'épreuve de l'infamie et de ses plus cruelles conséquences; et que jusqu'à la mort il marche d'un pas ferme, toujours vertueux, et paraissant toujours criminel... Le juste, tel que je l'ai représenté, sera fouetté, mis à la torture, chargé de fers; on lui brûlera les yeux; à la fin, après avoir souffert tous les maux, il sera mis en croix... »

C'est une vraie curiosité que ce passage de Platon, et même, à le replacer en son lieu et à n'y chercher que ce qui y est, c'est-à-dire une supposition à l'appui d'un raisonnement, sans onction d'ailleurs et sans rien d'ému ni de particulièrement éloquent, ce n'est qu'une curiosité. Bossuet, qui tire tout à lui, a voulu y voir, de la part du plus sage des philosophes, une espèce de pressentiment divin, une manière de prédiction sans le savoir.

Mais tout cela, exemples ou préceptes, tout ce qui, chez les Anciens, fait de la très-belle morale sociale et philosophique n'est pas le Christianisme même vu à sa source, et dans son esprit et dans sa racine. Autre chose, d'ailleurs, sont les doctrines auxquelles on n'arrive et l'on n'atteint à grand effort et à grand'peine que par quelques intelligences d'élite, et celles d'où l'on part et où l'on plonge habituellement par le milieu même et le fond d'une société tout entière. Mais il y a mieux, et les doctrines, malgré des ressemblances et des rencontres de pensées, ne sont pas du tout les mêmes. Ce qui caractérise le Discours de la montagne et les autres paroles et paraboles de Jésus, ce n'est pas cette charité qui se rapporte uniquement à l'équité et à la stricte justice et à laquelle on arrive avec un cœur sain et un esprit droit, c'est quelque chose d'inconnu à la chair et au sang et à la seule raison, c'est une sorte d'ivresse innocente et pure, échappant à la règle et supérieure à la loi, saintement imprévoyante, étrangère à tout calcul, à toute prévision positive, confiante sans réserve en Celui qui voit et qui sait tout, et comptant, pour récompense dernière, sur l'avénement de ce royaume de Dieu dont les promesses ne sauraient manquer :

« Et moi je vous dis de ne point résister au mal que l'on veut vous faire : mais si quelqu'un vous a frappé sur la joue droite, présentez-lui encore l'autre.

« Si quelqu'un veut plaider contre vous pour prendre votre robe, quittez-lui encore votre manteau.

« Et si quelqu'un vous veut contraindre de faire mille pas avec lui, faites-en encore deux mille autres.

« Donnez à celui qui vous demande et ne rejetez point celui qui veut emprunter de vous...

« Nul ne peut servir deux maîtres ; car ou il haïra l'un et aimera l'autre, ou il se soumettra à l'un et méprisera l'autre. Vous ne pouvez servir Dieu et les richesses.

« C'est pourquoi je vous dis : Ne vous inquiétez point où vous trouverez de quoi manger pour le soutien de votre vie, ni d'où vous aurez des vêtements pour couvrir votre corps...

« Considérez les oiseaux du ciel : ils ne sèment point, ils ne moissonnent point, et ils n'amassent rien dans des greniers ; mais votre Père céleste les nourrit : n'êtes-vous pas beaucoup plus qu'eux ?...

« Pourquoi aussi vous inquiétez-vous pour le vêtement? considérez comment croissent les lis des champs... etc. »

Nous savons tous dès l'enfance ces belles paroles, nous sommes nourris de ces innocentes et virginales images; l'idée pourtant qui y est exprimée ou plutôt touchée si légèrement, le conseil qui y est donné d'un air si aisé et d'un si engageant appel, n'est pas seulement un renchérissement sur la nature, c'est plutôt un renversement de cette nature humaine tout égoïste et du sens commun ordinaire, en vue d'une idéale et surnaturelle perfection. Voilà ce qui n'est dans aucun des anciens sages et moralistes, ni chez Hésiode, ni dans les gnomiques de la Grèce, pas plus que dans Confucius; ce qui n'est ni dans Cicéron, ni dans Aristote, ni même dans Socrate, pas plus que dans le moderne Franklin. Le principe d'inspiration est différent, si même il n'est contraire; les chemins peuvent se rencontrer un moment, mais ils se coupent. Et c'est cet idéal délicat de dévouement, de purification morale, d'abandon et de sacrifice continuel de soi, respirant dans les paroles et se vérifiant dans la personne et la vie du Christ, qui fait l'entière nouveauté comme la sublimité du Christianisme pris à sa source.

Un homme estimable et savant, qui a récemment travaillé sur les Évangiles, et qui n'a porté dans cet examen, quoi qu'on en ait dit, aucune idée maligne de négation, aucune arrière-pensée de destruction, qui les a étudiés de bonne foi, d'une manière que je n'ai pas qualité pour juger, mais certainement avec « une science amoureuse de la vérité, » a qualifié heureusement en ces termes la mission et le caractère de Jésus, de la personne unique en qui s'est accomplie la conciliation la plus harmonieuse de l'humanité avec Dieu :

« Celui qui a dit : *Soyez parfaits comme Dieu*, et qui l'a dit non pas comme le résultat abstrait d'une recherche métaphysique, mais comme l'expression pure et simple de son état intérieur, comme la leçon que donnent le soleil et la pluie : celui qui a parlé de la sainteté supérieure qu'il exigeait des siens comme d'un « fardeau doux et léger; » celui qui, révélant à nos yeux une pureté sans tache, a dit que « par elle on voyait Dieu..., » celui qui, enfin, renonçant à la perspective du trône du monde, a senti qu'il y avait plus de bonheur à souffrir en faisant la volonté de Dieu qu'à jouir en s'en séparant... celui-là, c'est Jésus de Nazareth. »

Lui seul, et pas un autre au monde (1)! — Et en effet, pour quiconque, même sans trop de science, le considère et le contemple en lui-même et dans ce qui sort immédiatement et directement de lui, le Christ est et demeure celui en qui et à l'occasion duquel s'est offerte aux yeux des hommes la manifestation la plus

---

(1) Le passage cité est de M. Albert Réville et appartient à la conclusion de ses *Études critiques sur l'Évangile de saint Matthieu* (Leyde, 1862, — Paris, Cherbuliez, rue de la Monnaie, 10). La lecture de ce Mémoire dans son entier est dure, hérissée de grec, de termes techniques à dévorer et à digérer; mais on y profite.

parfaite du sentiment divin uni à la pitié et à la componction humaine. Pureté, désintéressement, douceur, esprit de justice, esprit de paix et de miséricorde; guerre aux hypocrites et aux menteurs, aux Pharisiens de tout bord et de toute robe; besoin de s'immoler pour tous ceux qui souffrent, de racheter et de sauver tous ceux qui croient en la promesse; dites: ne le voilà-t-il pas encore une fois défini?

Et pour revenir à notre objet d'aujourd'hui, à la lecture d'un des Évangiles, je rappellerai l'excellente remarque de Pascal jugeant des paroles et discours de Jésus: « Jésus-Christ a dit les choses grandes si simplement qu'il semble qu'il ne les a pas pensées; et si nettement néanmoins, qu'on voit bien ce qu'il en pensait. Cette clarté jointe à cette naïveté est admirable. » Les obscurités, en effet, qu'on y peut relever ne sont que dans le détail. Ceux qui ont transmis les paroles du maître, à commencer par saint Matthieu le publicain, l'apôtre de la onzième heure, n'étaient pas des écrivains de profession; il convenait même au rôle qu'ils remplissaient qu'ils ne le fussent pas, qu'ils n'eussent rien de la rhétorique ni de l'art des Grecs. « *Placeo mihi in infirmitatibus meis*, disait saint Paul; ma faiblesse même me sied et me va, et je m'y complais; elle fait ma force. » L'auréole spirituelle du maître incomparable éclate mieux dans la faiblesse et la médiocrité de ceux (excepté saint Jean) à travers lesquels on parvient et l'on remonte jusqu'à lui. Il est évident qu'ils n'ont pu ajouter un rayon, de leur chef, à cette beauté toute morale, toute née du dedans. Des gens de talent proprement dits eussent été de dangereux témoins, des rapporteurs suspects et d'une fidélité équivoque. Qu'on imagine un Tertullien évangéliste, avec ses antithèses et ses cliquetis de mots ou d'images; est-ce possible?

Il me semble que sur ce terrain on est d'accord avec tous; et après avoir dit ce qui est hors de contestation, on me permettra de citer ici un portrait de Jésus qui, tout apocryphe qu'il est, doit être ancien et qui résume du moins l'idée que la tradition avait transmise de cette vénérable figure. C'est une sorte de signalement qu'est censé envoyer au Sénat romain un Lentulus, gouverneur de la Judée, dans le temps où les prédications de Jésus commençaient à faire du bruit :

« On voit à présent en Judée un homme d'une vertu singulière qu'on appelle Jésus-Christ. Les Juifs croient que c'est un prophète, mais ses sectateurs l'adorent comme étant descendu des dieux immortels. Il ressuscite les morts et guérit toutes sortes de maladies par la parole ou par l'attouchement. Sa taille est grande et bien formée, son air est doux et vénérable, ses cheveux sont d'une couleur qu'on ne saurait guère comparer : ils tombent par boucles jusqu'au-dessous des oreilles, d'où ils se répandent sur ses épaules avec beaucoup de grâce, et sont partagés sur le sommet de la tête à la manière des Nazaréens. Il a le front uni et large, et ses joues ne sont marquées que d'une aimable rougeur : son nez et sa bouche sont formés avec une admirable symétrie. Sa barbe est épaisse et d'une couleur qui répond à celle de ses cheveux; elle descend un pouce au-dessous du menton et, se divisant par le milieu, fait à peu près la figure d'une fourche : ses yeux sont brillants, clairs et sereins. Il censure avec majesté, exhorte avec douceur. Soit qu'il parle ou qu'il agisse, il le fait avec élégance et avec gravité : jamais on ne l'a vu rire, mais on l'a vu pleurer souvent (*Nemo vel semel ridentem vidit, sed flentem imo*). Il est fort tempéré, fort modeste et fort sage. Enfin c'est un homme qui, par son excellente beauté et ses divines perfections, surpasse les enfants des hommes. »

Ce Lentulus, quel qu'il soit, parle déjà comme Jean-Jacques en son *Vicaire savoyard*. — Et maintenant, comment cette parole du Christ, cette manne première qui tombait et pleuvait sur les cœurs simples, au penchant des collines ou le long des blés, et que le Juste avait en mourant arrosée de son sang, comment, bientôt armée et revêtue de la doctrine et de la théorie de saint Paul, est-elle sortie de la Galilée et de la Judée pour s'approprier aux Gentils et pour leur être inoculée par lui? Comment ce qui était particulier et en vue surtout d'auditeurs galiléens à l'origine est-il devenu général et universel? Comment ce *royaume de Dieu* que beaucoup des premiers disciples interprétaient au sens étroit, au sens judaïque, et comme devant se réaliser prochainement sur la terre, a-t-il reculé peu à peu et à l'infini, et est-il devenu simplement le royaume des Cieux, le royaume invisible et d'en haut? Comment la semence, jetée d'abord au vent et portée sur les rivages d'Asie et de Grèce, s'est-elle répandue de proche en proche et a-t-elle germé dans ce vaste champ qui était le monde? Comment a-t-elle couvé sous terre et s'est-elle multipliée dans l'ombre des Catacombes, durant les premiers siècles? Par quelle prédisposition favorable les classes inférieures et misérables du monde romain ont-elles pris si avidement à cette religion des pauvres et des souffrants? Puis, quand la doctrine fut sortie de dessous terre et eut levé en mille endroits à la fois, comment devint-elle en peu d'années un ferment et une matière politique, un danger ou une ressource, une force avec laquelle il fallut compter et qui, non sans se modifier elle-même quelque peu dans le sens social, s'imposa enfin aux Empereurs eux-mêmes?

C'est à l'histoire à raconter ce développement, à le constater partout où cela est possible, à le deviner et à le conjecturer avec sagacité et prudence là où les témoignages directs manquent et sont interrompus. Une telle histoire, si elle est jamais possible pour les premiers siècles, est encore à l'état d'étude critique et de préparation. Le travail secret et souterrain échappe en partie. Mais les résultats de cette formation et de cette élaboration lente, graduelle, incessante, et qui se marquait à chaque siècle comme par des renflements et des étages successifs, sont connus et ne sauraient assez se méditer. L'arbre du Christianisme et particulièrement de la Catholicité, planté au centre sur l'une des collines de Rome, et qui semblait hériter dès lors d'une première éternité, s'accrut entre tous, s'étendit dans tous les sens et domina: les ouragans même, les bouleversements politiques qui semblaient devoir l'ébranler et le renverser, le fortifièrent, et la barbarie le consolida. L'arbre immense, privilégié, possesseur désormais d'un sol et d'une terre à lui, ne cessait de gagner à l'Occident et protégeait ou menaçait tout de son ombre. Il pénétrait, durant ces siècles du moyen âge, l'édifice de la société entière dans ses assises et ses fondements comme dans toutes ses fentes et ses interstices, ne faisant qu'un par bien des endroits avec elle, appuyant à la fois et appuyé. Bien longtemps, et quand l'âge de sa prédominance la plus ferme et la plus altière n'était déjà plus, les luttes elles-mêmes et les déchirements partiels n'entamèrent en rien sa végétation luxueuse et sa majesté. Ce ne fut qu'au commencement du xvie siècle qu'un vent violent du Nord, sortant tout à coup de Wittemberg, l'endommagea pour la première fois irréparablement et brisa avec fracas plus d'une de ses principales ramures. Mais encore les racines vives et chrétiennes, mises à nu, continuaient de reverdir du côté même où les branchages superbes avaient été retranchés. Qu'est-ce à dire aujourd'hui que le cours des saisons et des âges a de plus en plus marché, que le sourd travail des ans et le ralentissement de la séve ont fait de l'arbre un tronc antique, noueux, moussu, à demi creusé et ne se soutenant plus en quelques-unes de ses parties qu'à l'aide de supports? Ah! sans doute, il est à bien des égards vénérable, et il porte en soi bien des choses, humaines ou divines, qui ne se sauraient assez ménager. Les oiseaux de l'air, depuis si longtemps, y ont fait leurs nids; les abeilles y ont déposé leur miel, quoiqu'il s'y mêle aussi des frelons; bien des couloirs et des cellules pacifiques ont été pratiqués entre les racines, quoique aussi des renards y aient établi leurs terriers. Il y a, en un mot, tout un monde enchevêtré dans les bras et les pieds du vieux chêne. Quelles sont les branches mortes, quelles sont celles qui ne demandent qu'à être délivrées et à vivre? Qui fera le partage du bois vert et du bois sec? de ce qui est caduc et de ce qui reverdira? Le moment paraît venu, toutefois, où la séparation du mort et du vif ne tardera pas à se faire, et si ce n'est l'homme (assez de craquements nous l'indiquent), les seuls vents du ciel le feront.

Mais le christianisme en soi, dans son essence, dans sa valeur morale intrinsèque, ne dépend pas de formes plus ou moins historiques ou politiques, qui se sont souvent modifiées et qui peuvent se modifier encore; et sans sortir des Évangiles mêmes, en les relisant, en reportant surtout sa pensée, comme je l'ai fait aujourd'hui, sur les discours de Jésus, sur cet incomparable Sermon de la montagne, le premier et le plus beau de tous, on est amené à dire avec un des amis de Pascal : « Quand il n'y aurait point de prophéties pour
« Jésus-Christ, et qu'il serait sans miracles, il y a quel-
« que chose de si divin dans sa doctrine et dans sa vie,
« qu'il en faut au moins être charmé; et que comme il n'y
« a ni véritable vertu, ni droiture de cœur sans l'amour
« de Jésus-Christ, il n'y a non plus ni hauteur d'intel-
« ligence, ni délicatesse de sentiment sans l'admiration
« de Jésus-Christ. »

Cette conclusion, dont se contentaient d'honnêtes gens au xviie siècle, paraîtra peut-être encore suffisante aujourd'hui.

P.-S. — Je m'aperçois que j'ai très-peu parlé du livre même qui a été l'occasion et le point de départ de cette digression sur l'Évangile. Une question s'est posée dans la presse au sujet des images et dessins qui accompagnent le texte. M. Darenbert, qui a donné ses soins à la correction de ce texte même, a paru regretter que pour les dessins, au lieu de s'adresser à des artistes, et quelques-uns très-distingués, qui ont traduit l'auteur sacré dans des formes plus ou moins modernes, on ne se soit pas reporté aux anciennes peintures qui se voient encore dans les Catacombes. Il y a bien à répondre à cela. A vrai dire, toute ornementation un peu élégante jure avec le style primitif des Évangiles. Il n'y a pas d'art exactement contemporain de cette prédication simple et qui en soit l'expression fidèle. Raphaël, le plus admirable des peintres chrétiens, est, à certains égards, le plus éloigné du ton primitif. Quel rapport y a-t-il, je vous le demande, entre la parole de Jésus et l'art romain sous Léon X? Remonter, comme quelques-uns l'ont voulu, pour les types et figures des personnages sacrés, aux peintres antérieurs à Raphaël, c'est à peine se rapprocher des temps évangéliques; c'est retomber, moins par simplicité que par système, dans les tâtonnements, les roideurs et les gaucheries du pinceau. Quant à revenir aux Catacombes, ce serait prendre un grand parti et certainement se rapprocher de Jésus; mais l'idée d'un tel art est encore à l'état archéologique, et l'Imprimerie Impériale, dont l'objet essentiel est la typographie, et pour qui l'ornementation n'est

15.

que l'accessoire, ne pouvait ni ne devait, quand elle en aurait eu le temps, hasarder une telle nouveauté. On ne revient pas à la naïveté comme on le veut; même quand on se borne à la calquer le plus exactement possible, on a l'air de la singer. Et puis nous avons trop vu Raphaël, cette seconde nature, nous en sommes trop pleins pour pouvoir désormais l'oublier. L'Imprimerie Impériale a donc fait ce qui était le plus naturel et le plus indiqué; elle s'est adressée aux artistes de nos jours que leur talent désignait pour un tel travail. L'un d'eux, le premier en réputation, M. Henri Lehmann, chargé des portraits des quatre Évangélistes, a paru médiocrement satisfait, après coup, des résultats de son crayon, du moins pour trois des figures. Il ne désirait qu'y apporter quelques retouches encore, mais il l'exigeait absolument pour faire mieux, à son gré, et tout à fait bien. Le public, nous le croyons, sera moins difficile que M. Lehmann. A qui regarde successivement ces quatre portraits d'Évangélistes, il n'y paraît pas à l'œil de si grandes différences. Il est beau, d'ailleurs, d'être un de ces artistes délicats dont on peut dire :

Et toujours mécontent de ce qu'il vient de faire,
Il plaît à tout le monde et ne saurait se plaire.

Le vrai chrétien a ses scrupules et ses repentirs, le véritable artiste également. — L'Imprimerie Impériale, qui, dans cette affaire, est allée par le grand chemin, une fois mise hors de cause, la question générale reste entière : Quel est l'art, le style de dessin, le plus convenable à employer dans l'accompagnement et l'encadrement des textes sacrés évangéliques? Mais une telle discussion, outre qu'elle nous mènerait trop loin, sort tout à fait de notre compétence et de notre domaine. Nous la laissons à qui de droit.

Lundi 6 octobre 1862.

ENTRETIENS DE GŒTHE

ET D'ECKERMANN (1).

Il a manqué à Gœthe d'être venu à Paris et d'y avoir passé six mois. Il y serait venu, j'imagine, vers 1786, un peu avant son voyage d'Italie ; il aurait trouvé l'ancienne société française dans sa dernière fleur ; il aurait été un moment à la mode comme tous ces princes du Nord qui y passèrent, comme tous ces princes de l'esprit et de la pensée, Hume, Gibbon, Franklin ; on se serait mis à lire *Werther* et le reste comme on aurait pu, à la volée, pour lui en parler et le bien recevoir. Il aurait apprécié *de visu*, ce qui est toujours mieux, cette légèreté, cette vivacité, ce bon sens un peu étourdi qu'il sentait très-bien de loin, mais qu'il

(1) Traduits pour la première fois en français par M. Charles, professeur au lycée Bonaparte ; — Paris, collection Hetzel, 18, rue Jacob.

n'est que d'avoir éprouvé et observé de près; lui-
même, si attentif et si habile à profiter de tout, il y
aurait appris peut-être à s'émouvoir un peu et à éver-
tuer sa nature noble et digne. Pour nous, Français,
c'eût été un grand avantage qu'il se fît voir dès lors, et
qu'on le connût comme tant d'illustres étrangers devenus nôtres : on n'aurait pas eu à le découvrir plus tard
à travers Mme de Staël et à l'étudier, à l'épeler graduellement; il aurait eu son brevet à temps, à son heure.
Il aurait été tenté depuis de revenir nous voir vers 1810,
et de se rafraîchir dans l'idée de Paris; on se serait
lié avec lui, et lui avec nous; il y aurait eu échange
et prêté-rendu comme avec Alexandre de Humboldt.
Au lieu de cela, Gœthe, le plus grand des critiques
modernes et de tous les temps (car il a profité des
bénéfices de son siècle), est toujours resté pour nous
un étranger, un demi-inconnu, une sorte de majestueuse énigme, un Jupiter-Ammon à distance dans
son sanctuaire; et tous les efforts qu'on fait, non pour
le populariser (cela ne se pourra jamais), mais pour
le naturaliser parmi nous, n'ont réussi jusqu'à présent
qu'à demi.

Quelle plus belle occasion pourtant de le connaître
presque tout entier que la traduction de ses Œuvres
due à la plume élégante et consciencieuse de M. Porchat! Celui-ci, ancien professeur et recteur e'Aca
démie de Lausanne, auteur pour son compte d'agréables
ouvrages en vers et en prose, consacre la fin de son
honorable carrière à faire passer dans notre langue
toutes les productions du vaste génie auquel il s'est

voué (1). Il ne faut point séparer de cette Œuvre, désormais française, de Gœthe, l'exacte et belle traduction de Schiller par M. Adolphe Regnier (2); Schiller et Gœthe se complètent, se commentent, se pénètrent réciproquement. Un moment rivaux, bientôt unis de la plus tendre et de la plus généreuse amitié, ils se prêtent secours, ils s'échauffent ou se modèrent l'un l'autre, ils combinent leur sens pratique ou leur enthousiasme. A ceux qui s'obstinaient à les opposer, à les mettre en parallèle comme cela se pratique vulgairement pour le plus grand plaisir de la médiocrité, à préférer et à sacrifier l'un à l'autre, Gœthe impatienté répondit un jour : « Qu'avez-vous tant à vous disputer pour savoir qui est le plus grand de Schiller ou de moi? Soyez donc contents une bonne fois d'avoir deux *gaillards* comme nous. »

Et cependant la Correspondance si curieuse, si élevée, un peu trop chargée de métaphysique sans doute, mais aussi animée partout des plus nourrissantes pensées, des plus cordiaux sentiments, entre Gœthe et Schiller, n'a pu être traduite encore et publiée chez nous dans son entier; on se méfie de notre public, on attend qu'il ait témoigné désirer plus vivement la chose : une regrettable lacune subsiste donc entre cette double traduc-

---

(1) *OEuvres de Gœthe*, traduction nouvelle par M. Jacques Porchat (Paris, librairie Hachette), dix vol. in-8°. On y a joint un tome supplémentaire consacré aux *OEuvres scientifiques* de Gœthe, et qui est à la fois traduction, analyse et appréciation. Ce dernier volume est dû à M. Ernest Faivre, professeur à la Faculté des sciences de Lyon.

(2) Huit volumes in-8°, même librairie.

tion, d'ailleurs complète et si satisfaisante, des Œuvres de Gœthe et de Schiller; le pont n'est pas jeté entre elles. M. Regnier et M. Porchat attendent, l'un ou l'autre, le signal: l'honorable éditeur qui est leur ami a différé jusqu'ici de le donner et de croire l'instant propice; et il sait mieux que personne ces sortes d'instants. Se peut-il que nous, lecteurs et public, nous soyons si froids et si patients dans notre désir, et que nous trouvions qu'il n'est pas temps enfin de connaître, après cinquante ans d'attente, et d'écouter dans toute son ampleur et sa fécondité la conversation à cœur ouvert de deux grands poëtes, de deux grands esprits (1)?

Aujourd'hui, ce sont non pas des lettres, mais des conversations proprement dites de Gœthe avec un de ses admirateurs et disciples pendant les dernières années de sa vie, que publie M. Hetzel. La traduction est de M. Charles, professeur au lycée Bonaparte. M. Charles de Nîmes, qui a été longtemps professeur à Montpellier, homme très-instruit, original et sincère, est allé étudier, pendant plusieurs années, l'allemand en Allemagne, là où il faut le prendre, c'est-à-dire à sa source, à sa souche et dans sa racine. « Vous avez bien « fait, » disait un jour Gœthe à un étranger qui venait apprendre l'allemand à Weimar, « de venir chez nous. « ici, où vous n'apprenez pas seulement la langue avec

---

(1) M. Saint-René Taillandier a publié par articles, dans le *Magasin de librairie,* et doit donner en volumes dans la *Bibliothèque-Charpentier* cette Correspondance de Gœthe et de Schiller, réduite à ce qui est jugé pour nous intéressant, et avec les suppressions estimées nécessaires.

« facilité et rapidité, mais où vous pouvez aussi voir
« sur quels éléments elle repose; notre sol, notre
« climat, notre manière de vivre, nos mœurs, nos
« relations sociales, notre constitution, votre esprit
« emportera tout cela en Angleterre. » C'était à un
Anglais qu'il parlait. M. Charles à son tour a rapporté
tout cela en France, et il l'inculque tant qu'il peut à
ses élèves. Aujourd'hui nous lui devons une traduction
fort bonne des *Entretiens de Gœthe et d'Eckermann;*
mais cette traduction, qu'il avait faite au complet,
a été abrégée, taillée, — mise en coupe comme une
forêt trop épaisse, — par les éditeurs, gens d'esprit
et avisés, qui ont dû se soucier avant tout du succès
auprès des lecteurs, et du goût français si aisé à
dégoûter.

Oh! que Gœthe le connaissait bien, ce goût qui,
sous tous les masques, même les plus romantiques,
est toujours un peu au fond le goût de M. Suard et de
M. Andrieux, ce goût qui, avec la meilleure volonté du
monde, reste le plus opposé aux habitudes, aux lenteurs
et à la bonne foi germaniques, et comme il savait spirituellement le définir, quand il disait :

« Les Français sont dans une situation singulière avec la
littérature allemande; ils sont tout à fait dans la position de
l'adroit renard qui ne peut rien tirer du vase à la longue encolure : avec la meilleure volonté, ils ne savent que faire de
nos livres; ce que nous avons travaillé avec art n'est pour
eux qu'une matière brute qu'ils doivent remanier. C'est une
pitié de voir comme ils ont défiguré et brouillé mes notes au
Neveu de Rameau: rien absolument n'est resté à sa place. »

Les présents éditeurs des *Entretiens* ont dû procéder de même pour se conformer, disent-ils, « à l'usage de notre pays. » Ils ont fait exactement comme ces mamans prudentes et attentives qui, voyant le morceau trop gros dans l'assiette de l'enfant, le coupent et le réduisent en minces bouchées pour que le cher petit puisse le manger plus aisément et sans risque d'indigestion. Les morceaux, d'ailleurs, pour être coupés menu, n'en sont pas moins exquis, et la lecture, telle quelle, est des plus succulentes.

Remarquez qu'on a également traduit en anglais ces *Entretiens* (1) et que là aussi on a cru devoir les abréger. Mais on les a abrégés bien moins que chez nous; on a laissé subsister le cadre, on a respecté la suite et la liaison, on n'a supprimé que des hors-d'œuvre; on a resserré la trame, mais avec discrétion et insensiblement. Il paraît qu'en fait de germanisme, le goût anglo-saxon lui-même ne peut pas tout porter; mais il est plus robuste, il est moins *petite bouche* que le nôtre, et il permet de mordre davantage.

Je veux mordre ici en plein et sans tant de façons; je veux parler de ces *Entretiens,* comme je les ai lus, au long, et en m'aidant moins encore de la traduction de M. Charles que de l'original lui-même, auquel une

(1) La traduction anglaise est de miss Fuller, qui fut depuis marquise Ossoli, et qui périt si malheureusement dans le naufrage du *Pacifique*. Une préface excellente est en tête de cette traduction et, je dois le dire, elle laisse de bien loin en arrière nos *préface et avertissement* pour l'intelligence élevée du sujet et pour la justesse des appréciations. Miss Fuller était une Américaine de Boston, personne d'un vrai mérite et d'une grande vigueur intellectuelle.

intelligence amie a bien voulu m'ouvrir un entier et facile accès.

Et qu'était-ce d'abord que l'interlocuteur, cet Eckermann, qui, venu à Weimar pour visiter et consulter l'oracle, y demeura durant les huit ou neuf dernières années que Gœthe vécut encore? Eckermann n'avait en lui rien de supérieur; c'était ce que j'ai appelé ailleurs une de ces natures secondes, un de ces esprits nés disciples et acolytes, et tout préparés, par un fonds d'intelligence et de dévouement, par une première piété admirative, à être les secrétaires des hommes supérieurs. Ainsi, en France, avons-nous vu, à des degrés différents, Nicole pour Arnauld, l'abbé de Langeron ou le chevalier de Ramsai pour Fénelon; ainsi eût été Deleyre pour Rousseau, si celui-ci avait permis qu'on l'approchât. Eckermann sortait de la plus humble extraction; son père était porte-balle et habitait un village aux environs de Hambourg. Élevé dans la cabane paternelle jusqu'à l'âge de quatorze ans, allant ramasser du bois mort et faire de l'herbe pour la vache dans la mauvaise saison, ou accompagnant l'été son père dans ses tournées pédestres, le jeune Eckermann s'était d'abord essayé au dessin, pour lequel il avait des dispositions innées assez remarquables; il n'était venu qu'ensuite à la poésie, et à une poésie toute naturelle et de circonstance. Il a raconté lui-même toutes ces vicissitudes de sa vie première avec bonhomie et ingénuité.

Petit commis, puis secrétaire d'une mairie dans l'un de ces départements de l'Elbe nouvellement incorporés à l'Empire français, il se vit relevé, au printemps de 1813, par l'approche des Cosaques, et il prit part au soulèvement de la jeunesse allemande pour l'affranchissement du pays. Volontaire dans un corps de hussards, il fit la campagne de l'hiver de 1813-1814. Le corps auquel il appartenait guerroya, puis séjourna dans les Flandres et dans le Brabant; le jeune soldat en sut profiter pour visiter les riches galeries de peinture dont la Belgique est remplie, et sa vocation allait se diriger tout entière de ce côté. Mais à son retour en Allemagne, et lorsqu'il se croyait en voie de devenir un artiste et un peintre, une indisposition physique, résultat de ses fatigues et de ses marches forcées, l'arrêta brusquement : ses mains tremblaient tellement qu'il ne pouvait plus tenir un pinceau. Il n'en était encore qu'aux premières initiations de l'art; il y renonça.

Obligé de penser à la subsistance, il obtint un emploi à Hanovre, dans un bureau de la Guerre. C'est à ce moment qu'il eut connaissance des chants patriotiques de Théodore Kœrner, qui était le héros du jour. Le recueil intitulé *la Lyre et l'Épée* le transporta; il eut l'idée de s'enrôler à la suite dans le même genre, et il composa à son tour un petit poëme sur la vie de soldat. Cependant il lisait et s'instruisait sans cesse. On lui avait fort conseillé la lecture des grands auteurs, particulièrement de Schiller et de Klopstock; il les admira, mais sans tirer grand profit de leurs œuvres. Ce ne fut que plus tard qu'il se rendit bien compte de la stérilité de cette admiration : c'est qu'il n'y avait nul rapport entre leur manière et ses dispositions naturelles, à lui-même.

Il entendit pour la première fois prononcer le nom de Gœthe, et un volume de ses Poésies et Chansons lui tomba entre les mains. Oh! alors ce fut tout autre chose; il sentit un bonheur, un charme indicible ; rien ne l'arrêtait dans ces poésies de la vie, où une riche individualité venait se peindre sous mille formes sensibles; il en comprenait tout; là, rien de savant, pas d'allusions à des faits lointains et oubliés, pas de noms de divinités et de contrées que l'on ne connaît plus : il y retrouvait le cœur humain et le sien propre avec ses désirs, ses joies, ses chagrins; il y voyait une nature allemande claire comme le jour, la réalité pure, en pleine lumière et doucement idéalisée. Il aima Gœthe dès lors et sentit un vague désir de se donner à lui; mais il faut l'entendre lui-même :

« Je vécus des semaines et des mois, dit-il, absorbé dans ses poésies. Ensuite je me procurai *Wilhelm Meister*, et sa Vie, ensuite ses drames. Quant à *Faust*, qui, avec tous ses abîmes de corruption humaine et de perdition, m'effraya d'abord et me fit reculer, mais dont l'énigme profonde me rattirait sans cesse, je le lisais assidûment les jours de fête. Mon admiration et mon amour pour Gœthe s'accroissaient journellement, si bien que je ne pouvais plus rêver ni parler d'autre chose.

« Un grand écrivain, observe à ce propos Eckermann, peut nous servir de deux manières : en nous révélant les mystères de nos propres âmes, ou en nous rendant sensibles les merveilles du monde extérieur. Gœthe remplissait pour moi ce double office. J'étais conduit, grâce à lui, à une observation plus précise dans les deux voies; et l'idée de l'unité, ce qu'a d'harmonieux et de complet chaque être individuel considéré en lui-même, le sens enfin des mille apparitions de la nature et de l'art, se découvraient à moi chaque jour de plus en plus.

« Après une longue étude de ce poëte et bien des essais pour reproduire en poésie ce que j'avais gagné à le méditer, je me tournai vers quelques-uns des meilleurs écrivains des autres temps et des autres pays, et je lus non-seulement Shakspeare, mais Sophocle et Homère dans les meilleures traductions... »

Eckermann, en un mot, travaille à se rendre digne d'approcher Gœthe quelque jour. Comme ses premières études (on vient assez de le voir) avaient été des plus défectueuses, il se mit à les réparer et à étudier tant qu'il put, au gymnase de Hanovre d'abord, puis, quand il fut devenu plus libre, et sa démission donnée, à l'Université de Gœttingue. Il avait pu cependant publier, à l'aide de souscriptions, un recueil de poésies dont il envoya un exemplaire à Gœthe, en y joignant quelques explications personnelles. Il rédigea ensuite une sorte de traité de critique et de poétique à son intention. Le grand poëte n'avait cessé d'être de loin son « étoile polaire. » En recevant le volume de poésies, Gœthe reconnut vite un de ses disciples et de ses amis comme le génie en a à tous les degrés; non content de faire à l'auteur une réponse de sa main, il exprima tout haut la bonne opinion qu'il avait conçue de lui. Là-dessus et d'après ce qu'on lui en rapporta, Eckermann prit courage, adressa son traité critique manuscrit à Gœthe, et se mit lui-même en route à pied et en pèlerin pour Weimar, sans autre dessein d'abord que de faire connaissance avec le grand poëte, son idole. A peine arrivé, il le vit, l'admira et l'aima de plus en plus, s'acquit d'emblée sa bienveillance, vit qu'il pourrait lui être agréable et utile, et, se fixant près de lui à Weimar, il y demeura (sauf de courtes absences et un voyage de quelques mois en Italie) sans plus le quitter jusqu'à l'heure où cet esprit immortel s'en alla.

Après la mort de Gœthe, resté uniquement fidèle à sa mémoire, tout occupé de le représenter et de le transmettre à la postérité sous ses traits véritables et tel qu'il le portait dans son cœur, il continua de jouir à Weimar de l'affection de tous et de l'estime de la Cour; revêtu avec les années du lustre croissant que jetait sur lui son amitié avec Gœthe, il finit même par avoir le titre envié de conseiller aulique, et mourut entouré de considération le 3 décembre 1854.

Il était dans sa trente-troisième année seulement à son arrivée à Weimar; il avait gardé toute la fraîcheur des impressions premières et la faculté de l'admiration. Il y a des gens qui ne sauraient parler de lui sans le faire quelque peu grotesque et ridicule; il ne l'est pas. Il est sans doute, à quelque degré, de la famille des Brossette et des Boswell, de ceux qui se font volontiers les greffiers et les rapporteurs des hommes célèbres; mais il choisit bien son objet, il l'a adopté par choix et par goût, non par banalité ni par badauderie aucune; il n'a rien du gobe-mouche, et ses procès-verbaux portent en général sur les matières les plus élevées et les plus intéressantes, dont il se pénètre tout le premier et qu'il nous transmet en auditeur intelligent. Remercions-le donc et ne le payons pas en ingrats, par des épigrammes et avec des airs de supériorité. Ne rions pas de ces natures de modestie et d'abnégation, surtout quand elles nous apportent à pleines mains des présents de roi.

Gœthe, à cette époque où Eckermann commence à nous le montrer (juin 1823), était âgé de soixante-quatorze ans, et il devait vivre près de neuf années encore. Il était dans son heureux déclin, dans le plein et doux éclat du soleil couchant. Il ne créait plus, je n'appelle pas création cette seconde et éternelle partie de *Faust,* — mais il revenait sur lui-même, il revoyait ses écrits, préparait ses Œuvres complètes, et, dans son retour réfléchi sur son passé qui ne l'empêchait pas d'être attentif à tout ce qui se faisait de remarquable autour de lui et dans les contrées voisines, il épanchait en confidences journalières les trésors de son expérience et de sa sagesse.

Je ne craindrai pas de présenter à l'avance le jugement filial que portait Eckermann de ces conversations si vivantes, après que la mort du maître l'eut laissé dans un vide profond et dans un deuil inconsolable. Quand on a vécu dix ans auprès d'un vrai grand homme, on doit trouver le reste un peu terne et décoloré. « Il n'est pas de grand homme pour son valet de chambre, » a-t-on dit. Pour son valet de chambre, soit, et encore s'il a l'âme servile ; mais s'il l'a libérale comme en en a vu, si cet homme de la maison est en même temps un ami, si ce n'est pas un espion comme on en a vu aussi, s'il est comme le page, comme le noble écuyer était au chevalier, si c'est en un mot un vrai secrétaire de cœur comme de nom, il n'a fait, en voyant de plus près l'esprit supérieur avec qui il a vécu, qu'être plus à même que personne de l'apprécier dans sa riche et haute nature. Ainsi Eckermann pour Gœthe. Il craignait toujours, plus tard, en se ressouvenant, de ne pas ressaisir au degré voulu la vivacité et l'éclat de ses impressions premières; il attendait pour écrire que le parfait réveil se fît en lui, que les heures passées se peignissent dans sa mémoire toutes brillantes et lumineuses, que son âme eût retrouvé le calme, la sérénité et l'énergie où elle devait atteindre pour être digne de voir reparaître en soi les idées et les sentiments de Gœthe; « car j'avais affaire, disait-il, à un héros que je ne devais pas abaisser. »

Ainsi pénétré du noble sentiment de sa mission, il la remplit avec une piété que nous ne trouverons jamais trop minutieuse; et les grands traits, d'ailleurs, il ne les a pas omis, et il nous permet, ce qui vaut mieux, de les déduire nous-mêmes peu à peu de la réalité simple :

« Gœthe vivait encore devant moi, s'écrie-t-il en une de ses heures de parfait contentement et de clarté; j'entendais de nouveau le timbre aimé de sa voix, à laquelle nulle autre ne peut être comparée. Je le voyais de nouveau, le soir, avec son étoile sur son habit noir, dans son salon brillamment éclairé, plaisanter au milieu de son cercle, rire et causer gaiement. — Je le voyais un autre jour par un beau temps, à côté de moi, dans sa voiture, en par-dessus brun, en casquette bleue, son manteau gris clair étendu sur les genoux : son teint brun est frais comme le temps, ses paroles jaillissent spirituelles et se perdent dans l'air, mêlées au roulement de la voiture qu'elles dominent. — Ou bien, je me voyais encore le soir, dans son cabinet d'étude éclairé par la tranquille lumière de la bougie : il était assis à la table en face de moi, en robe de chambre de flanelle blanche; la douce émotion que l'on ressent au soir d'une journée bien employée respirait sur ses traits; notre conversation roulait sur de grands et nobles sujets; je voyais alors se montrer tout ce que sa nature renfermait de plus élevé, et mon âme s'enflammait à la sienne. Entre nous régnait la plus profonde harmonie; il me tendait sa main par-dessus la table, et je la pressais; puis je saisissais un verre rempli, placé près de moi, et je le vidais en silence, et je lui faisais une secrète libation, les regards passant au-dessus de mon verre et reposant dans les siens. »

Touchante et muette adoration qui relève cette suite d'esquisses familières! Qu'y manque-t-il? n'est-ce pas là un charmant et varié tableau? Eckermann avait commencé d'instinct par être dessinateur; l'étude des modèles lui avait fait défaut; mais sa vocation première est ici justifiée : on voit qu'il avait le sentiment du naturel et de la vérité. — Et encore dans des tons toujours naïfs, mais avec des couleurs plus poétiques et plus idéalisées, il dira :

« Sa conversation était variée comme ses œuvres. Il était toujours le même et toujours différent. S'il était occupé d'une grande idée, ses paroles coulaient avec une inépuisable richesse; on croyait alors être au printemps, dans un jardin où tout est en fleur, où tout éblouit et empêche de penser à se cueillir un bouquet. Dans d'autres temps, au contraire, on le trouvait muet, laconique; un nuage semblait avoir couvert son âme, et, dans certains jours, on sentait auprès de lui comme un froid glacial, comme un vent qui a couru sur la neige et les frimas, et qui coupe. Puis je le revoyais, et je retrouvais un jour d'été avec tous ses sourires ; je croyais entendre dans les bois, dans les buissons, dans les haies, tous les oiseaux me saluer de leurs chants ; le ciel bleu était traversé par le cri du coucou, et dans la plaine en fleur bruissait l'eau du ruisseau. Alors quel bonheur de l'écouter ! sa présence enivrait, et chacune de ses paroles semblait élargir le cœur (1). »

C'est bien là l'effet que produisent en général la lecture et le commerce de Gœthe : étendre les vues, élargir l'intelligence ; — Eckermann, qui l'a aimé, ajoute : *élargir le cœur*. Jugeons-en nous-mêmes par quelques exemples.

Eckermann, arrivé à Weimar depuis quelques jours, se présente chez Gœthe pour la première fois le 10 juin (1823). Midi était l'heure qui lui avait été indiquée. Il remarque tout dès le seuil, comme en entrant dans un temple, — l'intérieur du vestibule qui, sans être riche, a beaucoup de noblesse et de simplicité, quelques plâtres de statues antiques placées sur l'escalier, et qui annoncent le goût prononcé du maître du logis pour l'art plastique et pour l'antiquité grecque. La maison, à l'étage inférieur, était animée par le mouvement des

---

(1) J'emprunte pour ces parties si bien traduites à un travail inédit d'un jeune admirateur de Gœthe, M. Émile Délerot, qui est allé étudier sa langue et son génie dans sa patrie même et à Weimar. M. Émile Délerot, qui a fait une traduction *complète* de ces *Entretiens,* a bien voulu la mettre à mon entière disposition, avec des notes précises et intéressantes. — Sa traduction a paru depuis dans la Bibliothèque-Charpentier.

gens de service, et l'on sentait la présence d'une famille. Un des beaux enfants d'Ottilie, la belle-fille de Gœthe, s'approcha du visiteur et le regarda avec de grands yeux. Conduit au premier étage par un domestique babillard, Eckermann est introduit dans une pièce qui a pour inscription, au-dessus de la porte, le mot *Salve*, présage d'un cordial accueil, et de là dans une autre pièce un peu plus grande. Peu d'instants après, Gœthe prévenu arrive « en redingote bleue et en souliers. » — « Noble figure! s'écrie Eckermann; j'étais saisi, mais « les paroles les plus amicales dissipèrent aussitôt mon « embarras. Nous nous assîmes sur le sofa. Le bonheur « de le voir, d'être près de lui, me troublait à tel point « que je ne trouvais que peu ou rien à dire. »

C'est l'émotion dont est saisi tout jeune poëte ou artiste qui se trouve pour la première fois face à face en présence de l'objet vivant de son culte, l'émotion de tel d'entre nous et de nos générations devant Chateaubriand ou devant Lamartine, l'émotion de Wagner abordant dévotement Beethoven. Heureuse et enviable entre toutes l'impression vierge du premier jour qui se nourrit et se confirme avec les années, qui se fixe en respect inaltérable et en vénération!

Gœthe parle à Eckermann de son manuscrit, lui en fait l'éloge, lui promet d'en écrire au libraire Cotta. Il lui donne quelques conseils sur les projets de voyage qu'Eckermann formait à ce moment, et lui recommande ce qui lui reste à voir de curiosités à Weimar :

« Je ne pouvais me rassasier de regarder les traits puissants de ce visage bruni, riche en replis dont chacun avait son expression, et dans tous se lisait la loyauté, la solidité, avec tant de calme et de grandeur ! Il parlait avec lenteur, sans se presser, comme on se figure que doit parler un vieux roi. On voyait qu'il a en lui-même son point d'appui et qu'il est au-dessus de l'éloge ou du blâme. Je ressentais près de lui un bien-être inexprimable ; j'éprouvais ce calme que peut éprouver l'homme qui, après longue fatigue et longue espérance, voit enfin exaucer ses vœux les plus chers. »

Le lendemain matin, Eckermann reçoit de Gœthe une carte avec invitation de revenir. Gœthe a pensé à tout ; il a jugé d'un coup d'œil le jeune homme qui lui arrive ; il va l'essayer et se l'attacher comme auxiliaire : « Il ne faut pas que vous partiez si tôt, lui dit-il ; il faut que nous fassions plus ample connaissance. » Cette fois il paraît tout autre que la veille ; il a l'air vif et décidé comme un jeune homme. Le champ des généralités est bien vague ; la meilleure manière de se connaître est d'en venir au fait et de se donner rendez-vous sur un terrain déterminé, sur un sujet précis. Plaçant alors devant Eckermann deux volumes du *Journal littéraire* de Francfort, dans lequel il avait publié, très-jeune, des articles de critique en 1772, 1773 :

« Ils ne sont pas signés, dit-il, mais comme vous connaissez ma manière de penser, vous les distinguerez bien des autres. Je voudrais que vous voulussiez bien examiner avec soin ces travaux de jeunesse, pour me dire ce que vous en pensez ; je désire savoir s'ils méritent d'entrer dans la prochaine édition de mes Œuvres. Ils sont maintenant si loin de moi que je ne suis plus compétent pour les juger. Mais vous, jeunes gens, vous pouvez dire s'ils ont pour vous de la valeur, et s'ils présentent quelque intérêt, à notre point de vue littéraire actuel. »

On voit, dès les premiers jours, le genre d'emploi qu'il assignera à Eckermann et la fonction que celui-ci exercera auprès de lui. Gœthe sent très-bien qu'en vieillissant on n'est plus parfaitement au fait de l'esprit nouveau de la jeunesse, de ce qui plaît ou déplaît aux générations survenantes, de ce qu'elles produisent de remarquable et de digne d'être noté; on a besoin d'être tenu au courant, d'être rafraîchi de temps en temps et d'être averti. Eckermann sera pour Gœthe, et par un côté du moins, cet informateur, ce baromètre vivant, cette pierre à aiguiser.

Qu'on veuille y penser : il n'en est pas de Weimar comme de Paris. A Paris on a tout sous la main et à tout instant; on est informé, éveillé, excité, au risque d'en être harcelé; on se sent dérouillé avant d'être rouillé, et au risque d'en être usé. On n'a guère à s'inquiéter de savoir comment on se tiendra au niveau et au courant : pour peu que vous soyez en vue, tout vous arrive, vous envahit, force la consigne, entre par la porte, par la fenêtre. La difficulté est bien plutôt de s'isoler, de se défendre du trop d'information qui, de droite ou de gauche, n'est qu'une distraction perpétuelle ; mais, à Weimar, Gœthe avait dû songer de bonne heure à la meilleure manière d'entretenir et de renouveler régulièrement l'activité, le mouvement dont il sentait le besoin, — la seule chose qui lui ait un peu manqué. C'était le seul reproche que lui faisait M. Cousin, de « rester toujours à la maison. »

Goethe avait donc organisé sa vie avec ensemble, avec une suprême ordonnance, et dans l'intérêt de cette universalité de goûts qui était le caractère éminent de sa vaste intelligence. On a le tableau de ses applications multiples jour par jour. Très-occupé jusqu'à la fin de s'agrandir, de se perfectionner en tout, de faire de soi « une plus noble et plus complète créature, » il a auprès de lui des représentants des diverses branches d'études auxquelles il est constamment ouvert et attentif. Énumérons un peu : — Riemer, bibliothécaire, philologue, helléniste : avec lui Goethe revoit ses ouvrages au point de vue de la langue et cause de littérature ancienne; — Meyer, peintre, historien de l'art, continuateur et disciple de Winckelmann : avec lui, Goethe causera peinture et se plaira à ouvrir ses riches portefeuilles où il fait collection de dessins et de ce qui est parfait en tout genre; — Zelter, musicien : celui-là est à Berlin, mais il ne cesse de correspondre avec Goethe, et leur correspondance (non traduite) ne fait pas moins de six volumes; Zelter tient Goethe au courant des nouveautés musicales, des talents et des virtuoses de génie, et, entre autres élèves célèbres, il lui envoie un jour Mendelssohn, « l'aimable Félix Mendelssohn, le maître souverain du piano, » à qui Goethe devra des instants de pure joie par une belle matinée de mai 1830; — puis Coudray encore, un architecte, directeur général des bâtiments à la cour. Tous les arts ont ainsi un représentant auprès de lui. Mais il y a autre chose que les arts; Goethe aura donc, pour compléter son Encyclopédie ou son Institut à domicile, —

M. de Müller, chancelier de Weimar : c'est un politique distingué ; il tient Goethe au courant des affaires générales de l'Europe ; — Soret, Genevois, précepteur à la Cour, savant : il traduit les ouvrages scientifiques de Gœthe, et met en ordre sa collection de minéraux. N'oublions pas sa belle-fille, Mme de Gœthe, Ottilie : elle lui sert volontiers de lectrice ; elle a fondé un Journal polyglotte à Weimar, *le Chaos,* où toute la société weïmarienne écrit ; les jeunes gens anglais ou français qui y séjournent, surtout les dames, tout ce monde collabore et babille dans cette Babel, chacun dans sa langue. « C'est une très-jolie idée de ma fille, » disait Gœthe. Partout ailleurs, c'eût été un affreux guêpier de bas-bleus : là, ce n'est qu'un jeu de société assez original et amusant, un passe-temps de *dilettanti,* qui entretient dans ce cercle l'activité de l'esprit et sauve des commérages. Enfin, indépendamment d'un secrétaire attitré, Gœthe fait l'acquisition d'Eckermann, qui va devenir son confident, son *Ali* (l'Ali de Mahomet), son *fidus Achates.* Ce rôle est connu, mais personne ne l'a jamais mieux rempli, plus honnêtement, plus loyalement, avec plus de bonhomie. Eckermann donne la réplique au maître, ne le contredit jamais, et l'excite seulement à causer dans le sens où il a envie de donner ce jour-là : avec lui, Gœthe cause de lui-même, de la littérature contemporaine en Allemagne, en Angleterre, en Italie, en France, en Chine, partout ; et après des années d'un commerce intime, il lui rendra ce témoignage qui fait aujourd'hui sa gloire :

« Le *fidèle Eckart* est pour moi d'un grand secours. Il conserve sa manière de voir pure et droite, et il augmente tous les jours ses connaissances ; sa pénétration, l'étendue de sa vue s'agrandissent ; *l'excitation qu'il me donne par la part qu'il prend à mes travaux me le rend inappréciable* (1). »

Et c'est ainsi que se complète autour du grand esprit de Weimar ce ministère général de l'intelligence dont il est le régulateur et le président ; ou, si l'on aime mieux, on y peut voir un petit système planétaire très-bien monté, très-bien entendu, dont il est le soleil.

Gœthe a donc décidé sans peine Eckermann à demeurer avec lui à Weimar pour l'hiver, — un hiver qui sera suivi de plusieurs autres. Il lui présente, et avec raison, ce séjour comme un complément d'éducation littéraire et sociale dont le nouveau venu aura à profiter. Dans une visite que tous deux font à Iéna, il lui parle longuement (18 septembre 1823) de ses idées en poésie, et cet entretien qui nous est conservé forme un des chapitres principaux de la poétique de Gœthe :

« Il me demanda si j'avais, cet été, écrit des poésies : c'est ainsi que l'entretien commença. Je lui répondis que j'en avais bien écrit quelques-unes, mais que je manquais du calme nécessaire.

— « Défiez-vous, me dit-il, d'une grande œuvre. C'est là le défaut des meilleurs esprits, de ceux justement chez qui l'on trouve le plus de talent et les plus nobles efforts. Ce défaut a été le mien aussi, et je sais le mal qu'il m'a fait. Com-

---

(1) Lettre de Gœthe à Zelter, du 14 décembre 1830.

bien d'eau a coulé hors de la fontaine! Si j'avais fait tout ce que je pouvais fort bien faire, cent volumes n'y suffiraient pas.

« Le present a ses droits; les pensées, les sentiments qui, chaque jour, se pressent dans une âme de poëte veulent et doivent être exprimés. Mais, si on a dans la tête un grand ouvrage, il anéantit tout ce qui n'est pas lui. Toutes les pensées étrangères sont éloignées, et toutes les aises même de la vie sont pour longtemps perdues. Quelle dépense, quelle tension des forces intellectuelles ne faut-il pas seulement pour ordonner en soi-même et pour organiser un grand ensemble, et quelles forces, quelle vie tranquille et sans troubles ne faut-il pas pour procéder à l'exécution, pour fondre tout, d'un seul jet d'expressions justes et vraies! Si l'on s'est trompé dans le dessein de l'ensemble, le travail entier est perdu; si dans un vaste sujet on ne se trouve pas toujours pleinement maître des idées que l'on vient à traiter, alors de place en place se voit une tache, et l'on reçoit des blâmes. Le poëte, pour tant de fatigues, pour tant de sacrifices, ne trouve ni joies ni récompenses, mais bien des ennuis qui paralysent son énergie. Au contraire, si le poëte porte chaque jour sa pensée sur le présent, s'il traite immédiatement, et quand l'impression est toute fraîche, le sujet qui est venu s'offrir à lui, alors ce qu'il fera sera toujours bon, et si par hasard il n'a pas réussi, il n'y a rien de perdu. »

Et Gœthe se mit à citer des exemples de poëtes allemands contemporains qui se sont attelés à un grand ouvrage et qui, sauf quelques beaux endroits, ont manqué d'haleine et de force pour l'ensemble. Nous aurions pu, Français, citer l'exemple de Millevoye, de Parny, qui réussissent dans l'élégie, dans les petits sujets personnels, et qui sont ennuyeux dans les longs poëmes chevaleresques. Combien d'esprits et de talents poétiques, dans le temps de la vogue des tragédies ou des poëmes descriptifs, s'y sont épuisés, qui auraient pu toucher ou plaire dans des genres moindres et plus vrais! Ce que conseille proprement Gœthe, ce n'est pas de se disperser ni de se hâter, ni d'improviser; et lui-même reconnaît qu'il y a des esprits excellents qui ne savent rien faire « le pied dans l'étrier, » et qui ont besoin de recueillement : ce qu'il conseille à Eckermann et aux esprits nés poëtes, mais dénués pourtant du grand génie de la conception, ou même à ceux qui en sont doués et en qui les sentiments de chaque jour jaillissent et débordent, c'est de s'épancher, c'est de fixer dans des notes successives, et non pas pour cela fugitives, l'histoire de leur cœur. Combien de charmants livres de poésie, et dans des genres non conventionnels, on aurait ainsi! Les Anglais, depuis William Cowper, le savent bien, eux à qui nous devons tant de recueils vrais, variés, autant d'âmes!

« Ainsi, comme le recommandait Gœthe à Eckermann et à ses pareils, les petits sujets que chaque jour vous présente, rendez-les dans leur fraîcheur, immédiatement, et il est certain que ce que vous ferez sera bon : chaque jour vous apportera une joie. Vous les publierez d'abord dans les Almanachs, dans les Revues, mais ne vous conformez jamais à des idées étrangères; agissez toujours d'après votre inspiration propre.

« Le monde est si grand et si riche, la vie si variée, que jamais les sujets pour des poésies ne manqueront. Mais toutes les poésies doivent être des poésies de circonstance, c'est-à-dire que c'est la réalité qui doit en avoir donné l'occasion et fourni le motif. Un sujet particulier prend un caractère général et poétique, précisément parce qu'il est traité par un poëte. Toutes mes poésies sont des poésies de circonstance ; c'est la vie réelle qui les a fait naître, c'est en elle qu'elles trouvent leur fond et leur appui. Pour les poésies en l'air, je n'en fais aucun cas. »

Et je ne puis m'interdire ici une remarque à l'adresse de nous autres Français qui avons la manie de découper les pensées de Gœthe et de les détacher de ses conversations comme des axiomes. Faites bien attention que si Gœthe ne veut pas de *poésies en l'air,* il ne fait pas de *pensées en l'air* non plus. Tout ce qu'il a pensé, il l'a pensé à propos de quelque chose et dans un cas déterminé. Offrez-nous-le donc en son lieu autant que possible, et n'effacez pas la circonstance. Ne déracinez pas les pensées sous prétexte de les montrer plus nettes et plus dégagées ; elles y perdent de leur séve et de leur fraîcheur. — Je reviens à la poésie d'après Gœthe, et à ce qui la fait naître et l'alimente :

« Que l'on ne dise pas, ajoutait-il, que l'intérêt poétique manque à la vie réelle, car justement on prouve que l'on est poëte lorsque l'on a l'esprit de découvrir un aspect intéressant dans un objet vulgaire. La réalité donne le motif, les points principaux, en un mot l'embryon ; mais c'est l'affaire du poëte de faire sortir de là un ensemble plein de vie et de beauté. Vous connaissez Fürnstein, que l'on appelle le poëte de nature. Il a fait un poëme sur la culture du houblon, et il n'y a rien de plus joli. Je lui ai conseillé de faire des chansons d'ouvrier, et surtout des chansons de tisserand ; et je suis persuadé qu'il réussira, car il a vécu depuis sa jeunesse parmi des tisserands ; il connaît à fond son sujet, et il sera maître de sa matière. Et c'est justement là l'avantage des petits sujets. »

Tout se tient et se complète dans cette suite de recommandations poétiques : en conseillant la poésie naturelle, Gœthe ne dit pas de copier des scènes vulgaires ; en invitant le poëte à s'écouter lui-même, il ne dit pas non plus de roucouler des sentiments et des mélodies plus ou moins connus sur des thèmes et des sujets vagues : il veut un *motif,* un cadre et un dessin déterminés, et il demande que tout cela soit vu, observé, is sur le fait, inspiré par la circonstance, dans les moyens et les données de celui qui chante et qui y met son accent, sa manière de comprendre et de sentir. Qu'on parcoure l'admirable volume de ses poésies à lui, chansons, paraboles, élégies, épigrammes (1), vaste prairie de fleurs et de verdure où, quelque part que le regard tombe, chaque point vit, reluit ou scintille de sa couleur propre, et l'on comprendra tout le sens de ce conseil. — « Il n'y a pas une seule ligne de mes poésies, disait-il, qui n'ait été *vécue.* »

Nous avons tous plus ou moins, sur la foi des premiers témoins et visiteurs qui nous en ont parlé, cru Gœthe plus insensible qu'il ne l'était. Moi-même il m'est arrivé de l'appeler en un endroit « le Talleyrand de l'art, » voulant indiquer par là qu'il tirait à temps son épingle du jeu et qu'il était homme à tricher quelquefois avec les passions mêmes qu'il exprimait. Le mot est bien près d'être injuste ; il l'est, et c'est par trop aussi tirer Gœthe du côté de Méphistophélès. Il ne se montre

---

(1) C'est ce qui forme le tome premier dans la traduction des Œuvres, par M. Porchat.

pas tel, en effet, dans l'habitude de la vie, et le diabolique en lui ne dominait pas. Il n'évitait en rien l'émotion, il y restait ouvert et accessible par tous les pores, mais dans les limites de l'art autant que possible ; et il s'appliquait surtout à exprimer cette émotion dès qu'elle devenait vive, à la revêtir poétiquement, et par conséquent à la dominer. C'est en ce sens qu'il a pu dire que, contrairement à Schiller, il ne mettait « rien de lui-même dans ses œuvres », tandis que l'autre y versait son âme. Gœthe y mettait des *accidents* de lui-même, sans entamer le fond. Il se maîtrisait. Il cueillait ses émotions à mesure qu'elles levaient en lui et ne les laissait pas s'étendre au dedans et envahir toute l'âme qu'il eût fallu arracher ensuite pour les mettre dehors. Il est le poëte des émotions et des impressions, non des entrailles (exceptons toujours *Werther*). Gœthe avait beaucoup aimé Ovide dans sa jeunesse : c'était alors son poëte préféré. Herder lui en fit honte et le ramena à l'adoration et à la fréquentation des hautes sources ; mais Gœthe garda toujours de ce premier penchant, redressé depuis, rectifié et ennobli dans le commerce avec les grands dieux de la Grèce, un dégoût pour la laideur en soi, pour la souffrance, un besoin d'arrêter à temps l'émotion dès qu'elle menaçait de devenir trop douloureuse. C'était un point de désaccord entre lui et Schiller. Celui-ci avait gardé des premières ferveurs révolutionnaires et antisociales de sa jeunesse et de son drame des *Brigands* un certain goût de cruauté. Ainsi, lorsqu'on jouait *le Comte d'Egmont* de Gœthe, à la scène de la prison, pendant qu'on lisait au comte sa condamnation, Schiller chargé de l'arrangement et de la mise en scène, avait pris sur lui de faire apparaître dans le fond le duc d'Albe en masque et en manteau, pour qu'il pût se repaître de l'impression que la condamnation à mort produirait sur Egmont. C'était une manière de montrer le duc d'Albe insatiable de vengeance et de joies cruelles. « Je protestai, dit Gœthe, et le personnage fut écarté. » Mérimée qui, entre nos auteurs français du jour, était le favori de Gœthe, était bien pourtant un peu entaché lui-même de cruauté ou du moins de dureté dans ses scènes de passion, dans l'exposé et le récit de certaines horreurs (se rappeler surtout *la Guzla*) ; mais là encore il se contenait, il ne se laissait jamais entraîner en racontant, et il retraçait ces choses horribles avec sobriété et un parfait sang-froid, comme quelqu'un de neutre et d'impassible ; ce dont Gœthe lui savait gré. Gœthe abhorrait les images repoussantes, les symboles lugubres, le gibet, la croix. Il laissait reparaître en cela le fond de goût ovidien ou du moins olympien dont nous avons parlé. Il poussait même la conséquence logique de son idée du beau et de l'agréable jusqu'à ne pas aimer les lunettes à demeure sur le nez de quelqu'un, et rien ne lui déplaisait plus chez un visiteur que cette machine anguleuse et bizarre braquée et faisant obstacle entre le miroir de l'âme et lui. « La partie n'est pas égale, disait-il ; elle n'est pas loyale de la part de ces yeux armés qui sont tout occupés à m'observer et qui se dérobent. » Le fait est que les lunettes dont se servait, même dans les circonstances solennelles, un

Charles-Quint, se concevraient mal sur le nez d'un Sophocle ou d'un Périclès.

Mais je n'ai pu qu'effleurer aujourd'hui cette mine si riche de pensées et de jugements. Nous avons à passer avec Gœthe la revue de presque tous nos auteurs en vogue dans les dix dernières années de la Restauration, à entendre sur eux son avis vrai et sans fard. Sur ce terrain, qui est tout nôtre, il ne saurait nous être indifférent de le voir venir et se développer.

Lundi, 13 octobre 1862.

ENTRETIENS DE GŒTHE

ET D'ECKERMANN

(SUITE)

I.

Avant d'en venir à Gœthe jugeant la France et les Français, donnons-nous le plaisir de le considérer encore par quelques aspects qui lui sont propres.

La science, l'étude de la nature et de la physique, tint de tout temps une grande place dans sa vie et dans sa pensée. Après son premier jet poétique et sa première moisson si riche, si puissante et comme indomptable, il s'apaisa, parut avoir tout donné, et se mit à étudier le monde en savant. Botanique, anatomie, optique, curieux de tout, il se livra à mainte recherche, à mainte expérience, et, passant outre, obéissant à son besoin d'unité, il proposa ses théories. On voit par ses conversations à quel point il en était préoccupé, et combien cette partie un peu contestée de sa renommée lui tenait à cœur. Y avait-il en cela faiblesse, travers, ou simplement conscience intime de sa valeur méconnue? Je crois qu'il y avait un peu de travers en ce qui concernait sa théorie des couleurs. Gœthe n'était pas un physicien, un géomètre; mais il était un naturaliste, il avait à un haut degré le génie de l'histoire naturelle, le sens et le tact du monde organique, et, de ce côté, en se confiant en sa force, il ne se trompait pas. Il avait fort souffert du premier accueil que les savants de profession avaient fait à ses idées; et, même dans ses derniers jours, la blessure n'était pas encore guérie. Cet homme qui passe pour avoir été si heureux, et dont toute la carrière est comme un démenti donné à l'infortune héréditaire des poëtes, avait son gravier au pied, qui le blessait. Il était vulnérable comme Achille, au talon. Quand il se mettait sur la prévention, sur la petitesse d'esprit avec laquelle tels ou tels savants se refusent à accepter ce qui ne leur est pas présenté par un homme du métier, il ne tarissait pas. Le dédain avec lequel les mathématiciens avaient accueilli sa théorie des couleurs était sa plaie secrète.

« J'ai connu dans ma province, disait-il, des savants qui ne pouvaient lire que dans leur propre bréviaire. » — « Il en est de messieurs les savants, disait-il encore, comme de nos relieurs de Weimar: le chef-d'œuvre qu'on demande au nouveau venu, pour être reçu dans la corporation, n'est pas du tout une jolie reliure dans le goût le plus moderne. Non, pas du tout! il faut qu'il produise encore une grosse Bible in-folio à la mode d'il y a deux ou trois siècles avec d'épaisses couvertures et en gros cuir. Ce travail est absurde, mais les pauvres artisans s'en trouveraient mal s'ils voulaient prouver que leurs examinateurs sont des niais. »

Je ne crois pas qu'en parlant ainsi Gœthe fût équitable pour tous les savants de nos jours, et le succès de ses vues en physiologie végétale, ou même en anatomie comparée, montre assez que ce n'était pas la seule prévention qui s'opposait à son triomphe dans l'optique. Soyons juste : l'ambition était par trop grande à lui de prétendre régner aussi dans les sciences ; cette monarchie universelle n'est donnée à personne, même dans le monde des esprits. Détrôner Newton, égaler pour le moins Voltaire, et approcher de Shakspeare, c'était trop embrasser à la fois par un seul mortel. Le profit que Gœthe tira de l'étude de la nature devait être moins direct qu'indirect, moins public qu'individuel, et servir moins à sa gloire qu'à son perfectionnement. L'infirmité la plus commune des esprits est d'être étroits, *exclusifs,* de nier une chose en adoptant l'autre. Toute la logique de Hegel n'a été construite que pour réduire et concilier méthodiquement ces contradictions apparentes qui n'en sont pas. Gœthe, causant un jour avec Hegel, se félicitait avec raison d'avoir su échapper à cette infirmité sans le secours d'une dialectique artificielle, qui prête au sophisme et qui a toujours l'air d'un jeu. C'était l'étude de la nature qui lui avait appris la large méthode ; la nature avait été son livre :

« Avec elle, disait-il, nous avons affaire à la vérité infinie, éternelle, et elle rejette aussitôt comme incapable tout homme

qui n'observe pas et n'agit pas toujours avec une scrupuleuse
pureté. Je suis sûr que plus d'un esprit chez lequel la faculté
dialectique est malade trouverait un traitement salutaire dans
l'étude de la nature. »

Admirable vue! il aurait dû se borner à n'être, comme
savant, que le premier des amateurs. Le faible de Gœthe
fut celui des grands esprits immodérés : en aspirant à
un nom souverain dans les sciences, il demandait aux
hommes plus qu'ils ne peuvent en accorder à un seul;
et de ce côté il prêta flanc.

Gœthe osait donc se découvrir devant Eckermann et
montrer les nombreuses piqûres que son amour-propre
avait reçues; il semblait lui dire en les étalant : « Voyez,
il n'y a pas d'homme complétement heureux. » Ainsi,
un jour qu'il causait de son recueil de poésies à l'orientale, *le Divan*, et particulièrement du livre intitulé
Sombre humeur, dans lequel il avait exhalé ce qu'il avait
sur le cœur contre ses ennemis :

« J'ai gardé beaucoup de modération, disait-il; si j'avais
voulu dire tout ce qui me pique et me tourmente, ces quelques pages seraient devenues tout un volume. — Au fond, on
n'a jamais été content de moi, et on m'a toujours voulu autre
qu'il a plu à Dieu de me faire. On a été aussi rarement content de ce que je publiais. Quand j'avais, pendant des années,
travaillé de toutes les forces de mon âme, afin de plaire au
monde par un nouvel ouvrage, il voulait encore que je lui
fisse, de plus, de grands remercîments parce qu'il avait bien
voulu le trouver supportable. — Quand on me louait, je ne
devais pas accepter ces éloges avec un contentement calme,
comme un tribut qui m'était dû, on attendait de moi quelque
phrase bien modeste, par laquelle j'aurais détourné la louange

en proclamant avec beaucoup d'humilité l'indignité profonde de ma personne et de mes œuvres. C'était là quelque chose de contraire à ma nature, et j'aurais été un misérable gueux si j'avais fait des mensonges aussi hypocrites. Comme j'avais assez d'énergie pour montrer mes sentiments dans toute leur vérité, je passais pour fier, et je passe pour tel encore aujourd'hui. En religion, en politique, dans les sciences, on m'a partout tourmenté, parce que je n'étais pas hypocrite et parce que j'avais le courage de parler comme je pensais. Je croyais à Dieu et à la Nature, au triomphe de ce qui est noble sur ce qui est bas; mais ce n'était pas assez pour les âmes pieuses... Et en politique, que n'ai-je pas eu à endurer! quelles misères ne m'a-t-on pas faites!... »

Et, en effet, il est peu d'injures qui aient été épargnées à Gœthe. A cet égard comme à beaucoup d'autres, ses conversations nous prouvent que son calme n'était pas de l'insensibilité, mais de la force; qu'il savait faire taire son indignation et se contenir. C'est un bel exemple.

Gœthe mit son ironie presque toute en une fois dans Méphistophélès; il la condensa encore par-ci par-là, sous forme de dragées ou de pastilles du sérail, dans quelque livre d'épigrammes; il ne répandit pas sa misanthropie et son amertume dans l'ensemble de son œuvre comme Byron.

Il n'est pas le seul des poëtes critiques que des adversaires de secte et de coterie aient accusé « d'être plus qu'un esprit sceptique, d'être un cœur sceptique; de n'avoir ni enthousiasme, ni amitié; de faire vanité de n'aimer qui que ce soit, quoi que ce soit au monde, etc. » Nous connaissons ces injures pour nous avoir été dites (1) : mais n'ont-elles pas été dites à Gœthe notre maître, tout le premier? Je me souviens d'avoir lu un discours prononcé *ex cathedra* à Cambridge (1844), dans lequel l'orateur, s'emparant contre lui de son étendue et de son impartialité même, l'appelait *égoïste, faux, méchant, traître,* un homme « qui se jouait avec sang-froid de la paix et de la vertu d'autrui, et qui jouissait du haut de sa sérénité de voir les ruines qu'il avait portées dans les cœurs assez simples pour se confier au sien. » Les Pharisiens de tout temps, les hommes de secte et de parti sont bien les mêmes, qu'ils soient de Cambridge, ou de l'ancienne Sorbonne, ou d'un salon à la mode voisin de la sacristie. Ces injures, dites aux plus grands dans notre ordre et aux meilleurs, nous font rentrer en nous, quand, insultés, nous sommes tentés de nous plaindre, et nous consolent.

« On m'a toujours vanté comme un favori de la fortune, disait-il (27 janvier 1824) ; je ne veux pas me plaindre et je ne dirai rien contre le cours de mon existence. Mais au fond elle n'a été que peine et travail, et je puis affirmer que, pendant mes soixante et quinze ans, je n'ai pas eu quatre semaines de vrai bien-être. Ma vie, c'est le roulement perpétuel d'un rocher qui veut toujours être soulevé de nouveau. Mes *Annales* éclairciront ce que je dis là. On a trop demandé à mon activité soit extérieure, soit intérieure. — A mes rêveries et à mes créations poétiques je dois mon vrai bonheur; mais combien de troubles, de limites, d'obstacles n'ai-je pas rencontrés dans les circonstances extérieures! Si j'avais pu me

---

(1) C'est un écrivain qui passe pourtant pour honorable, M. Nettement qui, sans me connaître, sans m'avoir jamais rencontré ni vu, m'a prodigué ces aménités.

retirer davantage de la vie publique et des affaires, si j'avais pu vivre davantage dans la solitude, j'aurais été plus heureux, et j'aurais fait bien plus aussi comme poëte. Je devais, après mon *Gœtz* et mon *Werther*, vérifier le mot d'un sage : « Lorsqu'on a fait quelque chose qui plaît au monde, le monde « sait s'arranger de manière à ce qu'on ne recommence pas. »

En d'autres heures pourtant et dans l'habitude de la vie, il appréciait mieux son rare bonheur : ce bonheur avait été de venir à temps, en tête d'une grande époque qui naissait et qu'il avait en partie dirigée et conduite :

« Je suis bien content, disait-il gaiement un jour qu'il venait de lire de jolis vers d'un tout jeune poëte, de n'avoir pas aujourd'hui dix-huit ans. Quand j'avais dix-huit ans, l'Allemagne aussi avait ses dix-huit ans, et on pouvait faire quelque chose ; mais maintenant ce que l'on demande est incroyable, et tous les chemins sont barrés. »

Il est donné à ceux qui sont venus en troisième ou en quatrième ligne, à des époques encombrées et à des fins d'école, de sentir toute la justesse de cette observation.

Malgré les dédains et les ironies de Gœthe les jours où sa parole coupait comme la bise, sa fréquentation, au total, sa familiarité prolongée est saine pour l'esprit et rassérénante (*sain* est un mot qu'il aime). Perfectionnons-nous sans cesse et marchons : c'est sa devise ; c'est la meilleure réfutation aussi de la critique envieuse et mesquine. Qu'elle soit toujours arriérée par rapport à nous, cette critique, et qu'elle arrive toujours trop tard, s'attaquant à ce que nous ne sommes déjà plus. Il en est des talents comme du serpent qui change bien des fois de peau, a dit Gœthe. Les envieux s'attachent à la peau restée sur le chemin et s'y logent, tandis que le serpent a déjà fait peau neuve et brillante, et qu'il continue de se dérouler au soleil. Que cela arrive dans la vie de l'esprit jusqu'à sept fois, et que les ennemis en soient confus !

On a souvent accusé Gœthe d'immoralité, parce qu'il avait une très-grande étendue de coup d'œil jointe à une très-grande sincérité d'artiste. Il évitait pourtant (à la différence de lord Byron encore) de braver le préjugé dont il avait à souffrir. Montrant un jour à Eckermann deux de ses poésies dont l'intention était très-morale, mais où le détail offrait par places trop de naturel et de vérité, il se proposait bien de les garder en portefeuille, disait-il, de peur de scandaliser :

« Si l'intelligence, si une haute culture d'esprit, remarquait-il à ce propos, étaient des biens communs à tous les hommes, le poëte aurait beau jeu ; il pourrait être entièrement vrai et n'éprouverait pas de crainte pour dire les meilleures choses. Mais, dans l'état actuel, il faut qu'il se maintienne toujours dans un certain milieu ; il faut qu'il pense que ses œuvres iront dans les mains d'un monde mêlé, et il est par là obligé de prendre garde que sa trop grande franchise ne soit un scandale pour la majorité des esprits honnêtes. Le temps est une chose bizarre. C'est un tyran qui a ses caprices et qui, à chaque siècle, a un nouveau visage pour ce que l'on dit et ce que l'on fait. Ce qu'il était permis de dire aux anciens Grecs ne nous semble plus, à nous, convenable, et ce qui plaisait aux énergiques contemporains de Shakspeare, l'Anglais de 1820 ne peut plus le tolérer, à tel point que dans ces derniers temps on a senti le besoin d'un « Shakspeare des familles. »

Nous connaissons, sans sortir de chez nous, de ces pruderies et de ces arrangements-là, mais bien vite nous en rions; — nous en souffrons aussi.

Personne mieux que Gœthe ne s'entendait à prendre la mesure des esprits et des génies, de leur élévation et de leur portée; il savait les *étages*; c'est ce que trop de critiques oublient et confondent aujourd'hui. S'il classait les autres, il se classait aussi lui-même; il s'estimait à son taux, ni trop haut, ni trop bas. Gœthe avait assisté dans sa longue vie à bien des développements, à bien des mouvements et des agitations au sein de cette littérature allemande où il régnait : sa domination n'avait pas été toujours incontestée; il y avait eu des essais de révolte ou du moins d'indépendance. C'est ainsi qu'il s'était formé après lui, en dehors de lui, une génération de *romantiques* (comme ils s'intitulaient), suscitée et guidée par les Schlegel, et qui était très-distincte de la première grande génération des Herder, Gœthe, Schiller. On avait fort vanté dans cette école et fort poussé Tieck, un homme d'esprit et de talent très-distingué, qu'on n'aurait pas été fâché d'opposer à Gœthe; mais il n'était pas de taille à cela, et lui-même le sentait bien. Aussi ses rapports personnels avec Gœthe, tout en étant bons et parfaitement convenables, s'en trouvaient quelquefois un peu gênés :

« Tieck, disait Gœthe à ce propos, est un talent d'une haute signification (très-*significatif,* c'était encore un des mots favoris de Gœthe), et personne ne peut mieux que moi reconnaître ses mérites extraordinaires; mais si on veut l'élever au-dessus de lui-même et l'égaler à moi, on se trompe. Je peux dire cela très-franchement, car je ne me suis pas fait. C'est absolument comme si je voulais me comparer avec Shakspeare qui ne s'est pas fait non plus, et qui cependant est un être d'une nature plus élevée, que je ne regarde que d'en bas, et que je ne peux que vénérer. »

Ce sont les jugements d'un tel homme sur la littérature française qu'il nous est précieux et intéressant de recueillir. Et tout d'abord, à défaut d'un Shakspeare que nous n'avons pas, il disait de celui des nôtres qui en approche le plus, de notre grand Molière :

« Molière est si grand, que chaque fois qu'on le relit on éprouve un nouvel étonnement. C'est un homme unique : ses pièces touchent à la tragédie, elles saisissent, et personne en cela n'ose l'imiter. *L'Avare* surtout, dans lequel le vice détruit toute la piété qui unit le père et le fils, a une grandeur extraordinaire et est, à un haut degré, tragique. Dans les traductions faites en Allemagne pour la scène, on fait du fils un parent ; tout est affaibli et perd son sens. On craint de voir apparaître le vice dans sa vraie nature... Tous les ans je lis quelques pièces de Molière, de même que de temps en temps je contemple des gravures d'après de grands maîtres italiens. Car de petits êtres comme nous ne sont pas capables de garder en eux la grandeur de pareilles œuvres ; il faut que de temps en temps nous retournions vers elles pour rafraîchir nos impressions. »

Combien ce jugement sur Molière diffère en largeur et en sympathie de celui de Guillaume Schlegel, homme de tant d'érudition et de mérites si divers, mais fermé à quelques égards, auquel il ne fallait pas demander ce que ses horizons ne comportaient pas, et de qui Gœthe disait finement après un entretien très-instructif qu'il venait d'avoir avec lui : « Il n'y a qu'à ne pas « chercher des raisins sur les épines et des figues sur « les chardons, et alors tout est parfait. » Schlegel, qui est tout raisin et toutes figues quand il nous parle de la Grèce, ne nous a guère offert à nous, Français, quand il a daigné s'occuper de nous, et de notre grand siècle littéraire, que ses épines et ses chardons.

II.

Il faut distinguer deux temps très-différents, deux époques, dans les jugements de Gœthe sur nous et dans l'attention si particulière qu'il prêta à la France : il ne s'en occupa guère que dans la première moitié et, ensuite, tout à la fin de sa carrière. Gœthe, à ses débuts, est un homme du xviiie siècle ; il a vu jouer dans son enfance *le Père de Famille* de Diderot et *les Philosophes* de Palissot ; il a lu nos auteurs, il les goûte, et lorsqu'il a opéré son œuvre essentielle qui était d'arracher l'Allemagne à une imitation stérile et de lui apprendre à se bâtir une maison à elle, une maison du Nord, sur ses propres fondements, il aime à revenir de temps en temps à cette littérature d'un siècle qui, après tout, est le sien. On n'a jamais mieux défini Voltaire dans sa qualité d'esprit spécifique et toute française, qu'il ne l'a fait ; on n'a jamais mieux saisi dans toute sa portée la conception buffonienne des *Époques de la Nature* ; on n'a jamais mieux respiré et rendu l'éloquente ivresse de Diderot ; il semble la partager quand il en parle :

« Diderot, » s'écrie-t-il avec un enthousiasme égal à celui qu'il lui aurait lui-même inspiré, « Diderot est Diderot, « un individu unique; celui qui cherche les taches de « ses œuvres est un *philistin*, et leur nombre est *légion*. « Les hommes ne savent accepter avec reconnaissance « ni de Dieu, ni de la Nature, ni d'un de leurs sembla- « bles, les trésors sans prix. » Mais ce ne sont pas seulement nos grands auteurs qui l'occupent et qui fixent son attention; il va jusqu'à s'inquiéter des plus secondaires et des plus petits de ce temps-là, d'un abbé d'Olivet, d'un abbé Trublet, d'un abbé Le Blanc, et de ce dernier il a dit ce mot qui est bien à la française : « Ce Le Blanc était un homme très-médiocre, et pourtant il ne fut pas de l'Académie (1). »

Cependant la France changeait; après les déchirements et les catastrophes sociales, elle accomplissait, littérairement aussi, sa métamorphose. Gœthe, qui connut et ne goûta que médiocrement Mme de Staël, ne paraît pas avoir eu une bien haute idée de Chateaubriand, le grand artiste et le premier en date de la génération nouvelle. A cette époque de l'éclat littéraire de Chateaubriand, l'homme de Weimar ne faisait pas grande attention à la France qui s'imposait à l'Allemagne par d'autres aspects. Et puis il y avait entre eux deux trop de causes d'antipathie. Gœthe reconnaissait toutefois à Chateaubriand un grand talent et une ini-

(1) L'exactitude m'oblige pourtant à remarquer que ce mot, tel que je le cite d'après un ancien traducteur, a été un peu arrangé en français. Ce que le tour a d'épigrammatique n'est pas dans le texte de Gœthe.

tiative *rhétorico-poétique* dont l'impulsion et l'empreinte se retrouvaient assez visibles chez les jeunes poëtes venus depuis. Mais il ne faisait vraiment cas, en fait de génies, que de ceux de la grande race, de ceux qui durent; dont l'influence vraiment féconde se prolonge, se perpétue au delà, de génération en génération, et continue de créer après eux. Les génies purement d'art et de forme, et de phrases, dénués de ce germe d'invention fertile, et doués d'une action simplement viagère, se trouvent en réalité bien moins grands qu'ils ne paraissent, et, le premier bruit tombé, ils ne revivent pas. Leur force d'enfantement est vite épuisée.

Ce qui commença à rappeler sérieusement l'attention de Gœthe du côté de la France, ce furent les tentatives de critique et d'art de la jeune école qui se produisit surtout à dater de 1824, et dont le journal *le Globe* se fit le promoteur et l'organe littéraire. Ah! ici Gœthe se montra vivement attiré et intéressé. Il se sentait compris, deviné par des Français pour la première fois : il se demandait d'où venait cette race nouvelle qui importait chez soi les idées étrangères, et qui les maniait avec une vivacité, une aisance, une prestesse inconnues ailleurs. Lui qui aimait assez la France, et qui n'avait jamais pu se résoudre à épouser contre elle les haines de ses compatriotes (ce dont il avait recueilli tant de reproches amers), il avait cependant un premier jugement sur les Français, qui n'était pas tout à fait à leur avantage :

« Les Français, disait-il en parlant des traductions allemandes qu'on faisait chez nous (novembre 1824), ont de l'intelligence et de l'esprit, mais ils n'ont pas de fonds et pas de piété. Ce qui leur sert dans le moment, ce qui peut aider à leur parti, voilà pour eux la justice. Aussi, quand ils nous louent, ce n'est jamais qu'ils reconnaissent nos mérites, mais c'est seulement parce que nos idées viennent augmenter les forces de leur parti. »

Il fut bientôt amené à réformer ce jugement et à le rétracter peu à peu :

« Il ne faut pas, disait-il moins d'un an après (11 juin 1825), prononcer de jugement sur l'époque actuelle de la littérature française. L'Allemagne, en y pénétrant, y produit une grande fermentation, et ce n'est que dans vingt ans que l'on verra les résultats qu'elle a donnés. »

Et l'année suivante, il n'hésite plus et se prononce (1er juin 1826) :

Gœthe m'a parlé du *Globe.* Les rédacteurs, a-t-il dit, sont des gens du monde, enjoués, nets, hardis au suprême degré. Ils ont une manière de blâmer fine et galante : au contraire, nos savants allemands croient toujours qu'il faut se dépêcher de haïr celui qui ne pense pas comme nous. Je mets *le Globe* parmi les journaux les plus intéressants, et je ne pourrais pas m'en passer. »

Il ne s'occupait guère de nous que « d'hier ou d'avant-hier », il l'avoue ; mais il s'en occupait fort :

« (21 janvier 1827.) Les Français se développent aujourd'hui, dit-il, et ils valent la peine d'être étudiés. Je mets tous mes soins à me faire une idée nette de l'état de la littérature française contemporaine, et si je réussis, je veux un jour dire ce que j'en pense. Il est pour moi bien intéressant de voir commencer à agir chez eux ces éléments qui nous ont déjà depuis longtemps pénétrés. Les talents ordinaires sont toujours emprisonnés dans leur temps et se nourrissent des éléments qu'il renferme. Aussi tout chez eux est comme chez nous, même la nouvelle piété : seulement elle se montre chez eux un peu plus galante et plus spirituelle. »

Le mouvement romantique se confondait un peu alors, en France comme en Allemagne, avec le mouvement religieux et néo-catholique, bien que la liaison fût moins étroite.

Mais, si on l'interrogeait sur les vrais talents, sur Béranger, sur Mérimée, auteur dès lors du théâtre de *Clara Gazul,* Gœthe faisait aussitôt la distinction, et il reconnaissait en eux la vraie marque, l'originalité :
« Je les excepte, disait-il : ce sont de vrais talents qui
« ont leur base en eux-mêmes et qui se maintiennent
« indépendants de la manière de penser du jour. »

Avoir sa base et son fondement en soi, c'était la chose qu'il estimait le plus ; il a parlé quelque part de ces faux talents, qui n'en ont que le semblant et le premier jet :

« Nous vivons dans un temps, disait-il, où il y a tant de culture répandue qu'elle s'est, pour ainsi dire, mêlée à l'atmosphère qu'un jeune homme respire. Il sent vivre et s'éveiller en lui des pensées poétiques et philosophiques ; il les a bues avec l'air qui l'entoure, mais il s'imagine qu'elles lui appartiennent, et il les exprime comme siennes. Quand il a rendu à son temps ce qu'il en a reçu, il est pauvre. Il ressemble à une source dont l'eau est empruntée ; elle coule un certain temps, mais quand le réservoir est épuisé, elle s'arrête. »

Il n'y a de vrai génie ou talent que celui dont on ne peut jamais dire : *Il a vidé son sac*; car ce n'est pas un sac qu'il a : il est une source.

La visite que fit Ampère à Weimar en compagnie d'Albert Stapfer, au printemps de 1827, fut pour Gœthe une nouvelle et heureuse occasion de se mettre encore mieux au courant de la France et de chacun de ses écrivains en renom ou en promesse. Nous avons ici des deux côtés la confidence des impressions reçues. Dans une lettre adressée à Mme Récamier le 9 mai 1827 et publiée quelques jours après dans *le Globe* par suite d'une indiscrétion non regrettable, le jeune voyageur s'exprimait en ces termes, qui sont à rapprocher de ceux dans lesquels Eckermann va nous parler des mêmes entretiens :

« Gœthe, écrivait M. Ampère, a, comme vous le savez, quatre-vingts ans. J'ai eu le plaisir de dîner plusieurs fois avec lui en petit comité, et je l'ai entendu parler plusieurs heures de suite avec une présence d'esprit prodigieuse : tantôt avec finesse et originalité, tantôt avec une éloquence et une chaleur de jeune homme. Il est au courant de tout, il s'intéresse à tout, il a de l'admiration pour tout ce qui peut en admettre. Avec ses cheveux blancs, sa robe de chambre bien blanche, il a un air tout candide et tout patriarcal. Entre son fils, sa belle-fille, ses deux petits-enfants qui jouent avec lui, il cause sur les sujets les plus élevés. Il nous a entretenus de Schiller, de leurs travaux communs, de ce que celui-ci voulait faire, de ce qu'il aurait fait, de ses intentions, de tout ce qui se rattache à son souvenir : il est le plus intéressant et le plus aimable des hommes.

« Il a une conscience naïve de sa gloire qui ne peut déplaire, parce qu'il est occupé de tous les autres talents, et si véritablement sensible à tout ce qui se fait de bon partout et dans tous les genres. A genoux devant Molière et La Fontaine, il admire *Athalie,* goûte *Bérénice,* sait par cœur les chansons de Béranger, et raconte parfaitement nos plus nouveaux vaudevilles. A propos du Tasse, il prétend avoir fait de grandes recherches, et que l'histoire se rapproche beaucoup de la manière dont il a traité son sujet. Il soutient que la prison est un conte. Ce qui vous fera plaisir, c'est qu'il croit à l'amour du Tasse et à celui de la princesse ; mais toujours à distance, toujours romanesque et sans ces absurdes propositions d'épouser qu'on trouve chez nous dans un drame récent... »

N'oublions pas que la lettre est adressée à Mme Récamier, favorable à tous les beaux cas d'amour et de délicate passion.

C'est Gœthe maintenant qu'il nous faut interroger à son tour. La jeunesse d'Ampère le frappa et contrastait en effet avec l'étendue et l'impartialité de ses jugements. Nous étions alors, ou du moins quelques-uns, plus impartiaux dans notre jeunesse que nous ne le sommes devenus depuis. Gœthe prit sujet de là pour discourir de Paris et des avantages de cette civilisation active et condensée où tout mûrit vite, et où l'on se forme en si peu de temps :

« Vous, disait-il à Eckermann, dans votre pays, vous n'avez rien acquis si facilement, et nous aussi, dans notre Allemagne centrale, il a fallu que nous achetions assez cher notre petite sagesse. Mais c'est que nous tous, en réalité, nous menons une misérable vie d'isolement! Ce qui s'appelle vraiment le peuple ne sert que fort peu à notre développement, et tous les hommes de talent, toutes les bonnes têtes sont parsemées à travers toute l'Allemagne. L'un reste à Vienne, un autre à Berlin, un autre à Kœnigsberg, un autre à Bonn ou à Dusseldorf, tous séparés les uns des autres par cinquante, par cent milles, et le contact personnel, l'échange personnel de pensées sont des raretés. Je sens ce qui pourrait exister, lorsque des hommes comme Alexandre de Humboldt passent par Weimar et en un seul jour me font plus avancer dans mes recherches, dans ce qu'il me faut savoir, que je ne pourrais y réussir par des années de marche isolée sur ma route solitaire. Imaginez-vous maintenant une ville comme Paris où les meilleures têtes d'un grand empire sont toutes réunies dans un même espace, et par des relations, des luttes, par l'émulation de chaque jour, s'instruisent et s'élèvent mutuellement; où ce que tous les règnes de la nature, ce que l'art de toutes les parties de la terre peuvent offrir de plus remarquable est accessible chaque jour à l'étude : imaginez-vous cette ville universelle, où chaque pas sur un pont, sur une place, rappelle un grand passé, où à chaque coin de rue s'est déroulé un fragment d'histoire. Et encore ne vous imaginez pas le Paris d'un siècle borné et fade, mais le Paris du XIXe siècle, dans lequel, depuis trois âges d'hommes, des êtres comme Molière, Voltaire, Diderot et leurs pareils ont mis en circulation une abondance d'idées que nulle part ailleurs sur la terre on ne peut trouver ainsi réunies, et alors vous concevrez comment une tête bien faite, grandissant au milieu de cette richesse, peut être quelque chose à vingt-quatre ans. »

Certes, de tels témoignages rendus avec cette magnificence, et venant de quelqu'un qui s'est toujours passé de Paris, ne sont pas humiliants pour cette noble tête de la France!

Et Gœthe faisait l'application de son idée à des talents en vue, à Mérimée qui montrait tant de maturité dans cette première œuvre de *Clara Gazul*; et il cherchait un autre exemple saillant dans Béranger, non plus jeune, mais plein de grâce, d'esprit, d'ironie fine, bien que sorti d'une classe vulgaire. Il le supposait né dans une condition pareille, de parents tailleurs, à Weimar ou à Iéna, soumis à des traverses plus ou moins analogues, et il se demandait « quels fruits aurait portés ce même arbre, croissant dans un tel terrain, dans une autre atmosphère. » Gœthe rendait donc toute justice à l'air vif de Paris.

Ce n'est pas qu'il méconnût le prix de ce calme Élysée de Weimar et d'une vie plus recueillie, lui qui disait : « On peut s'instruire en compagnie, on n'est inspiré que dans la solitude. »

En nous voyant repasser en France par les mêmes querelles, les mêmes discussions dont on était depuis longtemps délivré en Allemagne, sur les *unités* et les règles artificielles, et en retrouvant les qualifications de *classique* et de *romantique* employées à tort et à travers, il s'impatientait un peu :

« Qu'est-ce que nous veut, disait-il aujourd'hui (17 octobre 1828), tout le fatras de ces règles d'une époque vieillie et guindée ? Qu'est-ce que signifie tout ce bruit sur le *classique* et le *romantique* ? Il s'agit de faire des œuvres qui soient vraiment bonnes et solides, et ce seront aussi des œuvres classiques ! »

Sur MM. Cousin, Villemain, Guizot, alors dans tout l'éclat de leur enseignement, il avait les jugements les mieux fondés et les plus équitables ; il reconnaissait l'éminent mérite de tous les trois, mais il accordait particulièrement au dernier. Il lisait en ce même temps les Mémoires de Saint-Simon. Il embrassait les grandes et les moindres choses. La traduction de son *Faust* par l'aimable et gentil Gérard de Nerval lui avait fait un vrai plaisir, et il la louait comme très-bien réussie : « En allemand, disait-il, je ne peux plus lire le *Faust*, « mais dans cette traduction française, chaque trait me « frappe comme s'il était tout nouveau pour moi. » Il vérifiait ainsi ce qu'il avait dit autrefois dans une poésie charmante :

EMBLÈME.

« Je cueillis naguère un bouquet dans la prairie, et je le portais en rêvant à la maison, mais la chaleur de ma main avait fait pencher vers la terre toutes les corolles. Je les place dans un verre d'eau fraîche, et quelle merveille je vois ! les jolies têtes se relèvent, tiges et feuilles reverdissent, et toutes aussi saines que si elles étaient encore sur le sol maternel.

« Je ne fus pas moins émerveillé, lorsqu'un jour j'entendis mes vers dans une langue étrangère. »

La traduction de Gérard ne dut pourtant lui donner cette agréable sensation qu'à demi, car elle était en grande partie en prose. Je sais une traduction en vers français qui satisferait Gœthe aujourd'hui et réaliserait son *Emblème* (1).

(1) Le *Faust*, traduit par le prince A. de Polignac (1859). — Cette traduction unit la verve à la fidélité ; les monologues de Faust surtout sont emportés à merveille ; ils débordent de ses lèvres avec feu et torrent. « Il faut avoir vingt ans pour traduire ainsi *Faust*, » disait un connaisseur. Ce travail est le résultat de toute une édu-

David le sculpteur, qui avait fait le voyage de Weimar vers ce temps et tout exprès pour en rapporter le majestueux portrait et le buste, envoya bientôt à Gœthe (mars 1830) une caisse contenant sa collection de médaillons en bronze ou en plâtre, avec des livres de nous tous d'alors, fiers et heureux que nous étions de rendre hommage au patriarche de la poésie et de la critique : « David, disait Gœthe (14 mars), m'a, par cet envoi, « préparé de belles journées. Les jeunes poëtes m'ont « occupé déjà toute cette semaine, et les fraîches im- « pressions que je reçois de leurs œuvres me donnent « comme une nouvelle vie. » — « On voyait, » ajoute Eckermann, « que cet hommage de jeunes poëtes de « France remplissait Gœthe de la joie la plus pro- « fonde. »

Tout l'entretien à ce sujet, dans la soirée du 14 mars, est pour nous d'un extrême intérêt. Nous en extrairons quelque chose.

---

cation allemande et française, et de quelque chose encore que l'éducation ne donne pas, la curiosité et l'ardeur d'un Faust même. — L'auteur est mort depuis, enlevé dans la force des ambitions et des espérances ; cet homme aimable et distingué voulait mener trop de choses à la fois.

Mardi 14 octobre 1862.

ENTRETIENS DE GŒTHE

ET D'ECKERMANN

(SUITE ET FIN.)

Gœthe, tout en jouissant des primeurs de la nouvelle littérature française, s'apercevait bien, avons-nous dit, qu'on repassait à quelques égards par les mêmes chemins qu'avait récemment traversés le romantisme allemand. Gœthe, ne l'oublions jamais, n'était pas *romantique* dans le sens spécial du mot. Après avoir, par ses premières œuvres, payé sa dette à la patrie allemande en vrai fils du Nord, il était allé « s'asseoir au banquet des Grecs », et il ne s'en était plus guère écarté. Malgré son *Gœtz de Berlichingen,* Gœthe n'était point par goût et par choix dans le sens et l'esprit du moyen âge ; il n'aimait aucunement, même dans le mirage du lointain, la barbarie ni rien de ce qui y ressemblait :

« De cette ancienne et ténébreuse Allemagne, disait-il un jour à propos d'une production de La Motte-Fouqué, il y a pour nous à tirer aussi peu que des chants serbes et des autres poésies barbares du même genre. On lit cela, on s'y intéresse bien un certain temps, mais seulement pour en avoir fini et pour le laisser de côté. L'homme, en général, est assez attristé par ses propres passions et ses propres vicissitudes, sans avoir besoin de s'attrister encore par les sombres tableaux d'un passé barbare. Il a besoin de clarté, d'idées rassérénantes, et il faut pour cela qu'il se tourne vers ces époques artistiques et littéraires, pendant lesquelles les hommes supérieurs, étant arrivés à un développement parfait, se sentaient bien avec eux-mêmes et pouvaient verser dans les âmes la félicité que leur donnait leur science. »

Il fallut Walter Scott, son *Ivanhoë* et tant de délicieux romans, pour le réconcilier, un moment du moins, avec ces temps anciens et durs : nos essais français en ce genre n'y auraient réussi qu'imparfaitement. Parlant donc des œuvres de la jeune école française qui lui arrivaient en masse, il y faisait la part des excès et celle des progrès. Selon lui, cette révolution poétique qui s'accomplissait alors serait extrêmement favorable à la littérature elle-même, bien que nuisible aux écrivains qui y prenaient la plus grande part. C'est le cas de toute révolution : les individus en souffrent, l'ensemble y gagne.

« Les Français, dans leur révolution poétique actuelle, disait Gœthe, ne demandaient rien autre chose d'abord qu'une forme plus libre ; mais ils ne se sont pas arrêtés là, ils rejettent maintenant le fond avec la forme. On commence à déclarer ennuyeuse l'exposition de pensées et d'actions nobles ; on s'essaye à traiter toutes les folies. A la place des belles figures de la mythologie grecque, on voit des diables, des sorcières, des vampires, et les nobles héros du temps passé doivent céder la place à des escrocs et à des galériens. Ce sont des choses piquantes! cela fait de l'effet! Mais quand le public a une fois goûté à ces mets fortement épicés et en a pris l'habitude, il veut toujours des ragoûts de plus en plus forts. Un jeune talent qui veut exercer de l'influence et être connu cherche à renchérir sur ses prédécesseurs... Dans cette chasse à *l'effet extérieur,* toute étude profonde, tout développement intime et régulier de l'homme est oublié. C'est là le plus grand malheur qui puisse arriver au talent; mais cependant la littérature dans son ensemble y gagnera... »

Le bon Eckermann avait quelque peine pourtant à se figurer comment ce qui nuisait à chaque talent, considéré en particulier, pouvait servir à la littérature en général, et il demandait des explications. Gœthe répondait :

« Les extrêmes et les déviations dont je parlais disparaissent peu à peu, et il ne reste que l'avantage d'avoir conquis et une forme plus libre et un fonds plus riche et plus varié; on n'excluera plus les sujets comme anti-poétiques, on pourra les prendre partout dans le monde et dans la vie. Je compare l'état actuel de la littérature à une forte fièvre qui en elle-même n'est ni bonne ni désirable, mais qui a pour heureuse conséquence une meilleure santé. Ces folies qui maintenant remplissent tout un poëme n'entreront dans les œuvres de l'avenir que comme assaisonnement utile, et même la noblesse, la pureté qui sont maintenant bannies, seront bientôt rappelées avec d'autant plus d'enthousiasme. »

Et cela ainsi entendu, et toutes réserves faites, il revenait avec plaisir sur Mérimée de qui il disait :

« C'est vraiment un rude gaillard; » et sur Béranger qu'il ne sépare jamais de lui (1), et dont il saisit, dont il analyse tout, jusqu'aux moindres finesses, sans en rien perdre. Gœthe n'était point, en général, l'ami de la poésie politique, mais il faisait une notable exception pour Béranger. L'entretien s'animant à ce sujet, et continuant de parler de cette sorte de chanson et de son influence électrique sur les nations à certaines heures, Gœthe disait qu'il fallait pour cela qu'une nation n'eût qu'une tête et qu'un cœur et, à un moment donné, qu'une seule voix : « Mais, ajoutait-il, une « poésie politique n'est aussi que l'œuvre d'une cer- « taine situation momentanée qui passe et qui ôte à la « poésie la valeur même qu'elle lui a donnée. » Il reconnaissait qu'il y avait seize ans, même dans cette Allemagne si divisée, mais unie alors dans un sentiment commun contre l'étranger, un poëte politique aurait pu exercer aussi son influence sur le pays tout entier, et il ajoutait :

« Mais ce poëte était inutile : le mal universel et le sentiment général de honte avaient, comme un démon, saisi la nation ; le feu de l'inspiration qui aurait pu enflammer le poëte brûlait déjà partout de lui-même. Cependant je ne veux pas nier que Arndt, Kœrner et Rückert ont eu quelque action. »

(1) Il les associait encore dans une lettre écrite à Zelter vers le même temps : « Si tu ne les connais pas déjà, je te conseille de lire « le théâtre de *Clara Gazul* et les Poésies de Béranger. Dans ces « deux ouvrages, tu verras ce que peut le talent, pour ne pas dire « le génie, lorsqu'il paraît dans une époque féconde et qu'il ne « prend aucune précaution. — C'est à peu près ainsi que, nous aussi, « nous avons commencé. »

Ici le bon Eckermann eut une distraction, et sans trop y penser, mettant le doigt sur un point délicat, il dit à Gœthe : « On vous a reproché de ne pas avoir « aussi pris les armes à cette époque, ou du moins de « n'avoir pas agi comme poëte. » Gœthe, touché à un endroit sensible, tressaillit un peu, et, tout ému, il trouva, pour répondre, de bien belles et hautes paroles :

« Laissons cela, mon bon ! lui dit-il. Le monde est absurde, il ne sait ce qu'il veut, il faut le laisser dire et faire ce qu'il veut. Comment aurais-je pu prendre les armes sans haine ? et comment aurais-je pu haïr sans jeunesse ? Si cet événement était arrivé dans ma vingtième année, je ne serais pas resté le dernier, mais j'avais déjà plus de soixante ans. D'ailleurs nous ne pouvons pas tous servir notre pays de la même façon ; chacun fait de son mieux, suivant ce que Dieu lui a réparti. Je me suis donné assez de tourments pendant un demi-siècle ; je peux dire que, pour travailler à ce que la nature m'avait donné comme œuvre de mes jours, je ne me suis reposé ni jour ni nuit ; je ne me suis permis aucune distraction ; j'ai toujours marché en avant, toujours cherché, toujours agi aussi bien et autant que je pouvais. Si chacun peut dire de soi la même chose, alors tout ira bien. »

Et retournant l'épine de la calomnie qui tant de fois l'avait blessé et qu'Eckermann avait remuée sans le savoir, il agitait en tout sens l'amertume de ses pensées :

« Je ne peux pas dire ce que je pense, murmurait-il. Derrière ce verbiage (le reproche politique) se cache plus de mauvaise volonté contre moi que vous ne le savez. Je ressens là, sous une nouvelle forme, la vieille haine dont on me poursuit depuis des années et qui cherche à s'approcher tout doucement de moi. Je le sais bien, il y a beaucoup de gens à qui je suis comme une épine dans l'œil ; ils aimeraient bien être débarrassés de moi, et comme on ne peut plus maintenant attaquer mon talent, on s'en prend à mon caractère. Tantôt je suis fier, tantôt égoïste, tantôt plein d'envie contre les jeunes talents, tantôt enfoncé dans la sensualité, tantôt sans christianisme, et enfin sans aucun amour pour ma patrie et pour mes chers Allemands. Vous me connaissez depuis des années, et vous savez tout ce qu'il en est. Mais voulez-vous savoir ce que j'ai souffert ? lisez mes *Xénies*…. Écrivain allemand, martyr allemand! oui, mon bon! vous ne trouverez rien autre chose. Moi je peux à peine me plaindre ; tous les autres ont eu le même sort, même un sort pire ; et c'est en Angleterre, en France tout comme chez nous. Quelles souffrances n'a pas endurées Molière! et Rousseau et Voltaire! Byron a été chassé d'Angleterre par les mauvaises langues, et il aurait fui enfin à l'extrémité du monde si une mort prématurée ne l'avait délivré des *Philistins* et de leur haine.

« Et encore si les hommes supérieurs n'avaient à souffrir que les attaques de la masse des gens bornés! Mais non, les hommes de talent s'attaquent entre eux ; Platen tourmente Heine, et Heine Platen ; chacun cherche à se rendre odieux aux autres, et pourtant le monde est assez grand, assez vaste pour que chacun puisse vivre et travailler en paix, et chacun a déjà dans son propre talent un ennemi qui l'inquiète assez (1). »

Savez-vous qu'un Gœthe ainsi souffrant sous sa pourpre et laissant échapper, à défaut de larmes, quel-

(1) En tout ceci j'use de la traduction de M. Émile Délerot. Dans celle de M. Charles, publiée par M. Hetzel, la pensée de Gœthe, par suite des coupures, semble plus concise, plus taillée : elle est ramenée à ce qu'on croit devoir être le style d'un livre. Dans la version que j'adopte, on sent mieux le mouvement, les tours et le laisser-aller de la conversation.

ques gouttes de son sang, nous va mieux qu'un Gœthe demi-dieu et impassible! — Et revenant sur ce chapitre des chants de guerre qu'on lui aurait voulu voir composer dans sa chambre et au coin de son feu en 1813, il souriait de pitié :

« Écrire au bivouac, où la nuit l'on entend hennir les chevaux des avant-postes ennemis, à la bonne heure! ah! j'aurais aimé cela! Mais cette vie ne m'était pas possible; ce n'était pas là mon rôle, c'était celui de Théodore Kœrner. Les chansons guerrières lui vont parfaitement. Mais pour moi, qui ne suis pas une nature guerrière, qui n'ai aucun goût pour la guerre, les chants guerriers n'auraient été qu'un masque qui se serait fort mal appliqué sur mon visage.

« Dans mes poésies, je n'ai jamais rien affecté. Ce qui ne m'arrivait pas dans la vie, ce qui ne me brûlait pas les ongles, ce qui ne me tourmentait pas, je ne le mettais pas en vers, je ne l'exprimais pas. Je n'ai fait de poésies d'amour que lorsque j'aimais. Comment aurais-je pu écrire des chants de haine sans haine? Et entre nous, je ne haïssais pas les Français, quoique je remercie Dieu de nous en avoir délivrés. Comment, moi, pour qui la civilisation et la barbarie sont des choses d'importance, comment aurais-je pu haïr une nation qui est une des plus civilisées de la terre, et à qui je dois une si grande part de mon propre développement?

« La haine nationale est une haine particulière. C'est toujours dans les régions inférieures qu'elle est la plus énergique, la plus ardente. Mais il y a une hauteur à laquelle elle s'évanouit; on est là, pour ainsi dire, au-dessus des nationalités, et on ressent le bonheur ou le malheur d'un peuple voisin comme le sien propre. Cette hauteur convenait à ma nature, et, longtemps avant d'avoir atteint ma soixantième année, je m'y étais fermement établi. »

Acceptons cette généreuse déclaration pour la France,

et, au lieu de faire chorus avec les détracteurs, honorons le sentiment élevé qui l'a dictée. Et ce sentiment se reproduisait encore avec bien de l'ampleur et de l'énergie dans ces paroles, lorsqu'il disait dans son aversion pour la politique étroite :

« Dès qu'un poëte veut avoir une influence politique, il faut qu'il se donne à un parti, et, dès qu'il agit ainsi, il est perdu comme poëte ; il faut qu'il dise adieu à la liberté de son esprit, de son coup d'œil : il se tire jusque par-dessus les oreilles la chape de l'étroitesse d'esprit et de l'aveugle haine. Le poëte, comme homme, comme citoyen, doit aimer sa patrie ; mais la patrie de sa puissance poétique, de son influence poétique, c'est le Bon, le Noble, le Beau, qui n'appartiennent à aucune province spéciale, à aucun pays spécial, et qu'il saisit et développe là où il les trouve. Il ressemble en cela à l'aigle dont le regard plane librement au-dessus des diverses contrées, et à qui il est indifférent que le lièvre sur lequel il se précipite coure en Prusse ou en Saxe. »

C'est ainsi que Gœthe entendait le patriotisme sublime, le patriotisme du poëte. Je ne conseillerais pas à tous de l'imiter ; mais que cela lui soit permis, à lui !

On a, au sujet des opinions exprimées par Gœthe sur les jeunes poëtes français de 1830, insinué contre lui une singulière accusation : comme le jugement qu'il porte sur Victor Hugo n'est pas complètement d'accord avec celui que professent les éditeurs des *Entretiens* et beaucoup d'autres avec eux, on l'a tout simplement soupçonné d'envie. Mais qu'on veuille y réfléchir : je le demande, Gœthe étant ce qu'il était par sa nature, par ses tendances, par la région élevée où habitait sa pensée, pouvait-il avoir une autre opinion sur le jeune et brillant poëte, dont il reconnaît d'ailleurs en maint endroit le grand talent d'imagination et la puissance? Je pourrais (si c'était le lieu) mettre ici la suite de ses jugements ou de ses impressions sur Hugo et ses divers ouvrages jusqu'à *Notre-Dame de Paris* inclusivement (1), et l'on verrait, sans avoir besoin d'entrer dans aucune discussion du fond, qu'en parlant de la sorte il n'était que conséquent avec lui-même et sincère. Comment voudriez-vous en conscience que Gœthe acceptât *Quasimodo*, lui qui, même quand il a fait son diable, *Méphistophélès*, l'a présenté beau encore et élégant? Nulle part, même chez Manzoni, que d'ailleurs il goûtait et prisait tant, Gœthe n'aime ce qu'il appelle « les abominations »; et, à ce

(1) De ces jugements de Gœthe sur Hugo, je ne donnerai que celui-ci, tiré d'une lettre à Zelter du 28 juin 1831 : « *Notre-Dame de* « *Paris* de Victor Hugo éblouit par les qualités que lui donne une « étude attentive et bien mise à profit des mœurs, de la physionomie « locale, des événements du passé; mais, dans les personnages, il « n'y a absolument aucune apparence de vie naturelle. Ce sont, « hommes et femmes, des marionnettes incapables de vivre; elles « ont des proportions habilement conçues, mais, sur leur charpente « de bois ou d'acier, ces poupées n'ont absolument que du rem- « bourrage; l'auteur les fait manœuvrer sans pitié, les tourne et « les disloque dans les positions les plus bizarres, les torture, les « fustige, déchire leur âme et leur corps, et met sans pitié en pièces « et en morceaux ce qui, il est vrai, n'a aucune chair véritable : — « et tout cela est l'œuvre d'un homme qui montre de grandes qua- « lités d'historien éloquent, et auquel on ne peut refuser une vive « puissance d'imagination, sans laquelle il lui serait impossible « de produire de pareilles abominations. » — Vous qui parlez sans cesse de liberté, qui la voulez dans l'art et en tout, soyez conséquents; sachez admettre et supporter les manières de sentir, même les plus opposées à la vôtre, quand elles sont sincères.

titre, la peste du roman des *Fiancés* lui déplaisait. Il n'aimait pas la littérature qui fait dresser les cheveux sur la tête. Tel il était par nature et par art, mais bien véridiquement : « comme philosophe, apôtre de la félicité; comme poëte, organe et interprète de la jouissance large et pure, complète et honnête. »

Et avec Byron, est-ce donc qu'il a été jaloux et envieux, comme je vois aussi qu'on l'a dit? Ces sortes de petits jugements mesquins et faux, glissés au bas d'un texte, font tache dans un livre; ils font injure au grand esprit qu'on a l'honneur d'introduire à l'étranger. Non, il n'est pas jaloux de Byron, quoiqu'il ait dit de lui un jour, faisant remarquer que ce grand révolté n'observait de règle que celle des unités dans ses tragédies :

« Cette limite qu'il se posait en observant les trois unités convenait d'ailleurs à son naturel, qui tendait toujours à franchir toutes limites. Que n'a-t-il su aussi se poser des bornes morales! C'est pour ne pas avoir eu cette puissance qu'il s'est égaré, et on peut dire avec justesse qu'il s'est perdu faute d'un frein. — Il s'ignorait trop lui-même. Sa vie était tout entière dans la passion de chaque jour, et il ne savait pas ce qu'il faisait. Se permettant tout et n'accordant rien aux autres, il devait se perdre et soulever le monde contre lui. Dès le commencement, avec *les Bardes anglais et les Critiques écossais,* il blessa les meilleurs écrivains... Loin de reculer, dans son ouvrage suivant il continue son opposition et ses blâmes, il touche l'État et l'Église. Cette manière de n'avoir égard à rien l'a poussé hors d'Angleterre et l'aurait, avec le temps, poussé aussi hors de l'Europe. Il était partout à l'étroit; il jouissait de la liberté personnelle la plus illimitée, et il se sentait oppressé; le monde lui était une

prison. Son départ pour la Grèce n'a pas été une décision
prise volontairement; elle lui a été imposée par sa mésintel-
ligence avec le monde. — En se déclarant affranchi de toute
tradition, de toute patrie, il a d'abord causé sa propre perte,
et la perte d'un pareil être est immense! Mais de plus, par
suite de cette agitation continuelle de l'âme, conséquence de
ses goûts révolutionnaires, il n'a pas permis à son talent de
prendre son complet développement. Ce sentiment éternel
d'opposition et de mécontentement a extrêmement nui à ses
œuvres; car non-seulement le malaise du poëte se commu
nique au lecteur, mais *toute œuvre d'opposition est une
œuvre négative, et la négation, c'est le néant.* Quand j'ai
nommé le mauvais mauvais, ai-je beaucoup gagné par-là?
Mais si, par hasard, j'ai nommé le bon mauvais, j'ai fait un
grand mal. — Celui qui veut exercer une influence utile ne
doit jamais rien insulter; qu'il ne s'inquiète pas de ce qui est
absurde, et que toute son activité soit consacrée à faire naître
des biens nouveaux. *Il ne faut pas renverser, il faut bâtir;*
élevons des édifices où l'humanité viendra goûter des joies
pures. »

Ce sont là de bien nobles querelles faites à Byron,
et que j'oserai dire magnanimes; et si les admirateurs
du grand barde n'en sont pas satisfaits, que peuvent-ils
demander de plus que de voir Gœthe revenir sans cesse
sur son jugement et le modifier?

« (Mercredi, 8 octobre 1826.) Gœthe a encore parlé aujourd'hui avec admiration de lord Byron : « J'ai encore lu,
m'a-t-il dit, son *Deformed transformed,* et je dois dire que
son talent me semble toujours plus grand. Son diable est
issu de mon *Méphistophélès,* mais ce n'est pas une imitation;
tout est entièrement original, nouveau, et tout est serré,
solide et spirituel. Il n'y a pas un passage faible; il n'y a pas
un endroit grand comme la tête d'une épingle, où manquent

l'invention et l'esprit. Sans l'hypocondrie et la négation, il serait aussi grand que Shakspeare et les Anciens. » — Je marquai de l'étonnement. — « Oui, dit Gœthe, vous pouvez me croire; je l'ai de nouveau étudié, et je suis toujours forcé de lui accorder davantage. »

La nature de Gœthe était la plus opposée possible à cet étroit sentiment de rivalité et de jalousie qu'on lui prête. Il n'était pas de ceux dont il s'est moqué quelque part, et qui, lorsqu'un génie trébuche ou qu'un grand homme tombe, se sentent tout enchantés et allégés, « comme si leur supérieur était mort et s'ils avaient reçu de l'avancement. »

Une statue, érigée à Weimar, et due au talent de Reitschel, nous le montre rayonnant et heureux, imposant et doux, décernant la couronne à Schiller qui, debout à côté de lui, la reçoit de sa main presque sans y penser, le front inspiré et rêveur. Schiller a mérité la couronne, mais c'est Gœthe qui la lui donne; et à quiconque la mérite il la donnera.

Comme il sent les larges natures! comme il est loin des dénigrements des esprits inférieurs! comme il va droit en tout ce qui embrasse et concilie! On sait que Mirabeau avait bien des collaborateurs; chacun lui aidait, lui apportait, qui une idée, qui une citation, un renseignement, un à-propos, et il pétrissait tout de sa puissante main, il animait tout de son souffle ardent, et vivifié, transformé, le jetait ensuite en pâture au monde. Dumont, de Genève, un des préparateurs de Mirabeau, publia ses *Souvenirs* en 1832 et raconta comment cela se passait autour du grand tribun, sans prétendre d'ailleurs le diminuer; mais le cri en France fut presque unanime, comme si Dumont avait commis un sacrilége. Que dit Gœthe au contraire?

« Je ne connais aucun livre plus riche en leçons que ces Mémoires; par eux notre regard pénètre profondément dans les recoins les plus cachés de l'époque, et Mirabeau, ce miracle, devient un être naturel; mais le héros ne perd rien cependant de sa grandeur. Les derniers critiques des journaux français pensent autrement. Les bonnes gens croient que l'auteur de ces Mémoires veut leur altérer leur Mirabeau, en révélant le secret de son activité surhumaine, et en revendiquant pour d'autres personnes une part des mérites que jusqu'à présent a absorbés exclusivement le nom de Mirabeau. Les Français voient dans Mirabeau leur Hercule, et ils ont parfaitement raison; mais ils oublient qu'un colosse se compose de fragments, et que l'Hercule de l'Antiquité lui-même était un être collectif, qui réunissait sur son nom avec ses exploits les exploits d'autres héros. Au fond, que nous fassions comme nous voulons, nous sommes tous des êtres collectifs; ce que nous pouvons appeler vraiment notre propriété, comme c'est peu de chose!... »

Ainsi parlait-il le 17 février 1832, moins de cinq semaines avant sa mort.

Et sur Napoléon, que dire de plus grand que ce qu'a dit Gœthe? Il en comprend tout. Lisant une des histoires quelconques de Napoléon qu'on publiait alors, il fait cette remarque, si justifiée depuis : « Le héros « n'en est pas diminué; au contraire, il grandit à me-« sure qu'il devient plus vrai. » Il essaye de lire Bourrienne, et le livre bientôt lui tombe des mains : « Cela, » dit-il, « tiraille des brins à la frange et aux broderies

« du manteau impérial, déposé d'hier, et cela croit par
« là devenir quelque chose! » Je ne citerai qu'un de
ses jugements entre dix sur Napoléon, car il y revient
souvent. Un jour donc, qu'il parlait de l'indécision des
hommes, de leur lenteur et de leur résistance à faire
ce qu'ils savent même le meilleur et le plus utile, —
sur ce qu'il leur faudrait à chacun un démon toujours
présent pour les guider, pour les exciter, pour les
empêcher, après un éclair de vue supérieure et nette,
de retomber dans le tâtonnement, dans le vague et
l'obscurité :

« Napoléon, s'écrie-t-il tout à coup, c'était là un homme!
Toujours lumineux, toujours clair, décidé, ayant à toute
heure assez d'énergie en lui pour mettre immédiatement à
exécution ce qu'il avait reconnu avantageux et nécessaire. Sa
vie fut celle d'un demi-dieu qui marchait de bataille en
bataille et de victoire en victoire. On peut dire que, pour lui,
la lumière qui illumine l'esprit ne s'est pas éteinte un instant. Voilà pourquoi sa destinée a eu cette splendeur que le
monde n'avait pas vue avant lui, et qu'il ne reverra peut-être
pas après lui. — Oui, oui, mon bon, c'était là un gaillard
que nous ne pouvons pas imiter en cela! »

Et Goethe marchait à grands pas à travers la chambre,
se parlant à lui-même. Le bon Eckermann, qui avait
peur que la conversation ne changeât de cours, essaya
de la ramener en disant :

« Je crois cependant que c'est surtout quand Napoléon
était jeune, et tant que sa force grandissait, qu'il a joui de
cette perpétuelle illumination intérieure : alors une protec-

tion divine semblait veiller sur lui ; à son côté restait fidèlement la fortune ; mais plus tard... » —

« Que voulez-vous ? interrompit Gœthe ; je n'ai pas non plus fait deux fois mes *Chansons d'amour* et mon *Werther*. Cette illumination divine, cause des œuvres extraordinaires, est toujours liée au temps de la jeunesse et de la fécondité. Napoléon, en effet, a été un des hommes les plus féconds qui aient jamais vécu. Oui, oui, mon bon, ce n'est pas seulement en faisant des poésies et des pièces de théâtre que l'on est fécond ; il y a aussi une fécondité d'actions qui en maintes circonstances est la première de toutes... Génie et fécondité sont choses très-voisines... »

Et une fois lancé, il ne s'arrêtait pas dans cette veine d'idées ; il montrait dans tous les ordres la force fécondante comme le signe le plus caractéristique du génie : Mozart, Phidias et Raphaël, Dürer et Holbein, il les prenait tous, et celui qui a trouvé le premier la forme de l'architecture gothique, et qui a rendu possible par la suite des temps un münster de Strasbourg, un dôme de Cologne ; et Luther, ce génie de la grande race, et dont la force d'action sur l'avenir n'est pas épuisée. Puis, sur une nouvelle question d'Eckermann qui craint toujours que l'entretien ne finisse, et qui demande si le corps dans cette force d'action n'entre pas autant et plus que l'esprit, Gœthe répond :

« Le corps a du moins la plus grande influence. Il y a eu, il est vrai, un temps en Allemagne où l'on se représentait un génie comme petit, faible, voire même bossu ; pour moi, j'aime un génie bien constitué aussi de corps. — Quand on a dit de Napoléon que c'était un homme de granit, le mot était juste, surtout de son corps. Que n'a-t-il pas exigé et pu exiger de lui! Depuis les sables brûlants des déserts de Syrie jusqu'aux plaines de neige de Moscou, quelle infinité de marches, de batailles, de bivouacs nocturnes n'apercevons-nous pas! et avec cela que de fatigues, que de privations corporelles n'a-t-il pas dû endurer! Peu de sommeil, peu de nourriture, et, de plus, toujours une activité d'esprit extrême!... Quand on pèse tout ce que celui-là a fait et enduré, il semble qu'à quarante ans il devait être usé jusqu'au dernier atome; mais pas du tout; à cet âge, on le voyait s'avancer encore, toujours héros parfait. »

Qu'on se rappelle les magnifiques jugements de Gœthe sur Louis XIV, sur Voltaire, sur Molière, sur les hommes-types par qui la France est si grande, et qu'on y joigne celui-ci (1).

Je m'arrête : j'ai fait résonner bien des touches, et, sur toutes, le génie de Gœthe a répondu comme un orgue immense. Le livre d'Eckermann est la meilleure biographie de Gœthe : celle de l'Anglais Lewes pour les faits, celle d'Eckermann pour le portrait du dedans et la physionomie. L'âme d'un grand homme y respire. Les dernières pages dans lesquelles on voit Eckermann visitant pour une dernière fois sur son lit mortuaire la forme expirée, mais encore belle, de celui qu'il a tant aimé et vénéré, font une conclusion digne et grandiose.

---

(1) Gœthe avait vu Napoléon. Appelé à Erfurt en 1808, à l'époque de l'entrevue des souverains, et présenté à l'empereur le 2 octobre, l'empereur, après l'avoir regardé quelques instants avec attention, lui avait dit pour premier mot : « Vous êtes un homme. » Et lorsque, l'entretien fini, Gœthe se fut retiré, Napoléon répéta, en s'adressant à Berthier et à Daru, qui étaient présents Voilà : un » homme! »

Eckermann, homme d'un talent personnel qui, seul et de lui-même, ne pouvait atteindre bien haut, s'est choisi la bonne part. Il ne peut désormais mourir, il s'est lié d'un lien indissoluble avec un immortel. Élisée nous a conservé le manteau et l'esprit d'Élie, et il a gardé au front un rayon de sa flamme.

Lundi, 20 octobre 1862.

POÉSIES D'ANDRÉ CHÉNIER.

ÉDITION CRITIQUE

PAR M. L. BECQ DE FOUQUIÈRES (1).

Voilà un de nos vœux les plus anciens et les plus chers qui est exaucé, et de manière à surpasser nos espérances. Tout avait été dit sur André Chénier, tout ce que le goût et une vivacité délicate et passionnée peuvent inspirer à une simple lecture; il restait un travail à faire et d'un détail infini, qui demandait une longue patience, un savoir ingénieux et sagace : c'était de traiter André Chénier comme un ancien, comme un classique qu'il est, de fixer son texte, d'éclaircir tout ce qui se passe de voilé ou de transparent dans ses poésies, de les rattacher avec précision aux diverses cir-

(1) Édition ornée d'un portrait d'André Chénier, — avec une Étude sur sa vie et ses œuvres, des variantes, notes et commentaires, un lexique et un index. — Un vol. in-8°, chez Charpentier, libraire-éditeur, quai de l'École, 28.

constances connues de sa vie, de rassembler autour de
lui toutes ses sources et ses origines littéraires, d'indiquer toutes les fleurs où il est allé butiner, toutes les
ruches où il est allé piller son miel. Un jeune admirateur de Chénier s'est de bonne heure voué à cette
tâche qui suppose une piété toute filiale et qui apporte
avec elle bien des délices. M. Becq de Fouquières, jeune
officier, avait conçu cette idée d'homme de goût et
d'érudit dans le temps où, « un André Chénier à la
main, il trompait les longues oisivetés de la vie militaire »; devenu libre, il s'est empressé de se mettre à
l'œuvre, et, d'abord, de se pourvoir de tous les instruments indispensables à l'exécution, parmi lesquels il
faut compter au premier rang une connaissance des
plus fines de la langue grecque. Pour reconnaître, sans
en laisser échapper aucune, toutes les imitations
d'André Chénier, il a dû commencer par lire tous les
poëtes grecs et la plupart des poëtes latins : savez-vous
que le chemin vaut bien le but? Il ne s'en est pas tenu
là : recherches, questions, renseignements glanés de
toutes parts, il n'a rien négligé, et il nous arrive aujourd'hui avec une édition-modèle qui réalise pour le
dernier en date des classiques ce que d'autres entreprennent et exécutent en ce même moment avec un
zèle égal, mais non pas plus heureux, pour les grands
écrivains du xviie siècle. L'André Chénier et le Malherbe, dans leurs deux éditions critiques, paraissent à
la fois : les deux chefs d'école ont les mêmes honneurs.

Que de choses M. B. de Fouquières nous apprend
dans un sujet sur lequel on croyait tout savoir! Que de

grosses ou petites erreurs il rectifie! Et dans la Vie d'abord : il établit très-bien qu'André Chénier n'a pas été un inconnu, un jeune poëte ignoré dont il était réservé à notre siècle de découvrir le génie. Fils de parents mêlés au monde, « lié de bonne heure avec tout ce que les arts, les sciences, la politique, avaient de noms éminents, André Chénier fut un homme considéré à son époque, et presque considérable. Un moment, il fut, sans l'avoir recherché, la tête d'un parti et l'organe de l'opinion publique. » C'est ainsi qu'il était compté dans les rangs de la majorité constitutionnelle en 1792, avant le 10 août. Poëte, il n'était connu et deviné que de quelques-uns : homme de doctrine et de combat, écrivain politique et publiciste courageux, il était apprécié de tout ce que la société avait alors d'énergiquement modéré.

« A l'âge d'homme, nous dit son nouveau biographe, nous le peignant sans fausse complaisance, il était de taille moyenne; ses cheveux châtain foncé frisaient naturellement à partir des oreilles, surtout derrière la tête; il les portait courts. Son front était vaste et complétement chauve. Ses yeux étaient gris bleu, petits, mais très-vifs. Mme la comtesse Hocquart, qui l'avait beaucoup connu (morte depuis peu d'années), disait qu'il était à la fois rempli de charme et fort laid, avec de gros traits et une tête énorme. »

Il n'avait que trente-deux ans à l'époque de sa mort; il paraissait plus que son âge.

Il s'était, en quelque sorte, intercalé chez lui, entre le poëte aimable et jeune qu'on se figure et le poëte iambique et vengeur de la fin, un citoyen énergique,

armé sur ses droits, gardant de la candeur, mais y joignant fierté, âpreté, de l'indignation, un Vauvenargues en colère. Quand on parla ensuite de lui, dans des notes et notices incomplètes, comme d'un jeune poëte riant, presque blond, idyllique, printanier, l'ami d'Abel, resté sur son mois de mai et donnant de belles espérances, c'était un contre-sens ou du moins c'était une nuance arriérée et un anachronisme. Il était loin sans doute d'avoir donné sa mesure quand il fut immolé, mais en tout, il était mûr et en pleine virilité. Ce n'était pas un jeune cygne au tendre duvet, et duquel on pouvait dire avec sentimentalité ou plutôt sensiblerie : « Il est si beau de mourir jeune! Il est si beau
« d'offrir à ses ennemis une victime sans tache, et de
« rendre au Dieu qui nous juge une vie encore pleine
« d'illusions (1)! » Il y avait longtemps pour lui que les illusions s'étaient envolées ; son âme avait connu toutes les passions, toutes les ardeurs, Némésis elle-même et les Euménides, j'entends celles de la vertu.

Écrivain, la réflexion a de bonne heure accompagné et assisté sa muse. Sachant le grec dès l'enfance et comme sa langue maternelle, il étudie le français, et il s'y applique « avec le soin et l'exactitude qu'on met à approfondir une langue ancienne. » Il commente Malherbe, il possède à fond son Montaigne, son Rabelais; il ignore Ronsard, et ce ne fut pas un malheur, car s'il doit renouveler à quelques égards la tentative de Ronsard, ce sera sans fausse réminiscence et « avec le goût

---

(1) C'est la conclusion de la Notice de M. de Latouche.

pur de Racine. » M. B. de Fouquières, qui a étudié de près le vocabulaire de Chénier et dressé un *Lexique* de sa langue, fait cette remarque que « son vocabulaire est riche, non pas à la façon des poëtes modernes, mais riche en mots justes et précis. Nous étonnerons peut-être, ajoute le savant éditeur, en disant qu'il n'y a pas dans toutes ses œuvres un seul néologisme. L'emploi de mots nouveaux était un abus qu'il blâmait beaucoup chez Mirabeau. Il se trompe rarement lui-même dans l'emploi d'un mot; il en connaît la portée, la valeur, non-seulement dans l'usage accoutumé, mais à l'origine. Il aime à redonner à un mot son sens primitif, qui souvent s'est oublié et perdu de vue dans l'acception figurée, et à lui rendre tous les sens qu'il avait en passant de la langue latine dans la nôtre, et que nos vieux écrivains lui avaient conservés. En résumé, sa préoccupation constante est *d'enrichir la langue française de ses propres richesses.* » — On ne saurait mieux voir ni mieux dire.

La date des voyages d'André nous est donnée pour la première fois avec précision. Il n'est pas à croire qu'il ait visité Londres en 1782; on était alors en guerre avec l'Angleterre. Les vers qu'on avait mis à la date de 1782 doivent très-probablement se rapporter à 1787. Les noms des *amies* chantées par André Chénier dans ses *Élégies* sont maintenant connus, du moins presque tous : il n'était pas de ceux qui se choisissent des « maîtresses poétiques », et qui font des élégies en l'air. *Camille,* on le savait déjà, c'est Mme de Bonneuil, « belle et spirituelle personne dont la fille épousa depuis Regnault de Saint-Jean-d'Angely. » Au lieu d'une *Daphné,* inventée par M. de Latouche qui avait mal lu ou voulu mal lire le chiffre à demi mystérieux, D'r., il faut lire d'Arcy ; l'honneur d'avoir deviné le tendre hiéroglyphe revient à M. B. de Fouquières. Mme Gouy d'Arcy, qui peut-être ne sut jamais bien elle-même toute la vivacité du sentiment qu'elle inspira un moment, faisait partie de la brillante société de Luciennes. Enfin, une autre jeune femme de la même société, *Fanny,* la dernière, la plus noble et la plus idéale des passions du poëte et celle où le cœur se fait tout à fait sentir, n'est autre que Mme Laurent Le Coulteux, née Pourrat, sœur de la belle Mme Hocquart, et belle elle-même d'une beauté très-fine. Nous avons vu de cette jolie personne un portrait d'une extrême délicatesse. Quant aux *Glycère, Rose, Amélie,* elles n'ont pas d'autres noms et ne méritent pas d'être reconnues. Nous apprenons aussi que Chénier était, avec ses amis les Trudaine, des soupers de La Reynière, où il y avait compagnie amusante et fort mêlée, et c'est à cette rencontre que l'on doit de le retrouver, non sans quelque étonnement, mentionné et nommé dans les œuvres dernières de cet ignoble Rétif de La Bretonne. Il vivait, après tout, de la vie de son temps, réservant sa muse pour lui et pour un petit nombre d'amis dans le mystère.

Ce qui nous paraît d'un intérêt supérieur aux particularités biographiques que M. B. de Fouquières est venu ajouter à ce qu'on savait déjà d'André Chénier, c'est l'appréciation bien nette et plus entière de son talent et de son œuvre. En même temps qu'il a été si soigneux de rattacher à chaque page, à chaque vers, tout ce qui s'y rapporte directement ou indirectement chez les Anciens ou même chez les modernes, le nouvel éditeur ne tire point trop son auteur du côté des textes et des commentaires, et il ne prétend point le ranger au nombre des poëtes purement d'art et d'étude; il relève avec un soin pareil, il sent avec une vivacité égale et il nous montre le côté tout moderne en lui, et comme quoi il vit et ne cesse d'être présent, de tendre une main cordiale et chaude aux générations de l'avenir : « Chénier, remarque-t-il très-justement, ne se fait l'imitateur des Anciens que pour devenir leur rival. » A Homère, à Théocrite, à Virgile, à Horace, il essaye de dérober la langue riche et pleine d'images, la diction poétique, la forme, de la concilier avec la suavité d'un Racine, et quand il en est suffisamment maître, c'est uniquement pour y verser et ses vrais sentiments à lui, et les sentiments et les pensées et les espérances du siècle éclairé qui aspire à un plus grand affranchissement des hommes.

« Dans chaque genre qu'il aborde, nous dit M. B. de Fouquières, sa préoccupation constante est donc contrairement à ce qu'on a pu croire dans le principe, de se dégager des Anciens, à mesure que, dans les luttes qu'il leur livre, il sent ses reins s'assouplir et ses forces s'accroître. C'est pourquoi il ne faut point voir dans la tentative d'André Chénier une renaissance gréco-latine; c'est véritablement une renaissance française, conséquence des XVIe et XVIIe siècles, avec cette différence que le XVIe siècle avait vu la Grèce à travers l'afféterie italienne; le XVIIe, à travers le faste de Louis XIV; tandis qu'André Chénier a, dans l'âme de sa mère, respiré la

Grèce tout entière; il parle la même langue que Racine, mais trempée d'une grâce byzantine, attique même, naturelle et innée, et dans laquelle se fondent heureusement l'ingéniosité grecque et la franchise gauloise. »

Certes, André Chénier n'a pas réussi partout; plus d'une pièce de lui trahit des inexpériences sensibles; il y a des différences d'âge entre ses poésies; mais celles de sa dernière manière, les élégies lyriques à Fanny, à la Jeune Captive, l'ode à Charlotte Corday, les Iambes, ne laissent rien à désirer. Le grand poëte s'y montre et s'y manifeste dans toute sa grâce ou sa puissance, armé et formé tout entier.

M. B. de Fouquières aura l'honneur d'avoir désormais attaché son nom d'une façon inséparable à la destinée d'un jeune dieu. Quelques défauts dans sa manière de dire et dans son expression, à laquelle on voudrait parfois plus de légèreté et d'élégance simple, — une phrase ou deux que je voudrais absolument retrancher, car elles détonent (1), — une ou deux critiques hasardées, dont il aurait pu se dispenser (2), —

---

(1) Par exemple, la phrase qui termine l'Étude et où surgit tout d'un coup, sans motif ni raison, « le despotisme des Césars ou des Collot d'Herbois. » Fi donc! en pareil lieu, dans l'enceinte des Muses! Laissons cette littérature d'aigreur et de parti, ces fausses allusions qui se glissent partout, aux critiques que mord une idée fixe. Toute politique à part, c'est une faute de goût et une dissonance.

(2) Par exemple, la critique de cette expression du poëte « une *blanche aux yeux noirs.* » Pour moi, je ne vois pas en quoi pêche l'expression, ni par où elle serait moins admissible qu'une *brune aux yeux bleus,* qui est très-reçue.

ne nuisent en rien au bon sens général et à la rectitude habituelle de ses jugements. Et puis, c'est rarement en son nom qu'il parle : c'est au nom des maîtres, de ces poëtes divins et délicats dont il est plein et dont il nous sert les exquises reliques. Que de plaisir pour les friands d'érudition de retrouver au bas des pages tous ces vers d'Homère, de Théocrite, de Mimnerme, de Méléagre, des poëtes anthologiques, tous ces reliefs et toutes ces miettes des antiques festins! Le nouvel éditeur a su être pour André Chénier presque ce qu'a été Orelli pour Horace.

Le voilà donc dans toute sa gloire et sa pureté, dressé sur son piédestal de marbre, entouré de toutes les inscriptions et de tous les bas-reliefs qui lui conviennent, ce charmant poëte florissant de jeunesse, ce dernier de nos classiques, tout entier restauré et reconquis. Il a fallu bien des années, bien des efforts et des bégayements de l'admiration et de la critique pour arriver à le refaire et à le compléter ainsi; mais ces efforts n'ont pas été vains, mais on ne s'était point trompé dans un premier élan d'enthousiasme et de sympathie filiale ou fraternelle; on ne l'avait point porté trop haut, et l'étude attentive, approfondie, n'a fait que justifier les désirs du cœur et confirmer les pressentiments du goût. André Chénier est un poëte vivant. Ce fils et cet héritier des Grecs n'est point un Callimaque de moins de génie que d'art; ce n'est point un Properce toujours difficile à lire, et qui, même dans ses nobles ardeurs, les complique et les masque de trop de doctes lectures: plus que Platen et comme Leopardi, il est de ceux dont l'âme moderne se laisse voir tout ardente à travers même les dépouilles de l'Antiquité dont elle s'enrichit; il ne confond jamais l'érudition qu'il possède et qu'il maîtrise, avec la poésie dont il est possédé. Il dira, en parlant de l'illustre critique hollandais : « *le grand Valckenaer,* » mais en même temps il applaudira le grand Mirabeau ; il palpite pour la liberté qu'il ne sépare point, une fois gagnée et reconquise, de l'ordre et du respect pour les lois. Il est philosophe, il est moraliste ; il a en lui les lumières et la foi en tous les progrès ; la barbarie, sous quelque forme qu'elle ose reparaître, l'indigne et fait bouillonner son sang. Il a créé la satire du poëte honnête homme dans les temps de révolution. Immolé pour la justice et la civilisation, ses accents répondront toujours à quelque fibre immortelle. André Chénier, en un mot, n'est pas le dernier d'une race : c'est aussi un précurseur.

Mais une anthologie nous mène à l'autre. Toutes ces fleurs de la Grèce rassemblées autour du monument d'André Chénier nous avertissent qu'un Recueil considérable, entrepris depuis plusieurs années, et consacré à un choix des poëtes français, vient d'être terminé avec succès et mérite d'être recommandé au public ami des études.

LES POËTES FRANÇAIS.

RECUEIL DES CHEFS-D'ŒUVRE DE LA POÉSIE FRANÇAISE

Depuis les origines jusqu'à nos jours

PUBLIÉ SOUS LA DIRECTION DE M. CRÉPET (1).

Quoiqu'il y ait une Introduction de ma façon en tête de cet ouvrage, j'en puis parler avec convenance et indépendance, parce qu'en dehors de cette Introduction très-générale, je n'y ai pris aucune part, si ce n'est dans quelques conversations avec l'honorable directeur et avec un ou deux collaborateurs de mes amis.

L'ouvrage est de beaucoup le plus ample, le plus complet en ce genre qui ait été conçu et exécuté jusqu'ici chez nous. Les parties anciennes, qui ont pour sujet le moyen âge, font presque un cours de littérature qui ne se trouverait nulle part ailleurs. Je ne veux parler en ce moment que du quatrième et dernier volume récemment publié, et qui est tout entier rempli des poëtes contemporains et vivants, Lamartine ouvrant la marche et le cortége.

On ne saurait demander à un volume composé de tant d'extraits et de notices dues à des plumes diffé-

---

(1) Quatre volumes in-8°, librairie Hachette, boulevard Saint-Germain.

rentes une unité qui est plus de décorum que d'utilité réelle; mais ce qui vaut mieux, ici, la variété est infinie, et les choix ont été faits avec goût et conscience, même quand il s'y est mêlé un peu de caprice. Il était presque impossible de satisfaire tout le monde, dès qu'on touchait à des vivants. Il y a eu des exclusions ou plutôt des oublis; je les regrette, et je les crois réparables. Les dernières pages, quoique clichées, ne sont peut-être pas immuables comme les tables d'airain. Mais jouissons avant tout de ce que nous avons.

Parmi les auteurs de notices qui ont contribué au Recueil pour une grande part, tant dans ce volume que dans les précédents, M. Hippolyte Babou est celui dont le nom revient le plus souvent, et qui a le plus donné : je lui ai, en ce qui me concerne, une obligation si entière pour la manière indulgente dont il a parlé du poëte en moi, que je pourrais être embarrassé désormais à qualifier et à définir sa critique. Rien pourtant ne saurait m'empêcher de dire que ses notices sont spirituelles, étudiées, exprimant des jugements ou des impressions qui sont bien à lui, et qui se revêtent d'un tour piquant. Il a trouvé sa forme, qu'il n'emprunte à personne, dans ce genre sobre et fin de la notice littéraire. M. Asselineau, avec lui, a été l'un des ouvriers les plus actifs de cette tour immense à tant d'étages qui n'est pas une Babel : esprit net et vif, plume dégagée, il a su apporter dans l'exercice de son rôle critique une conscience, un soin qui est déjà une bienveillance et qui est fait pour toucher le cœur des vieux poëtes : demandez plutôt à notre vieil ami, Ulric Guttinguer.

Le poëte sincère ne désire autre chose que de ne pas être oublié. Je ne puis citer tous les collaborateurs, auteurs de notices, et qui sont la plupart connus eux-mêmes en qualité de poëtes distingués, Léon de Wailly, Banville, Philoxène Boyer, Baudelaire, etc.; mais j'ai remarqué, entre les noms que je connaissais moins, celui de M. Charles Alexandre, et sa notice sur l'aimable chansonnier Nadaud.

Parmi les poëtes dont les extraits font l'honneur et l'agrément du volume, il me prend envie d'en mentionner trois ou quatre à peu près au hasard : ce sera une occasion pour moi de citer d'eux quelques échantillons de rare et fine poésie.

— *Soulary*, de Lyon. — C'est un des poëtes qui ont le plus marqué dans ces dernières années, je veux dire auprès des connaisseurs. Janin en a parlé ici le premier, et chose merveilleuse! il s'est mis à en parler en vers et comme s'il n'avait jamais fait que cela toute sa vie. M. Joséphin Soulary habite Lyon; il y est retenu moins encore par quelque emploi administratif que par ses goûts, par son humeur casanière. « Si l'âme est ardente, dit-il, la *bête* est paresseuse à l'excès. — Dieu, nous dit-il encore, m'a fait mon petit nid au bord du Rhône, sur une *balme* plantée d'arbres maladifs, mais d'où je vois le Mont-Blanc et les Alpes, et où m'arrivent les bruits de Paris. » Ces bruits lui suffisent; je crois qu'il n'a jamais mis les pieds dans la grande ville. A ses moments perdus, il cultive la muse, et la muse le lui rend. Il s'est voué au sonnet, cette forme difficile, que Boileau avait presque interdite à force de l'exalter, et il y excelle. Il y a jusqu'ici deux recueils de lui, *Sonnets humouristiques* et *les Figulines*, toutes récentes (1862). *Les Figulines*, — des sonnets également, — sont des petites poteries ciselées à la Benvenuto Cellini. Tel de ces jolis sonnets est une œuvre d'art qui aurait pu, en vérité, figurer sous vitrine au musée Campana, dans la partie moderne. Ajoutez que ces petits volumes sont pour la typographie de vrais bijoux, sortis des presses de Perrin : l'écrin vaut le diamant. M. Soulary possède à merveille la langue poétique de la Renaissance, et, grâce à l'emploi d'un vocabulaire très-large, mais toujours choisi, il a trouvé moyen de dire, en cette gêne du sonnet, tout ce qu'il sent, ce qu'il aime ou ce qu'il n'aime pas, tout ce qui lui passe par le cœur, l'esprit ou l'humeur, son impression de chaque jour, de chaque instant. Le plus souvent ce sont de petits drames, et, selon la remarque de M. de Wailly, de petites compositions achevées qui sont parvenues, on ne sait comment, à se loger dans cette fiole à étroite encolure. Il est difficile, dit-on vulgairement, de faire entrer Paris dans une bouteille. Eh bien, ce tour de force, le magicien Soulary l'accomplit, et il vous met en quatorze vers symétriquement contournés et strangulés des mondes de pensées, de passions et de boutades ; le tout dans une stricte et parfaite mesure. Il a comparé très-joliment cette opération difficile de mettre dans un sonnet un peu plus qu'il ne peut tenir, et sans pourtant le faire craquer, à cette difficulté de toilette bien connue des dames et qui consiste à passer une robe juste et collante. Voici ce sonnet, à la fois définition et modèle :

LE SONNET.

« Je n'entrerai pas là, — dit la folle en riant,
« Je vais faire éclater cette robe trop juste. »
Puis elle enfle son sein, tord sa hanche robuste,
Et prête à contre-sens un bras luxuriant.

J'aime ces doux combats, et je suis patient ;
Dans l'étroit vêtement qu'à son beau corps j'ajuste,
Là, serrant un atour, ici le déliant,
J'ai fait passer enfin tête, épaules et buste.

Avec art maintenant dessinons sous ces plis
La forme bondissante et les contours polis.
Voyez! la robe flotte, et la beauté s'accuse.

Est-elle bien ou mal en ces simples dehors?
Rien de moins dans le cœur, rien de plus sur le corps,
Ainsi j'aime la femme, ainsi j'aime la Muse.

Comme Voiture qui fait un rondeau, tout en disant qu'il n'en viendra jamais à bout, M. Soulary a fait son sonnet en commençant par dire : *Je n'y entrerai pas!*

Mais on conçoit pourtant, quand on voit ce travail et cette sueur pour entrer, que jamais les grands poëtes de ce temps-ci n'aient fait de sonnets. Ceux de Musset sont irréguliers. Lamartine ni Hugo n'en ont fait d'aucune sorte, Vigny non plus. Les cygnes et les aigles, à vouloir entrer dans cette cage, y auraient cassé leurs ailes. C'était affaire à nous autres, oiseaux de moins haut vol et de moins large envergure.

Certes, et je ne l'ai pas oublié, tous les grands poëtes de la Renaissance ont fait des sonnets : qui ne connaît ceux de Dante, de Shakspeare, de Milton? C'était alors un genre à la mode, et chacun lui payait son tribut en passant, une fois au moins en sa vie. De nos jours le sonnet a été un genre restauré, légèrement artificiel, une gageure ou une gentillesse. Ceux de nos maîtres qui n'y étaient point intéressés par curiosité et par goût s'en sont passés, et n'ont eu que faire de cette prison. Je me flatte d'être le premier, chez nous, qui ait renouvelé l'exemple du sonnet en 1828 ; mais je n'en ai jamais fait que de temps à autre, par-ci par-là, et en entremêlant cette forme aux autres rhythmes plus modernes. Depuis, quelques poëtes ont tenu à faire des recueils entiers tout en sonnets, Boulay-Paty le premier, qu'il ne faut pas oublier, puis M. de Gramont, M. Arnould, M. Soulary enfin, plus que personne : c'est proprement son coin et son domaine.

Voici, de M. Soulary, un autre sonnet qui renferme dans son bref espace, sans un mot de plus ni de moins (sauf une rime peut-être), un de ces petits drames dont nous parlions tout à l'heure :

LES DEUX CORTÉGES.

Deux cortéges se sont rencontrés à l'église.
L'un est morne, — il conduit la bière d'un enfant.
Une femme le suit, presque folle, étouffant
Dans sa poitrine en feu le sanglot qui la brise.

L'autre, c'est un baptême. — Au bras qui le défend,
Un nourrisson bégaye une note indécise ;
Sa mère lui tendant le doux sein qu'il épuise,
L'embrasse tout entier d'un regard triomphant !

On baptise, on absout, et le temple se vide.
Les deux femmes, alors se croisant sous l'abside,
Échangent un coup d'œil aussitôt détourné ;

Et — merveilleux retour qu'inspire la prière, —
La jeune mère pleure en regardant la bière,
La femme qui pleurait sourit au nouveau-né !

Plus de mollesse parfois ; non pas plus de flamme, c'est la seule chose que me laissent à désirer ces beaux sonnets un peu tardifs, nés dans la patrie de Louise Labé. Mais quiconque a pratiqué et goûté les vieux maîtres de notre XVIe siècle ne saurait accorder trop d'estime à leur disciple original, à l'aimable et modeste poëte qui a eu de dures années de jeunesse et qui s'en dédommage aujourd'hui dans d'ingénieux loisirs ; qui aime la nature, la campagne, l'amour, l'amitié et toutes les belles et bonnes choses de l'art et de la vie.

— Le marquis *de Belloy* est un autre poëte dont le présent recueil nous donne des extraits. Cet homme de talent, modeste, lui aussi, autant que distingué, est connu au théâtre par de jolis actes en vers. Il a dès longtemps traduit Térence, en vers également, et il est encore à nous en faire jouir ; mais l'ouvrage manuscrit a obtenu bien des suffrages compétents, et les lectures que l'auteur en fait réussissent toujours. Il n'a manqué

aux deux recueils de poésies qu'il a publiés en 1854 et
1855 que peu de chose, et je ne sais quel rayon venu à
propos, pour être plus en vue et pour attirer l'attention.
M. de Belloy est aussi un poëte *de l'art;* il ne prodigue
pas ses impressions et ses émotions, il ne les exhale pas
au hasard; il les enferme dans une forme exacte et
pure. Trop plein de pudeur, et au lieu de parler en son
nom à un siècle qui n'entend pas les vers à demi mot,
il s'est déguisé ou enveloppé dans le carrick ou la douil-
lette d'un certain *chevalier d'Aï,* dont il a mêlé la prétendue biographie à ses poésies mêmes. Cela a dérouté.
Et pourtant il y a de charmantes pièces dans les recueils
de M. de Belloy, notamment celle-ci, un petit chef-
d'œuvre, que Brizeux savait par cœur et qu'il aimait à
réciter. Il s'agit d'une de ces beautés à la mode qui
baissent et qui savent encore réparer, à force de toilette et d'art, les premières traces des années; mais
qu'une jeunesse toute simple passe dans sa fraîcheur à
côté d'elles, et les voilà trahies, éclipsées. Vous toutes
qui savez tout ce dont se composent les mille et un
secrets d'une toilette éblouissante et réparatrice,
écoutez :

>   Art sublime d'un nœud, d'une tresse ou d'un pli,
>   Corsages à la fois voluptueux et chastes,
>   Toilettes d'un matin à défier l'oubli;
>   Étoffes dont le goût assortit les contrastes
>   Où tempère l'éclat, à dessein affaibli;
>
>   Adorables chiffons, terribles bagatelles,
>   D'inévitables traits arsenal chatoyant,
>   Gazes, crêpe, rubans, guipures et dentelles.

Moire, velours, damas, satin clair et bruyant,
Brodés, glacés, brochés, lamés, nous disent-elles;

Les fleurs, les diamants, ces soleils congelés,
La topaze, d'où sort comme une haleine chaude,
L'opale nuageuse aux doux rayons voilés,
Le saphir, nom divin! le rubis, l'émeraude,
Dont ses bras et son front ruissellent étoilés;

Tout ce que la nature a de riche et de frêle,
Tout ce qu'a pu rêver le goût le plus hardi,
Tout cet or répandu, tout cet art, tout ce zèle,
Pour que Suzon l'efface en robe d'organdi,
Ou qu'on dise : « Voyez comme elle est encor belle! »

Pourquoi cette pièce a-t-elle été omise dans notre Anthologie, dont elle était si digne? Je l'ignore. Celles qu'on a citées sont d'ailleurs fort bien, mais la précédente, ce me semble, est unique.

— Charles *Coran* est un poëte qui appartient à la famille de ceux dont je m'occupe aujourd'hui, et auxquels la nouvelle Anthologie a fait une place : c'est un poëte délicat. Aussi a-t-il eu contre lui le sort. On l'a oublié; on n'a pas assez remarqué dans le temps et signalé au passage deux recueils de lui (1840, 1847), pleins de fines galanteries, de rares et voluptueuses élégances. Le poëte en a souffert et s'est découragé. Aussi s'est-il tu depuis quinze ans. Il nous le dit lui-même en de bien jolis vers : voyant qu'on ne voulait pas du *vin* qu'il offrait et qu'il tirait de sa vigne, il l'a mis et couché bien cacheté au fond du cellier : que si dans trente ans on le découvre, on accordera peut-être à la vieille bouteille ce qu'on a refusé à la neuve : *de mon clairet*, dit-il, *on fera du mâcon*. Quoiqu'on soit loin de la trentaine, et qu'il n'y ait guère que quinze ans de cela, je crois que le moment est venu de faire goûter quelques-uns de ces jolis vers. Voici une pièce, par exemple (omise encore, je ne sais pourquoi, dans notre recueil), qui me semble exquise et parfaite à tous égards, et qui unit composition, grâce, malice. Cinq ou six chasseurs s'en reviennent un soir d'automne, après une journée de bonne chasse, et se rencontrent : l'un est fermier, l'autre marguillier, l'autre maire, un quatrième magister, se piquant de science et même d'astronomie. Mais avec eux il y a un poëte *incognito*, un amoureux. Cela s'intitule :

UNE FLAMME.

Chasseurs pris par la nuit, chasseurs lourds de gibier,
Nous rentrons au pays par un même sentier.
    — Mais là-bas quelle flamme brille?...

L'un de nous, fermier, dit : « — Au sommet du coteau
C'est Lucas, le berger gardien de mon troupeau,
    Dont le feu de sarment pétille. »

Un marguillier répond : « — Voisin, sans vous fâcher,
C'est la lune qui frappe, au faîte du clocher,
    Notre coq perché sur l'aiguille. »

Le maire de l'endroit poursuit : « — C'est un brûlot;
C'est un brandon d'émeute, un signal de complot.
    Çà, gendarmes, qu'on les fusille! »

« — Erreur, mes bons Messieurs, reprend un magister ;
Regardez-le marcher ; c'est le grand Jupiter :
  L'astre errant à vos yeux scintille. »

Moi tout bas à mon cœur j'ai dit : — C'est un flambeau,
C'est la cire qui brûle au balcon du château,
  Dans les mains de la jeune fille.

Le nocturne fanal, complice de l'amour,
Annonce au gai chasseur qu'on l'attend au retour,
  Minuit sonnant, près de la grille...

Eh bien, qu'y manque-t-il ? quel poëte grec de l'Anthologie, quel Méléagre, quel Léonidas de Tarente, quel Agathias ferait mieux ? Mais aussi de quoi s'avisait M. Coran de jeter au vent ces rimes amoureuses et riantes en 1847, en pleine politique, à la veille des révolutions ?

— Un dernier souvenir à l'un de nos anciens amis ou du moins à l'une de nos connaissances de jeunesse. Félix *Arvers*, qui n'a pas toujours visé très-haut dans l'art, qui n'a pas réalisé toutes les espérances qu'avaient fait naître ses brillants débuts, ses succès universitaires, qui s'est un peu dispersé dans les petits théâtres et dans les plaisirs, a eu dans sa vie une bonne fortune ; il a éprouvé une fois un sentiment vrai, délicat, profond, et il l'a exprimé dans un sonnet adorable. Ce n'est pas un de ces sonnets savants, fortement pensés, habilement ciselés, comme Soulary sait les faire ; c'est un sonnet tendre et chaste : un souffle de Pétrarque y a passé. Si Arvers a beaucoup péché, il lui sera beaucoup pardonné pour ce sonnet-là :

> Mon âme a son secret, ma vie a son mystère,
> Un amour éternel en un moment conçu :
> Le mal est sans espoir, aussi j'ai dû le taire,
> Et celle qui l'a fait n'en a jamais rien su.
>
> Hélas! j'aurai passé près d'elle inaperçu,
> Toujours à ses côtés, et pourtant solitaire;
> Et j'aurai jusqu'au bout fait mon temps sur la terre,
> N'osant rien demander et n'ayant rien reçu.
>
> Pour elle, quoique Dieu l'ait faite douce et tendre,
> Elle suit son chemin, distraite, et sans entendre
> Ce murmure d'amour élevé sur ses pas.
>
> A l'austère devoir pieusement fidèle,
> Elle dira, lisant ces vers tout remplis d'elle :
> « Quelle est donc cette femme? » et ne comprendra pas.

J'ai fait ma collecte de poésies. J'en suis revenu à ce qui fut longtemps mes amours. Nous tous qui portons des fardeaux, n'est-il pas naturel que le poids (fût-il le même) nous semble plus léger, si ce sont des roses?

Lundi, 27 octobre 1862.

LE MYSTÈRE DU SIÉGE D'ORLÉANS

OU JEANNE D'ARC (1)

ET A CE PROPOS

DE L'ANCIEN THÉATRE FRANÇAIS

Ce mystère (c'est ainsi qu'on appelait les pièces sérieuses et religieuses de notre ancien théâtre) est, à vrai dire, une sorte de drame historique dont Jeanne d'Arc est l'héroïne; il a été composé et sans doute représenté à Orléans au XVe siècle, de 1429 à 1470. Les érudits en ces matières l'avaient signalé depuis quelques années comme particulier et peut-être unique en son genre : il offre, en effet, le premier exemple d'un genre de drame historique national, trop peu cultivé de tout temps, quoique si indiqué, dont les rares productions se comptent, et qui n'a eu son retour tardif

(1) *Le Mystère du Siége d'Orléans,* publié pour la première fois d'après le manuscrit conservé à la bibliothèque du Vatican, par MM. F. Guessard et E. de Certain; 1 vol. in-4º; Paris, Imprimerie Impériale, 1862.

qu'au xviiie siècle dans *le Siège de Calais* de du Belloy, et dans *les Templiers* de Raynouard, sous le premier Empire. Mais avant d'en dire quelque chose, il est indispensable de parler du genre même des *Mystères,* duquel il n'est, après tout, qu'une variante; et cela nous mène à expliquer ce qu'était notre ancien théâtre; car tout s'y tient, et il n'est pas possible d'en prendre une juste idée sans remonter aux origines et le suivre dans ses progrès et son développement. Nous demandons, par conséquent, à faire ici un ou deux chapitres d'un cours de littérature. Si nous l'osions, si la patience de nos lecteurs nous y enhardissait, nous l'essayerions plus souvent.

Le théâtre français, dans sa partie sérieuse, émouvante et pathétique, dans ce qui n'est pas la comédie, a déjà eu une double existence bien distincte et qu'on peut dire accomplie. L'ancien théâtre, qui ne compte pas moins de trois siècles pleins, depuis le xiie jusqu'au xvie siècle, a eu les *Mystères :* le théâtre classique, qui embrasse à peu près la même durée (un peu moins) du xvie au xixe siècle, a eu la *tragédie*. Ces deux formes si inégales ont éprouvé chez nous des destinées bien différentes : la dernière, une des plus nobles formes de l'art, une des créations choisies de l'esprit humain, a fourni d'immortels chefs-d'œuvre et a mis pour jamais en lumière les noms les plus glorieux de notre littérature et de notre poésie; l'autre forme, au contraire, n'a promu à la célébrité (au moins chez nous) aucun nom d'auteur et de poëte, et n'a laissé, quoi qu'on s'efforce de faire aujourd'hui pour être juste, que des œuvres sans élévation, sans action durable et féconde. Les deux formes, la glorieuse et la triviale, ont pourtant cela de commun aujourd'hui d'être également mortes ; l'une l'est d'hier ou d'avant-hier, l'autre l'est d'il y a trois siècles : peu importe, elles n'en sont pas moins expirées comme genre actuel et vivant. « Allons, disais-je l'autre jour à mon cher et spirituel confrère Viennet, qu'il y a toujours plaisir à lutiner, parce qu'il est en fonds de riposte et qu'il a plus d'une corde à son arc ; allons, il en faut prendre son parti : la tragédie se meurt, la tragédie est morte. Il y a des genres qui s'en vont. La mer ne s'est-elle pas retirée d'Aigues-Mortes? »

Peut-être un jour reviendrai-je sur la tragédie considérée dans son ensemble, dans sa vie complète et sa carrière tant de fois recommencée et signalée par tant d'exploits, de grandes journées et de monuments. On aurait, pour cette sorte de biographie collective de tout un genre si considérable, à profiter et à s'aider d'un savant travail récent, d'un chapitre substantiel et complet de M. Édélestand du Méril (1). On devrait tenir

(1) Dans le volume intitulé : *Études sur quelques points d'Archéologie et d'Histoire littéraire* (Paris, librairie Franck, 1862). Ce chapitre sur la *tragédie* commence par le résumé le plus exact et le plus instructif de ce qu'a été le genre antérieur à la renaissance de la tragédie en France, c'est-à-dire par un résumé de ce qu'ont été les Mystères mêmes, depuis leur origine au Moyen-Age jusqu'au XVIᵉ siècle. Il ne se peut rien de plus précis et de plus nourri. M. Édélestand du Méril est un savant qui passe tant et de si longues heures solitaires dans son cabinet, et qui a tellement fui la popularité et le bruit, qu'on l'a pris au mot en France : il est plus apprécié en Europe que dans son pays.

compte aussi des considérations ingénieuses, et fondées en raisons et en exemples, de M. Victor Fournel (1). Mais aujourd'hui nous n'en sommes qu'aux Mystères, à ce qui tient lieu, jusqu'à un certain point, de la tragédie au moyen âge.

Là surtout de nombreux et excellents travaux critiques, d'abondantes publications qui datent de quelques années seulement, ont fort éclairci la question et ne laissent guère aux critiques amateurs et divulgateurs, comme nous, que le soin de les bien reproduire et de les résumer, sauf à y mêler chemin faisant un jugement et une réflexion.

I.

On sait les vers de Boileau; je ne les rappellerai que pour dire à ceux qui y croient encore qu'ils ne sont plus, historiquement parlant, d'aucune valeur. Ce n'est pas un reproche qu'on fait à Boileau, lequel n'était pas obligé de savoir l'histoire littéraire mieux qu'on ne la connaissait de son temps :

> Chez nos dévots aïeux le théâtre abhorré
> Fut longtemps dans la France un plaisir ignoré;

---

(1) Voir, dans le volume qu'il vient de publier, et qui a pour titre: *la Littérature indépendante et les écrivains oubliés* (Paris, librairie Didier, 1862), le premier chapitre sur les origines du *drame* en France. M. V. Fournel nous promet de développer un jour ce sujet qui lui est familier et qu'il a longuement mûri, dans un ouvrage à part.

> De pèlerins, dit-on, une troupe grossière,
> En public, à Paris, y monta la première,
> Et sottement zélée en sa simplicité,
> Joua les Saints, la Vierge et Dieu par piété.
> Le savoir, à la fin, dissipant l'ignorance,
> Fit voir de ce projet la dévote imprudence :
> On chassa ces docteurs prêchant sans mission...

On ne sait de quels pèlerins veut parler Boileau. Les *Confrères de la Passion*, auxquels il semble faire allusion, n'étaient point des pèlerins. Ces *Confrères*, honnêtes bourgeois et paroissiens de la capitale, qui se réunissaient d'abord à Saint-Maur, près Paris, vers 1398, et qui se constituèrent ensuite à Paris même, en 1402, avec privilége de Charles VI, pour jouer, comme leur nom l'indiquait, la *Passion* et Résurrection de Notre-Seigneur, ne firent d'ailleurs qu'inaugurer et fonder l'époque régulière du théâtre; il y avait avant eux des représentations dramatiques de plus d'un genre, extraordinaires, locales, à certains jours de fête et de solennité. C'est ce qui a été surabondamment démontré par les érudits modernes qui se sont occupés de ces questions.

Un de ces érudits, et des plus regrettables, qu'on vient de perdre et qui était à la fois un écrivain élégant, M. Magnin, va plus loin : dans ses ingénieuses recherches sur les origines du Théâtre moderne, il tendrait à admettre qu'il y a eu aussi peu d'interruption que possible dans l'exercice de cette *faculté dramatique* qui est inhérente à l'esprit humain, et il en recueille partout des vestiges. C'est ainsi que quelques pièces latines, composées à l'imitation de Térence, mais sur des sujets d'édification, par Hrotsvitha, une religieuse allemande du xᵉ siècle, du monastère de Gandersheim en Saxe, lui paraissent avoir dû être représentées en effet, et il y voit un fait considérable. Selon lui, cette abbaye de Gandersheim aurait été au xᵉ siècle comme la royale maison de Saint-Cyr au xvɪɪᵉ, un théâtre de représentations dramatiques choisies; il l'appelle un des glorieux berceaux de l'art des Lope de Vega, des Calderon et des Corneille. Au contraire, M. É. du Méril estime que « les six légendes que Hrotsvitha a mises en dialogue sont sans doute de véritables essais dramatiques imités de Térence, mais d'une imitation toute littéraire, sans aucune pensée de représentation : c'est un *livre* qui ne s'adresse qu'à des savants. » Et il s'applique à démontrer cette opinion. M. Moland, de même, pense que ce sont des « exercices de rhétorique » qui pourraient bien n'avoir jamais été joués, et qui n'appartiennent pas aux origines de l'art moderne, mais à la décadence de l'art ancien.

En fait, les théâtres littéraires étaient, il y avait beau jour, fermés au xᵉ siècle. L'Église avait dès longtemps anathématisé le théâtre et l'avait dénoncé comme une école d'indécence et d'impureté : ce n'était pas pour le rétablir aussitôt après son triomphe et le tolérer sous une autre forme. Certaines fêtes populaires, certaines mascarades et débris de bacchanales, des déguisements en bêtes, avaient pourtant survécu en bien des lieux et résisté à toutes les défenses : c'étaient, si l'on veut, des représentations dramatiques sous leur forme la plus grossière. Il put y avoir de la sorte, entre les anciens histrions et les modernes jongleurs ou farceurs, une espèce de filiation non interrompue, de carrefour en carrefour, de taverne en taverne : « Ces rudiments du drame n'ont pas d'histoire publique et n'en pouvaient avoir aucune, leurs archives consistant surtout dans les prohibitions de l'autorité ecclésiastique. » Laissons ces choses de bas lieu dans leur poussière et dans leur fange, et attachons-nous à ce qui compte véritablement, à ce qui recommence.

Le drame recommença au sein de l'Église sans que celle-ci, pour ainsi dire, s'en aperçût, et sans qu'elle s'avisât que c'était le drame qui renaissait. On revit là ce qui s'était déjà produit dans l'Antiquité aux origines de la tragédie : on le sait, la tragédie antique ne fut dans les premiers temps qu'une ode sacrée, toute simple, puis chantée par un double chœur qui tournait et retournait autour de l'autel ; le dialogue s'y introduisit subsidiairement et n'y fut d'abord que secondaire. Plutarque, convaincu de cette origine religieuse, allait même jusqu'à faire venir le mot de *théâtre*, θέατρον, du mot grec qui signifie *Dieu*, Θεός. Dans l'Église chrétienne, au moyen âge, les choses se passèrent d'une façon analogue. On a pu montrer, dans une analyse faite avec autant de gravité que de science, comment la messe au complet, dont la partie essentielle est la consécration, le sacrifice et la communion, avait été graduellement formée, agrandie, enrichie, constituée enfin dans toute sa pompe et sa majesté, de manière à devenir le drame sacré et liturgique par excellence.

A cette messe catholique, complète au moyen âge et d'une si magnifique solennité, se surajoutaient, aux jours de grandes fêtes, toutes les sévères et intéressantes variétés de la vie chrétienne. Noël, la Passion, Pâques et la Résurrection, c'étaient autant de sujets de dialogues ou de petites scènes dramatiques admises dans la liturgie ou tout à côté. L'office de Pâques offrait notamment tout un drame complet. Et ce ne sont pas là de simples manières de dire; dans les *proses* liturgiques latines les plus anciennes qui se chantaient et se chantent encore à Pâques, le chœur où les disciples s'adressent brusquement à Marie-Madeleine qui revient du sépulcre et qui, la première, a vu Jésus ressuscité : « *Dic nobis, Maria...* Dis-nous, Marie, qu'as-tu vu sur le chemin? » Et Marie est censée répondre : « J'ai vu le sépulcre du Christ vivant et le ressuscité dans sa gloire... » et tout ce qui suit. Cette prose dialoguée et rimée était quelquefois mise en scène, comme on voit par un ancien manuscrit que cela se passait dans la cathédrale de Sens au xiie siècle. Des clercs en chape blanche représentaient les trois Maries, c'est-à-dire Marie-Madeleine, Marie, mère de Jacques, et une troisième Marie, qui ne serait autre que Salomé. Des enfants de chœur « vêtus de blanc, avec une étole violette et de grandes ailes, » figuraient les Anges. Il y avait là un mystère en germe; et, en effet, ce mot de *mystère* signifiait primitivement office ou service divin : un même mot pour deux choses très-voisines et encore unies, qui se confondaient.

Ce petit drame dit des *Trois Maries*, se retrouve à des degrés divers de développement, mais sous forme également liturgique et toute latine, dans des textes qui nous ont été conservés du moyen âge. De même, le mardi de Pâques, il y avait toute une représentation de Jésus-Christ apparaissant aux disciples d'Emmaüs, cette scène touchante et lumineuse qui a depuis inspiré de si grands peintres. Enfin, outre cette apparition aux saintes femmes et aux disciples, il y en avait une tout exprès pour saint Thomas l'incrédule, et qui se passait également sous les yeux des fidèles. C'étaient de véritables *mystères* de Pâques, des commencements et des velléités de pièces saintes.

Un jésuite très-instruit, le Père Cahour, qui se livre à d'utiles travaux de littérature, vulgarisant et développant à son point de vue les résultats des premiers investigateurs, s'est attaché à faire valoir les mérites et l'espèce de pathétique grave et majestueux de cette sorte de drame primitif moderne qui était une annexe de l'office divin les jours de grandes fêtes, qui fleurissait et se déroulait dans le sanctuaire et avait sa racine jusque sous l'autel. L'Église, en autorisant ces variantes et ce luxe de la liturgie, recommençait, ai-je dit, le théâtre : il est donc tout naturel que de savants religieux de notre temps, tels que le Père Cahour et aussi l'un des Bénédictins de Solesmes, Dom Piolin, se soient occupés presque en critiques littéraires, et avec prédilection, de cette branche dramatique sacrée : quand tout se passe et se *joue* devant l'autel et que rien ne dépasse le jubé, les La Harpe, les Duviquet peuvent être très-convenablement des clercs et des religieux ayant stalle au chœur. — Un autre écrivain très-versé en ces matières du moyen âge, et qui a même porté dans ses travaux sur les chants d'Église une sagacité originale et une investigation de première main, M. Félix Clément, a également insisté sur la grandeur, sur l'effet et la convenance de ces hymnes, de ces *proses* en action, de ces petits drames tout religieux qui se rapportaient au temps de l'Avent et aux fêtes de Noël, et en a rétabli le caractère. Il a même combattu, comme des esprits prévenus et préoccupés de trouver partout le ridicule et le grotesque, ceux qui ont ri plus qu'il ne fallait d'une *fête des Fous*, d'une *fête de l'Ane*, célébrées à l'époque de la Circoncision, et, qui, tout en se moquant, ont commis, à ce qu'il paraît, quelques bévues singulières ; et il a montré dans tous les cas que ces plaisanteries n'atteignaient pas le haut moyen âge (1). Il y a eu incontestablement en ces siècles reculés une première époque assez simple et sévère, fervente, se suffisant à elle-même, et dont on peut retrouver à certain degré le sentiment, l'esprit d'édification et d'adoration, en se replaçant par la pensée en présence de cette liturgie vivante, à distance respectueuse de l'autel, au vrai point de vue des fidèles d'alors et des célébrants.

(1) Voir, dans l'*Histoire générale de la Musique religieuse*, par M. Félix Clément (1 vol. in-8°, librairie Le Clere, 1860), le chapitre deuxième de la première partie, qui traite *des drames liturgiques dans les églises*. — Les travaux du Père Cahour peuvent se lire dans les *Études de Théologie, de Philosophie et d'Histoire*, recueil publié par les Pères Daniel et Gagarin, septembre 1859, mars et juin 1860. — Mais, avant tout, il faut se reporter à la source et au puits d'érudition, aux *Origines latines du Drame moderne*, par M. Édélestand du Méril (1 vol. in-8°, 1849).

C'est le point de vue le plus opposé, sans doute, à l'esprit de la Renaissance des XVe et XVIe siècles, à cet esprit à demi païen, à demi moderne, qui renouvelait alliance avec l'antiquité, pour partir de là d'un pied ferme et reconquérir le monde. Mais la première condition de l'esprit critique bien entendu est (sans cependant tout niveler dans son estime) de reprendre chaque grand fleuve à sa source, chaque grande production et végétation humaine à sa racine, et de la suivre dans son vrai sens et comme *de droit fil* pour la bien posséder tout entière et être ensuite à même d'en juger tout à fait pertinemment, par comparaison avec d'autres, et en pleine connaissance de cause.

Daignons donc nous bien figurer l'effet que devaient produire de telles représentations, réglées en quelque sorte sur l'hymne, contenues au sanctuaire, graves, pathétiques, touchantes et toujours augustes, — je ne dis pas précisément sur le peuple, il ne comprenait que l'ensemble, le mouvement et la mimique en quelque sorte, l'image majestueuse des choses, il ne savait pas les langues savantes, — mais sur tout ce qui était *clerc* et lettré. Comme de telles représentations devaient alimenter et fortifier les âmes croyantes, remplir leur imagination, satisfaire à leur besoin de sensibilité! Comme cela les accoutumait à ne jamais séparer en idée le beau et le tendre du saint! Comme toutes les facultés humaines y trouvaient à la fois leur compte; et que l'on conçoit bien que les saint Bernard, les saint Bonaventure et toutes ces âmes mystiques et ardentes qui nous sont personnifiées sous de tels noms, y trouvassent leur fête et leur complet rassasiement!

Ce témoignage sincèrement rendu à ce qu'on appelle le haut moyen âge, il faut voir le drame religieux se détachant par dégrés de l'autel, traduit, délayé en langue vulgaire (et bien vulgaire en effet); il nous paraîtra déchu.

Cependant les idiomes modernes, tels quels, étaient nés, ils étaient sortis de leurs langes et faisaient de toutes parts leurs vives et gaies enfances, leurs premières jeunesses; le commun des gens, le peuple, avait besoin de drames à lui, avait faim de spectacles également dévotieux et émouvants, qu'il entendît, dans lesquels il intervînt et eût sa large part. On avait déjà commencé de la lui faire dans les drames *farcis :* on appelle ainsi de petits drames dans lesquels, par égard pour l'auditoire et le populaire qui n'entendait pas le latin, on consentait à introduire une part de français. C'était un premier degré de sécularisation, un premier pas vers le profane; mais ce pas ne se fait pas encore hors de l'Église; si l'on sort du sanctuaire, on ne sort pas de la nef. Il y a là une forme transitoire, intermédiaire. On a un exemple de ces petits drames *farcis* dans le mystère des *Vierges sages* et des *Vierges folles;* elles y parlent en latin avec un refrain en roman ou provençal; ailleurs, l'entrelardement devait être en français.

C'est ainsi que, par degrés, on en vient aux drames les plus anciens composés d'un bout à l'autre en langue vulgaire; et, dès ce moment, on sort tout à fait du sanctuaire et même de l'église. En effet, s'il est certain, d'après la remarque de M. Magnin, qu'on a chanté dans un grand nombre d'églises et dans certaines processions, aux XIIe et XIIIe siècles, des hymnes et cantiques en langue vulgaire, à la gloire des saints du lieu, ou bien encore la veille ou le jour des grandes fêtes; si les exemples de ces *chants* particuliers qui n'étaient pas en latin, et qu'on tolérait malgré les canons, sont nombreux et irrécusables, on n'a pas jusqu'ici d'exemple avéré d'un mystère tout en français représenté dans l'intérieur d'une église. On les jouait dehors et devant, sur la place du parvis, aussi près que possible du saint lieu, mais non plus dedans; — et voilà enfin le théâtre.

II.

Le premier et le plus ancien exemple qu'on ait d'une production dramatique en français, en dialecte anglo-normand, est celui d'*Adam,* publié pour la première fois en 1854 par M. Victor Luzarche, d'après un manuscrit de la bibliothèque de Tours. Ce drame, dont la composition remonte au XIIe siècle, est au premier rang parmi les très-rares échantillons que l'on possède du drame purement religieux, — ou *hiératique* comme disent les savants, — en vieille langue française. On n'avait jusque-là que des fragments.

Adam, c'est le drame à la fois extérieur à la liturgie et adhérent encore à l'Église, au moment où il va s'en détacher : si j'osais, en faveur de l'exactitude, usurper une image chirurgicale, je dirais que l'enfant tient encore à la mère, et que le cordon n'est pas encore coupé. Le théâtre est tout contre le portail ou la sacristie. L'acteur qui fait Dieu le Père sort de l'église et y rentre alternativement; les ornements sacerdotaux sont employés dans la représentation; l'église est à la fois coulisse, vestiaire. Les indications scéniques, les avis aux acteurs sont encore en latin, ce qui suppose qu'ils l'entendaient et qu'ils étaient *clercs*, plus ou moins prêtres.

M. Moland, à qui nous sommes heureux de rendre en ce moment toute justice pour les lumières qu'il a répandues à son tour sur ces questions littéraires du moyen âge, a donné une fort bonne analyse de ce drame et de toute la légende d'*Adam,* dont il a suivi les progrès ou altérations en ces siècles de crédulité active et d'invention sourde et continue (1).

Adam, notre premier père, est le héros de ce premier drame retrouvé. Le sujet est le *Paradis perdu* et ses conséquences, le même sujet que celui de Milton. La scène représente d'abord le Paradis, et le livret donne à cet égard des indications précises :

« Que le Paradis soit établi sur un lieu élevé, nous dit l'auteur ou l'ordonnateur du *jeu* dans le cas prévu où nous voudrions monter la pièce; qu'on tende tout autour des courtines et des étoffes de soie à une hauteur telle que les personnages qui seront dans le Paradis ne puissent être vus qu'à partir et au-dessus des épaules. Qu'on voie des fleurs odoriférantes et des feuillages; qu'il y ait divers arbres et des fruits pendant aux branches, afin que ce lieu paraisse très-

(1) *Origines littéraires de la France,* par M. Louis Moland, un volume in-8º, librairie Didier, 1862.

agréable. Qu'alors vienne le Sauveur (Dieu) revêtu d'une dalmatique, et que devant lui se tiennent Adam et Ève. Qu'Adam soit vêtu d'une tunique rouge, mais Ève d'un vêtement de femme blanc, avec un voile de soie blanc, et que tous deux se tiennent debout devant la Figure (la *Figure*, c'est le nom par lequel Dieu est habituellement désigné dans le courant de la pièce), Adam plus rapproché pourtant, le visage respectueux, Ève la tête un peu plus inclinée. »

Tout ceci est pour la mise en scène ; ce qui suit est pour la récitation ; écoutez ! nos ancêtres n'étaient pas si novices, du premier coup, que nous nous plaisions à le croire :

« Qu'Adam lui-même soit bien enseigné pour donner à propos la réplique, et qu'il ne soit ni trop prompt ni trop lent à répondre. Et non-seulement lui, mais que tous les personnages soient également exercés à parler comme il convient, et qu'ils fassent le geste en rapport avec la chose dont ils parlent ; et que dans les rhythmes (les vers) ils n'ajoutent ni ne retranchent une syllabe (cet avis du xiie siècle n'aurait-il pas bien pu s'adresser encore à plus d'un tragédien ou d'une tragédienne que nous avons entendus ?), mais qu'ils prononcent tout avec fermeté, et que tout ce qui est à dire soit récité avec ordre et suite. Que tous ceux qui auront à nommer le Paradis le regardent et l'indiquent de la main. »

Ce n'est pas tout : indépendamment des acteurs proprement dits, il y a un *lecteur* et un *chœur*, comme si l'on était dans l'église. Le lecteur lit de scène en scène, et en latin, les versets de la Bible qui correspondent au développement du drame, et le chœur, avec accompagnement de musique sans doute, chante les répons. Le drame va être ainsi une sorte de Bible historiée, le *verset* dévoloppé, paraphrasé, mis en action et en personnages. Et tout d'abord la lecture commence par le premier chapitre de la Bible : *In principio creavit Deus cœlum et terram*, qui est comme l'ouverture et le prologue du drame; et le chœur chante aussi un ou plusieurs versets qui font symphonie. Tout cela est encore indiqué dans le livret. Après quoi la *Figure*, Dieu, qui vient de former le premier homme du limon, l'appelle par son nom *Adam*; celui-ci répond : *Sire !* et la première scène commence, un dialogue de Dieu avec Adam, puis avec Ève. Dieu les sermonne tous deux. Insistant avec Adam en particulier sur la félicité qui lui est destinée, et lui montrant le jardin du Paradis, Dieu y introduit lui-même le couple humain. Puis on entend un nouveau chant du chœur, le verset latin de la Bible qui se rapporte à cette entrée dans le Paradis terrestre. Chaque verset ainsi chanté est comme le coup d'archet, le petit air de violon à nos théâtres du boulevard, qui signale la fin ou le commencement d'une scène.

On comprend très-bien que ce n'est plus ici le drame en langue vulgaire qui essaye d'entrer timidement dans l'église et de s'y faire tolérer en se faufilant tant bien que mal à travers le latin, c'est la liturgie cette fois qui sort du sanctuaire pour aller au-devant du drame, pour lui donner comme une première consécration et bénédiction sur la place publique. Mais, en retour, le drame ainsi encadré dans un récitatif d'église n'est que la paraphrase du texte sacré; il ne peut s'émanciper, il est à chaque instant averti et retenu : il est encore mené à la lisière.

Et de plus, en véritable petit enfant qu'il est, il ne fait que bégayer aussi. Cela est sensible. Dieu tout d'abord parle à Adam en ces termes :

« Écoute, Adam, et entends ma raison. — Je t'ai formé ; maintenant, je te donnerai tels dons : — toujours tu peux vivre, si tu tiens mon sermon, — et tu seras sain et ne sentiras pas le frisson (la fièvre); — tu n'auras faim, par besoin ne boiras; — tu n'auras froid, ni chaud ne sentiras. — Tu seras en joie, et jamais ne te lasseras, — et en déduit, ni douleur ne sauras. — Je te le dis à toi, et je veux qu'Ève l'entende; — si elle ne l'écoute, elle s'afoloie (elle fait folie). — De toute terre avez la seigneurie, — d'oiseaux, de bêtes et de toute la maisnie. — Peu vous souciez de qui vous porte envie, — car tout le monde vous sera enclin et soumis. — En votre corps (votre personne) je mets le bien et le mal; — qui a tel don n'est pas lié à un pal (à un pieu, — c'est-à-dire est libre), etc., etc... »

On le voit, Dieu parle d'une manière bien enfantine : nous voilà tombés dans la rue et dans le populaire ; adieu la belle liturgie! toute la gravité du latin a disparu. Mais, en revanche, le bourgeois qui comprend et qui s'apitoie sur le sort de nos premiers parents verse une larme qui aura plus d'une occasion de couler encore durant ce tableau parlant. Ce n'est plus cette liturgie dramatique du chœur et du sanctuaire où éclate en hymnes si richement rimées et comme en rosaces magnifiques le talent et le bel esprit d'un saint Bernard; c'est déjà le régal et l'émotion de la foule. Le premier venu y prend sa part.

Je ne continuerai pas une analyse qui nous mènerait trop loin et qu'on trouve ailleurs. Le meilleur endroit de la pièce est le dialogue entre Ève et Satan ; et en général, dans cet *Adam* primitif, il y a le sentiment du dialogue, assez de rapidité, de brièveté :

« Je vais cherchant ton profit, ton honneur, dit Satan. — *Ève* : Que Dieu le donne ! — *Satan* : N'aie peur ; il y a long-temps que j'ai appris tous les conseils du Paradis ; je t'en dirai une partie. — *Ève* : Commence, et je t'écouterai. — *Satan* : M'écouteras-tu ? — *Ève* : Oui bien ; je ne te blâmerai de rien. — *Satan* : M'en garderas-tu le secret ? — *Ève* : Oui, par ma foi ! — *Satan* : Sera-t-il découvert ? — *Ève* : Non par moi. »

En diable qui sait son métier, il commence par lui dire un peu de mal de son mari ; car il a déjà essayé de le tenter, lui, mais inutilement :

« J'ai vu Adam, il est trop fol (trop bête). — *Ève* : Il est un peu dur. — *Satan* : Il s'amollira ; il est plus dur que n'est enfer. — *Ève* : Il est très-franc (libre). — *Satan* : Dis plutôt serf, esclave. Il ne veut prendre soin de lui ; il devrait le faire au moins pour toi. Tu est faiblette et tendre chose... »

Voici les compliments à la femme qui commencent, et ils sont très-délicats :

« Tu es plus fraîche que n'est rose ; tu es plus blanche que cristal, *que neige qui tombe sur glace en val* (dans un vallon). Le Créateur a fait là un triste couple ; tu es trop tendre, et lui trop dur. Mais tu es cependant plus sage ; en grand sens il a mis ton courage (ton cœur) ; pour cela il fait bon s'adresser à toi. Je veux te parler... »

C'est assez vif, c'est sobre et assez fin : cela ne manque ni de grâce ni d'une naïveté assez heureuse.

Ève est gagnée; mais il s'agit d'Adam : il a vu le Diable causer avec elle, et il n'est pas content. Le voyant venir, Satan s'est éloigné et s'en est allé dans l'Enfer, qui est là figuré quelque part au bas de l'échafaud. Puis il revient presque aussitôt sous une autre forme, sous celle d'un serpent qui monte à l'arbre, et ce n'est qu'après l'avoir écouté de nouveau et avoir fait mine de lui prêter l'oreille qu'Ève présente la pomme à Adam. On remarquera ce serpent artificiel (*artificiose compositus*) qui va de lui-même s'enrouler autour du tronc de l'arbre défendu. Il y avait dès lors des machines, des *trucs* qui étonnaient et attachaient les spectateurs.

Toute cette première partie du drame devait être assez touchante dans sa naïveté. Le fruit mangé, Adam sent à l'instant sa faute, et il se baisse contre terre. Et alors, «sans pouvoir être vu du peuple,» il dépouille les beaux habits qu'il avait eus jusque-là, et il revêt de pauvres vêtements tissés de feuillages, commençant ses lamentations et ses *hélas!* proférant ses invectives et ses récriminations contre Ève. Après un petit chant du chœur qui succède, Dieu ou la Figure paraît, revêtue d'une étole : « *Adam, ubi es?* Adam où es-tu? ». Alors tous deux comparaissent, non pas tout à fait droits et debout, mais, à cause de la honte de leur péché, tant soit peu courbés et fort tristes. Après les excuses qu'ils essayent de balbutier, Dieu fulmine les malédictions contre le serpent et lance contre eux les terribles menaces, les prédictions de malheur, en se réservant toutefois la pitié et la miséricorde :

« En enfer irez sans répit; ici les corps auront exil, les âmes en enfer péril. Satan vous aura en sa puissance; il n'est homme qui vous vienne en aide, par qui vous soyez secourus, si, moi, je ne prends pitié de vous ! »

Voilà le dernier mot clément, qui laisse la porte ouverte à l'espérance; et, selon la remarque de M. Moland, c'est cette même arrière-pensée de miséricorde, terminant la sentence divine, qui a inspiré plus tard à Milton de faire descendre, pour juger l'homme déchu, non le Père, mais le Fils, le futur Rédempteur en personne, le « doux juge et intercesseur à la fois, » venant porter la sentence avec une colère tranquille « plus fraîche que la brise du soir; » et en même temps qu'il condamnait les coupables en vertu de la loi de justice, les revêtant incontinent, corps et âme, dans leur nudité, les aidant en ami, et faisant auprès d'eux, par avance, l'office du bon serviteur, de celui qui lavera un jour les pieds de ses disciples : admirable et bien aimable anticipation du rachat évangélique et des promesses du salut !

Et ici, ce grand nom de Milton prononcé, laissons-nous reporter, comme contraste, au souvenir de ces premiers chants du *Paradis* qui assiégent notre pensée, depuis que nous lisons ces balbutiements informes du vieil auteur dramatique inconnu. Milton a donné à ce sujet biblique la seule invention, la seule profondeur, le seul *recul* possible, en remontant par delà le commencement jusqu'à la chute des Anges, en nous transportant au milieu de ces démons précipités dont Satan est le roi, et qui, de loin, ont ouï parler confusément d'une nouvelle création, d'un nouvel être devenu le favori du Tout-Puissant. Le voyage de Satan dans l'espace, hors du chaos, à la découverte, son arrivée aux limites du monde nouvellement créé, son déguisement, son entrée furtive dans le Paradis, le spectacle de bonheur et de délices conjugales dont il est témoin et qui le navre d'envie, ce premier tableau divin et unique du *bonheur dans le mariage,* tout cela prépare, inquiète, intéresse, ouvre des horizons immenses, crée un fond, une perspective antérieure, donne à la scène tout son sens et toute sa portée, fait de la place à l'action qui va suivre. Mais, pour s'élever à une telle conception, il fallait, outre le génie d'abord et le don individuel, il fallait une poésie non contrôlée, non tenue en laisse ou conduite à la lisière par le prêtre de la paroisse lisant sa leçon entre deux scènes ; il fallait une poésie biblique émancipée doublement et par la Réforme et par la Renaissance, un poëte chrétien ayant lu Homère, ayant senti Luther, ayant connu Cromwell, ayant vu sortir déjà tous les fruits amers et féconds de l'arbre de science.

Ici, dans notre pauvre drame, rien, ou aussi peu que possible ; pas même de ces effets tout naturels que suggérait immédiatement le sujet. Ainsi, dans la seconde partie ou, comme nous dirions, dans l'*acte* suivant, lorsque Abel est tué par Caïn, notre vieil auteur qui avait compris que le premier crime, effet de la chute, étant celui de Caïn, il en devait faire son second tableau, a manqué cette idée si naturelle dans un drame d'*Adam* où l'on met en scène le meurtre d'Abel, de nous montrer notre premier père auprès du cadavre de son fils et contemplant avec effroi ce que c'est que cette mort que sa désobéissance a introduite dans sa race. Le vieil auteur, en étant si près d'un grand effet dramatique sans le saisir, a prouvé qu'il ne savait pas encore son métier.

Le métier ne viendra que plus tard et peu à peu; il ne paraîtra au complet, dans tout son développement et son savoir-faire, qu'au xve siècle, époque où est épanoui et a régné en plein le genre des Mystères. Le malheur est que, même alors, il n'y ait eu nulle part ni à aucun moment chef-d'œuvre dans l'ordre dramatique religieux. Non qu'il fût impossible qu'un poëte de talent et de génie naquît vers le xve siècle et, moins gêné alors par les données et les règles de la tradition sacrée, ne marquât de son cachet une œuvre qui fût par quelque coin originale et d'un mérite encore appréciable aujourd'hui. Mais cette rencontre heureuse a manqué, n'en déplaise à ceux qui voudraient à toute force découvrir aujourd'hui ce génie absent. Cependant, et malgré cette lacune, il y a eu, à cet extrême déclin du moyen âge, un grand théâtre religieux qui compte *historiquement* et qui est un témoin considérable des mœurs et des goûts de l'époque. Cela complète la série des faits humains, sans que le trésor de l'esprit humain en soit augmenté. C'est ce que je chercherai à bien établir. Le point de vue du goût et le point de vue historique sont distincts: ne sacrifions pas l'un à l'autre, et ne les confondons pas non plus.

Lundi, 3 novembre 1852.

LE MYSTÈRE DU SIÈGE D'ORLÉANS

OU JEANNE D'ARC

ET A CE PROPOS

DE L'ANCIEN THÉATRE FRANÇAIS (1).

(SUITE.)

Je voudrais, avant de continuer, qu'on eût bien présentes ces origines de notre ancien Théâtre telles qu'on les peut surprendre en remontant aussi haut que pos-

(1) En citant, dans le précédent article les travaux des savants qui se sont occupés du drame liturgique ou sacré au moyen âge, j'ai négligé, à tort, d'indiquer le récent ouvrage tout spécial de M. de Coussemaker, *Drames liturgiques du moyen âge*, texte et musique (un beau vol. in-4°, librairie archéologique de Didron, 1861.), et les nombreux articles publiés sur ce sujet par M. Didron lui-même dans les *Annales archéologiques* qu'il a fondées et qu'il dirige depuis 1844. M. Didron, ce vrai pionnier du moyen âge, n'a cessé d'être un provocateur et un promoteur utile et des plus méritants dans cette branche de recherches qui semblent aujourd'hui arrivées à leur terme.

sible dans le moyen âge. Même dans le cadre resserré où je me suis tenu, on a pu saisir parfaitement la marche et le progrès naturel du *Mystère* ou jeu dialogué, et par personnages, de sujets religieux et sacrés :

D'abord il se passe dans le sanctuaire et dans l'église, et est tout latin ;

Puis, dans son premier mélange, à l'état de drame *farci*, c'est-à-dire dans son latin entrelardé de français, il se tient dans l'église encore ;

Puis, tout en français, mais encore timide, s'écartant peu des textes sacrés et, pour ainsi dire, attenant à l'église, il se joue *tout contra* et devant.

C'est cette dernière forme dont la pièce d'*Adam* nous a offert un premier exemple ; j'en ai indiqué les mérites bien commençans, bien élémentaires, rudes et grossiers encore. Cette pièce, assurément, n'était pas la seule en son genre ; il y en eut sans aucun doute plus d'une sur le même sujet depuis le xiie siècle, et chaque fois qu'on y revenait (on peut le conjecturer sans crainte) le sujet était traité avec un développement croissant, était poussé plus loin. Peu à peu tout l'Ancien et le Nouveau Testament y passèrent et y défilèrent, mis et traduits en scènes et en personnages ; et les Vies des Saints, et les Miracles de la Vierge également. On brodait, on amplifiait, on y introduisait des légendes et des traditions de toutes mains ; on y intercalait des scènes vulgaires, d'une vérité et d'une *copie* contemporaine attachante. Le théâtre s'élargissait en tout sens ; il envahissait la place publique. Selon une très-heureuse expression pittoresque, on aurait dit, à de certains jours, que ces centaines de statues et de figures qui peuplaient les portails et les vitraux des cathédrales descendaient de leurs niches et de leurs verrières pour jouer en personne leur histoire devant le peuple (1). Cela était devenu, au xve siècle, un genre dramatique régnant, débordant, universel ; le xve siècle, dans toute sa durée, fut l'âge florissant des Mystères. Il y a ainsi, pour les divers genres littéraires, des heures plus ou moins favorables et comme des tours de rôle : après des années de retard et d'attente, tel genre qui était primé par d'autres passe à son tour sur le premier plan et se donne toute carrière. Les Mystères qui avaient mis deux siècles à croître et à se former eurent ainsi leur promotion finale : le bas moyen âge est l'époque de leur entière célébrité et de leur triomphe. Est-ce à dire que nous allions trouver quelque œuvre qui soit un monument ?

Ah ! si l'on fait pareille étude sur les origines du Théâtre des Grecs, on est sûr d'y trouver son compte, d'être bientôt récompensé de la sécheresse des débuts. On a devant soi, et comme échelonnés de distance en distance, Eschyle, Sophocle, Euripide. Jusque dans les portions arides et tout en gravissant les premières pentes raboteuses, on a de loin en vue d'admirables temples, des colonnes de marbre pur se détachant sur une mer bleue, se découpant dans un ciel serein.

Ici rien de tel : nos perspectives, en avançant dans cette voie des Mystères, ne sont que des entassements

---

(1) Cette image si bien trouvée est de M. Didron.

de foule plus ou moins endimanchée et de confus échafauds. La cathédrale devant laquelle on joue peut être belle; l'échafaudage, malgré les tentures et les magnificences d'un jour, n'est pas beau, — ni les masques non plus. Les grands et immortels drames de *Polyeucte,* d'*Esther,* d'*Athalie,* ne sont pas la suite et la continuation de ce premier mouvement et de cette production dramatique religieuse qui a fini sous les risées au XVIe siècle. Il y eut interruption totale, et il fallut tout recommencer.

Dans le genre de la Farce et de la Comédie, ç'a été bien différent : Molière avec ses chefs-d'œuvre, au moins avec quelques-unes de ses pièces les plus gaies, est au bout de la comédie même du moyen âge et du XVe siècle : en attendant le grand homme et la grande comédie, la petite pièce a des récréations charmantes à offrir chemin faisant, presque à toutes les étapes. Il y a, dans le genre des farces et des *soties*, dans les genres gais, d'autres perles encore que cette jolie farce de *Pathelin,* la plus connue. Par malheur, pour l'art sérieux, il n'en est pas ainsi; et, si le poëme épique du moyen âge, en France, n'a pas abouti, ne s'est pas réalisé en un chef-d'œuvre, il est bien plus vrai encore de dire que le Mystère, le drame religieux et sacré, ne s'est finalement résumé et épanoui chez nous dans aucune œuvre vraiment belle et digne de mémoire.

Quand je parle de *beauté,* je m'entends, et je m'adresse à ceux qui savent de quoi il s'agit, lorsqu'ils prononcent ce mot. Il peut y avoir dans un ouvrage de l'habileté, des parties passables et même assez bonnes, qui font dire : *Ce n'est pas trop mal,* des situations touchantes, des dialogues assez vifs et assez naturels, d'heureuses reparties et d'heureuses rencontres, des hasards ou des commencements de talent, plus ou moins de main d'œuvre et de métier (la plupart de nos mélodrames actuels ont de tout cela) , sans qu'il y ait véritablement *beauté*. Il faut absolument s'entendre au préalable là-dessus. Relisez un chant d'Homère, une scène de Sophocle, un chœur d'Euripide, un livre de Virgile ! grandeur ou flamme du sentiment, éclat de l'expression et, s'il se peut, harmonie de composition et d'ensemble (et s'il n'y a pas de composition proprement dite dans Homère, il y a une flamme perpétuelle, un feu et un torrent de poésie qui rachète tout), — ce sont là quelques-unes des traits et des conditions de cette beauté plus aisée à sentir qu'à définir. Ne la cherchons pas, ne nous y attendons pas ici, dans notre xve siècle, nous serions déçus. Elle n'a brillé dans ses parfaits exemplaires, cette incomparable beauté, qu'une seule fois ou peut-être deux fois sous le soleil. Il y a certes des beautés de différentes sortes et de différents degrés ; les manifestations de la vie et de l'âme humaine sont infinies. Accueillons-les toutes ; mais n'oublions pourtant jamais, nous tous qui l'avons vue ou entrevue, la beauté véritable ; gardons-en fidèlement la haute et délicate image au dedans de nous, ne fût-ce que pour n'en pas prodiguer à tout propos et n'en jamais profaner le nom, comme je le vois faire à d'estimables travailleurs qui ont beaucoup paperassé sur le moyen âge et qui ne connaissent que cela. Qu'on me dise que c'est *curieux* tant qu'on le voudra, — oui ; — mais que c'est *beau*, — non.

Maintenant je suis prêt à accepter de grand cœur tout ce que je vais rencontrer de caractéristique et d'intéressant.

I.

Pour type des *Mystères* à leur moment de grande célébrité et de solennité, il est naturel de prendre le plus important de tous, celui qui a donné son nom aux Confrères mêmes, fondateurs de notre ancien Théâtre régulier, le *Mystère de la Passion*, et on n'a rien de mieux à faire que de le lire, dans sa version la plus étendue, tel qu'il a été imprimé avec les arrangements et additions du nommé *Jehan Michel*, — que dis-je? du « très-éloquent et scientifique docteur, maître Jehan Michel, » ainsi qu'il est qualifié.

Qu'était-ce que ce Jean Michel, qui florissait vers 1480 ? Une grande discussion s'est émue à ce sujet entre les érudits. Était-il le très-excellent docteur en médecine et premier médecin de Charles VIII, ou bien était-ce un autre Jean Michel qui fut évêque d'Angers? Les deux frères érudits, M. Paulin Paris et M. Louis Paris, diffèrent d'opinion sur cette question et se combattent. Pour moi, je me garderai de conclure. (1).

(1) On hésite à sourire en ces graves sujets, mais pourquoi pas un peu? Il faut voir sur quel ton et avec quelles précautions M. Paulin Paris s'y prend pour annoncer sa dissidence avec son frère Louis Paris sur cette grosse question de savoir quel était au juste

Ce qui est certain, c'est que ce Jean Michel, quel qu'il fût, n'avait fait qu'étendre et remanier un mystère antérieur auquel on a donné beaucoup d'éloges en ces dernières années et qui, par malheur, est resté jusqu'à présent manuscrit et inédit. C'est fâcheux, car ce serait le meilleur exemple à nous offrir de ces sortes de compositions dramatiques, si tant est que les érudits en telle matière ne se trompent pas en nous le déclarant le plus parfait en son genre. L'auteur, Arnoul Gresban, était un notable bachelier en théologie, chanoine de l'église du Mans, du temps de Louis XI. Il avait un frère également homme d'église, poëte et auteur dramatique. « *Les deux Gresban au bien résonnant style,* » a dit Marot. D'après ceux qui goûtent le plus ce mystère inédit d'Arnoul Greeban sur la Passion, il y aurait de jolies ou même de belles scènes dans la première journée qui remontait à la Création du monde ou du moins au lendemain de la Chute. J'attends toujours qu'on me les montre.

Et d'abord une *Introduction,* qui ne devait pas être jouée, exposait en 1,500 vers la Création, la chute des

---

notre Jean Michel : « L'argumentation de mon frère est vigoureuse, » dit-il en faisant mine d'admirer et en rendant chevaleresquement justice à l'adversaire... « Certes, en l'absence des manuscrits, il « était impossible de raisonner d'une façon plus irréprochable et « plus persuasive. Combien il m'en coûte aujourd'hui de proposer « une solution différente! Je vais dire mes raisons, et je ne de- « mande pas mieux, en vérité, que de perdre ma cause. » Il semble, en vérité, que la tendresse des deux frères soit aux prises parce que l'un croit que le Jean Michel du mystère était le médecin, et que l'autre penche pour l'évêque. Ah! qu'un peu de goût ne nuit jamais!

Anges et celle de l'homme, le meurtre d'Abel et la mort d'Adam, c'est-à-dire les préliminaires et les antécédents du sujet. Après cette *Introduction*, un prologue annonçait l'objet du véritable mystère : en quels termes ?

> Au Limbe nous commencerons,
> Et puis après nous traiterons
> La hautaine narration,
> Pour venir à la Passion
> De notre Sauveur Jésus-Christ ;
> Après, la Résurrection,
> Et l'admirable Ascension,
> Et mission du Saint-Esprit.

Il me semble, dès à présent, que quelque chose ici fera défaut, ne fût-ce que la langue ; il serait fort singulier, on en conviendra, qu'un chef-d'œuvre commençât de la sorte.

Décidément les érudits se sont fort monté la tête sur ce drame non publié. Dès la seconde scène, Dieu le Père y est montré sur son trône, entouré de ses Anges et présidant à un débat que se livrent ses divers attributs personnifiés en plusieurs Dames, d'un côté la Paix et la Miséricorde, de l'autre la Justice et la Vérité. Il y a aussi la Sapience qui fut la cinquième Dame. La Miséricorde l'emporte, et il est décrété que le Créateur donnera son propre fils pour le salut des hommes. L'Enfer à peine informé s'en émeut ; Lucifer fait appel aux diables ses confrères et s'écrie :

> Diables d'Enfer horribles et cornus,
> Gros et menus, aux regards basiliques,

> Infâmes chiens, qu'êtes-vous devenus ?
> Saillez tout nus, vieux, jeunes et charnus,
> Bossus, tortus, serpents diaboliques,
> Aspidiques, etc., etc........

En avez-vous assez ? Eh bien ! il y a des gens qui admirent cela :

« Comment, s'écrie M. Onésime Le Roy (1), tout émerveillé de cet appel, comment n'être pas frappé du contraste qu'offre l'imposant spectacle de la première scène avec tous ces damnés inopinément vomis par l'Enfer, avec ce feu roulant de malédictions et d'outrages ? *Athalie* n'a rien d'aussi tranché... »

Je le crois bien que les chœurs d'*Athalie* n'ont rien d'aussi tranché ! Et ils n'en valent pas moins pour cela.

M. Paulin Paris, un autre érudit des plus recommandables, qui n'hésite pas à trouver très-*judicieuse* cette admiration de M. O. Le Roy (2), s'émerveille à son tour d'une assez jolie scène qui se passe entre des bergers.

---

(1) Dans le volume intitulé : *Études sur les Mystères* (1837), pages 167-169. C'est à regret qu'on signale ces faiblesses et ces fragilités de jugement, dans des écrits d'ailleurs dignes d'estime par les recherches et par le zèle tout littéraire qu'ils supposent chez les honorables auteurs.

(2) Au tome VI, page 295, de l'ouvrage intitulé : *Les Manuscrits français de la Bibliothèque du Roi, leur histoire*, etc. — Depuis, des leçons de M. P. Paris, faites au Collége de France sur les Mystères, ont été recueillies dans le *Journal général de l'Instruction publique*, 30 mai et 13 juin 1855 ; elles résument la doctrine de M. Paris sur ce sujet, non sans un assaisonnement de polémique, qu'il aime et qu'on pourrait lui rendre ; car, sauf respect et estime, il prête flanc sur bien des points.

En voici l'occasion : Joachim, le père futur de la Vierge, n'a pas d'enfants ; il est marié depuis vingt ans avec Anne qui semble condamnée à la stérilité. Les deux époux s'en plaignent ; Joachim surtout, dont l'offrande a été refusée au temple, en est tout mortifié. Il s'en va aux champs parmi ses bergers, qui ne peuvent lui arracher que des demi-mots et ne parviennent pas à le distraire. Mais bientôt, quand Dieu a pris en pitié et en gré les époux et qu'on apprend qu'Anne est enceinte, ces mêmes bergers expriment leur joie et se promettent de grandes réjouissances :

MELCHI, l'un des bergers.
Que feront, *tandis,* brebiettes,
Que les pastoureaux repaîtront (1) ?

ACHIN, un autre berger.
A l'ombre sous les épinettes
Et à la senteur des herbettes
Doucement se reposeront.

MELCHI.
Les pastourelles chanteront.

ACHIN.
Pastoureaux jetteront œillades.

MELCHI.
Les Nymphes les écouteront,
Et les Dryades danseront
Avec les gentes Oréades.

ACHIN.
Pan viendra faire des gambades ;

(1) C'est-à-dire, que feront les brebis *tandis que* les pasteurs seront en festin et gala ?

Revenant des Champs-Élysées
Orphéus fera ses sonnades, etc.

Et tout cela pour la nativité de la Vierge Marie. Admirez la convenance!

Cet endroit, qui est en partie de l'arrangeur Jean Michel, nous est cependant signalé comme une addition et une variation bucolique fort heureuse. « On dira que « voilà des bergers bien savants, » s'écrie M. Paulin Paris ; « mais de quel droit l'auraient-ils été moins que « ceux de Virgile et de Théocrite? » Les bergers de Virgile peuvent, à la rigueur, être dits savants, mais ceux de Théocrite ne le sont pas ; M. P. Paris parle en homme qui a peu lu Théocrite. C'est précisément ce dont je me plains : plusieurs de ces érudits en moyen âge, et de ceux qui se sont les premiers lancés dans cette voie, n'avaient pas et n'ont pas en eux tous les termes voulus de comparaison.

Il est même piquant de voir comme, quand on sait une littérature, on en ignore volontiers une autre. Ainsi M. Louis Paris, frère du précédent, parlant sévèrement de Boileau, dans ses utiles études sur les Mystères, écrira tout couramment : « On ne nous accusera pas d'irrévé- « rence quand nous dirons que le législateur du Par- « nasse, l'ami de Racine *et de Quinault*, n'avait pas lu « le théâtre qu'il condamnait..... (1) » Boileau, l'ami

---

(1) Au tome I, page xl de l'ouvrage, d'ailleurs fort louable, intitulé : *Toiles peintes et Tapisseries de la ville de Reims, ou la mise en scène du Théâtre des Confrères de la Passion;* 2 vol. in-4°, 1843.

de Quinault! Mais cela ferait supposer que vous-même vous n'avez jamais lu Boileau!

Je ne tiens pas à prendre en défaut mes savants confrères qui ont tant à me renseigner sur ces sujets un peu ingrats, où notre légèreté se rebute aisément; mais eux-mêmes, je le leur demande, n'ont-ils pas commencé à me faire querelle tout les premiers, en me reprochant d'anciens jugements un peu trop absolus peut-être, que je crois vrais pourtant dans le fond, et que je suis prêt d'ailleurs à modifier, à amender, autant que mon goût mieux informé pourra y consentir?

Laissant donc le mystère inédit dont on ne peut juger sur parole, je m'en tiens à celui que j'ai sous les yeux, imprimé, et qui a pour sujet la *Passion de Notre-Seigneur*. Une analyse détaillée pourrait seule en avoir raison; mais qu'on n'attende pas que je l'entreprenne : M. L. Paris, qui s'en est acquitté, n'y a pas consacré moins d'un volume in-4°. Le mystère est précédé d'un sermon, adressé par l'auteur au public, une sorte de prône qui roule tout entier sur quatre mots de l'Évangile : « *Verbum caro factum est*, le Verbe s'est fait chair, » et qui n'a guère moins de 1,000 vers. On pense bien que cet avertissement n'était pas débité en public. Mais un second sermon, qui commençait effectivement la pièce, est une prédication de saint Jean-Baptiste sur ce texte d'Isaïe : *Parate viam domini...* Préparez la voie du Seigneur... » Ce sermon, grâce à Dieu, a moins de 300 vers dans sa première partie.

Et ceci est une remarque essentielle et tient à la forme même dont il s'agit, forme qui en est une à peine et qui n'exigeait de la part des auteurs aucuns frais d'invention. L'œuvre de Jean Michel au complet, les deux mystères, *Nativité* et *Passion*, ont un peu moins de 50,000 vers : excusez du peu. Mais, en revanche, l'ouvrage d'Arnoul Gresban, qui est la souche, n'en a, dit-on, que 27,000, comme si c'était peu de chose. En général, l'infini ou l'indéfini, l'interminable, est le cachet de ces œuvres sans art. On pouvait les grossir et les étendre à volonté. Le mystère de la Passion, joué à Valenciennes, se divisait en 25 journées ; un seul rôle, celui du Christ, pouvait contenir plus de 3,400 vers. Le répertoire des noms contenus au jeu des *Actes des Apôtres* accuse 485 personnages, ce qui a fait dire que « la moitié d'une ville était occupée à amuser l'autre. » Ces gens-là ont la passion du long ; ils n'ont pas l'idée du groupe, ni de la proportion et de la mesure. Tout se déroule, rien ne se noue.

Après la prédication de saint Jean, l'action (si *action* il y a) commence. On a sous les yeux une suite de scènes qui devaient avoir beaucoup d'intérêt pour des spectateurs nourris de ces sujets saints, et dont toute la vie se passait au sein des croyances, au milieu de tout ce qui les retraçait. Le Conseil des Juifs, Caïphe en tête, s'assemble, tout ému de la prédication véhémente du Précurseur qui a proclamé la naissance du Messie. Ce Messie, attendu depuis si longtemps, est-il donc né? les temps annoncés, et dont les signes ont été prédits, seraient-ils venus? Un des docteurs le croit, un autre en doute ; on discute, on ne s'entend pas. Jean-Baptiste serait-il lui-même ce Messie? Un des scribes ouvre l'avis d'aller s'en enquérir auprès de lui tout directement. Quatre députés sont donc envoyés vers saint Jean, afin de l'interroger. La scène suivante nous le montre reprenant ou continuant son *préchement* prophétique et invitant le peuple au baptême. A la question qui lui est faite, s'il n'est pas réellement le Messie, saint Jean répond :

> Non suis, je ne suis pas Christus,
> Mais dessous lui je m'humilie.

Ici, changement de décoration : sur une autre partie du théâtre se voyait Jésus avec sa mère, et l'ange Gabriel présent. Il fallait qu'il y eût bien des compartiments à ce théâtre, ou bien les mêmes compartiments servaient à plus d'une scène. Jésus expose en rimes des plus compliquées et des plus alambiquées, dont il me serait impossible de donner ici le moindre échantillon (tant c'est bizarre et inintelligible!), sa mission sur la terre et déclare que, pour lui, le temps d'agir, de sauver et de régénérer le monde, est venu. Il a ses 29 ans accomplis et entre dans sa trentième année. Il ira d'abord rendre témoignage à son propre Précurseur en se faisant baptiser par lui. Notre-Dame s'incline et se soumet : *Fils, votre vouloir est le mien.* Jésus quitte sa mère une première fois. Toute scène de Jésus-Christ avec sa mère avait quelque chose de touchant dans ces vieux mystères. Le sujet porte de soi-même. La scène la plus pathétique de toute la pièce, et qui se fera un peu attendre, est une de celles-là.

On revoit saint Jean baptisant et prêchant au bord

du Jourdain, et Jésus accompagné de l'ange Gabriel, qui vient demander à être baptisé par lui. Saint Jean obéit. Jésus se dépouille, et l'ange Gabriel lui aide à défaire ses vêtements : pendant lequel temps Dieu le Père parle du haut du Paradis, et l'archange saint Michel après lui. La cérémonie du baptême accomplie, au sortir du Jourdain, Jésus s'agenouille tout nu devant le Paradis, espèce de balcon. Le Saint-Esprit descend sur sa tête sous forme de colombe. Cependant Dieu le Père parle de nouveau, mêlant un peu de latin au français :

>Hic est filius meus dilectus
>In quo mihi bene complacui.
>　Celui-ci est mon fils Jésus
>Qui bien me plaît : ma plaisance est en lui...

Ces mots latins, ce sont les restes d'attache du vieux drame liturgique et sacré, même lorsqu'il est devenu tout profane et populaire. Le livret (car il y en a un ici également, dont les indications sont jointes aux scènes), nous avertit que tout ce que dit Dieu le Père, toute sa *loquence* doit se prononcer d'une manière claire et distincte à l'oreille, et est récité ou chanté en *trois* voix, à cause de la Trinité ; à savoir : un *haut-dessus*, une *haute-contre* et une *basse-contre,* le tout allant d'accord et avec harmonie. Bientôt, et pendant que Jésus, aidé de Gabriel et de saint Jean, se rhabille, les Chérubins et Séraphins s'en mêlent et chantent un *Silete* en Paradis. Saint Jean et Jésus se quittent après quelques paroles, et Notre-Seigneur s'en va au désert pour y jeûner quarante jours, l'ange Gabriel se séparant de lui et retournant vers Notre-Dame, à laquelle il est comme attaché. —Chacune de ces petites scènes distinctes et successives qui, lorsqu'elles viennent bien, sont comme des vignettes animées et des enluminures de l'Évangile, pouvait durer d'un quart d'heure environ à une demi-heure.

Les contrastes ne manquent pas ; à peine Jésus est-il au désert que deux diables y viennent rôder et l'espionner. Ils s'entretiennent à l'entrée du désert et à la fois à l'entrée de l'Enfer dont une des portes ou des ouvertures devait être figurée un peu au-dessous, avec vue jusque dans la profondeur. Satan et Bérith (ce sont leurs noms) causent donc entre eux de Jésus et des craintes qu'il leur inspire. Satan ici n'est qu'un démon secondaire ; c'est Lucifer qui est le roi. Ni lui ni son camarade n'ont osé s'attaquer à Jésus, tant il leur a inspiré de vénération et d'effroi ! Ils s'en vont rendre compte à Lucifer de leur embarras et de leur déconvenue. Pour leur peine, tout en arrivant, ils sont battus, frottés, *torchonnés* de la belle manière et passés au feu par Astaroth et Belzébuth et tous les diables ameutés. Satan crie grâce et élève clameur de *Haro: Haro, Lucifer!* Ainsi tancé, averti et rôti, il est renvoyé pour tenter de meilleure sorte Jésus au désert. Toute cette scène de diablerie, qui devait faire beaucoup rire, est basse, triviale, ignoble.

La scène suivante ne l'est pas moins. Pilate apparaît richement habillé, avec Barraquin, son second, et ses quatre tyrans, espèces de valets de bourreau. *Braiart,*

Drillart, Claquedent et *Griffon*. Pilate annonce qu'il est envoyé par l'empereur romain pour être en Judée, — en l'évêché de Judée, comme il dit, — son prévôt et juge, son lieutenant criminel ; il fera donc de gré ou de force payer des impôts et obligera un chacun à saluer l'image auguste. Là dessus ses agents et suppôts se mettent en campagne, non sans emporter avec eux couteaux et cordes, et comme dit l'un deux, *Claquedent* :

> Volontiers entre nous bourreaux
> Nous n'allons point sans nos outils.

LI.

Assez ! assez ! je me hâte, car l'impatience me prend. Ces analyses, pour peu qu'elles soient fidèles, courent risque de ne pas supprimer ces deux ingrédiens de toute lecture prolongée des Mystères, le dégoût et l'ennui. La scène suivante est la première où Judas paraît. Ici l'on a affaire à une légende du moins un peu plus dramatique : c'est toute une histoire inventée pour rendre ce traître plus horrible. Judas est né à Jérusalem d'un homme appelé Ruben et de Cyborée sa femme : celle-ci a rêvé une nuit qu'il naîtrait d'elle un enfant qui commettrait toutes sortes de crimes, meurtres, trahisons, qui tuerait son père, épouserait sa mère et finirait par livrer le Sauveur. A la suite de ce songe, et quand l'enfant vient au monde, les époux, n'osant l'étouffer, l'exposent sur mer dans une nacelle et l'abandonnent. L'enfant est porté par les flots vers une île appelée *Scarioth*; il y est recueilli et adopté par la reine du pays, qui n'avait pas d'enfant. Quelque temps après, cependant, elle met au monde un fils, auprès de qui Judas grandit, toujours élevé dans la maison; mais bientôt la jalousie engendre la haine. Un jour, que les deux jeunes gens jouaient ensemble aux échecs, Judas triche, une querelle s'engage; Judas tue le fils du roi. Après ce coup il se sauve de Scarioth et vient chercher fortune en Judée. Il connaît Pilate de réputation : « Pilate aime les gens hardis et rusés; je serai son homme, » se dit Judas. Il se présente à lui et lui offre ses services qui sont acceptés. Le voilà admis sur le pied de gentilhomme et devenu le maître d'hôtel de Pilate. Bientôt il se trouve en conflit avec son père Ruben sans le savoir. Pilate passait devant un jardin; il voit de belles pommes et en a envie; singulière envie pour un gouverneur de Judée! Judas, resté en arrière, se met à lui en abattre. Le propriétaire accourt, furieux qu'on lui ébranche son arbre; on comptait bien d'abord payer les pommes, et c'était l'intention de Pilate; mais, la querelle s'engageant, Judas qui a le sang chaud et la main prompte daube sur le maître du jardin et l'assomme d'un coup à la tête. Judas est bien soupçonné de ce meurtre, mais la chose n'est pas prouvée. Pour le tirer d'affaire et le mettre au-dessus du soupçon, Pilate n'imagine rien de mieux que de lui faire épouser la veuve de ce Ruben, femme d'honneur et qui a du bien; on brusque les choses, on passe sur la différence des âges; c'est comme un mariage d'intérêt et d'argent.

Et voilà Judas devenu un autre Œdipe. Il est donc tout naturel qu'à l'occasion d'une des scènes qui suivent, — une scène de reconnaissance entre Judas et sa mère, devenue sa femme, quand elle découvre avec horreur qu'il est son fils, — M. Louis Paris ait rappelé le souvenir de l'*Œdipe-Roi* de Sophocle ; mais, ce qui est moins naturel, il s'est mis, à force de vouloir admirer la scène du mystère, à la préférer presque à la situation et à la conception de l'antique :

« La seule différence dans le sujet, dit-il, consiste dans la continuelle innocence d'Œdipe : ses crimes sont involontaires ; écrasé sous le poids de la fatalité, le malheureux Œdipe ne cesse d'être vertueux. Judas, au contraire, bien qu'ignorant les liens qui l'attachent à Ruben, ne l'en tue pas moins avec tout l'instinct sanguinaire d'un scélérat ; et quand il épouse Cyborée, il sait parfaitement qu'elle est la veuve de sa victime. Que l'auteur du mystère ait ou non connu Sophocle, il a fait preuve de goût et d'habileté en donnant à Judas une autre position qu'au héros grec. Il ne faut pas que les crimes du meurtrier de Ruben, de l'assassin du prince d'Iscarioth, puissent être imputés à la seule fatalité : le Ciel ne doit pas être complice du traître qui livra Jésus. »

Je ne nie pas que, pour des spectateurs du xve siècle, une telle scène de Judas reconnu par sa mère, succédant à ces autres scènes où on l'avait vu meurtrier, parricide, incestueux, ne dût produire le plus grand effet, et que l'horreur contre le traître ne fût au comble, même avant son crime du déicide. Il ne s'agit pas de l'émotion *actuelle,* momentanée, produite sur les gens d'alors par ce colloque émouvant de la mère et du fils.

Certes, le moment où Cyborée, après une suite de questions qu'elle a adressées à Judas et de lamentations encore obscures qui lui échappent, pressée par lui, s'écrie: *Vous êtes mon fils!* était un moment terrible et qui devait ébranler tout l'auditoire. Une grande actrice eût pu faire de ce cri quelque chose de déchirant. Mais ce que je nie, même après le plaidoyer de MM. les frères Paris, c'est que *l'art* ait passé par là, par le travail de l'auteur: il n'y a là dedans qu'un talent de *faiseur,* une certaine habileté incontestable, et tout à fait comparable à celle d'un de nos dramaturges du boulevard, entendus et rompus au métier.

Et d'abord, l'idée d'avoir voulu donner à Judas de mauvais antécédents, pour préparer et justifier sa trahison, est une idée ordinaire et même vulgaire. Il eût été plus neuf et plus vrai de le montrer jusqu'alors probe et assez austère, mais poussé au crime par le seul sentiment d'*envie,* en le compliquant, s'il le fallait, d'*avarice,* deux sentiments qui ne sont pas incompatibles avec des qualités sèches et sévères.

Trouver à dire à l'innocence de l'antique Œdipe et préférer la situation d'un Judas né brutal, méchant, violent, d'un Judas tout d'une pièce, qui a mérité, si l'on peut dire, de tuer son père et d'épouser sa mère, c'est louer à côté et méconnaître la source la plus élevée de l'émotion. L'intérêt du sujet d'*Œdipe* en général, c'est précisément *le crime innocent,* involontaire, et (une fois la mythologie admise) de voir le pauvre mortel la proie et le jouet du sort, sous la main des Dieux; et l'intérêt de l'*Œdipe-Roi,* en particulier, c'est la découverte par degrés, la gradation admirablement ménagée dans la révélation du crime, c'est le voile qui se lève lentement, péniblement, peu à peu, dans l'âme d'Œdipe, dans l'âme de Jocaste, jusqu'à ce qu'il soit entièrement déchiré et que l'affreuse vérité éclate aux yeux des coupables involontaires et aux yeux de tous. Là est le nœud, là est l'action, là dans la composition se manifeste le génie du maître. Cette résistance désespérée d'Œdipe, même quand toutes les preuves l'assiégent déjà, à vouloir admettre qu'il est coupable, coupable surtout du dernier des crimes, est le comble de l'art.

Il n'existe rien de cette gradation dans l'esprit de Judas, qui reste dans l'ignorance jusqu'au moment où il apprend tout; et en ce qui est de Cyborée, la gradation est très-courte et de peu d'intérêt.

Je rougis, en vérité, d'insister ainsi et d'accepter si longtemps la comparaison qui ne peut porter que sur des faits matériels, extérieurs. Faut-il donc rappeler qu'il n'y a rien dans ce misérable parricide et incestueux que nous offre le mystère, rien de cette grandeur, de cette noblesse de caractère qui fait qu'on s'intéresse à Œdipe, tout malheureux qu'il est? Œdipe, même après qu'il s'est arraché les yeux, est encore un être respectable et sacré, une victime à la fois odieuse et lamentable.

N'allons pas, par imprudence, nous briser contre ces marbres, contre ces groupes immortels. Relisons la belle page de Guillaume Schlegel dans laquelle il compare les chefs-d'œuvre de la tragédie antique aux groupes du Laocoon et de la Niobé : voilà les images qui conviennent à cet ordre de beautés nobles, sublimes ou tendres. Et puisque M. Louis Paris m'a forcé d'y revenir, j'en profiterai pour trouver de mon côté, par une sorte d'émulation et par contraste, les images et les comparaisons naturelles qui rendent pour moi l'effet produit par cette série de scènes et de journées, mises bout à bout, dont l'assemblage constitue un Mystère. Ces mystères (et particulièrement celui dont je m'occupe en ce moment), je le sais et j'en conviens, ne sont plus une ébauche : c'est le dernier développement d'une forme bien élémentaire, incomplète, mais enfin c'en est la perfection et l'épanouissement. Eh bien ! quelle est-elle ? comment se la figurer, cette forme, en la prenant dans son plein et dans son beau ?

Je ne saurais mieux comparer ces grands et longs mystères qu'à une série de bas-reliefs assez habilement et naïvement sculptés sur bois, représentant chacun une scène, mais une scène détachée, qui ne se lie pas nécessairement avec la précédente ni avec la suivante, et de cette série de compartiments juxtaposés, de scènes à tiroir continuées à bâtons rompus, résulte une œuvre interminable, bigarrée, morcelée, vivement *historiée* dans le détail, mais à laquelle ne présidait aucune vue d'ensemble.

C'était une grande lanterne magique au naturel, l'amusement des hommes de ce temps-là, c'est-à-dire de grands enfants.

Cela semble fait pour des gens qui ne restent pas jusqu'à la fin, qui n'en auront pas le temps, pour des artisans et des gens de métier. Ils en emportent ce qu'ils peuvent : ils auront vu au moins quelques scènes. Si j'osais être très-familier (et pourquoi pas?), je dirais : c'est comme une immense galette qui se débite en plein vent et dans laquelle la curiosité du passant se taille un morceau à son appétit : ce qu'il a est complet en soi, et il en reste toujours pour les arrivants.

Dans tous les cas, et pour revenir à une image plus honorable, ne comparons jamais une suite de sculptures en bois, régnant autour des murs d'un chapitre ou d'un réfectoire, au groupe du Laocoon. De grâce, ne comparons pas Jean Michel ni même les frères Gresban à Sophocle. « Quiconque, me disait un de nos maîtres, a lu Sophocle dans le texte est à jamais préservé de ces éclipses ou de ces aberrations du goût. »

Tel est, en toute sincérité, le contraste que me paraît offrir cette forme très-inférieure (même lorsque le vieil auteur et l'ouvrier y serait habile) avec la noble forme antique. C'est encore, pour tout dire, comme si l'on comparait tel ou tel lambeau ou segment de ces vieilles tapisseries ou toiles peintes retrouvées à Reims avec un chef-d'œuvre de Paros : matière et art, tout diffère.

J'ai tenu à rétablir les vrais termes et à fixer nos mesures, pour en finir, une bonne fois, avec ces rapprochements et avec ces défis que nous jettent de temps en temps à la tête les moins prudents parmi les estimables érudits qui se sont occupés de ces rapsodies curieuses. Je ne demande pas mieux d'oublier la Grèce quand on me parle du moyen âge. Mais qu'on ne vienne pas soi-même provoquer la comparaison par des préférences ou des vanteries injustifiables. Le bon roi René, de béate mémoire, était, on le sait, le grand protecteur et admirateur des Mystères : rendons au roi René ce qui est au roi René, et à Périclès ce qui est à Périclès.

Mais, en m'arrêtant là, je serais injuste. Il y a quelque chose dans le Mystère de la *Passion :* il y a toute une branche ou un épisode entrelacé qui peut réellement nous intéresser comme tableau de mœurs et de genre, *Marie-Madeleine*, ou, si l'on veut, *une grande coquette*, *une élégante du* xve *siècle* avant et après sa conversion. Il y a de plus une belle scène, — très-belle par le sentiment, — entre Jésus et sa mère. Je les dois à nos lecteurs, avec un mot sur la *Jeanne d'Arc*, occasion ou prétexte de tout ceci.

Qu'on ne se plaigne pas de la longueur ; ces choses, autrefois nôtres et depuis si oubliées, n'ont pas encore été dites et exposées de cette façon, je le crois, à la généralité du public lettré.

Lundi, 10 novembre 1862.

LE MYSTÈRE DU SIÉGE D'ORLÉANS

OU JEANNE D'ARC

ET A CE PROPOS

DE L'ANCIEN THÉATRE FRANCAIS

(SUITE ET FIN.)

Ayant pris nos précautions comme nous l'avons fait, nous pouvons maintenant insister sur les parties curieuses et intéressantes de ce Mystère de la *Passion* qui, pour nous, fait type. Et ainsi, lorsque la prédication de Jésus commençait, lorsque après l'avoir vu, au retour du désert et de sa tentation triomphante, quitter de nouveau sa mère, Marie triste et résignée, on le suivait le long de la mer de Galilée allant recruter des pêcheurs pour disciples; lorsque dans des scènes très-plates et d'un langage délayé, mais assez naïves, on assistait à ces conversations, puis à ces conversions de pêcheurs, de gens de métier, chacun ayant sa physionomie et gardant assez bien son caractère; lorsque le cortége des Douze se complétait ainsi à vue d'œil, avec sa variété, — parmi eux un seul noble, Barthélemy «en habit de prince, » les autres dans leurs habits *mécaniques* ou de travail, saint Thomas en habit de charpentier, ayant jeté seulement ses outils, et Matthieu le publicain, à son tour, assis d'abord devant sa table, avec ses sacs d'argent rangés dessus, et cependant offrant dans sa maison un repas à Jésus qui l'accepte, — il y avait certainement, à cette suite de scènes familières, un intérêt que l'on conçoit encore très-bien aujourd'hui, et qui consistait dans l'extrême détail, dans le naturel minutieux du développement, dans l'imitation et la copie de la vie. Toutes ces circonstances de l'histoire de Jésus, tous ces personnages si connus de nom et montrés aux yeux, semblables aux gens d'à présent, devaient toucher les simples, les ignorants, qui étaient alors le grand nombre, et devenaient un enseignement vivant, parlant à tous. C'étaient les figures du Nouveau Testament en chair et en os. C'étaient ces mêmes figures sculptées et peintes qu'on voit encore sur les retables d'autel de ce temps-là, et qui se mettaient à marcher et à agir devant les curieux édifiés.

Figurons-nous bien, car c'est le devoir de la critique de se déplacer ainsi à tout moment et de mettre chaque fois sa lorgnette au point, — figurons-nous donc, non pas seulement dans la salle de l'hôpital de la Trinité à Paris (cette salle me semble trop étroite), mais dans une des places publiques d'une de ces villes considérables, Angers ou Valenciennes, devant la cathédrale ou quelque autre église, un échafaud dressé, recouvert et orné de tapisseries et de tentures magnifiques, et tout alentour une foule avide et béante; des centaines d'acteurs de la connaissance des spectateurs, jouant la plupart au vrai dans des rôles de leur métier ou de leur profession : des prêtres faisant ou Dieu le Père ou les Saints; des charpentiers faisant saint Joseph ou saint Thomas; des fils de famille dans les rôles plus distingués, et quelques-uns de ces acteurs sans nul doute décelant des qualités naturelles pour le théâtre; figurons-nous dans ce sujet émouvant et populaire, cru et vénéré de tous, une suite de scènes comme celles que je ne puis qu'indiquer : — le dîner de saint Matthieu le financier, qui fait les honneurs de son hôtel à Jésus et à ses apôtres, dîner copieux et fin, où l'on ne s'assoit qu'après avoir dit tout haut le bénédicité, où les gais propos n'en circulent pas moins à la ronde, où l'un des apôtres loue la chère, et l'autre le vin; — pendant ce temps-là, les murmures des Juifs et des Pharisiens dans la rue et à la porte; — puis les noces de Cana chez *Architriclin*, espèce de traiteur en vogue, faisant noces et festins, une vraie noce du XVe siècle; —oh! non pas du Paul Véronèse, la splendeur du style est loin ! mais de la vérité, du comique même; l'Architriclin, le Vatel au désespoir quand il voit que le vin manque; Jésus averti tout bas par sa mère et réparant le mal sans bruit; l'étonnement du maître d'hôtel quand il goûte ce vin de la fin qui se trouve le meilleur, tandis que, selon l'usage des noces de ce temps-là (et, m'assure-t-on, de quelques noces de campagne encore aujourd'hui), on donnait le meilleur vin au premier service, et le moins bon au dessert ; car il suffit que cela gratte, quand les palais, une fois, sont échauffés. — Ces noces de Cana seraient tout un tableau flamand, s'il y avait de la couleur. Je voudrais être peintre pour mieux m'expliquer.

Chez un maître flamand, les figures, les poses peuvent être vulgaires, mais le ton est solide, ferme, éclatant, relevé, plein de ragoût ; il y a du style dans la *diction*. C'est comme qui dirait du Régnier ou du Rabelais. Or, la diction dans les Mystères, dans celui du moins dont je parle et dans tous ceux que j'ai vus, est généralement molle, délayée, *étendue d'eau*. Tout style proprement dit est absent.

Quoi qu'il en soit, ces scènes vulgarisées se succèdent d'une manière assez amusante et vivante, si on les suppose vues et non lues ; et c'est ainsi qu'on arrive aux scènes de la Madeleine qui, sans être « délicieuses, » comme le prétendent les enthousiastes, nous paraissent assez piquantes.

I

MARIE-MADELEINE.

Lazare, frère de Madeleine, est un beau jeune homme à la mode, fin du xve siècle. A son état mondain, il apparaît richement habillé, sur le pied de chevalier, son oiseau sur le poing, et Brunamont, son page, mène ses chiens après lui. Il part pour la chasse en chantant; c'est une vive entrée en matière. Mais en chemin il rencontre Jésus traînant après lui la foule ; il le voit ressusciter le fils de la veuve de Naïm, et il se convertit. Être pris de la sorte et tomber dans les filets du divin chasseur, c'est la meilleure chasse qu'il puisse faire. Jésus, accueillant son repentir, promet de l'aller voir souvent, lui et sa sœur Marthe, en son château de Béthanie. Cependant le page Brunamont s'accommode peu de voir son maître jeter son oiseau au vent et détacher de son cou sa trompe; il rattrape l'oiseau, ramasse la trompe, et s'en va offrir ses services à Madeleine, l'autre sœur de Lazare, bien différente de Marthe, et qui mène joyeuse et galante vie en son château de *Magdalon*. Ce *Magdalon* n'est pas tout à fait un château en Espagne; il y avait en effet un bourg de Magdala en Galilée : d'où le nom de Madeleine.

En supprimant les scènes intermédiaires et qui coupent à tout instant l'épisode, en le détachant du reste, on a quelque chose de curieux et d'assez amusant qui nous ouvre un jour sur les mœurs du monde élégant de ce temps-là. On voit Madeleine en son dit château, jouissant de sa jeunesse et s'en vantant avec ses demoiselles de compagnie, Pérusine et Pasiphaé. Elle ignore encore le changement de vie de Lazare et se pique de le prendre pour modèle en toute mondanité. Le caractère de Madeleine se peint dans ses paroles, non pas tout à fait tel qu'on aime à se le figurer d'après la tradition ordinaire, non pas celui d'une femme tendre, passionnée et abandonnée. Chaque pays et chaque siècle a eu sa variante de Madeleine ; et il y aurait d'elle, pour le dire en passant, toute une histoire à faire : « Histoire de la Madeleine, de sa légende, de ses représentations et portraits, au point de vue de la littérature et de l'art. » Ici c'est une coquette, c'est surtout une glorieuse ; elle énumère et se chante à elle-même tous ses avantages, santé, naissance, richesse, noble train, grand apparentage : « *Fortune m'a sur toutes élevée ;* » c'est son refrain favori. Si sa sœur Marthe, qui a des mœurs plus modestes, l'en blâme, elle n'en tient compte. Elle dit, à sa façon, comme son frère Lazare : « *Il n'est plaisir que de jeunesse ;* » et ses suivantes, la première et la seconde demoiselle, lui font écho et lui répètent à l'envi : « *Cœur ne vaut rien, s'il n'est joyeux.* » Tout cela se dit en ballades assez agréables et en chansonnettes qui devaient courir ensuite et se répéter. Madeleine professe avant tout la coquetterie, le désir de *plaire à tous*, — en tout bien, tout honneur cependant. C'est une Célimène, une reine des élégances.

En la rapprochant du même type conçu au xiie siècle, tel qu'on le trouve dans un drame liturgique d'un latin farci, où elle est présentée comme une pécheresse vulgaire et une femme de mauvaise vie, baragouinant du mauvais allemand et chantant du latin grossier, on distinguerait un progrès notable de délicatesse. La société polie était née au xve siècle, et bien avant l'hôtel de Rambouillet ; seulement c'était une société polie issue de la féodalité, et sous forme chevaleresque, et non celle qui se continuera sans interruption et de plain-pied jusque sous Louis XIV et dans tout le siècle suivant. La Madeleine de notre Mystère est donc une galante châtelaine du xve siècle, une contemporaine d'Agnès Sorel, du bon roi René, de la Dame des Belles-Cousines, et plus sage que celle-ci, quoique aussi compromise de réputation.

Il y a à sourire plus qu'à s'étonner de ces transformations, de ces costumes du temps et du pays donnés à des personnages bibliques ou évangéliques. Les peintres, dès le xve siècle et plus tard encore, n'en faisaient pas d'autres. La *Madeleine* du Corrège lisant au désert n'est qu'une belle et magnifique Italienne étendue et accoudée sur le gazon.

Après l'espèce de trio chanté par Madeleine et ses deux demoiselles, la toilette ou plutôt le complément de la toilette commence, car c'est dans le boudoir même que nous avons accès. On en est aux superfluités; Madeleine passe en revue ses goûts variés et donne ses ordres. Elle demande d'abord les senteurs, « la plaisance du nez, » — du baume égyptien et autres parfums. On lui présente une petite fiole de baume; elle en veut davantage. C'est très-cher; n'importe, elle ne regarde pas au prix. On lui en donne une riche boîte. Après l'odorat vient la bouche et le goût qu'il faut flatter : elle recherche toutes les friandises et les délicatesses du manger : elle les aura. Puis les jouissances de l'ouïe :

> Après, pour l'ouïe réjouir,
> Toutes mélodies veux ouïr,
> Chansons, mélodies et ballades.

Mais elle n'a pas à s'en inquiéter ; tous les jours, ce ne sont chez elle que musiques et aubades. Puis vient « la plaisance des yeux ; » elle ne veut devant elle, pour amuser ses regards, que choses agréables à voir ; on la servira à souhait. Elle ne verra donc que tapis, pierreries, lustres, fleurs et verdure. Quant aux plaisirs qui restent, ceux du toucher, on tremble ; mais elle s'en tire assez adroitement, avec assez de délicatesse, et ne fait que glisser. Il semble qu'elle s'arrête à temps.

Notez que, plus tard, Madeleine pénitente se mortifiera méthodiquement dans chacun des cinq sens par lesquels elle aura présentement goûté la satisfaction raffinée et le plaisir.

Après les *cinq* sens (car tout cela est méthodique et pédantesque, même dans l'élégance), viennent les *sept* péchés mortels qu'elle avoue et proclame successivement, orgueil, envie, paresse, etc. ; mais il y a toujours une réserve sur certain chapitre ; elle ne professe certain vice que jusqu'à un certain point, et il faut, dit-elle, ne prendre mes discours qu'en bonne part ; « *car mon souhait n'est que civil.* » L'honneur, comme elle l'entend (et plus d'une femme l'entend comme elle), reste sauf. La Madeleine du Mystère ne recherche l'entière perdition que dans l'ordre de l'esprit ou des sens délicats. C'est à noter. Elle est restée ce qu'on appelle honnête femme par un point. Parmi les *sept* démons dont on dit qu'elle fut possédée et que Jésus eut à faire sortir d'elle, il en est un, du moins, auquel elle ne s'est pas livrée tout entière, corps et âme.

D'autres scènes du même genre, auxquelles le vieil

auteur s'est complu, sont singulièrement entremêlées et entrelacées à des scènes respectables et augustes, — aux plus augustes même, telles que la Transfiguration de Jésus sur le Thabor. Pour donner le temps à Jésus de revêtir sa robe blanche et éblouissante et tout son appareil de transfiguration, on introduit une *interlocution* de Madeleine en manière d'intermède : une scène de boudoir entre deux scènes du Thabor! N'y cherchez pas ombre d'art ni de contraste : ce sont bien moins des contrastes que des disparates.

On revoit donc Madeleine entre ses deux demoiselles, chantant chacune et tour à tour quelques joyeuses chansons, et se démenant galamment et honnêtement. Madeleine se célèbre elle-même et sa manière de vivre : « Gracieuse aux uns, aux autres rieuse, jamais je ne me tiens à un seul, » dit-elle ; et ses suivantes de l'approuver et de l'applaudir :

> Vous ne devez point avoir honte
> De recevoir en votre hôtel
> Tout homme, pourvu qu'il soit tel
> Que par lui vous n'ayez diffame ;

pourvu que vous n'en soyez pas compromise. — C'est déjà la maxime relâchée du joli conte de *Gertrude*, par Voltaire :

> Les plus honnêtes gens y passèrent leur vie ;
> Il n'est jamais de mal en bonne compagnie.

Il y a dans ce concert voluptueux de la maîtresse et des suivantes un entrain, une certaine rage de mondanité qui est très-bien rendue.

Un personnage survient, non pas en visite encore, mais seul et se parlant à lui-même, probablement devant les fenêtres de la belle. C'est Rodigon, l'élégant accompli à cette date, Rodigon, *comte de Hérode*, un homme de cour, un comte qui vaut un marquis pour le sémillant. Il se chante en rimes alambiquées une sorte d'exhortation amoureuse; il fait vœu et serment de prendre Madeleine pour sa dame : de toutes les belles de Judée, passées et présentes, Rachel, Judith, Vasthi, Esther, etc., elle est la nonpareille et l'unique ; il se propose donc d'aller deviser avec elle et servir sous sa bannière.

Je continue, bien entendu, de rejoindre et de coudre les scènes qui sont séparées, disséminées à travers le Mystère. On revoit Madeleine en son boudoir; elle est toute la journée à sa toilette, à s'attifer. Elle attend des visites et, pour être sous les armes, elle demande son miroir, car il n'y a femme au monde qui lui soit comparable pour les « *amignoncmens*. » Pasiphaé le lui apporte avec des burettes d'eau rose et d'aspic et un linge fin :

> Voici vos riches oignemens
> Pour tenir le *cuir* bel et frais...

Cuir pour *peau* n'avait rien alors de désagréable. Madeleine se lave, se mire et dit :

> Suis-je assez luisante ainsi ?

— « Plus luisante qu'une belle image ? » — « Et ma toquade ? » ajoute-t-elle. — « A ravir, » répond la suivante. — « Et mes oreillettes ? » — « A la dernière mode. » — « Et le corps ? » — « A l'avenant. » Madeleine, de plus en plus excitée par les louanges, ordonne à ses suivantes de répandre tous les flacons de fines eaux et de tout arroser à l'entour :

Je veux qu'on me suive à la trace.

Cette scène, véritablement jolie, a été très-bien appréciée et dégagée de tant d'autres qui la masquent et qui l'étouffent, par MM. Onésime Le Roy et Louis Paris.

Un érudit allemand, Bœttiger, nous a fait le tableau de la *Matinée d'une Dame romaine à sa toilette*. On a dans Homère la toilette de Vénus. Il y a dans un roman en vers du xiiie siècle, *Partonopeus de Blois*, une description accomplie d'une élégante du moyen âge, à sa toilette également, et de son colloque animé avec sa femme de chambre. Madeleine vient de nous ramener à un boudoir du xve siècle. Il y a plaisir à comparer. Au reste, toutes ces toilettes féminines se ressemblent fort.

Le comte Rodigon entre d'un pas léger ; il vient en visite. Il est accueilli en ami ; on lui propose toutes sortes de jeux, la danse, le chant, les dés, les cartes : il préfère le jeu de conversation, des demandes et réponses sur des cas d'amour, en un mot, faire assaut de bel esprit. Sur ce, Rodigon et Madeleine se mettent à chanter ou à chantonner, en s'accompagnant peut-être de quelque instrument, une *ballade en amours*, comme qui dirait une romance à deux. Cette chanson exprime une doctrine de troubadour des plus fines et des plus distinguées, la doctrine de la politesse, de la chevalerie courtoise, du *comme il faut* en galanterie. Le refrain est :

> On n'a jamais ce qu'amours ont coûté.

Et pourtant on y revient toujours. C'est déjà le vers connu :

> Tous les autres plaisirs ne valent pas ses peines.

Après avoir ainsi roucoulé quelque temps leur duo, Rodigon se lève et prend congé de Madeleine : « *Point ne faut faire l'ennuyeux,* » dit-il. C'est assez pour la première fois ; il sent qu'il ne faut jamais ennuyer les dames.

En sortant (le livret l'indique), Rodigon pourra donner un baiser à Madeleine et à ses demoiselles. — Et puis l'on passe de là immédiatement, dans le Mystère, au miracle de la multiplication des cinq pains et des deux poissons. Mais nous n'en sommes plus à nous étonner de ces singuliers assemblages.

Et ici, je ne craindrai pas, si j'ai été sévère ailleurs, d'insister sur le genre d'intérêt et sur les qualités de ce vieux Mystère. Il n'est pas dénué de cette espèce d'avantage et de dédommagement qui semble revenir surtout aux œuvres modernes : il peint les mœurs modernes, les coutumes et costumes d'un temps ; il en est un témoignage. Le beau semble appartenir plus exclusivement à l'Antiquité : l'intérêt, la curiosité, l'expression fidèle et variée de tout ce qui se fait et de tout ce qui se passe sous nos yeux, sans aucune préoccupation de l'idéal, sont des parties plus volontiers réservées aux modernes. « *Le vrai est ce qu'il peut,* » semble être le plus souvent leur devise. C'est ainsi que le *roman,* le *drame* sont essentiellement plus modernes que le *poëme épique* et que la *tragédie.* On dirait que l'humanité en avançant est surtout soigneuse de s'observer tout le long de sa route, de se décrire, de laisser de soi, aux différents âges, des portraits ressemblants, tels quels, qui serviront ensuite de termes de comparaison, de documents biographiques et historiques, aux curieux qui viendront après. En ce sens, notre vieux Mystère a quelque chance de ne pas être tout à fait oublié : en faisant bon marché de l'œuvre comme art, comme élévation, comme composition, on pourra toujours le consulter pour ces quelques scènes, quand on voudra donner une idée fidèle et piquante de la vie de salon, des habitudes et du ton de la société galante et déjà polie au xve siècle. Ce sont des estampes, des peintures de genre, qui comptent à leur place dans la collection totale et qui, à ce titre, ont leur prix.

Je laisse de côté le reste de l'histoire connue. Je ne ferai plus qu'une remarque : c'est que Madeleine, lorsqu'elle entend parler de Jésus-Christ et de ses miracles par des gens qui viennent d'en être témoins, les questionne sur un ton léger qui est bien dans son premier rôle. Elle s'informe d'abord de l'apparence du prophète et de ses avantages extérieurs : quel visage ? quel âge ? quelle couleur de cheveux ! quel teint ? — « Et les yeux ? » — « Clairs comme une belle lune. » — « Et les mains ? » — « Belles, droites et longues. » — « Quelle

robe a-t-il?» — « Fine, rouge, sans une seule couture. »
— Que si elle se décide à l'aller entendre, c'est qu'elle veut, dit-elle, contempler sa beauté, pour voir s'il lui plaira et s'il la regardera de quelque regard aimable : car elle est résolue à se faire aimer de tous. C'est la coquetterie encore, jointe à la pure curiosité, qui la conduit vers Jésus-Christ. Plus tard, dans l'admirable sermon *pour le jour de sainte Madeleine*, prêché par Massillon, ce maître des cœurs, il y aura quelques traits, quelques intentions qui, de loin, rappelleront ce même motif : c'est quand la pécheresse qui chez Massillon est aussi une femme de qualité, après avoir entendu Jésus une première fois, déjà touchée et à demi pénitente, se dit en elle-même : « Ses regards tendres « et divins m'ont mille fois démêlée dans la foule... Il « a eu sur moi des attentions particulières; il n'a, ce « me semble, parlé que pour moi seule... » Et la voilà déjà à demi gagnée; sa coquetterie même sert à sa conversion. Et aussi, une fois convertie, elle aimera Jésus comme pas une; elle sera la sainte amante.

II.

JÉSUS ET SA MÈRE.

Maintenant je n'ai plus à citer de ce vieux Mystère qu'une scène véritablement pathétique et où le sujet a heureusement inspiré l'auteur, soit qu'il ait eu le premier l'idée, soit plutôt qu'il l'ait prise d'ailleurs et simplement perfectionnée. Au moment d'entrer dans les scènes de la Passion; on voit la Vierge Marie, soumise jusqu'alors aux volontés de son fils, essayer de détourner d'elle et de lui le calice, et, dans la dernière visite qu'il lui fait à Béthanie, le supplier de ne pas retourner dans la cité maudite de Jérusalem, où il a tant d'ennemis. Une dernière lutte s'élève dans le cœur de la Vierge entre la femme née d'Ève, faible par conséquent, et la mère de Dieu. On y assiste; dans un tête-à-tête avec son fils, elle lui adresse successivement quatre requêtes, et lui demande au moins de quatre choses l'une: 1º de ne point mourir, lui son fils, de ne point *souffrir mort*, s'il est possible; 2º cette première requête refusée, et puisque cette mort est jugée nécessaire, de ne point la souffrir si amère, si honteuse et si cruelle; 3º cette requête rejetée encore par Jésus au nom des Écritures et des Prophéties, de permettre au moins que sa mère meure la première et n'ait point à voir de ses yeux une mort si terrible; 4º puisque cette troisième *pétition* n'est pas plus accueillie que les deux autres, de vouloir bien qu'elle perde au moins connaissance pendant la durée de la Passion, qu'elle soit ravie en esprit et demeure comme une chose insensible, privée d'intelligence et de sentiment. Mais Jésus a refusé cette dernière requête elle-même : quand le fils souffre d'une telle mort, il convient qu'une mère douce et tendre le ressente; il est juste que le glaive de douleur la transperce. On le voit, la situation donnée par le sujet est belle, touchante, aussi touchante que possible; mais, dans toute la première partie, l'exécution manque un peu. C'est alors que la Vierge, ainsi repoussée, en remercie presque son fils et le prie de l'excuser de ses faiblesses; mais au même moment, tout en paraissant se soumettre, elle revient doucement à la charge en refaisant presque ses mêmes demandes, ses mêmes prières, en les faisant à mains jointes et comme les plus petites, les plus humbles, les plus attendrissantes supplications qui puissent, à pareille heure, sortir des lèvres d'une mère :

NOTRE-DAME.
Au moins veuillez, de votre grâce,
Mourir de mort brève et légère !
JÉSUS.
Je mourrai de mort très-amère.
NOTRE-DAME.
Non pas fort vilaine et honteuse !
JÉSUS.
Mais très-fort ignominieuse.
NOTRE-DAME.
Doncques bien loin, s'il est permis !
JÉSUS.
Au milieu de tous mes amis.
NOTRE-DAME.
Soit doncques de nuit, je vous prie !
JÉSUS.
Mais en pleine heure de midi.
NOTRE-DAME.
Mourez donc comme les barons !
JÉSUS.
Je mourrai entre deux larrons.
NOTRE-DAME.
Que ce soit sous terre et sans voix !
JÉSUS.
Ce sera haut pendu en croix.

NOTRE-DAME.

Vous serez au moins revêtu?

JÉSUS.

Je serai attaché tout nu.

NOTRE-DAME.

Attendez l'âge de vieillesse !

JÉSUS.

En la force de ma jeunesse...

ici le fond l'emporte sur la forme; mais la forme même semble expressément sortir de la vivacité poignante des sentiments qui sont aux prises. Les questions, les répliques s'entre-croisent; c'est un vrai dialogue et sur le sujet le plus sensible, le plus émouvant, le plus tendre au cœur des chrétiens. Jésus ne craint pas d'enfoncer coup sur coup, de retourner le glaive dans le cœur de sa mère : les agonies ont commencé. Si la première partie de la scène est méthodique et un peu compassée, cette fin est belle, belle de la beauté morale de l'Évangile même. Il y a certainement du talent proprement dit dans ce *crescendo* final qui arrive jusqu'au cri et au déchirement.

M. Louis Paris, dans son analyse, a tiré parti de cet endroit le plus remarquable du vieux Mystère et l'a mis dans tout son jour. Puisqu'il avait ailleurs rappelé les Grecs, que n'a-t-il rapproché ici de cette scène douloureuse et saignante la scène de l'Hippolyte mourant, dans Euripide, où l'on voit Diane, la chaste vierge, mais qui n'a pas été mère, ne pouvoir veiller et assister jusqu'à la fin, jusqu'au dernier soupir, le mortel même le plus chéri et qu'elle a le plus favorisé ! « C'est que les larmes sont interdites à mes yeux, » lui dit-elle.

Les seules approches de la mort, la seule vue d'une agonie seraient pour elle une souillure. Les voilà bien ces dieux antiques qui ne connaissaient que la félicité et qui fuyaient la douleur. Quoi ! vous prétendez aimer votre Hippolyte, ô chaste déesse, et vous ne savez pleurer, vous ne *pouvez* pleurer ? O infirmité des dieux bienheureux ! où sont leurs entrailles ? Leur protection même la plus grande ne saurait être égale à leur malédiction. Elle ne trouve, en le quittant, à lui promettre que la gloire, des honneurs, un nom ; et elle s'éloigne au moment où il a le plus besoin d'être consolé et assisté. A quoi sert d'être aimé d'un tel Dieu ? On comprend, on peut mesurer par la scène de notre Mystère le progrès, non littéraire, tout moral, que l'humanité avait fait depuis lors dans la manière de concevoir la *pitié* chez un dieu. C'est l'ordre de *charité* auquel était fermé l'antique Olympe.

Mais n'allons pas trop loin cependant, en déclarant, avec M. Paulin Paris, que cette scène, ainsi que celles de Lazare et de la Madeleine et quelques autres encore, où l'on apercevrait tout au plus des tronçons de drame, appartiennent à « l'art le plus élevé. » C'est le fond moral tenant au christianisme même, qui fait ici l'élévation.

III.

JEANNE D'ARC.

J'ai sincèrement à m'excuser auprès des savants éditeurs du *Mystère du Siége d'Orléans* pour le peu d'espace qu'il me reste à leur consacrer. Eux-mêmes ont abrégé ma tâche en disant dans leur judicieuse Préface tout ce qui était à dire. Ils n'ont pas surfait l'ouvrage qu'ils publient, ils ne l'ont pas déclaré supérieur à ce qu'il est en réalité. Ils en ont loué le sujet et l'intention plus que l'exécution. Ils ne l'ont pas jugé, par ce dernier côté, au-dessus de ce qui se faisait à l'entour dans le même genre. Ce n'est pas eux qui provoqueraient l'impatience et la sévérité du goût par des comparaisons trop ambitieuses; ils vont au-devant de la critique par l'impartialité de leurs aveux. MM. Guessard et de Certain sont des gens d'esprit, d'un bon esprit, autant que des hommes d'un savoir précis et rigoureux. On aime à les avoir pour soi, et à se retrancher derrière eux au besoin. Or, ils paraissent penser des Mystères, en général, à très-peu près ce que nous en pensons nous-même, et leur autorité est bien faite pour nous rassurer pleinement. Ils sont les premiers à reconnaître :

« Que l'imagination des auteurs, quand ils traitaient des
« sujets religieux dont les points fondamentaux étaient fixés
« par l'Ancien ou le Nouveau Testament, ne pouvait se don-
« ner carrière que dans quelques scènes épisodiques et dans
« le dialogue naïf, familier, souvent trivial, des personnages
« secondaires, tels que les bergers, les soldats, les démons;
« que l'exactitude des tableaux, le langage plus ou moins vrai
« qu'on prêtait aux personnages, l'effet comique qui résultait
« des facéties de quelques-uns, constituaient le principal
« mérite de l'ouvrage aux yeux du public, et en faisaient
« tout le succès; que toute espèce d'idée d'unité était absente
« de ces compositions et étrangère à la pensée des auteurs;
« qu'on ne songeait nullement alors à disposer les faits de

« façon à les faire valoir par le contraste, à concentrer l'in-
« térêt sur certaines scènes, à tenir en suspens l'esprit du
« spectateur et à l'amener de surprise en surprise, de péri-
« pétie en péripétie, jusqu'au dénoûment. Cette partie si
« importante de l'art dramatique ne devait, disent-ils, venir
« ou revenir que plus tard. Les spectateurs d'alors se con-
« tentaient à moins. »

Quand des érudits des plus compétents parlent avec cette modestie et cette bonne foi de l'objet de leurs études, on se sent d'autant plus porté à leur accorder ce qui est juste, et on est tout prêt à placer avec eux leur vieux Mystère à son rang dans la série des anneaux intermédiaires qui permettent de mesurer les lents efforts, en tout genre, de l'esprit humain.

Leur conclusion au sujet de l'héroïne d'Orléans, de cette généreuse Pucelle, qui a mis en défaut jusqu'ici toute espèce de fantaisie ou de fiction, et que la vérité seule peut désormais louer, est aussi fort sage. Pauvre Jeanne d'Arc! elle a eu du malheur dans ce que sa mémoire a provoqué d'écrits et de compositions de diverses sortes. Elle a inspiré à de grands poëtes tragiques, aux Shakspeare et aux Schiller eux-mêmes, des inventions odieuses ou absurdes; elle a inspiré au plus bel esprit et à la plus vive imagination une parodie libertine qui est devenue une mauvaise action immortelle; elle est en possession de faire naître, depuis Chapelain, des poëmes épiques qui sont synonymes d'ennui, et que rien ne décourage, qui recommencent de temps en temps et s'essayent encore çà et là, même de nos jours, sans arriver jusqu'au public;

soyez bien sûrs qu'à l'heure où je vous parle il y a quelque part un poëme épique de *Jeanne d'Arc* sur le métier. Quelques vers touchants des *Messéniennes*, qu'on a sus par cœur, une statue gracieuse due à un noble et royal ciseau de jeune fille, sont une bien petite satisfaction après tant d'outrages. Des historiens distingués lui doivent d'avoir fait des chapitres bien systématiques ou un peu fous; et la dernière histoire qu'on a d'elle (1), une histoire que l'Académie française a eu la complaisance extrême de couronner, est bien la faiblesse même et de plus une œuvre imprégnée d'un léger esprit de superstition. J'en reviens donc à penser avec MM. Guessard et de Certain qu'il n'y a rien de tel, pour honorer le miracle de la patriotique jeune fille, que le vrai tout simple, et ce qui permet d'en approcher le plus, le Journal de ses actions et les pièces mêmes de son procès. Et en ce cas, le meilleur historien et célébrateur de Jeanne d'Arc se trouve être M. Quicherat, le collecteur définitif de tout le dossier restant, et le greffier le plus fidèle de tous les actes et témoignages. — Et quant au vieux Mystère, qui n'est guère qu'une chronique, il est bien prolixe; mais il a du naturel, et, en plus d'un endroit, il a sa couleur vraie et qu'on sent voisine du temps.

(1) Par M. Wallon.

Lundi, 17 novembre 1862.

MÉMOIRES DE FOUCAULT

INTENDANT SOUS LOUIS XIV

PUBLIÉS PAR M. BAUDRY (1).

Voici un de ces livres comme l'histoire les aime de plus en plus, de ceux dont elle se nourrit et se renouvelle. Foucault, de cinq ans environ plus jeune que Louis XIV, fut un des agents secondaires, mais actifs et vigoureux, de l'administration de ce monarque à l'intérieur, un des préfets, comme nous dirions, qui le servirent avec le plus de zèle pour l'établissement de l'unité en tout, de l'uniformité et de la discipline. Produit par Colbert, dont son père avait l'intime confiance, successivement intendant à Pau, à Poitiers et à

(1) Un vol. in-4°, dans la Collection des documents inédits sur l'histoire de France, publiés par les soins du ministre de l'Instruction publique.

Caen, puis conseiller d'État, il mourut en 1721 à l'âge de soixante-dix-huit ans. Tristement célèbre à nos yeux par ses trois premières intendances, surtout par celle du Béarn, à titre de persécuteur et de convertisseur des protestants, il s'honora dans celle de Caen, où il ne demeura pas moins de dix-sept années, par sa bonne administration, ses règlements utiles, son goût pour les antiquités curieuses, pour les lettres, et par sa bienveillance envers ceux qui les cultivaient. C'est une figure qui mérite qu'on l'étudie et qu'on en marque les traits avec précision. Les grands hommes sont sujets à faire illusion sur l'époque qu'ils éclairent et qu'ils remplissent brillamment jusqu'à éteindre parfois ce qui les entoure; les hommes secondaires et pourtant essentiels ont l'avantage de nous faire pénétrer avec eux, sans éblouissement et sans faste, dans des parties restées à demi obscures et dans les rouages mêmes de la machine dont ils étaient, à certain degré, un des ressorts.

Foucault, selon une expression heureuse, nous a montré ces rouages en activité et *fonctionnant*. Non pas qu'il ait rédigé ses Mémoires ou son Journal dans le moment même où il agissait et administrait : il paraît n'y avoir songé que tard et après sa retraite des intendances; mais il a rédigé ses notes sur pièces, à mesure que, dans la révision qu'il faisait de ses papiers, chaque lettre, chaque copie ou minute lui tombait sous la main et fixait ses souvenirs. Cette suite de notes et d'analyses, bien que décousues d'ordinaire et tout à bâtons rompus, représente donc bien les événements et les faits dans leur expression la plus précise et avec un parfait caractère d'authenticité.

Ces Mémoires, dont le manuscrit existe à la Bibliothèque impériale, avaient été déjà consultés et extraits en partie, notamment par MM. Pierre Clément, Chéruel, Bernier; mais rien ne suppléait à une publication complète, et l'on doit savoir gré à M. Baudry de nous avoir aujourd'hui donné les Mémoires en entier, dégagés de leur confusion primitive, et accompagnés de tout ce qui peut les éclaircir et les confirmer. Une *Introduction* savante, mise en tête, est un morceau de biographie et d'histoire d'un haut et sérieux intérêt. L'exactitude du compte rendu et le soin des informations s'y joignent à la justesse des idées, à la rectitude des jugements, à la sobre fermeté du langage.

M. Frédéric Baudry, à qui nous devons ce volume, est lui-même un érudit et un savant très-distingué en plus d'un genre, et cette application qu'il a mise, en fidèle Normand, à éditer ce Journal d'un ancien intendant de Normandie, ne doit être comptée dans sa carrière littéraire que pour un accident et presque un hors-d'œuvre. Ses travaux les plus importants et les plus suivis se sont depuis longtemps dirigés du côté de l'Orient, et du plus haut Orient; élève de Burnouf, il a pris le sanscrit pour son domaine; mais ce n'est point un philologue pur, et il a surtout marqué sa vocation scientifique originale en faisant avancer d'un pas la branche d'études qui tend à montrer que les anciens peuples venus d'Asie en Europe, et qu'on désigne sous le nom d'indo-germaniques, ont eu, à l'origine, un même système de mythes, comme ils ont eu une même langue; les liens primitifs de famille se dénotent chez eux par tous les signes. Le petit nombre de juges compétents en pareille matière reconnaissent que, dans cette voie des investigations analytiques comparées, M. Baudry est un maître. C'est plaisir pour nous de le rencontrer aujourd'hui sur un terrain si différent, et d'avoir le droit de le louer par un côté où il est accessible à tous. On reconnaît les bons et excellents esprits à cette marque, qu'ils sentent le besoin de faire parfaitement tout ce qu'ils font. Dans un temps où notre pays est infesté de tant de fausses doctrines mortelles aux vraies méthodes, et traversé d'un détestable esprit où les charlatanismes et les timidités se combinent, sachons au moins les noms de ceux qui forment l'élite scientifique et philosophique, qui marchent à l'avant-garde de la pensée et demeurent l'espoir de l'avenir.

L'intendant Foucault, lui, n'était qu'un homme de son temps, et, s'il en servit le mouvement et le progrès dans le sens de bien des améliorations pratiques, il en partagea fortement aussi les préjugés et les erreurs. Il appartenait à cette bourgeoisie laborieuse et influente d'où nos rois aimaient à tirer des serviteurs dociles et dévoués. Petit-fils par sa mère de l'ingénieur Métezeau, qui proposa et fit exécuter la digue de La Rochelle dans ce fameux siége, il avait pour père un protégé de Colbert et de Pussort, successivement greffier de la Chambre des comptes, de la Chambre de justice chargée de juger Fouquet, et enfin secrétaire du Conseil d'État, homme chagrin, redouté dans sa famille, estimé dans sa profession, d'un mérite spécial pour rédiger les procès-verbaux, pour dresser les édits, et qui « travaillait toute la journée en robe de chambre. » C'était alors une grande singularité, à tel point que le père du président Hénault, qui connaissait Molière, lui donna la robe de chambre et le bonnet de nuit de M. Foucault, son parent, et qui était encore très-vivant à cette date, pour représenter *le Malade imaginaire.* On ne dit pas si le maître et possesseur de la garde-robe le sut et y consentit. Ce père de Foucault, un peu bourru, et qui prêtait au comique, eut l'idée, déjà vieux et depuis longtemps affublé comme le Malade imaginaire, d'épouser en secondes noces Mlle Bossuet, la sœur du grand évêque, personne elle-même d'un caractère singulier et qui se maria malgré sa famille; il y eut bientôt incompatibilité d'humeur entre les époux, et séparation. — Notre Foucault, fils aîné de cet original, qui avait pourtant, au milieu de toutes ses rugosités, des coins de tendresse, fut parfaitement élevé, en vue des offices publics et des bienfaits du roi. Placé au collége des Jésuites ou de Clermont, il réussit dans ses classes; il fut plusieurs fois le premier ou *empereur*, comme on disait, et, en troisième notamment, il eut le premier prix de prose, et mérita d'être « de la tragédie; » on jouait, et on joue encore en province, dans certains pensionnats, une tragédie le jour de la distribution des prix. Du collège des Jésuites, il alla faire sa philosophie à Navarre. Pourvu dès lors du bonnet de maître ès arts, il étudia même en théologie. On avait eu soin de le faire tonsurer dans le temps où il avait reçu la confirmation, à l'âge de dix ans : cette tonsure le rendait apte à obtenir des bénéfices. De la théologie il passa au droit. Il était reçu avocat au Parlement de Paris en 1664, c'est-à-dire à vingt et un ans. Il plaida dès son début quelques causes avec succès, à la satisfaction des anciens de l'Ordre. Colbert le fit nommer, en 1665, secrétaire de la Commission établie pour la réformation de la justice. Choisi pour la charge de procureur du roi des requêtes de l'hôtel, reçu haut la main avec honneur et sans subir l'examen, puis six ans après (1671) pourvu de la charge d'avocat général au grand Conseil, reçu également sans subir d'interrogatoire et avec dispense d'âge (il fallait avoir trente ans, et il n'en avait que vingt-huit), on voit que Foucault était ce qu'on appelle un excellent sujet, régulier, exemplaire, et même brillant dans les parties sombres : il s'agit d'un brillant qui n'est que relatif. Nous sommes ici dans des portraits de magistrature un peu noirs et tristes, qui ne se discernent bien qu'au bout de quelques minutes, au fond de ces hauts appartements donnant sur des rues étroites, où le soleil ne pénétrait que rarement.

Foucault, qui nous marque toutes ces particularités dans son Journal, n'oublie pas d'y mentionner les moindres détails et des chiffres de menues dépenses. Ainsi, par exemple :

« Le 30 mai 1670, fête du Saint-Sacrement, j'ai porté le dais à la procession de la paroisse de Saint-Eustache. Il m'en a coûté 80 liv. pour l'offrande, présent à l'œuvre, quêteuse et menus frais. »

Bien des années après, intendant de Caen, ayant par extraordinaire joué au lansquenet, au jeu de Monsieur, frère de Louis XIV, qui, à la tête d'une armée, avait son quartier général à Pontorson, il note qu'il a perdu 4,000 livres. Ceci du moins en vaut la peine. C'est par un effet de cette même habitude d'ordre et de comptabilité privée, qu'au milieu des affaires les plus suivies de son intendance de Montauban, il songeait encore à noter sur un petit papier : « 1679, tel mois, j'ai prêté cinq louis d'or à M. le duc d'Elbeuf, qu'il ne m'a pas rendus. » Le bourgeois Foucault tient de son père d'être exact et strict en tout. Mais, chose à remarquer, et qui se reproduit plus ou moins dans presque toutes les familles dites parlementaires de ce temps-là : fils d'un père chagrin, bizarre et dur, il sécularise les qualités plus que solides de ce premier original, il les tempère, il les adoucit, il les civilise et les montre en sa personne applicables à bien des emplois, et même assez ornées de politesse et de belles-lettres; mais il ne parvient point à les léguer à son fils, lequel, en revanche, sera un dissipateur, un franc libertin et pis encore. Il faut voir dans Saint-Simon toutes les aventures, les impertinences, les frasques, et, pour tout dire, les friponneries de ce fils de Foucault, connu d'abord sous le nom de M. de Carcassonne, et finalement décrié sous celui de Magny. On lui avait sacrifié tous ses frères et sœurs pour faire de lui un grand seigneur, un marquis; et il tourna à la honte des siens, à la confusion de son père. Aïeul dur et serré, père réglé et honnête homme, fils mauvais sujet, c'est l'histoire de bien des familles, c'est presque une loi. Le progrès, la grandeur et la décadence se suivent de près et sont d'ordinaire renfermés dans le cercle de trois générations. Ne parlons pas tant des vertus du grand siècle. De tout temps la nature humaine est ainsi. Ce fils de Foucault brouillon, fou, fripon, qui se fit chasser de partout, ne laissa pas de vivre jusqu'à quatre-vingt-seize ans, l'âge du plus sage des Nestors. Quand il mourut, la *Gazette de France* parla de lui comme du plus vieux militaire de son temps et du plus ancien magistrat. Il était joli le magistrat !

Qu'ai-je fait, et comment en suis-je venu à anticiper de la sorte? rebroussons vite en arrière. Le roi ayant créé par édit (janvier 1674) huit charges de maîtres des requêtes; Colbert, qui était le patron des Foucault, conseilla au père d'en prendre une pour son fils, promettant de le faire nommer à une intendance. Le conseil fut suivi. Foucault, agréé, présenté au roi, reçut la nouvelle charge avec toutes sortes d'avantages et de faveurs extraordinaires, dispense d'âge, de service, et remise de finances. Il se vit immédiatement nommé à l'intendance de Montauban, une des plus importantes du royaume (février 1674); il n'avait que trente et un ans.

Le voilà dans sa sphère, dans celle du moins dont il ne sortit plus, et à laquelle appartient toute la partie la plus active et diversement mémorable de sa vie. Il eut tout d'abord à témoigner de son zèle et de sa capacité. Le champ était vaste. L'intendance de Montauban était une des moins faciles du royaume, parce que les commissaires des Grands Jours, établis dans les années antérieures pour réduire administrativement et judiciairement certaines provinces centrales où le désordre s'était depuis longtemps acclimaté et enhardi, n'avaient point poussé leurs recherches jusqu'à Montauban, et qu'il semblait que ce fût encore « un pays ouvert à la tyrannie des grands, à l'indépendance des peuples et aux malversations des juges. » M. Foucault, pendant dix années de séjour (1674-1684), eut donc à réprimer bien des infractions, à réduire bien des indisciplines, à corriger bien des abus incontestables. Il raconte que, dans une de ses tournées de début, un consul de Nogaro, qui était à la fois médecin, lui dit dans sa harangue « que le roi l'avait envoyé dans la province pour la purger de tous les fainéants et gens de mauvaise vie, et qu'au sentiment d'Hippocrate ce qui formait les humeurs peccantes était l'oisiveté. » L'idée, en un sens, n'était pas aussi fausse que l'expression était ridicule. — « Je gardai mon sérieux, ajoute Foucault, mais les assistants ne se crurent pas obligés à la même gravité. » Foucault, comme autrefois Fléchier aux Grands Jours d'Auvergne, se moque des harangueurs surannés de la province ; il est un homme de goût par rapport à ce consul. Mais nous verrons que lui-même, dans ses harangues, n'était homme de goût que relativement, ayant gardé bien du scolastique.

Homme d'affaires, il avait non-seulement de l'habileté, mais de l'adresse ; il savait se ménager entre deux écueils. Protégé de Colbert, il lui importait de ne pas heurter Louvois, dont l'ascendant grandissait chaque jour. Il nous apprend, dans une circonstance assez singulière où il était placé entre les deux, et, comme on dit, entre le marteau et l'enclume, comment il s'y prit pour esquiver le choc, pour ne pas déplaire ni désobéir :

« Au mois de décembre 1674, j'ai proposé à M. de Louvois de ne point mettre des gens de guerre en quartier d'hiver dans Négrepelisse, appartenant à M. de Turenne ; il m'a mandé que l'intention du roi était que, sans distinction, je distribuasse les troupes dans toutes les paroisses. Il était brouillé avec M. de Turenne. D'autre part, M. Colbert m'écrivit, de son propre mouvement, que le roi trouverait bon que j'exemptasse de logement la terre de Négrepelisse, qui était la seule que possédât M. de Turenne, qui avait bien mérité cette distinction. Pour accorder les deux ministres, je mis quelques places de l'état-major dans Négrepelisse, mais c'étaient des places mortes (des places qui n'étaient pas occupées), qui ne coûtèrent rien à la paroisse, et cette affaire n'eut point de suite. »

Le cas est petit, mais la méthode est trouvée. Foucault aura de ces finesses en mainte rencontre.

Une des parties les plus délicates de sa tâche était de faire exécuter, à l'égard des protestants, si nombreux dans ce pays, les édits gradués qui tendaient à multiplier les conversions anodines et qui acheminaient peu à peu à la grande et fatale Révocation. Nous touchons ici au rôle principal de Foucault, à la grosse affaire qu'il met au rang de ses plus utiles travaux, et par où son nom est entré odieusement dans l'histoire.

La méthode la plus douce était de convertir les gens avec promesse de pension du roi. On mettait une ou plusieurs pensions comme appât au bout de la conversion; plus d'un y mordait :

« (Décembre 1677.) Le sieur Coras, ministre de Montauban, étant converti, j'ai proposé au roi de donner 600 liv. de pension à ses deux filles. Leur père avait 800 liv. de pension du Clergé. »

Tout ministre qui avait des filles pouvait être tenté, à voir cet exemple de Coras. Puis, à côté de l'appât, les privations : on retranchait les protestants de toutes les charges, même municipales, des villes :

« J'ai reçu (janvier 1679) un arrêt du Conseil qui exclut les habitants de la Religion prétendue réformée des charges politiques de la ville de Montauban, et ai proposé à la Cour d'en rendre un pareil pour toutes les autres villes. »

Foucault aura souvent de ces propositions-là; il aime à devancer la Cour, dans le sens de la Cour. Après l'interdiction politique, on exclut les protestants, même de tous les emplois de finances. Un protestant ne pouvait être commis ni dans les fermes-unies, ni pour le recouvrement des tailles, ni dans les domaines du roi. Une lettre de Colbert (18 octobre 1680) dictait à Foucault sa ligne de conduite; mais celui-ci n'avait pas besoin d'y être poussé :

« Sa Majesté, était-il dit dans cette lettre que Colbert écrivait sans doute à contre-cœur, m'a ordonné de déclarer aux fermiers qu'elle voulait qu'ils les révoquassent (les commis qui étaient de la Religion) ; elle leur a donné seulement deux ou trois mois de temps pour exécuter cet ordre, et Sa Majesté m'ordonne de vous en donner avis et de vous dire en même temps que vous pourriez vous servir de cette révocation et du temps qu'elle ordonne, pour les exciter tous à se convertir, Sa Majesté étant convaincue que leur révocation de leur emploi peut beaucoup y contribuer. »

C'était la morale administrative avouée en ce temps-là; Foucault l'affiche et la professe avec la plus grande ingénuité dans ce Journal, écrit pourtant dans les premières années du xviiie siècle et sous la Régence. Il ne songe à rien dissimuler de sa conduite dans ces odieuses opérations, qu'il lui était difficile d'alléger, sans doute, mais qu'il est toujours disposé plutôt à aggraver :

« Le 23 juillet 1681, j'ai proposé à M. de Louvois de faire venir de Roussillon deux compagnies de cavalerie dans le haut Rouergue et dans le haut Quercy, pour seconder les missionnaires ecclésiastiques. »

Foucault n'a pas inventé les *dragonnades*, dont le triste honneur reste acquis à Marillac, intendant du Poitou; mais il a été des premiers, on le voit, à accueillir l'heureuse idée et à vouloir la faire fructifier.

Comme il convient de se bien définir à soi-même les termes, même les plus courants et les plus connus, on appelait proprement *dragonnades* l'opération, en apparence très-simple, qui consistait à faire arriver dans un pays des dragons ou tout autre corps de cavalerie, à les loger chez des bourgeois, métayers ou fermiers protestants, ou même des nobles, et à les ruiner par ces logements prolongés qui, dans l'état encore très-neuf de la discipline militaire d'alors, et surtout quand on voulait bien y donner les mains et fermer les yeux, étaient accompagnés de quantités d'exactions, vexations, coups, viols, sévices et parfois meurtres; on exemptait qui l'on voulait de ces logements, et on écrasait les autres. Les nouveaux convertis étaient de droit exemptés; les opiniâtres et récalcitrants étaient chargés, pressurés jusqu'à extinction.

Louvois, qui donna bientôt à plein collier dans cette méthode, trouva d'abord que le zèle de Foucault allait trop loin, et à la proposition que nous venons de voir faire à l'intendant, il répondit en termes secs:

A Fontainebleau, le 7 août 1681.

« J'ai lu au roi la lettre que vous avez pris la peine de m'écrire pour demander des troupes pour essayer d'obliger les religionnaires de votre département à se convertir; Sa Majesté m'a commandé de vous faire savoir qu'elle ne juge pas présentement de son service de vous en envoyer. »

Il y eut bien des *va-et-vient* dans cette affaire de la Révocation, il y eut du flux et du reflux. On avançait, puis on reculait un peu, puis on avançait encore. Louis XIV, aveuglé ici par un esprit de dévotion étroite, était de plus trompé par les informations qui lui venaient des provinces; et Foucault sera un de ces informateurs les plus funestes, par le tableau illusoire qu'il présentera de la facilité du succès. Quand un peu de jour arrivait à Louis XIV sur l'affreuse réalité que cachaient les beaux et spécieux rapports des intendants courtisans, comme il était loin d'être inhumain, il ordonnait de relâcher, de ralentir ou de suspendre les mesures. Puis, bientôt la confiance, la crédulité si naturelle à qui se croit de bonne foi l'instrument divin, la force de la prévention et du fanatisme, l'impossibilité aussi de s'arrêter dans une entreprise poussée si loin et tellement engagée, reprenaient le dessus; et c'est ainsi qu'on arriva au bout du dessein le plus impolitique et le plus désastreux.

Non content d'écrire à Louvois pour réclamer des mesures de rigueur, et avant même d'avoir la réponse, Foucault s'adresse au Père de La Chaise pour lui suggérer d'autre part des moyens auxiliaires plus doux; il propose non plus ici des cavaliers et des dragons, mais d'autoriser une conférence, par exemple, où les points controversés soient agités, disant que les ministres et les principaux religionnaires de ces contrées ne cherchaient qu'une porte honnête pour rentrer dans l'Église:

« Ceux, ajoute-t-il, qui sont les plus considérés et les plus accrédités dans le parti m'ont assuré que c'était la seule voie qui pût faire réussir le grand projet des conversions; que celles de rigueur, de privation des emplois, les pensions et les grâces seraient inutiles. »

Dans un voyage qu'il fait à Paris, il en parle également au chancelier Le Tellier, lequel a d'ailleurs peu de goût pour Foucault, et qui ferme l'oreille à sa proposition :

« Il la rejeta absolument, disant qu'une pareille assemblée aurait le même succès que le Colloque de Poissy; que le pape trouverait mauvais que l'on fît une pareille conférence sans sa participation, et me défendit d'en parler au roi. Sa timidité naturelle, dans une entreprise qu'il jugeait périlleuse, est peut-être cause que l'ouvrage des conversions, qui aurait pu réussir par les conférences, soutenues d'autres moyens doux, a causé la ruine d'un si grand nombre de religionnaires et la perte du commerce et des arts. »

Contradiction singulière et bizarrerie de la conscience humaine ! Voilà un homme qui juge à ce point de vue le résultat de la révocation de l'Édit de Nantes, qui ne l'appelle pas autrement que « la perte en France du commerce et des arts industriels », et qui, au même moment, dans l'incertitude d'être accueilli pour ce qu'il propose de plus indulgent, provoque des mesures de rigueur en demandant à Louvois des troupes. Il est évident que Foucault est à peu près indifférent aux moyens et sans scrupule, pourvu qu'il fasse preuve de zèle.

Et c'est cet homme, enchevêtré, il est vrai, par son éducation, par sa naissance, par ses alentours (son Journal en fait foi) et tous ses liens originels de famille, de paroisse, de cléricature, dans l'idée ecclésiastique la plus étroite, c'est cet homme religieux, d'ailleurs, et qui se croit charitable, qui a des pratiques vraiment chrétiennes, qui chaque fois qu'il lui naît un enfant, par exemple, le fait tenir sur les fonts baptismaux « par deux pauvres », c'est lui qui va devenir un persécuteur acharné, subtil, ingénieux, industrieux, impitoyable, de chrétiens plus honnêtes que lui, un tourmenteur du corps et des âmes, et le bourreau du Béarn.

Foucault, en tout ceci, traite les protestants à convertir comme une chose ; il se conduit exactement comme ferait un ingénieur devant une place de guerre à assiéger. Il propose d'abord et parallèlement deux systèmes : on rejette l'un, celui qu'il eût préféré et qui eût épargné le plus d'hommes. Cela ne l'empêchera pas de faire de son mieux, et le plus énergiquement dans l'autre système, celui de la force et de l'attaque plus à découvert. L'essentiel pour lui est de se signaler.

Et puis, quand tout cela sera fait et parfait, quand il se sera maintenu au premier rang des ministres du second ordre à force de zèle et de miracles administratifs ; quand il pourra se vanter auprès du roi d'avoir accompli ses désirs les plus chers, d'avoir converti vingt-deux mille âmes sur vingt-deux mille, moins quelques centaines, et cela dans l'espace d'environ seize mois ; quand il aura plus que personne contribué, par cette fausse apparence d'une réussite aisée, au fatal Édit qui s'ensuivit ; lorsqu'il aura inscrit de gaieté de cœur son nom dans l'histoire au-dessous de celui de Bâville, ce même honnête homme s'en ira jouir de sa réputation acquise dans une intendance heureuse et plus facile ; il s'y fera aimer, aimer surtout des savants qu'il assemblera et présidera volontiers, et avec une entière compétence ; il fondera des chaires, il fera des fouilles, il découvrira d'antiques cités enfouies, en même temps qu'il embellira les cités nouvelles ; il recherchera des manuscrits, il aura un riche cabinet de médailles, il sera auprès des curieux l'aménité même, et recueillera pour tant de services pacifiques et d'attentions bien placées des éloges universels. C'est en petit l'histoire d'Octave Auguste, d'abord proscripteur et triumvir, puis humain. Mais M. Foucault n'y mettait pas tant d'art et de malice ; il ne se rendait pas bien compte à lui-même de sa double réputation, de sa double carrière.

Dans le temps qu'il était à Montauban, il envoya à Colbert, grand amateur aussi en matière de collections, des actes et manuscrits curieux, tirés de l'abbaye de Moissac ; il y trouva notamment, il y découvrit sinon de ses yeux, du moins par ceux d'un docte abbé qu'il y employa, un ouvrage qu'on croyait perdu, *sur les Persécuteurs, De Mortibus Persecutorum*. Lui-même était un de ces persécuteurs et des plus aveuglés, de ceux qui portent témoignage contre eux-mêmes sans s'en apercevoir.

Tout à côté de ces envois de Moissac, que lit-on en effet dans le Journal et à la même page ?

« Au mois de décembre 1682, j'ai proposé à M. le chancelier Le Tellier et à M. de Châteauneuf la démolition du temple de Montauban, sur des contraventions aux édits qui défendent aux ministres de recevoir à leur cène des nouveaux convertis, les temples de Bergerac et de Montpellier ayant été démolis sur ce fondement. »

Il insiste et revient à la charge deux mois après :

« Au commencement de février 1683, le Parlement de Toulouse ayant décrété de prise de corps les ministres de Montauban pour contraventions aux édits, j'ai mandé à M. le chancelier, à MM. les ministres, à M. l'archevêque de Paris et au Père de La Chaise (il n'en oublie pas un), que ce décret n'avait causé aucune émotion parmi les religionnaires, et que l'on pouvait sans aucun danger faire démolir leur temple. Ils se sont contentés de ne point paraître dans les rues les dimanches, à l'heure du prêche. »

Cette démolition a lieu, et les religionnaires ayant refusé de l'exécuter, elle est faite par les catholiques en sept heures de temps. Les semblants d'humanité se mêlent, comme par ironie, à ces rigueurs. Le temple démoli, et privés de leurs ministres ordinaires, qui étaient relégués, par ordre, au moins à six lieues de là, les protestants de Montauban se voyaient obligés d'envoyer leurs enfants à quelque ville voisine pour y être baptisés, et souvent ces nouveau-nés mouraient en chemin. Foucault prend pitié de ces pauvres petits, et il propose, en conséquence, qu'on nomme un ministre exprès pour faire ces baptêmes, et si les parents hésitent à s'adresser à ce ministre désigné par la Cour, eh bien! les enfants seront portés, d'urgence, à l'église catholique, pour y être baptisés. Et voilà des catholiques tout faits! Foucault excelle à trouver de ces expédients, de ces combinaisons adroites; il est ce qu'on appelle retors.

Mais ce ne sont là que des préludes et des roses dans sa carrière de persécuteur : il marquera bientôt par des moissons entières de lauriers, par de vrais exploits et des conquêtes. Son triomphe est le Béarn, et il mériterait d'être surnommé, à sa manière, *le Béarnais.*

Ce fut, comme tant d'autres, l'intérêt unique de son ambition qui le jeta dans cette voie. La mort de Colbert, en septembre 1683, le priva de son puissant appui et le laissa à la merci de tous les mauvais vouloirs de la Cour. M. Le Tellier ni Louvois ne l'aimaient; il ressentit bientôt les effets de cette défaveur, et fut envoyé de Montauban, une des meilleures intendances du royaume, dans la moindre de toutes, en Béarn, contrée inégale, difficile et mal soumise, qui avait échappé jusque-là au niveau de Louis XIV. S'il n'avait fait qu'y rétablir l'ordre, introduire plus de régularité et de décence dans ce bizarre parlement de Pau et dans la conduite extérieure des principaux officiers, mettre à la raison certain procureur général de trop folle humeur et des plus libertins, on n'aurait qu'à le louer ; on ne ferait que rire de quelques histoires singulières qu'il raconte : mais tout à côté de ces réformes de bon aloi, il faut bien prêter l'oreille à tous ceux que l'intendant proconsul va faire saigner et pleurer, et dont les cris de douleur sont venus jusqu'à nous.

« Heureux, est-on tenté de s'écrier quand on lit ces choses, heureux qui réussit à passer sa vie sans être dans ces alternatives de faveur et de disgrâce ; que les nécessités d'une carrière, l'aiguillon d'un continuel avancement ne commandent pas ; qui n'a pas soif de pouvoirs et d'honneurs ; qui n'est pas ballotté entre Colbert et Louvois, au risque d'oublier entre les deux sa conscience, d'étouffer ses scrupules et d'y perdre même le sentiment d'humanité ; qui n'est ni persécuteur ni victime, ni hypocrite, ni dupe, ni écrasant ni écrasé ; qui, après avoir connu sans doute quelques traverses de la vie et avoir essuyé quelques amertumes inévitables (sans quoi il ne serait pas homme), y échappe le plus tôt qu'il peut, retire son âme de la foule et de la presse (comme dit Montaigne), passe le restant de ses jours « entre cour et jardin », ne voyant qu'autant qu'il faut et n'étant pas vu ; aussi loin de l'ovation que de l'insulte ; qui se soustrait en soi-même aux appels et aux tentations de la fortune non moins qu'aux irritations sourdes de l'envie et des comparaisons inégales qu'elle suggère, aux ennuis de toutes sortes, aux iniquités souvent qui s'en engendrent ; qui aime de tout temps quelques-unes de ces choses innocentes et paisibles qu'aimait et cultivait Foucault dans la dernière moitié de sa vie, mais sans en avoir taché comme lui le milieu, sans y avoir imprimé une note brûlante, et en pouvant, d'un bout à l'autre, reparcourir doucement, à son gré, et supporter du moins tous ses souvenirs ! » — Mais je m'aperçois que je fais l'éloge tout simplement de la médiocrité, de la tranquillité honorable et pure, et c'est bien en effet ce que j'ai voulu.

Lundi 24 novembre 1862.

MÉMOIRES DE FOUCAULT

INTENDANT SOUS LOUIS XIV

PUBLIÉS PAR M. BAUDRY

(SUITE ET FIN.)

I.

FOUCAULT EN BÉARN.

Pour être juste, il faut convenir que la mission de Foucault, arrivant en Béarn, était difficile : ce pays, autrefois converti en masse au calvinisme par Jeanne d'Albret, et, depuis sa réunion à la France, reconquis à la religion catholique, moyennant expédition militaire, par Louis XIII et son ministre de Luynes, en 1620, n'avait jamais été régulièrement administré ; le Parlement de Pau avait exercé l'autorité jusqu'à l'année 1682, qu'on y avait envoyé pour la première fois un intendant, Du Bois-Baillet. Ce M. Du Bois ayant excité les plaintes de tous les Ordres de la province et n'ayant réussi qu'à cabrer les esprits, on le mit à Montauban, par manière de récompense, à la place de Foucault, et celui-ci alla en Béarn, dont il fut le deuxième intendant.

Il y a dans son Journal une histoire assez amusante, qui marque bien le désordre et le laisser aller où l'on vivait dans cette contrée natale du bon Henri. Le procureur général près le Parlement de Pau était un sieur de Cazaux, homme des plus légers et qui était le premier à entretenir le désordre dans le Palais, « n'y venant que pour troubler les bureaux pendant l'instruction des procès, passant continuellement d'une Chambre à l'autre sans y être appelé, et seulement pour distraire les juges avec des discours frivoles ou en leur offrant du tabac. » Notez que dans le Parlement de Pau, à ce même moment, le premier président, M. de La Vie, était relégué à Fontenay, en bas Poitou, depuis une année, pour malversations commises dans l'exercice de sa charge et pour s'être laissé corrompre par des présents. Sur trois présidents de Chambre il n'y en avait qu'un qui pût siéger, des deux autres l'un étant trop vieux, et l'autre trop jeune. La justice était sans aucune direction. M. de Cazaux avait donc beau jeu pour troubler tout dans le Palais; et de plus il vivait publiquement avec la fille d'un avocat qu'il avait retirée chez lui. Or, il y avait dans la province un évêque des plus singuliers lui-même, et aussi extraordinaire en son genre que M. de Cazaux l'était dans le sien, M. Desclaux de Mesplées, évêque de Lescar; il vivait tantôt bien, tantôt mal, avec le procureur général. Un jour qu'il était en veine de querelle avec lui, il vint trouver M. l'intendant et lui dit : « Qu'il y avait longtemps que sa conscience lui reprochait sa condescendance pour le procureur général, sur la vie scandaleuse qu'il menait, n'ayant pu l'obliger à mettre hors de chez lui la fille qu'il entretenait au vu et au su de tous; qu'il était résolu, avant d'en venir aux monitions canoniques, d'avoir recours au Parlement, et de demander l'assemblée des Chambres pour se disculper envers la Compagnie, s'il était obligé d'agir par les voies ecclésiastiques. » —

« Je crus donc, ajoute Foucault, devoir profiter de la conjoncture de leur brouillerie pour le bien de la justice et de l'ordre, et approuvai la résolution de M. de Lescar, en lui disant qu'il ne pouvait trop tôt la mettre à exécution.

« Les Chambres s'étant assemblées deux jours après, M. de Lescar adressa la parole, moi présent, à M. de Cazaux, et, autant peut-être pour le mortifier que pour le corriger, lui fit un narré de tous les désordres de sa vie et conclut par supplier la Compagnie de trouver bon qu'en cas que M. de Cazaux ne rendît pas cette fille à son père, il se servît des voies canoniques dont l'Église se sert contre les adultères publics.

« M. de Cazaux, après avoir entendu patiemment et paisiblement M. de Lescar, se leva en pied, et, après l'avoir remercié des égards qu'il avait eus pour lui et de ses prudents et charitables avis, il lui promettait de renvoyer cette fille à son père, pourvu qu'il s'engageât par serment, devant la Compagnie, de ne la point prendre pour lui.

« Cette réponse excita l'indignation des graves magistrats et la risée de la jeunesse. Ainsi finit cette scène à Pau, mais elle eut du retentissement à la Cour; car l'ayant mandé à

M. le chancelier, il en fit rire le roi ; mais en même temps il y eut un ordre expédié, portant que M. de Cazaux viendrait rendre compte au roi de ses actions. »

Nous ne pouvons que faire comme Louis XIV, et, tout en blâmant le sieur de Cazaux, rire aussi de sa facétie gasconne et de cette riposte à brûle-pourpoint au coup de pistolet à bout portant de l'évêque.

Tout n'est pas sombre dans ces pages des Mémoires de Foucault. Voulez-vous savoir ce que c'est au juste qu'une *algarade*, non pas dans le sens général figuré et comme celle qu'on vient de voir de prélat à magistrat, mais dans le sens propre et primitif? Le mot est tiré de l'espagnol et de l'arabe, et il en est venu à exprimer un simulacre, une démonstration d'attaque, d'incursion, une insulte brusque, plus fastueuse que réelle, et où il entre, malgré tout, une nuance de ridicule. Foucault nous en a donné la meilleure définition en action, dans un récit qu'il a fait d'une expédition ou pointe du maréchal de Bellefonds jusqu'à Roncevaux. Le maréchal y alla avec 2,000 hommes, « par ordre du roi qui lui avait mandé d'aller faire une algarade aux Espagnols. » Louis XIV ne disait sans doute pas le mot en plaisantant, mais on va voir qu'en dehors de lui le sourire se mêlait déjà à la chose. Aussitôt l'ordre reçu, le maréchal en transmet avis à l'intendant, et le prie de lui amener le plus de gentilshommes qu'il pourra. Foucault lui en amène deux cents; et voilà tout ce monde en marche, sans s'être bien assuré qu'il n'y avait point de neige par les passages : le gentilhomme que le maréchal avait envoyé en reconnaissance s'était contenté de faire une demi-lieue, et était revenu dire que rien n'empêchait d'aller et que les chemins jusqu'à Roncevaux étaient praticables.

« Cependant, nous dit Foucauld, étant partie le lendemain de Saint-Jean-Pied-de-Port à quatre heures du matin, notre petite troupe n'arriva qu'à dix heures du soir, ayant trouvé trois pieds de neige à deux lieues de Roncevaux. J'y arrivai le premier par un accident : je montais un cheval d'Espagne fort vigoureux et qui souffrait impatiemment la neige qu'il avait jusques au ventre, et je craignais, par les efforts qu'il faisait pour en sortir, qu'il ne se jetât dans le précipice qui était sur notre droite, car nous étions fort serrés par la montagne sur la gauche, le chemin n'ayant pas plus de quatre pieds de large. Je jugeai donc à propos de descendre de cheval, et je n'eus pas plutôt mis pied à terre que le cheval, sans hésiter, se jeta dans le penchant du précipice et descendit jusques au fond, en sorte que je fus obligé de faire à pied une lieue de chemin dans la neige. Il y avait vingt soldats commandés pour ranger la neige et faciliter le chemin. J'avançai jusques à eux pour les faire diligenter, et il ne nous parut sur les hauteurs que quelques pelotons de paysans armés de fusils, qui auraient pu, s'ils avaient osé, nous disputer le passage ; mais ils se contentèrent d'être spectateurs de notre marche. Vingt hommes auraient pu nous empêcher de passer. Le plus grand obstacle qui s'y trouva fut M. de La Valade, lieutenant du roi de Navarrenx, qui, étant d'une prodigieuse grosseur et hors d'état de se donner de lui-même et sans aide aucun mouvement, avait cru de son honneur d'être du voyage, quoi que M. le maréchal et tous ses amis eussent pu lui dire ; il s'était fait porter par des Suisses de la garnison de Navarrenx qui se relayaient, et, comme ils allaient très-doucement et faisaient de temps en temps des pauses, cela retarda notre marche, et on le fit partir au retour deux heures avant le jour, pour éviter un pareil inconvénient. »

Il est grotesque, ce M. de La Valade qui se fait porter à l'algarade à bras d'hommes; il parodie d'avance le mot de Bossuet, et veut montrer, lui aussi, « qu'une âme guerrière est maîtresse du corps qu'elle anime. » Foucault lui-même, qui ne rit guère, sent le comique de l'expédition; et cela ne cesse pas pendant tout le temps. A la nouvelle de l'approche des Français, la Junte de Navarre, assemblée à Pampelune, s'empresse d'envoyer offrir les clefs de la ville; mais le maréchal de Bellefonds qui, sur la fin de sa carrière militaire, n'en faisait jamais plus qu'il ne fallait, n'avait pas ordre d'ailleurs de pousser sa visite jusque-là; on se contenta d'occuper l'abbaye de Roncevaux et d'y souper. Foucault à pied y entra en tête de l'avant-garde.

« J'arrivai le premier à Roncevaux, où je trouvai les religieux de l'abbaye qui sortaient de l'église, où ils avaient été remercier Dieu de ce que les Français n'avaient pu passer à Roncevaux; ils furent donc dans une grande surprise de nous voir. Je leur fis entendre en latin que nous venions les visiter, par ordre du roi, comme ses sujets, et pour leur offrir toute protection; qu'ils avaient pour fondateur un roi de France, et qu'ils n'avaient aucun sujet de rien appréhender pour notre venue. Ils se rassurèrent donc et donnèrent ordre, autant que la précipitation de notre arrivée le put permettre, à la réception de M. le maréchal et à notre logement. M. de Bellefonds étant arrivé, leur confirma ce que je leur avais dit. Il trouva un mauvais souper, préparé chez le prieur où il était logé, de volaille étique et qui venait d'être tuée, avec un assaisonnement d'ail et de safran, dont personne ne mangea. Heureusement j'avais fait charger sur des mulets des pâtés, langues, et bonne provision de viandes froides, qui vinrent fort à propos et qui furent bientôt expédiées; mais ce qui parut le plus extraordinaire et en même temps le plus agréable, c'est que nous fûmes servis à table par une demi-douzaine de très-belles filles, qui s'acquittèrent de très-bonne grâce de leur emploi. Je logeai chez le sous-prieur, chez lequel je vis une très-jolie fille qui disparut un moment après que je fus arrivé. Ce bon sous-prieur fit garde toute la nuit à la porte de la chambre où je couchais, qui était la sienne, et où apparemment il avait son trésor. »

Le lendemain, après avoir entendu la messe dans l'église de cette abbaye à la Rabelais, où se voyaient les armes de Roland, on se mit en marche dès sept heures du matin pour rentrer en France; on prit un autre chemin qu'en allant et où il n'y avait pas de neige :

« Tous les soldats étaient chargés de jambons et de barricots de vin, que leurs hôtes leur avaient donnés, car c'est le pays des jambons ; et je ne reçus aucune plainte d'exactions des soldats. »

Foucault ne manque pas d'écrire aussitôt à M. de Louvois pour rendre compte de l'expédition et assurer le roi du zèle de ses sujets de par delà les Pyrénées, et de la bonne volonté des Navarrais espagnols à rentrer sous son obéissance comme étant leur prince légitime, successeur de Charlemagne. Et voilà comment se conduisait et comment finissait gaiement cette boutade de guerre, cette visite à main armée avec ou sans violons, une *algarade* !

Si Foucault n'avait fait que des expéditions de ce genre, suivies de légers mensonges pour chatouiller l'orgueil du maître, péché bien véniel, — s'il n'avait eu pour l'ordinaire qu'à s'occuper du règlement de la justice, de sa distribution équitable et intègre (ainsi qu'il le fit) et d'autres mesures de ce genre conformes aux vrais principes et à l'Ordonnance de 1667, nous le louerions comme un digne et fidèle élève de Colbert et de Pussort. Par malheur, il avait charge de convertir les gens bon gré, mal gré, et de justifier ce mot du roi répondant à M. de Croissy qui le proposait vers ce temps pour l'ambassade de Constantinople : « Il sera plus utile à mon service, dans la conjoncture des affaires de la religion, en France qu'à Constantinople. »

II.

LES CONVERSIONS.

Il faut convenir que l'histoire est difficile à écrire et que le vrai, à distance, est bien délicat à démêler au milieu des témoignages les plus divers et, à première vue, contradictoires.

Que lit-on, en effet, dans l'Éloge officiel de Foucault par M. de Boze, Éloge prononcé au sein de l'Académie des inscriptions dont il était membre honoraire ? Qu'y est-il dit sur cette partie, si peu aisée à traiter, ce semble, de sa vie publique ?

« M. Foucault, nous dit sans aucun embarras le panégyriste académique, fut le seul intendant qui ne demanda point de troupes réglées : il aimait beaucoup mieux pouvoir concerter avec les missionnaires ce qu'ils avaient principalement à traiter dans leurs controverses, se chargeant de prêcher en son particulier les raisons d'État, et de procurer aux ministres de quelque mérite et à la noblesse indigente des grâces convenables. Ces ménagements lui réussirent au point que les villes, les bourgs et les cantons se convertissaient en corps et demandaient à démolir de leurs propres mains les temples que leurs pères avaient bâtis. Exemple trop unique, même au gré de celui à qui la gloire en était due! »

Et comme on est à l'Académie des inscriptions, on n'oublie pas de citer la médaille frappée en l'honneur de Foucault par décision des États du Béarn, au revers de laquelle étaient représentés les députés venant en foule signer, à la face des autels, l'abjuration de leurs erreurs, avec une légende latine qui signifiait : « La « Religion catholique rétablie dans le Béarn par des « délibérations publiques de toutes les villes. »

Au contraire, j'ouvre l'ouvrage d'Élie Benoît, *Histoire de l'Édit de Nantes*, à la date de 1685 : qu'y vois-je? Une des pages les plus sanglantes, un des plus hideux tableaux de conversions par violence. Il y est dit, entre autres griefs, que Foucault se servait, pour la conversion du menu peuple, d'un homme de néant nommé Archambaud, que cet Archambaud menait des gens de sa sorte au cabaret et trouvait le moyen de les enivrer; que le lendemain, lorsqu'ils étaient revenus à eux-mêmes, il leur allait dire, ou qu'ils avaient promis d'aller à la messe, et que, s'ils prétendaient s'en dédire, il les ferait traiter comme des *relaps*; ou qu'ils avaient mal parlé du gouvernement et des mystères catholiques, et que le seul moyen de se racheter d'une sévère punition était de se ranger à la religion romaine; que l'affaire, ainsi amorcée et entamée sur des gens du commun, se poursuivit ensuite sur ceux d'une condition supérieure; qu'en général l'artifice de l'intendant était de faire faire aux réformés, sous quelque prétexte, un premier acte extérieur qui pût être interprété pour une adhésion à la communion romaine, comme d'assister à un sermon, par curiosité ou par intimidation, et qu'ensuite, moyennant la peur d'être déclarés relaps et traités comme tels, il avait raison de son monde ; que, sans avoir eu besoin de demander des troupes, il s'était servi de celles qu'on faisait filer alors sur la frontière de l'Espagne et que commandait le marquis de Boufflers, et qu'il avait été commis par ces troupes, lui les dirigeant et les conduisant de ville en ville, de village en village, de véritables horreurs et cruautés. Et ces cruautés exercées comme des gentillesses par d'indignes soldats nous sont décrites de point en point, j'en fais grâce :

« C'était là, nous dit la Relation protestante, le plus fort de leur étude et de leur application que de trouver des tourments qui fussent douloureux sans être mortels, et de faire éprouver à ces malheureux objets de leur fureur tout ce que le corps humain peut endurer sans mourir. »

Je fais la part des exagérations et des invectives vengeresses chez des âmes ulcérées, et pourtant on n'invente pas absolument de pareils actes dans leur détail et avec toutes leurs circonstances. M. Cousin, qui traite avec tant de dédain les Relations d'Élie Benoît pour des époques antérieures, et qui, du haut de son esprit, a déclaré cet utile et modeste historien « une très-médiocre intelligence », serait obligé ici de convenir qu'il doit y avoir quelque chose de très-vrai dans ce fonds d'horreurs où un intéressé seul pouvait nous faire pénétrer (1) : c'est chose si désagréable en effet que d'avoir à s'appesantir sur des atrocités; cela même semble contraire au bon ton et au respect qu'on a pour soi et pour ses lecteurs Aussi le chancelier d'Aguesseau s'est-il contenté, dans sa manière mesurée et polie, d'imputer à Foucault, sans aucun détail, le triste honneur d'avoir appliqué le premier en grand la méthode militaire des conversions :

« Je ne nommerai point, nous dit cet honnête homme timide, l'intendant qui, par une distinction peu honorable pour lui, fut chargé de faire le premier essai d'une méthode si nouvelle pour la conversion des hérétiques. Il était des amis de mon père et des miens, homme d'un esprit doux, aimable dans la société, orné de plusieurs connaissances et ayant du goût pour les lettres comme pour ceux qui les cultivent; mais, soit par un dévouement trop ordinaire aux intendants pour les ordres de la Cour, soit parce qu'il croyait, comme bien d'autres, qu'il ne restait plus dans le parti protestant qu'une opiniâtreté qu'il fallait vaincre ou plutôt écraser par le poids de l'autorité, il eut le malheur de donner au reste du royaume un exemple qui n'y fut que trop suivi et dont le succès surpassa d'abord les espérances même de ceux qui le faisaient agir. Il n'eut besoin que de montrer les

(1) Élie Benoît n'est pas proprement un historien; il le reconnaît avec modestie dans sa préface et décline humblement ce titre; il est un compilateur de pièces et de témoignages, un rapporteur au nom des victimes. Son caractère et son degré de mérite sont très-bien appréciés, et avec une entière impartialité, dans l'article que lui ont consacré MM. de Haag au tome II de *la France protestante*.

troupes, en déclarant que le roi ne voulait plus souffrir qu'une seule religion dans ses États; et l'hérésie parut tomber à ses pieds. Les abjurations ne se faisaient plus une à une; des Corps et des Communautés entières se convertissaient par délibération et par des résultats de leurs assemblées, tant la crainte avait fait d'impression sur les esprits, ou plutôt, comme l'événement l'a bien fait voir, tant ils comptaient peu tenir ce qu'ils promettaient avec tant de facilité! »

Mais cette crainte était-elle donc venue d'elle-même? et n'y avait-il pas eu de premiers faits, grossis, je le veux, exagérés peut-être, mais enfin des faits odieux qui l'avaient partout propagée et répandue dans les populations?

Rulhière, d'après d'Aguesseau, n'en doute pas; ce sage Rulhière, excellent historien de la Révocation, judicieux appréciateur de Louis XIV, dont il a tracé le plus ressemblant portrait à cette triste date, accorde à Foucault le rang et l'initiative d'application qui lui appartiennent. Il avait sous les yeux, en écrivant, l'original même de la Relation de Foucault faite pour être mise sous les yeux du roi : « Il n'y est parlé ni de violences ni de dragonnades; on n'y entrevoit pas qu'il y ait un seul soldat en Béarn : la conversion générale paraît produite par la Grâce divine. » Foucault, dans ses Mémoires, est plus explicite, et je dois dire que tout ce qu'on y lit à ce sujet est fait pour confirmer bien plus que pour réfuter les reproches de ses accusateurs. Il en dit plus qu'il n'en disait au roi, et le restant du sous-entendu se laisse très-aisément deviner.

Dans un voyage et séjour de cinq mois à Paris, pendant lequel il alla prendre souvent l'air de Versailles, il commença par se bien pénétrer des intentions du roi et de ses désirs; il exposa à Louis XIV, dans une audience particulière, et lui fit agréer toute la partie ostensible et séduisante de son plan; il ne parla que de l'amour, de la vénération des Béarnais pour la mémoire de Henri IV, sentiments qui avaient passé à son petit-fils. De rigueurs, il n'en fut un moment question que pour en rejeter aussitôt l'idée, et Foucault se fit fort d'arriver au but par une tout autre méthode que celle de son prédécesseur, laquelle avait si mal réussi. Le roi l'en loue; puis on en vient au premier détail du plan proposé pour faciliter les conversions :

« Je lui montrai, dit Foucault, la carte que j'avais fait faire du Béarn, avec la situation des villes et des bourgs où il y avait des temples; je lui fis voir qu'il y en avait un trop grand nombre et qu'ils étaient trop proches les uns des autres, qu'il suffirait d'en laisser cinq, et j'affectai de ne laisser subsister que les temples, justement au nombre de cinq, dans lesquels les ministres étaient tombés dans des contraventions qui emportaient la peine de la démolition du temple, dont la connaissance était renvoyée au Parlement, en sorte que, par ce moyen, il ne devait plus rester de temples en Béarn. Le roi approuva donc le retranchement des temples et la réduction à cinq. »

Foucault ne dit point s'il avertit le roi de cette ruse et de cette arrière-pensée insidieuse qui consistait, en réduisant les temples de la province de vingt à cinq, à ne désigner tout exprès, comme devant subsister, que ceux qui, par suite de contraventions déjà connues de lui, allaient tomber le lendemain sous le coup de la loi et être eux-mêmes démolis. Il est très-probable qu'il n'en souffla mot; la probité de Louis XIV, on aime à le croire, n'aurait point consenti à une telle supercherie envers ses sujets.

De retour en Béarn (22 février 1685), Foucault, sûr désormais de son fait, se met à l'œuvre, et la conquête des âmes commence. On procède aussitôt à la démolition des quinze temples condamnés, qui est exécutée avec soumission, bien qu'à la consternation des réformés. C'est alors seulement que le stratagème se démasque :

« Après la démolition de ces quinze temples, nous dit Foucault, je fis attaquer les cinq restants par le procureur général, pour contravention aux édits et arrêts du Conseil. Leur procès fut bientôt fait, et les arrêts qui en ordonnèrent l'exécution furent exécutés sans perdre de temps, en sorte qu'en moins de six semaines il ne resta pas un temple dans tout le Béarn. Leur démolition engagea les ministres de sortir de la province, et, par leur désertion, ces faux pasteurs me laissèrent le champ libre aux conversions. »

Qu'en dites-vous? et ne sentez-vous pas que, maître ainsi du terrain et ayant ses coudées franches, il va ne se refuser aucun moyen. Je dois dire que nulle part, ni avant ni après le voyage de Paris, le misérable embaucheur Archambaud, dénoncé par Élie Benoît comme l'agent subalterne des conversions parmi le peuple, n'est nommé dans ce Journal de Foucault; mais cela ne prouve rien : il y a de ces agents qu'on emploie, qu'on paye, et qu'on rougirait de nommer. Quoi qu'il en soit, les conversions marchent vite ; Foucault en marque le chiffre croissant de mois en mois, presque de semaine en semaine. Il a l'idée heureuse d'employer des troupes qui sont sous sa main, celles du marquis de Boufflers, sans en demander exprès ; il n'a besoin que d'avoir toute latitude pour en user à son choix, avec discrétion. Ainsi ménagée, la douce pression militaire se fait sentir et opère tantôt de près, tantôt à distance. Croira qui voudra qu'il a tenu la main, comme il en prenait l'engagement, à ce qu'il n'y eût aucune violence :

« Le 18 avril 1685, j'ai demandé à M. de Louvois des ordres en blanc pour faire loger une ou plusieurs compagnies dans les villes remplies de religionnaires, étant certain que la seule approche des troupes produira un grand nombre de conversions ; que je tiendrai si bien la main à ce que les soldats ne fassent aucune violence, que je me rendrai responsable des plaintes qu'il en pourrait recevoir. Il est à observer que le roi n'avait pas envoyé des troupes en Béarn par rapport aux affaires de la religion, mais pour former le camp que Sa Majesté avait résolu d'établir sur la frontière d'Espagne. M. de Louvois m'ayant envoyé plusieurs ordres en blanc, il s'est converti six cents personnes dans cinq villes ou bourgs, sur le simple avis que les compagnies étaient en marche. »

Tous les articles qui suivent dans le Journal seraient à citer comme aveu naïf des inventions, ruses, douces contraintes, moyens de toutes sortes employés ; l'effroi, l'intérêt, les pensions, — même les livres de Bossuet et de l'abbé Fleury. Hélas ! que viennent faire les livres en pareille bagarre ? Foucault a en main bien d'autres moyens de persuasion. Il n'est pas gêné d'outre-passer les ordres de la Cour ou même de les supprimer, pour peu qu'ils puissent ralentir sa marche :

« M. de Torcy m'a envoyé, au mois de juillet, un arrêt du Conseil portant l'établissement d'un ministre pour baptiser les enfants de la Religion prétendue réformée, mais je n'ai pas jugé à propos de l'exécuter. »

A quoi bon songer à baptiser les nouveau-nés, quand on est en train de supprimer d'emblée tout le peuple dissident, d'abolir la secte tout entière ?

« Depuis le 22 février que j'ai été de retour de Paris à Pau, jusques au mois d'août, il s'est converti plus de quinze mille âmes. (*Tout à l'heure il précisera mieux ce chiffre.*) Il y en a eu beaucoup qui, à l'approche des gens de guerre, ont abjuré sans les avoir vus. (*Mais quant à ceux qui les ont vus, il ne dit pas ce qui s'est passé.*) La distribution d'argent en a aussi beaucoup attiré à l'Église. Le Béarnais a l'esprit léger, et l'on peut dire qu'avec la même facilité que la reine Jeanne les avait pervertis, ils sont revenus à la religion de leurs pères. »

Il y a des assemblées de gentilshommes, des villes entières qui demandent le temps de la réflexion, un répit d'une quinzaine, d'une huitaine de jours; Foucault le leur refuse et les fait capituler à heure dite, montre en main :

« La ville d'Orthez a été la dernière à se convertir. J'y ai envoyé des gens de guerre, qui les ont réduits. (*Voilà un aveu formel de la violence.*) Ils m'avaient demandé quinze jours pour se faire instruire, mais c'était pour attendre le retour d'un courrier, qu'ils avaient envoyé à la Cour pour demander la liberté de faire l'exercice de leur religion. Ce terme expiré, ils me demandèrent encore huit jours pour donner le temps à leur courrier d'arriver. Je leur refusai, et de quatre mille religionnaires qu'il y avait à Orthez, il s'en convertit deux mille avant l'arrivée des troupes, en sorte que pendant le séjour que j'y fis avec des missionnaires, ils se convertirent tous, à la réserve de vingt familles opiniâtres. »

Foucault, là encore, parle bien de ce qui se fit *avant* l'arrivée des troupes ; il glisse et coule sur ce qui se fit *après*. A ces odieux procédés il mêle parfois des airs d'honnête homme, des semblants de sentiment ; il joue le bon apôtre :

« Le sieur d'Audrehon, ministre de Lembeye, m'étant venu voir, me dit qu'il sentait de grands mouvements dans son cœur pour embrasser la religion catholique, mais qu'il avait encore besoin d'un mois pour prendre sa résolution ; sur quoi, l'ayant fait entrer dans la chapelle du château de Pau, où M. l'évêque d'Oléron recevait l'abjuration d'un ancien avocat de Pau et où il y avait beaucoup de monde, je lui demandai s'il ne sentait rien dans son cœur qui le sollicitât, à la vue de son véritable pasteur, de s'aller jeter entre ses bras. Il m'avoua qu'il se sentait ému, et dans le moment je le pris par le bras et le conduisis vers l'autel, où il se mit à genoux devant M. l'évêque, qui lui donna l'absolution. Cette action fut d'une grande édification. »

Enfin tout le monde y passe. Foucault triomphe ; il en a appelé auprès du roi en personne du mauvais vouloir de Le Tellier et de Louvois :

« Le 1er juillet 1685, le Père de La Chaise m'a demandé que le roi prenait plaisir à lire mes Relations et mes lettres concernant les conversions du Béarn, et même que Sa Majesté les gardait. »

Voilà le fin mot de tant de zèle. Dans les deux mois qui suivent, Foucault se surpasse : de vingt-deux mille religionnaires qu'il y avait en Béarn, il s'en était converti, dit-il, vingt et un mille fin de juillet. Le mois suivant, tout est converti, sauf trois ou quatre cents qui restaient encore à ramener, à son départ de la province. Foucault quitte le Béarn en effet; il a regagné ses éperons; il retrouve une grande intendance, et est envoyé à Poitiers (septembre 1685).

Mais l'on comprend très-bien, après cette merveilleuse campagne et cette sorte de pêche miraculeuse à laquelle on vient d'assister, et qui faisait de Foucault l'intendant modèle, celui qui était proposé à l'émulation de tous les autres, que Louis XIV, trop bien servi et trompé dans le sens même de ses désirs, ait cru pouvoir changer de système; qu'il ait renoncé à l'emploi et au maintien des Édits gradués, précédemment rendus dans la supposition que les conversions traîneraient en longueur, et que, persuadé qu'il n'y avait plus à donner, comme on dit vulgairement, que *le coup de pouce* (tant pis pour le grand roi, s'il n'est pas content de l'expression, mais je n'en sais pas de plus juste), il se soit déterminé à révoquer formellement l'Édit de Nantes. On lui avait tant dit et répété dans les mois précédents : *Tout est fait, tout est quasi fait*, qu'il le crut.

III.

FOUCAULT A CAEN ET HONNÊTE HOMME.

Ce serait par trop sortir de mon cadre étroit que de suivre Foucault dans la nouvelle intendance où il arrive tout prêt à déployer le même zèle, mais où il est contrecarré par Louvois de qui dépendait directement cette province du Poitou. Foucault y est gêné dans ses allures; il ne peut procéder avec la même liberté que dans le Béarn; il y a près de lui un nouveau converti, devenu lui-même ardent convertisseur, le marquis de Vérac, que Louvois a nommé lieutenant de roi du haut Poitou, et qui est en fréquent conflit d'autorité avec l'intendant. Celui-ci, par moments, semble tenté de redevenir modéré : c'est qu'il a à ses côtés un plus violent que lui et qui en a l'honneur. Foucault pourtant se permet encore, çà et là, de bien étranges choses; il soutient la réputation terrible qu'il s'est faite, et, si quelquefois il critique en paroles, il n'est jamais homme à adoucir dans l'exécution les ordres qu'il reçoit. En fait de paroles, il commet un bien singulier Discours adressé aux gentilshommes du haut Poitou qu'il a fait assembler à Poitiers pour les exhorter à se convertir. L'Édit de Révocation venait enfin d'être lancé (octobre 1685), et c'était le thème sur lequel Foucault prêchait à ces gentilshommes d'un ton impératif la plus absolue doctrine de religion politique et administrative, cette grande erreur du temps et de plus d'un temps. Les historiens de notre époque, qui voudront être complets et définitifs sur cette branche religieuse du règne de Louis XIV, auront ici souvent à consulter Foucault pour montrer par plusieurs faits qu'il constate, à quelles absurdités et à quelles impossibilités l'on est conduit, quand on veut tenir un royaume comme le curé d'une paroisse tient un catéchisme de persévérance. Après plus de trois années, de toute manière assez peu glorieuses, où il avait eu à essuyer bien des disgrâces et des dégoûts en récompense de son attachement connu à la mémoire et à la famille de Colbert, Foucault demanda instamment à M. de Seignelay de le tirer de la dépendance de Louvois, et il obtint de passer intendant à Caen, en janvier 1689.

Dès lors sa vie change, et, n'étant plus condamné à l'injustice, il redevient l'administrateur exact, ferme et assez aimable, qui va se faire une seconde et dernière réputation. Il fut témoin, en ces années d'intendance de Normandie, de deux événements sur lesquels son témoignage doit compter dans l'histoire. Il eut l'honneur, en juillet 1690, de recevoir et de *régaler* à son passage le roi Jacques détrôné et fugitif, qui avait pris sa route par Caen : il fut très-frappé de l'air indifférent, passif, de ce roi opiniâtre « qui paraissait aussi insensible au mauvais état de ses affaires que si elles ne le regardaient point ; qui racontait ce qu'il en savait en riant et sans aucune altération. » Le roi Jacques se flattait, à cette date, que « le peuple anglais était entièrement dans ses intérêts »; et il imputait tout le mal au prince d'Orange et aux troupes étrangères que l'usurpateur avait fait passer en Angleterre. « Ce pauvre prince, nous dit Foucault parlant du roi Jacques et ne revenant pas de ses airs riants, croit que ses sujets l'aiment encore. » Illusion et forme de consolation propre à ces vieux souverains déchus! Deux ans après, Foucault fut témoin de ce qui se passa au combat naval de La Hogue, et du brûlement de nos vaisseaux : une narration confidentielle et sincère qu'il en adressa à M. de Ponchartrain, sur la demande de ce ministre, jette un grand jour sur l'impéritie, le désordre, le peu de concert et d'activité des principaux chefs qui commandaient, et sur la part de torts qui revient à chacun.

Foucault, tout en vieillissant dans cette douce intendance, avait un secret désir et quelque vague espoir de devenir ministre, surtout quand il vit son ami Chamillart contrôleur général, M. de Ponchartrain, un autre ami, étant chancelier. Il attendit vainement, et, après avoir cédé par faveur spéciale son intendance de Caen à ce fils trop peu digne qui ne sut pas la garder, il dut se résigner à n'être finalement que conseiller d'État, et de plus chef du Conseil de Madame, mère du Régent : ce furent ses derniers honneurs. Académicien, il se délassait tantôt dans sa jolie maison d'Athis, tantôt dans son hôtel rue Neuve-Saint-Paul, au milieu de ses belles collections et dans la compagnie des savants. L'année où il mourut (1721), M. de Boze, secrétaire de l'Académie, fit son éloge (1). De son vivant, il avait recueilli les plus flatteurs témoignages, et qui nous ont été conservés, — entre autres, de l'ancien évêque Huet, son ami particulier, dont il avait pris soin de rassembler les vers français épars, — de l'abbé Fraguier, qui, sur une découverte de ruines antiques faite autrefois près de Caen par M. Foucault, l'avait comparé en pleine Académie à Cicéron, questeur en Sicile, découvrant aux portes de Syracuse le tombeau d'Archimède. Ces beaux esprits gréco-latins, à force de vouloir tout orner, déguisent et transforment tout.

On a de Foucault un beau portrait gravé par Van Schuppen, peint par Largillière en 1698. Il était encore intendant de Caen à cette date, et âgé pour lors de cinquante-cinq ans. Il porte une ample perruque qui

---

(1) Voici en quels termes Mathieu Marais, en son *Journal*, parle de Foucault, à la date de sa mort : « M. Foucault, conseiller d'État, est mort, âgé de soixante-dix-sept ans. Il était fils de Foucault, greffier de la Chambre de justice de M. Fouquet, et ce greffier fils d'un apothicaire. C'était un homme très-curieux d'antiques, de médailles, de bronzes, de livres et de toutes sortes de raretés qu'il avait déterrées partout. Il y en a une infinité dans le recueil du Père Montfaucon, qu'il a données à ce Père, qui les a fait graver. Il avait vendu tout cela avant sa mort à différentes personnes, parce qu'il a été mécontent de son fils qui a été obligé de se retirer en Espagne pour une impertinence faite chez Mme la duchesse de Berry... Le père a toujours été mal depuis ce temps-là et s'est défait de toutes ses curiosités. Il n'a gardé que quelques tableaux des beautés illustres comme de Marion Delorme, Ninon de l'Enclos, etc. Il avait le bréviaire ou Calendrier original, où Bussy avait fait peindre tous les c... de la Cour avec un hymne pour chacun ; c'est ce livre dont Boileau a dit :

Me mettre au rang des Saints qu'a célébrés Bussy. »

dérobe un peu la mesure du front. L'œil, le sourcil, le nez, tout le haut du visage, annoncent l'homme ferme, net et résolu. L'œil est ouvert et dur; le nez tendineux et sec; le menton est arrêté. Cependant l'ensemble, l'air de la physionomie semble assez riant. La bouche et le sourire sont aux gens de lettres : le reste est bien de l'administrateur et de l'intendant, même de celui du Béarn.

FIN DU TOME TROISIÈME.

TABLE DES MATIÈRES

Chateaubriand jugé par un ami intime............	I............	1
	II..........	15
M. de *Pontmartin*. Les Jeudis de madame Charbonneau............		34
Lettres inédites de Jean Racine et de Louis Racine...............		55
Souvenirs de soixante années, par M. F.-J. *Delécluze*	I............	77
	II..........	102
Waterloo par M. *Thiers*...............	I............	125
	II..........	140
Maurice et Eugénie de Guérin............		154
Sainte-Hélène par M. *Thiers*............		177
Charles Quint après son abdication............		197
De la connaissance de l'homme au xviie et au xviiie siècle.........		220
Les Saints Évangiles............		243
Entretiens de Gœthe et d'Eckermann............	I............	264
	II..........	292
	III.........	313
Poésies d'André Chénier, édition de M. *Becq de Fouquières*........		330
Les Poëtes français, recueil publié par M. *Crépet*............		340
Le Mystère du siége d'Orléans............	I............	352
	II..........	374
	III.........	398
Mémoires de Foucault............	I............	419
	II..........	439

Paris. — Charles Unsinger, imprimeur, 83, rue du Bac.

www.ingramcontent.com/pod-product-compliance
Lightning Source LLC
Chambersburg PA
CBHW070532230426
43665CB00014B/1663